U0582832

国家自然科学基金项目"黄河流域城市群与产业高质量发展的协同推进路径与模式"（项目编号：72050001）的阶段性成果

推进黄河流域高效城镇化与城市群可持续发展的科学路径

孙久文　张　皓　王　邹◎著

经济管理出版社
ECONOMY & MANAGEMENT PUBLISHING HOUSE

图书在版编目（CIP）数据

推进黄河流域高效城镇化与城市群可持续发展的科学路径/孙久文，张皓，王邹著 . —北京：经济管理出版社，2023.3

ISBN 978-7-5096-8960-8

Ⅰ. ①推…　Ⅱ. ①孙…　②张…　③王…　Ⅲ. ①黄河流域—城市群—经济可持续发展—研究　Ⅳ. ①F299. 27

中国国家版本馆 CIP 数据核字（2023）第 039958 号

组稿编辑：申桂萍
责任编辑：申桂萍
责任印制：许　艳
责任校对：王淑卿

出版发行：经济管理出版社
　　　　　（北京市海淀区北蜂窝 8 号中雅大厦 A 座 11 层　100038）
网　　址：www. E-mp. com. cn
电　　话：（010）51915602
印　　刷：北京晨旭印刷厂
经　　销：新华书店
开　　本：720mm×1000mm/16
印　　张：21. 5
字　　数：374 千字
版　　次：2023 年 3 月第 1 版　　2023 年 3 月第 1 次印刷
书　　号：ISBN 978-7-5096-8960-8
定　　价：98. 00 元

· 版权所有　翻印必究 ·
凡购本社图书，如有印装错误，由本社发行部负责调换。
联系地址：北京市海淀区北蜂窝 8 号中雅大厦 11 层
电话：（010）68022974　　邮编：100038

目　录

第一章 黄河流域城市群发展概况

黄河流域城市群是推进黄河流域生态保护和高质量发展的重要支撑。本章围绕城市群发展，介绍黄河流域城镇化和城市群的发展历程，并界定城市群发展水平及其在全国的基本地位。

第一节 黄河流域城镇化发展历程

黄河是中华民族的母亲河，黄河流域也是中华文明的重要起源地。城市在这里具有悠久的发展历史，是人类社会发展到一定阶段所引起的社会分工和商品交换的产物。大约在4000年前，黄河流域已经出现了最早的交换分工，有固定的时间和交换场地。《史记·补三皇本纪》载，神农氏"教人日中为市，交易而退，各得其所"。自中华人民共和国成立以来，随着社会主义建设的全面展开，黄河流域在当代经济建设的推动中逐步发展并壮大。其中，黄河流域城镇化发展历程是一个城市发展水平迅速提高和城市体系不断完善的缩影，总体上呈现城镇化率不断升高的趋势。

一、改革开放之前的城镇化（1949~1978年）

从1949年中华人民共和国成立到1978年党的十一届三中全会召开，我国总体城镇化率由10.64%增至17.92%，城镇化年均增长率为0.25%。中华人民共和国成立之初，黄河流域的工业化建设开启了城镇化发展进程。随着农村土地改革的推进和农业生产能力的提升，大批农村剩余劳动力加入黄河流域重点城市如西安、太原、济南、兰州、郑州的工业建设之中，迅速提高了流域内城镇化水平。同时，1949~1957年的人口流动也基本秉持了《中国人民政治协商会议共同纲领》

（1949年）规定的人口自由迁徙原则，对城镇化率的提高起到了一定作用。1958年，伴随着"大跃进"运动，城市基本建设水平和城镇化率也开始迅速提高。

随后，1961~1963年中国经济建设出现了严重困难，建筑业和工业增加值呈断崖式下降，黄河流域的城镇化率出现了大规模的负增长。1961年6月，中共中央发布了《关于精减职工工作若干问题的通知》，动员1958年以来参加工作的来自农村的新职工回乡重新从事农业生产。由此，1962年之后的黄河流域城镇化速率迅速下跌，几乎回到了1958年的水平。到1964年，以工业迁移为特征的三线建设有力地带动了黄河流域西北偏远地区的城市建设和城镇化发展。1966年，受"文化大革命"期间干部下放和知识青年上山下乡等的影响，黄河流域出现了小幅度的"逆城镇化"过程。在1966~1976年这十年，黄河流域城镇化率总体表现为下降的趋势。

总之，改革开放之前黄河流域的城镇化水平与计划经济体制密切相关，属于典型的政府主导"自上而下"的城镇化推进模式。例如，社会主义改造在1956年底基本完成，标志着中国进入了社会主义计划经济时期。这一时期，城市建立了单位制，将城市居民附着在各机关企事业单位；农村则建立起了人民公社制度，将所有农民纳入人民公社进行生产劳动。通过产权、户籍、就业、商品供给以及社会保障等多方面制度的确立，初步形成了相对固化的城乡二元结构。1958年，户籍制度确立，对人口自由流动实行严格管制，城镇化进程彻底开始由政府主导和计划调控，这些特征同样完全体现在了黄河流域。

二、改革开放之初的城镇化（1979~1995年）

改革开放开启了黄河流域城镇化的新历程。改革开放之初（1979~1995年），黄河流域城镇化率快速增长，渐进式的黄河流域城镇化道路逐步形成。这一阶段又可细分为两个阶段，即农村体制改革阶段（1979~1984年）和城市体制改革阶段（1985~1995年）。

1979~1984年是农村体制改革阶段，家庭联产承包责任制的全面实施允许农民搞副业，扩大了黄河流域农民的收入来源，缩小了城乡收入差距，为流域内农民进城务工、经商奠定了物质基础，促使城镇化率进一步提高。1984年党的十二届三中全会通过的《中共中央关于经济体制改革的决定》开启了城市体制改革，经济改革工作的重心由农村转移到了城市，这直接引致1985~1995年的黄河流域城镇化率迅速增长。特别地，黄河流域乡镇企业异军突起，以小城镇为主导的农民就近城镇化成为这一时期的主流。

相较于改革开放前黄河流域城镇化在计划体制严控下而言，改革开放之初的农村体制改革成为黄河流域城镇化发展的"推力"，而城市体制改革为黄河流域城镇化提供了"拉力"。总体来看，这一阶段经济体制改革成为黄河流域城镇化的主导力量。非公有制经济快速发展，市场体制不断发育，基于经济、法律和行政手段的国家宏观调控体系逐渐形成。一系列以黄河流域主要城市为重点对象的经济体制改革成果，为黄河流域城镇化的进一步发展创造了良好的条件。然而，这一阶段的户籍、住房、城市就业和社会福利制度的限制仍然存在，城乡二元结构尚未发生转变，这使得农村剩余劳动力大多数只能就近流入小城镇，具有鲜明的"离土不离乡"特点，导致城镇化和工业化仍然处于并行状态。特别地，这一阶段黄河流域开始出现常住人口城镇化率高于户籍人口城镇化率的现象，并呈逐渐扩大趋势。同时，农村劳动力及其家人到城市务工、经商和生活还要受到许多规定限制，负担很多额外的费用，包括暂住费、流动人口管理费、计划生育管理费、城市增容费、劳动力调节费、外地务工经商人员管理服务费等，这都说明黄河流域农民进城生活的难度较大，城镇化的快速发展期还未真正到来。

三、社会主义市场经济初期的城镇化（1996~2012 年）

1996~2012 年，伴随着社会主义市场经济体制框架逐步建立和完善，黄河流域的城镇化迎来了快速发展时期。1996 年，黄河流域主要城市城镇化率超过30%，而到 2012 年黄河流域主要城市城镇化率已超过 50%。从跨区域比较看，在类似的发展阶段黄河流域主要城市的城镇化速率并未高于长江流域等多数城市，仅仅高于西南部地区等部分城市。从城镇化规模看，1996~2012 年黄河流域城镇常住人口接近翻了一番。从黄河流域城镇化形式看，逐步转变到户籍人口城镇化和以农民工为主的非户籍人口城镇化并重，且非户籍人口城镇化呈现更明显的扩大趋势。由此可见，随着市场经济体制的逐渐完善，黄河流域由就地城镇化向异地城镇化转变，特别是临近流域的城市和快速发展的大城市对异地流动人口的吸引力迅速增强。诚然，黄河流域在快速城镇化的过程中也出现了很多比较突出的问题，比如土地利用效率低、"半城镇化"问题突出、城乡不平等和社会矛盾加剧、城市分布和规模结构不合理、"城市病"问题普遍、流域内生态问题复杂，这必然要求转变城镇化方式，实现黄河流域可持续发展。

社会主义市场经济体制改革是一项规模宏大的系统工程，从城镇化的角度看，主要有户籍制度改革、住房市场化改革、农村土地制度改革、人力资源市场改革等。第一，在户籍制度改革方面，《小城镇户籍管理制度改革试点方案和关于完善农村户籍管理制度的意见》（1997 年）和《关于推进小城镇户籍管理制度改革的意见》（2001 年）的发布，标志着户籍制度改革从小城镇开始全面展开，并逐步向中小城市推广。第二，在住房市场化改革方面，通过《国务院关于进一步深化城镇住房制度改革加快住房建设的通知》（1998 年）、《国务院关于促进房地产市场持续健康发展的通知》（2003 年）等文件，逐步建立起多数家庭购买或承租的普通商品住房市场，并不断完善保障房制度。第三，在农村土地制度改革方面，在长期稳定土地承包经营的基础上，加快推进农村集体土地确权，建立健全土地承包经营权流转市场。第四，在人力资源市场改革方面，《中华人民共和国国民经济和社会发展第十个五年计划纲要》（2001 年）明确提出取消对农村劳动力进入城镇就业的不合理限制，引导农村富余劳动力在城乡、地区间有序流动。随后各部门又密集出台了鼓励农村富余劳动力进城务工的政策，全面取消了各项不合理收费，并逐步建立了就业服务体系。上述改革均对黄河流域城镇化水平的提高起到了重要作用。

四、新时代以来的城镇化（2012 年底至今）

2012 年 12 月，中央经济工作会议首次提出新型城镇化的概念。2013 年 11 月，党的十八届三中全会通过的《中共中央关于全面深化改革若干重大问题的决定》明确提出，坚持走中国特色新型城镇化道路，这标志着中国城镇化又进入了一个崭新的发展阶段，黄河流域的城镇化也因此进入全新时代。在以人为核心的新型城镇化阶段，黄河流域在加快推进城镇化的同时，更加注重城镇化质量的提升。虽然新型城镇化阶段黄河流域的城镇化速率比上一阶段降低了一些，但是城镇化的质量显著提高。例如，户籍城镇化率与常住人口城镇化率的差距在逐渐缩小，同时随着国家对外出务工人员返乡创业就业的鼓励和支持，外出务工人口增长规模开始相对下降。由此可见，就地城镇化的比例相对在提高，黄河流域城镇化向着就地和异地并重的趋势发展。

改革开放以来，黄河流域城镇化水平大幅提升，但"重物轻人"的城镇化发展模式已难以为继。如同中国经济面临转型升级的战略重任，黄河流域城镇化也走到了新的路口，转变城镇化方式势在必行。新型城镇化阶段是通过全面深化各领域的改革，不断完善城镇化科学发展体制机制和政策体系的发展新阶段。在户籍制度改革方面，国务院公布的《关于进一步推进户籍制度改革的意见》（2014年）明确提出，要建立城乡统一的户口登记制度；《国务院关于深入推进新型城镇化建设的若干意见》（2016年）进一步提出，全面实行居住证制度，且将居住证与基本公共服务统一起来。2019年，国家发展和改革委员会在《2019年新型城镇化建设重点任务》中提出，城区常住人口300万~500万的Ⅰ型大城市全面取消落户限制。在住房市场改革方面，坚持"房子是用来住的、不是用来炒"的定位，逐步建立起多主体供给、多渠道保障、租购并举的住房制度。在农村土地制度改革方面，建立并完善农村承包地"三权分置"制度，为引导土地有序流转、保护农民权益、形成城乡统一的建设用地市场建立了基本制度框架和政策依据。在黄河流域城镇化布局上，新型城镇化强调合理布局、以大带小、协同发展，以城市群为主体，构建大中小城市和小城镇协调发展的城镇格局，这对确保黄河流域城镇化高质量发展具有重要作用。

第二节　黄河流域城市群形成的历史进程

城市群是我国区域经济发展的一种重要组织形态，也是我国推动现代化、城镇化和工业化的主要空间载体。改革开放40多年来，黄河流域首先发展起来一批核心城市，随着这些核心城市的不断积累和发展，逐步对周边地区产生辐射带动效应，形成了以核心城市为中心、以周边区域为腹地的城市群最初形态。随后黄河流域的城市群数量不断增多、规模逐渐扩大，城市群建设取得积极成效，逐步成为黄河流域人口和资源要素的集聚区。

一、黄河流域城市群的必要性

黄河流域自青藏高原巴颜喀拉山北麓的约古宗列盆地发源，流经青海、四川、甘肃、宁夏、内蒙古、山西、陕西、河南、山东九省区，全长5464千米，是我国第二大长河。随着改革开放以来政策着力点由北向南、由内陆向沿海转移，黄河流域部分地区陷入经济增长缓慢的困境。为促进区域经济发展，黄河流域加大城市群部署力度，城市群逐渐成为带动、引领黄河流域经济发展的关键力量。由于受空间距离衰减规律的制约，城市群的辐射影响范围和能力是有限的，因此沿黄分区布局若干城市群是促进黄河流域协同发展的关键举措。城市群一体化程度高、组织能力强、分工和联系紧密，借助于市场融合度高、基础设施便利等条件，城市群内部可以形成紧密的生产组织联系和商贸关系，有利于人口、要素的顺畅流动。

二、黄河流域城市群的界定

2021年10月，《黄河流域生态保护和高质量发展规划纲要》指出，要构建形成黄河流域"一轴两区五极"①的发展动力格局，形成区域经济发展增长极和黄河流域人口、生产力布局的主要载体。具体地，要求加快山东半岛城市群、中原城市群、关中平原城市群、黄河"几"字弯都市圈和兰州—西宁城市群建设，其中黄河"几"字弯都市圈包括呼包鄂榆城市群、宁夏沿黄城市群、山西中部城市群。表1-1是七大城市群核心城市和其他城市的具体构成。

表1-1 黄河流域七大城市群构成

黄河流域城市群	核心城市	其他城市	城市数量
兰州—西宁城市群	兰州市、西宁市	白银市、定西市、临夏回族自治州、海东市、海北藏族自治州、黄南藏族自治州、海南藏族自治州	9
关中平原城市群	西安市	宝鸡市、咸阳市、铜川市、渭南市、商洛市、运城市、临汾市、天水市、平凉市、庆阳市	11
山东半岛城市群	青岛市、济南市	淄博市、东营市、烟台市、潍坊市、济宁市、泰安市、威海市、日照市、菏泽市、滨州市、德州市、聊城市、临沂市、枣庄市	16
中原城市群	郑州市	洛阳市、开封市、南阳市、安阳市、商丘市、新乡市、平顶山市、许昌市、焦作市、周口市、信阳市、驻马店市、鹤壁市、濮阳市、漯河市、三门峡市、济源市、长治市、晋城市、运城市、聊城市、菏泽市	23
呼包鄂榆城市群	呼和浩特市	包头市、鄂尔多斯市、榆林市	4
宁夏沿黄城市群	银川市	石嘴山市、吴忠市、中卫市	4
山西中部城市群	太原市	吕梁市、忻州市、晋中市	4

资料来源：笔者根据已有政策文件整理。

①　"一轴"是指依托新亚欧大陆桥国际大通道，串联上中下游和新型城市群，以先进制造业为主导，以创新为主要动能的现代化经济廊道，是黄河流域参与全国及国际经济分工的主体。"两区"是指以黄淮海平原、汾渭平原、河套平原为主要载体的粮食主产区和以山西、鄂尔多斯盆地为主的能源富集区，加快农业、能源现代化发展。"五极"是指山东半岛城市群、中原城市群、关中平原城市群、黄河"几"字弯都市圈和兰州—西宁城市群等，是区域经济发展增长极和黄河流域人口、生产力布局的主要载体。

我国"十四五"规划中提及了 19 个城市群,黄河流域包括其中的七大城市群。具体地,关中城市群、中原城市群和山东半岛城市群是需要不断发展壮大的区域性城市群,兰州—西宁城市群、宁夏沿黄城市群、呼包鄂榆城市群和山西中部城市群是正在培育发展的地区性城市群。按照分布来看,兰州—西宁城市群、宁夏沿黄城市群位于黄河流域上游,呼包鄂榆城市群位于黄河流域中上游,关中平原城市群、山西中部城市群位于黄河流域中游,中原城市群位于黄河流域中下游交界处,山东半岛城市群位于黄河流域下游。七个城市群覆盖了黄河上中下游各个河段,为黄河流域的生态保护和高质量发展提供了支撑。从空间结构上看,七大城市群各有特点:兰州—西宁城市群呈双核心结构,核心城市分别是兰州市和西宁市;关中平原城市群是以西安为主导的单核结构;山东半岛城市群包括青岛、济南两个核心城市,共同支撑山东半岛城市群发展;中原城市群是以郑州为核心的单核结构;呼包鄂榆城市群是以呼包鄂为中心、以榆林为支撑的一体化空间结构;宁夏沿黄城市群打造以银川为中心,带动石嘴山、吴忠和中卫一体化发展的单核结构;山西中部城市群是以太原为核心的单核结构。

黄河流域七大城市群各自的形成过程不同,但从改革开放到当前我国步入新发展阶段,七大城市群的发展阶段具有一定的时空相似性(见图 1-1)。改革开放以来,七大城市群均经历了核心城市率先发展的过程,这一阶段城市群的形态尚未形成。在 2000 年前后,黄河流域各个地区先后推动区域一体化建设,城市群的雏形初步显现。到 2021 年《黄河流域生态保护和高质量发展规划纲要》公布,沿黄的兰州—西宁城市群、关中平原城市群、山东半岛城市群、中原城市群、黄河"几"字弯都市圈(包括呼包鄂榆城市群、宁夏沿黄城市群、山西中部城市群)已上升至国家战略地位,成为推动黄河流域建设的重要空间载体。

三、黄河流域城市群形成的历史进程

1. 兰州—西宁城市群

兰州—西宁城市群是我国唯一一个位于"胡焕庸线"西部的跨省区城市群。历史上兰州—西宁城市群处于"丝绸之路"的关键节点,是西北地区重要的交通枢纽,不仅地理条件优越,而且自然生态条件良好,水源、能源丰富。兰州—西宁城市群贸易往来频繁、生产环节联系紧密。兰州、西宁同根同源,民俗风情相似、历史文化相近,作为西部地区两个核心城市,人流、物流相向流动性强,为兰州—西宁城市群的形成提供了有利条件。

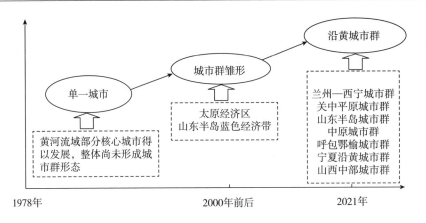

图1-1 黄河流域城市群的总体演变

资料来源：笔者根据七大城市群的战略规划绘制。

兰州—西宁城市群的形成经历了漫长的发展历程。自改革开放和西部大开发战略以来，西部地区经济发展更加受到国家重视。兰州、西宁分别作为西部甘肃、青海两个省份的省会城市，是我国西部地区最邻近的两个省会城市。随着我国区域空间布局由单个城市转向以城市群为主的战略部署，兰州、西宁两个西北核心城市逐渐进行空间相互蔓延，为打造兰州—西宁城市群奠定了基础（见图1-2）。从兰州的区域规划来看，自2000年以后，兰州受地形限制，面临城市扩张的障碍，在尝试"炸山"及"兰白一体化"等空间扩张策略后，兰州逐渐把扩张重点放在秦王川盆地，向兰州、西宁、银川三个城市共生带空间扩展的趋势日益凸显（王云祥，2017）。同时，西宁也加快向兰州方向扩张的步伐。在西宁市政府发布的《西宁市城市总体规划（2001—2020）》中，全面、系统地分析了西宁和兰州两个城市之间的内在联系，将西宁市的发展重点确定为加强兰州和海东区域的互利合作，以打造西北地区的重要城市群。随后，《青海省新型城镇化规划（2014—2020年）》也指出，要加强西宁作为青海东部城市群的核心城市建设，打造其成为兰州—西宁经济区的核心增长极。可见，随着兰州、西宁空间战略规划不断地相向布局，两个城市的经济发展重心不断靠近，呈现出从经济联系到空间整合的融合发展趋势。虽然青海、甘肃等是位于黄河流域上游地区的核心城市，同时城市群发育时间较晚、发育程度尚浅，但是随着我国区域协调发展战略的不断推进，以兰州、西宁为核心城市的兰州—西宁城市群在国家发展中的地位愈加重要。2018年3月，国务院印发《兰州—西宁城市群发展规划》，标志着兰州—西宁城市群已成为我国西部地区乃至全国区域协调发展的重要组成部分。

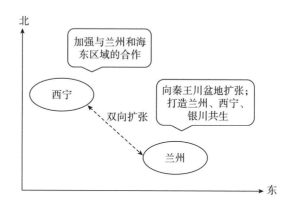

图1-2　西宁和兰州的城市双向扩张

资料来源：西宁、兰州的城市规划系列文件。

2. 关中平原城市群

关中平原地区包括渭河平原和汾河平原，地势平坦、人口集聚、历史悠久。改革开放以来，关中地区经济飞速发展，交通基础设施不断完善，城市之间联系日益紧密，以核心城市为中心、交通轴线做支撑的点—轴发展模式日益完善，同时陇海铁路的贯通促进了西安、宝鸡、渭南等城市发展。

2002年以前，陕西省城镇发展的侧重点在于打造不同城市多层级的城镇化发展，如2002年陕西省政府工作报告提出，强化西安的中心城市功能，推进宝鸡、咸阳等城市步入大城市之列，建设延安等为区域中心城市，但在这一阶段，城市群建设尚未列入陕西省政府工作的重点部署。随后受到西部大开发战略和城镇化建设等的影响，陕西省逐渐探索多中心增长模式，打造西安、咸阳一体化发展，发展周边宝鸡、铜川等次级城市以及杨凌等小规模区域，为探索关中平原城市群的建设创造了条件。而在2003年以后，陕西省开始提及关中城镇群建设，要求推动西安与其他中心城市共同发展。2005年，陕西省政府工作报告中提出建设"五市一区"的关中城市群，是目前所认为的建设"关中城市群"的初步构想。2009年，陕西省人民政府发布了《关中城市群建设规划》，包括西安、咸阳、宝鸡、渭南、铜川、商洛6个城市，以及杨凌示范区。2015年，关中城市群的称呼有所调整，在当年的"十三五"规划中提出建设关中平原城市群。2018年，《关中平原城市群发展规划》获批，在2009年提出的六个城市的基础上，增加了运城、临汾、天水、平凉、庆阳5个城市（见图1-3）。关中平原城市群的形成，标志着西部逐步发展出能够辐射陕西、山西、甘肃的重要增长极。

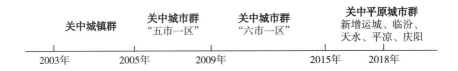

图1-3　陕西省政府工作报告中关中平原城市群的演变

资料来源：陕西省各年政府工作报告、《关中城市群建设规划》、《关中平原城市群发展规划》。

3. 山东半岛城市群

山东半岛城市群包含的16个城市同属山东省，相比于跨省区的城市群，山东半岛具有市场、制度一体化融合的布局优势，为城市群的形成提供了可行性。改革开放40多年来，我国东部沿海大力推进城镇化建设，山东半岛城市群的工业化水平和城市化进程日益加深，济南、青岛两个核心城市发展迅速。20世纪90年代以来，山东半岛依托以青岛—济南为轴的胶济铁路发展迅速，为沿线城市形成了产业和人口扩散的核心通道，沿黄和胶济沿线地区得以发展。2002年山东省政府工作报告提出建设半岛沿海地区成为新经济增长点，2003年以后称之为半岛城市群。2002~2003年，以周一星教授为负责人的课题组对山东半岛发展情况进行了细致的实地调研，之后山东省住房和城乡建设厅提出建设山东"三圈一群"，其中"三圈"分别指以济南为核心的鲁中都市圈、以青岛为核心的胶东都市圈以及以济兖邹曲为中心的鲁南都市圈，打造山东半岛城市群区域合作新模式。2005年，《山东半岛城市群区域发展规划》提出打造山东半岛城市群为沿黄海的经济圈的国际化都市群和现代制造业基地。"十二五"规划后，2011年国务院批复山东半岛蓝色经济区，与广东、上海等作为珠江三角洲、长江流域的核心相似，山东半岛蓝色经济区是黄河流域出海的关键通道，承担着支撑黄河流域发展的龙头作用。2022年，《山东半岛城市群发展规划（2021-2035年）》印发，谋划山东半岛城市群发挥龙头作用，促进黄河流域生态保护建设加快步伐，推动沿黄地区中心城市及城市群高质量发展。山东省城市群演变历程如图1-4所示。

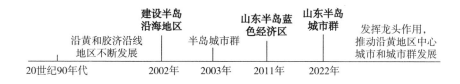

图1-4　山东半岛城市群的演变历程

资料来源：根据山东半岛地区发展规划文件整理。

4. 中原城市群

中原城市群包括河南省的郑州、洛阳、开封、南阳、安阳、商丘、新乡、平顶山、许昌、焦作、周口、信阳、驻马店、鹤壁、濮阳、漯河、三门峡、济源，山西省的长治、晋城、运城，以及山东省的聊城、菏泽，共23个城市①。

河南省在我国处于连接东西、贯通南北的交通枢纽位置，交通便利、往来便捷为中原城市群的形成提供了有利条件。20世纪90年代，河南省在编制"八五"规划时提出"中原城市群体"概念，并在随后的两次五年规划中进一步强化这一概念，这是河南省政府和学者对构建中原城市群进行的初步探索，但尚未得出系统的研究结论。随后中原地区借助于改革开放以来建设的京广铁路、陇海铁路等交通基础设施网络，交通枢纽地位逐步得到强化。然而，在东部沿海和西部大开发战略上升到国家层面的背景下，湖北、河南等中部地区陷入经济增速慢于东部和西部地区的困境。2003年，时任中共河南省委书记的李克强提出要构筑以郑州为中心、包括洛阳等若干城市的中原城市群经济圈，同年《中原城市群发展战略构想》提出中原城市群是以郑州为中心，以洛阳、开封、新乡、焦作、许昌、平顶山、漯河、济源共9个城市组成的经济区，这是中原城市群形成的雏形（苗长虹和胡志强，2015）。2003～2008年，河南加快中原城市群的建设，推动郑洛工业走廊、郑汴一体化、郑许一体化等建设，中原城市群一体化向纵深推进。2008年，河南省将中原城市群空间范围扩大到全省18个省辖市，对中原城市群进行了完善。2012年，国务院批复《中原经济区规划（2012—2020年）》，确定以郑州大都市区为核心、以中原城市群为支撑的经济区，共包含豫冀晋鲁徽5省30个城市。依托于中原城市群内部的城市距离较近，经济联系紧密、经济

---

① 本书对于中原城市群的界定与2016年《中原城市群发展规划》界定的豫冀晋鲁徽5省30个城市不同之处在于，本书暂不考虑邯郸、邢台、宿州、淮北、阜阳、亳州、蚌埠7个城市，原因是本书是基于黄河流域生态保护和高质量发展的研究视角，而这7个城市不属于黄河流域。

结构集中的优势，形成了以郑州大都市区为核心，以"米"字形交通干线为轴带的中原经济区。2016 年 12 月，国家发展和改革委员会印发《中原城市群发展规划》，提出建设中原城市群为支撑中部崛起的核心地带。中原城市群演变历程如图 1-5 所示。

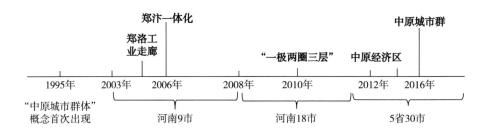

图 1-5 中原城市群的演变历程

资料来源：河南省各年政府工作报告、《中原城市群发展战略构想》、《中原经济区规划（2012-2020年）》、《中原城市群发展规划》。

5. 呼包鄂榆城市群

呼包鄂榆城市群位于黄河上游"几"字弯区域，包括呼和浩特、包头、鄂尔多斯、榆林。呼包鄂榆地区矿产资源丰富、文化底蕴深厚，处于我国"两横三纵"城市化战略布局的包昆线的北端。呼包鄂榆的发展历程经历了单一城市发展、探索区域一体化、形成呼包鄂榆城市群三个阶段（郝海钊和陈晓键，2021）。从改革开放到 2000 年前后，内蒙古以单一城市发展为主，尚未探索城市合作与城市一体化的发展模式。2000 年后，分别凭借内蒙古政治、经济、文化的中心地位，呼包鄂"金三角"开始显现并不断发展，逐渐成为内蒙古西部经济区的核心增长极。内蒙古在"十五"规划期间提出率先发展以"呼包鄂"为核心的西部地区发展，积极推进呼包鄂一体化进程。随后，2011 年 6 月我国公布的《全国主体功能区规划》中明确将呼包鄂榆地区作为国家 18 个重点开发的区域之一，在呼包鄂"金三角"的基础上加入陕西榆林地区，要求建立以呼包鄂为中心、以榆林为支撑、以交通带和沿黄产业带为轴的空间开发格局，形成在全国范围内具有能源丰富、畜牧业发达、地势平缓等独特发展优势的城市群。2018 年 2月国务院批复的《呼包鄂榆城市群发展规划》，对探索资源型新型城镇化道路、强化西部大开发、促进中俄经济联系、保护黄河流域生态环境具有重要战略意义。呼包鄂榆城市群演变历程如图 1-6 所示。

图 1-6　呼包鄂榆城市群的演变历程

资料来源:《全国主体功能区规划》《呼包鄂榆城市群发展规划》等。

6. 宁夏沿黄城市群

宁夏沿黄城市群包括银川、石嘴山、吴忠、中卫四个城市,空间结构是以银川为核心的单核结构,位于黄河流域"几"字弯区域。宁夏沿黄城市群位于我国西北地势平坦的干旱地区,有"塞上江南"的美誉,是建设黄河生态经济带的重要组成部分。改革开放以来,宁夏地区经济发展取得了一定成效,但城市空间格局变化不大(薛正昌,2016)。2000 年前后,依托于黄河优势资源,宁夏沿黄区域形成以银川、石嘴山为中心的经济走廊,奠定了宁夏沿黄城市群的基础。在西部大开发战略和"十五"规划下,国家加强了对宁夏地区的重视,发展宁夏沿黄地区成为能源重工业基地。

依托河套平原和黄河流经地的优势,"十一五"期间国家强调建立宁夏沿黄商品粮基地。随着经济发展水平的提升,宁夏沿黄地区分工更加明确,城市间、城乡间的经济联系逐渐紧密,以高耗能工业为主要产业,形成了较为完整、多层次的城镇体系。2011 年,《全国主体功能区规划》强调加强宁夏沿黄经济区建设,战略规划是建立以银川—吴忠为核心,以石嘴山和中卫为两翼,以交通轴线相连的区域发展格局。"十三五"期间,要求宁夏沿黄城市群有序发展,打造成为西部地区关键增长极(田晓娟,2020)。宁夏沿黄城市群演变历程如图 1-7 所示。不难看出,宁夏沿黄城市群的形成是以黄河为纽带,以能源为基础,以中心城市为依托。作为黄河高质量发展的部署区域,宁夏沿黄正在大力发展,与呼包鄂榆城市群、山西中部城市群共同发挥着推进黄河中段生态保护和高质量发展的关键作用。

图 1-7　宁夏沿黄城市群的演变历程

资料来源：《全国主体功能区规划》及《宁夏回族自治区新型城镇化"十四五"规划》等。

7. 山西中部城市群

山西中部城市群包括山西省的太原、吕梁、忻州、晋中 4 个城市，空间结构是以太原为中心的单核结构。山西中部城市群位于黄河流域中部，是黄河流域"几"字弯的重要组成部分，黄河第二大支流汾河由北向南贯穿太原。现代以来，山西省丰富的煤炭资源为其经济发展提供了"加速器"。随着经济水平的提升和经济活动的频繁，山西省逐步探索城市群建设，以推动山西区域协同发展。20 世纪 90 年代，山西省提出推动太榆同城化建设，这是山西对构建城市群的初步探索。"十一五"期间，山西省要求太原加大省会城市辐射能力，推动晋中、忻州、吕梁、阳泉等城市在内的太原都市圈发展，为山西中部城市群的发展奠定了基础。随后从 2010 年开始，山西省先后提出建设太原城市群、晋中城市群、太原大都市区、山西中部盆地城市群（见图 1-8）。例如，2012 年以来，山西省实施"一核一圈三群"的城镇化建设，要求将以太原为核心的太原城市圈打造成为山西省核心增长极，以太原都市圈带动山西晋北中部、晋南中部、晋东南中部三个城镇群建设。究其本质，2010 年后部署的城市群建设均为构建山西中部城市群一体化新格局提供了有益探索。不难发现，自改革开放以来，对山西中部城市群建设的探索历程从未停止，通过不同阶段、不同时期的区划调整，山西以激发以太原为核心的城市群活力为目的，对促进山西省发展、推进黄河流域生态保护和高质量发展具有重要的战略意义。

图 1-8　山西中部城市群的演变历程

资料来源：《山西省城镇化发展纲要》《促进中部地区崛起规划》及《山西省国土空间规划（2020—2035 年）》等。

第三节　黄河流域城市群的发育程度和阶段判断

流域经济是以河流自然资源，特别是水资源和土地资源为发展前提，来推动流域地理范围内各地区经济系统的形成，并通过各种经济活动和与外部系统的交流来实现该流域经济系统的持续发展。在我国主要七大河流中，黄河长5464千米，流域面积752773平方千米，位居第二位，年径流量约592亿立方米，处于第五位。黄河流域城市群的发展在具备流域经济发展的基础上也有独特的发展模式，其不同于长江经济带城市群的网络结构发展模式，而是呈点状结构分布，是以中心城市为核心不断发展。

一、黄河流域城市群的整体特征

就城市群区域规划而言，黄河流域兰州—西宁城市群、呼包鄂榆城市群、宁夏沿黄城市群和山西中部城市群的城市数量较少，城镇密度较低，规模体系不够完整，虽然中心城市地位突出且具备城市群的基本雏形，但是存在城市群结构较松散、城市间联系强度和辐射能力较弱等问题。相比之下，山东半岛城市群、中原城市群、关中平原城市群从人口、城市数量、城镇体系、中心城市的规模等级体系等方面都具备一定的发展基础。

从整体指标上看，黄河流域城市群面积约85.74万平方千米，占黄河流域的24.01%。2020年，黄河流域城市群年末总人口数超过2.70亿，占黄河流域总人口的60%；地区生产总值约占黄河流域的72.21%，占全国生产总值的21.55%；一般公共预算收入为1.42万亿元，占黄河流域财政收入总量的61.95%；社会消费品零售总额为6.98万亿元，占黄河流域的68.13%；进出口总值和实际利用外资金额分别为3.17万亿元和416.01亿美元，分别占黄河流域的79.49%和71.27%。可以说，黄河流域七大城市群已成为黄河流域高质量发展的重要支柱。但同全国水平相比，黄河流域城市群整体发育程度较低；同京津冀、长三角、粤港澳大湾区等地区相比，其也存在一定差距。此外，黄河流域城市群还有一些值得注意的特点。

第一，中心城市、都市圈带动城市群发展，呈现多中心特征。在黄河流域城市群的空间布局规划中，城市群沿铁路或流域呈点状结构分布，并先后设立形成了西宁都市圈、兰州都市圈、西咸都市圈、银川都市圈、呼和浩特都市圈、太原都市圈、郑州都市圈、济南都市圈和青岛都市圈。这九大都市圈从黄河上游覆盖到黄河下游区域。此外，在各城市群2020年的地区生产总值、社会消费品零售总额和一般公共预算收入等主要经济指标中，中心城市占比基本在20%~60%，表现出一定的"中心—外围"结构特征。其中，山东半岛城市群、中原城市群和关中平原城市群在人口聚集、经济总量等方面均名列前茅，具有重要地位和强大影响力，济南、青岛、郑州、西安等城市在各项指标上并未出现明显分化，城市群多中心特征较为显著。由于省会城市更易在经济和政策等方面得到帮扶，未来西安、兰州、银川、郑州和济南等中心城市的规模可能会进一步扩大，引致城市群发展呈现出中心城市带动周围地区发展的特征。

第二，资源型城市特征明显，资源禀赋差异较大。黄河流域资源型城市数量占到全国262个资源型城市的1/4，是我国重要的能源支撑区。然而，各城市群资源禀赋差异较大：水资源主要集中于兰州—西宁城市群的青海省域，煤炭资源主要集中在中游城市群和内蒙古地区，石油资源则主要分布在中下游城市群。不同的资源禀赋造成各城市群形成不同的产业聚群，呈现不同的发展态势。

第三，城市群产业呈现资源型产业和传统制造业为主导的特征。作为资源型城市聚集区，黄河流域城市群开发方式以煤矿资源开采和初级加工为主。结合黄河流域城市群的经济结构来看，第一产业比重与全国水平持平，第二产业比重高于全国水平，第三产业比重略低于全国水平，即呈现出第二产业比重较大的特征。另外，相较于发育程度较好的下游城市群，中上游城市群的产业结构和层次较低，传统制造业和资源型产业占据主导地位，先进制造业和现代服务业比重不足。因各地政府在推动经济发展过程中存在协调不畅的情况，城市群整体未形成合理的产业分工。

二、黄河流域各城市群的具体情况

1. 兰州—西宁城市群

从发展现状来看：一是区位优势明显。该城市群地处新亚欧大陆桥国际经济合作走廊，是中国—中亚—西亚经济走廊的重要支撑，以兰州、西宁为核心的放射状综合通道初步形成，"座中四联"的枢纽地位日益突出。二是资源禀赋较好。该城市群属于西北水土资源组合条件较好地区，黄河、湟水谷地建设用地条件较好；有色金属、非金属等矿产资源和水能、太阳能、风能等能源资源富集，是我国西气东输、西油东送的骨干通道，也是重要的新能源外送基地。三是经济基础较好。石油化工、盐湖资源综合利用、装备制造等优势产业体系基本形成，新能源、新材料和循环经济基地加快建设。人口密度达 125 人/平方千米，分布较为密集，高于周边地区平均水平，兰州、西宁城区常住人口已超百万。同时，科技实力较强，在物理、生物、资源环境等研究领域具有优势。四是生态地位突出。该城市群处于第一阶梯向第二阶梯的过渡带，北仗祁连余脉，中拥河湟谷地，南享草原之益，周边有国家生态屏障，既有承担生态保护的重大责任，也有潜在生态优势转化为现实经济优势的良好条件。五是经济、社会、人文联系紧密。各城市山水相依、人缘相亲、民俗相近、交通联系紧密、人员往来密切、经贸合作不断深化，文化多源并出、多元兼容、遗存丰富，各民族共同团结奋斗、共同繁荣发展，具备推进一体化的良好基础。

从发育程度来看：一是发展水平总体不高。经济总量偏小，人均水平偏低，2020 年人均地区生产总值为 50361 元，仅为全国平均水平的 69.51%。城镇间发展差距大，城乡二元结构特征明显。传统产业比重高，产业链条短、产品层次低，市场竞争力不强，人才支撑不足，自我发展能力弱。二是中心城市带动能力不强。兰州、西宁城市功能和综合承载能力不足，"城市病"日益凸显，发展空间受限，综合实力较弱。中等城市缺位，小城镇数量占比大但发展不足。三是发展短板和瓶颈制约较多。交通、信息、水利等基础设施建设滞后，骨干路网等级低，城际网络不健全，内通外联能力弱，路网密度远低于全国水平。四是基本公共服务体系不健全，相关服务业人才支撑不足。体制机制不活，民营经济发展不充分，对外开放程度低，发展的各项基础条件均需大幅改善。五是资源环境约束日趋加剧。生态环境本底脆弱，水资源时空分布不均，土地沙化、荒漠化和水土流失较为严重，滑坡、泥石流等地质灾害隐患较为突出。六是城市大气污染治理难度大，黄河流域水环境污染亟待解决，土壤重金属污染问题明显。

2. 山东半岛城市群

从发展现状来看：一是综合实力较强。山东半岛城市群人口总量较大、经济基础较好，是东部沿海地区重要城市群之一。农业基础扎实，工业门类齐全，服务业发展较快，初步形成了装备制造、交通运输设备、家电、石油化工、纺织服装、食品、有色金属等为主体的现代产业体系。蓝色经济特色突出，约占全国的1/5，海洋装备制造业、海洋生物产业等在全国居领先地位。二是资源禀赋良好。

山东半岛是我国城市起源较早的地区之一，拥有深厚的文化积淀，历史文化名城众多，"三孔"、泰山、京杭大运河等一批自然和人文遗产世界闻名。矿产资源组合良好，石油产量约占全国总产量的 16%，黄金、自然硫、石膏等 30 多种矿产储量位居全国前十位。生态资源独具特色，山、海、河、湖、湾、岛等交相辉映，与齐鲁文化相得益彰。三是区位优势明显。山东半岛城市群地处东部沿海地区，东与日韩隔海相望，北接京津冀、南临长三角，西与中原城市群相邻，既是环渤海地区合作的重要组成部分，也是黄河流域的主要出海门户，是"一带一路"重要枢纽，具备构建对内对外开放新格局的独特优势。四是城镇布局相对均衡。山东半岛城市群现有城镇人口超过 6700 万，形成了济南、青岛、临沂、烟台、淄博、济宁、潍坊 7 个大城市，枣庄、威海、滨州、德州、聊城、菏泽、东营、日照、泰安、莱芜、即墨、新泰 12 个中等城市，81 个小城市和 1115 个建制镇均衡分布的空间体系；户籍人口城镇化率达到 65.05%，已经进入了城镇化较快发展的中后期阶段。五是基础设施不断完善。高速公路、快速铁路等区域交通设施建设加快推进，初步形成了由现代化港口群、区域枢纽机场以及铁路、公路交通干线构成的立体交通网络；南水北调东线一期工程建成通水、胶东调水主体工程建成投入使用，区域供水设施趋于完善；"外电入鲁"工程进展顺利，风电、生物质发电、光伏发电等新能源开发利用水平不断提高，能源保障能力进一步增强。六是开放合作取得新进展。积极融入"一带一路"建设、京津冀协同发展、长江经济带发展中；与中国台湾、香港经贸合作不断深化；威海中韩自贸区地方经济合作示范区纳入中韩自贸协定；东亚海洋合作平台永久性会址落户青岛。对外投资合作主要指标连续多年保持在全国前列。

从发育程度来看：一是核心城市竞争力不够强。核心城市的发展水平决定了城市群的发展水平。目前，济南和青岛两市城区人口都不足 400 万，综合实力较弱，辐射带动能力不强，很大程度上制约了山东半岛城市群的整体发展。二是城市间协作机制不够健全。城市群缺少统一的管理协调平台，现代治理体系还没有完全建立，行政区划束缚和地方政策差异依然存在，发展统筹不够，阻碍了劳动力、资金、土地、产权、人才等要素统一市场的形成。三是快速交通体系不够完善。高速铁路建设较为滞后，城市群内部未形成网络，外部与周边地区缺少多通道联系。城市轨道交通建设进展不快。城市间快速交通网络与城市内部交通衔接不紧密，与城市群一体化、同城化发展要求存在差距。四是产业结构不够优化。重化工业比重偏高，生产性服务业发育相对不足。各城市产业往往自成体系，城市间竞争大于合作，以邻为壑现象仍然存在，城市群一体化发展所需的横向错位发展、纵向分工协作格局没有建立。五是发展方式不够集约。土地利用相对粗放，人均城乡建设用地面积过大，地均产出效率不高。水资源成为重要瓶颈，人均占有量不足全国人均的1/6，且空间分布不均，与经济布局契合度不高。生态环境问题仍然存在，大气污染、地下水超采、水土流失等尚未得到彻底遏制。

3. 中原城市群

从发展现状来看：一是综合实力较强。中原城市群产业体系较为完备，装备制造、智能终端、有色金属、食品等产业集群优势明显，物流、旅游等产业具有一定国际影响力。科技创新能力持续增强，国家和省级创新平台数量众多，人力资源丰富，劳动人口素质持续提升。合芜蚌、郑洛新国家自主创新示范区建设全面展开，郑州航空港经济综合实验区建设不断取得突破，引领开放、带动全局的效应日益凸显。二是交通区位优越。中原城市群地处沿海开放地区与中西部地区的接合部，是我国经济由东向西梯次推进发展的中间地带。交通条件便利，高速公路通车里程居全国前列，郑州新郑国际机场等可实现与国内外主要枢纽机场的快速联通，"米"字形高铁快速路网和现代综合交通枢纽格局正在加速形成，立体综合交通网络不断完善。三是城镇体系完整。中原城市群拥有特大城市郑州和数量众多、各具特色的大中小城市。城镇空间聚合形态较好，常住人口城镇化率接近50%，大中小城市和小城镇协调发展格局初步形成，正处于工业化城镇化加速推进阶段。四是自然禀赋优良。中原城市群地处南北气候过渡地带和第二阶梯向第三阶梯的过渡地带，自然景观荟萃，动植物资源丰富，气候兼有南北之长，人居环境优良。平原、丘陵、山地兼具，且以平原为主，产业发展、城镇建设受自然条件限制较小。五是文化底蕴深厚。中原城市群人缘相亲、文化相融，人员交流和经济往来密切，是中华民族和华夏文明的重要发祥地，国家历史文化名城和国家级风景名胜区数量众多，地上/地下文物和馆藏文物均居全国前列。

从发育程度来看：一是深入实施区域发展总体战略，制定实施促进中部地区崛起规划，完善政策支持体系，为中原城市群深化城际合作、实现协同发展、增强整体实力和综合竞争力提供了有力保障。二是大力实施新型城镇化战略，以城市群为主体形态形成发展新空间，为城市群加快发展创造重大机遇。三是深入推进"一带一路"建设，推进中国（河南）自由贸易试验区建设，加大门户城市开放力度，为中原城市群提升开放水平、建设内陆开放高地提供了良好环境。同时，中原城市群发展也面临一些突出矛盾和问题。四是资源环境约束加剧，部分城市雾霾天气、水资源短缺等问题较为突出；城市间一体化协调发展体制机制有待进一步完善。

4. 呼包鄂榆城市群

从发展现状来看：一是城市群雏形初步显现。该城市群拥有呼和浩特、包头两座大城市和鄂尔多斯、榆林两座中等城市，一批小城市和小城镇正在加快发育，城市和城镇间互动密切，协同发展态势明显。二是产业合作基础较好。以能源、化工、冶金、新材料、装备制造、农畜产品加工等为主的工业体系基本形成，旅游、商贸、金融、大数据等服务业发展较快，城市间能源、旅游等产业合作密切，产业分工协作体系逐步建立。三是交通设施相互连接。京藏、京新、荣乌、青银等高速公路和京兰、太中银等铁路横贯东西，包茂高速公路和包西铁路纵穿南北，建有呼和浩特、鄂尔多斯 2 个国际机场和包头、榆林 2 个支线机场，现代交通枢纽正在形成。四是资源合作利用潜力大。煤炭、石油、天然气和稀土、石墨、岩盐、铁矿等能源矿产资源富集，风、光资源充足，草原、沙漠、湿地和黄河、长城、古城等自然人文资源丰富，城市间资源互补、合作利用蕴藏着很大的潜力。五是人文交流底蕴深厚。历史上农耕文明与游牧文明深度交融，人缘相亲、民俗相近、文化同源、交流密切、认同感较强，近年来毗邻区域合作不断深化，城市协同发展条件较好。

从发育程度来看：一是新型城镇化加快实施，中西部城市群布局形态调整优化，为呼包鄂榆城市群加快发展增添了强劲动力。西部大开发深入推进，重大基础设施、公共资源投入持续增加，为城市群提升发展水平提供了有力支持。"一带一路"建设成效显著，中蒙俄经济走廊建设不断推进，为城市群扩大开放搭建了广阔平台。二是改革红利不断释放，"放管服"改革向纵深发展，为城市群转型发展营造了有利环境。三是呼包鄂榆城市群中心城市辐射带动能力不强，城市间协同发展体制机制建设尚处于起步阶段。资源型产业转型升级任务艰巨，战略性新兴产业和现代服务业发展相对滞缓。城际基础设施互联互通欠账较多，公共服务共建共享水平亟待提高。四是生态系统比较脆弱，环境容量较为有限，生态修复和环境治理任务艰巨。

5. 关中平原城市群

从发展现状来看：一是区位交通优势显著。该城市群地处我国内陆中心，是亚欧大陆桥的重要支点，是西部地区面向东中部地区的重要门户。贯通西部地区的南北通道和新亚欧大陆桥在此交汇，以西安为中心的"米"字形高速铁路网、高速公路网加快完善，国际枢纽机场和互联网骨干直联点加快建设，全国综合交通物流枢纽地位更加凸显。历史文化底蕴深厚，南依秦岭、东跨黄河，具有独特的文化和地理标志，发源和兴盛于此的汉唐文化等是中国文化的重要组成。西安、咸阳、宝鸡、天水等城市历史悠久，拥有大量珍贵的历史文化遗产和丰富的人文自然资源。城市群内各城市文化同源、人缘相亲、民俗相近、交流合作密切、区域认同感强。二是现代产业体系完备。工业体系完整，产业聚集度高，是全国重要的装备制造业基地、高新技术产业基地、国防科技工业基地。航空、航天、新材料、新一代信息技术等战略性新兴产业发展迅猛，文化、旅游、物流、金融等现代服务业快速崛起，产业结构正在迈向中高端。西北唯一的自由贸易试验区和一批国家级产业园区，为现代产业发展提供了重要平台和载体。创新综合实力雄厚，目前拥有西咸新区、杨凌示范区等4家国家级"双创"示范基地和500项专业化众创空间建设，肩负着创新资源开放共享、突破关键技术等国家重大改革创新任务。城镇体系日趋健全，西安已发展为西北地区的特大城市，核心引领作用不断增强。

从发育程度来看：一是中心城市辐射带动作用不强，城市数量总体不足。西安市与东部特大城市相比，经济发展水平尚有差距，城市功能有待完善。大城市少，中小城市发展相对偏弱，分工协作和创新能力有待加强，成果就地转化水平不高。二是城市群协同创新机制不健全，各类科研机构力量未能有效整合，创新创业服务体系不够完善，科技与经济、成果与产业对接不畅。三是开放合作层次不高，体制机制障碍尚未完全破除。发展观念和竞争意识不强，对外开放程度不够，开放型经济体系不够健全。市场环境不优，民营经济发展较为滞后，市场主体相对不多、不大、不强，对高端要素吸引能力不强。四是生态系统相对脆弱，资源环境约束加剧。人均水资源量不足全国平均水平的1/3，且空间分布不均。渭河、汾河流域部分区段水质污染严重，地下水超采问题突出。大气环境污染情况严峻，重污染天气频发，环境容量接近极限。

6. 宁夏沿黄城市群

从发展现状来看：一是文化层次丰富。城市群内主要分布有回族、满族、蒙古族等多个少数民族，多种民族文化与汉族文化共生，形成了多种文化类型。丰富的文化类型在地域上表现为人文景观的多样性，在空间上各文化类型相互交错分布，在沿黄城市带形成了多元文化交融的地域综合体。二是产业特色明显。宁夏沿黄城市群已经形成以矿产资源为特色的优势产业带，包括能源产业、煤化工产业、新材料产业、装备制造业、农副加工产业、高新技术产业，推动着中心城市迅速发展。三是经济关联度较高。宁夏沿黄城市群中的城市同属一个省份，地缘相近、人缘相亲。

从发育程度来看：一是宁夏沿黄城市群占宁夏回族自治区总面积的43%，集中了宁夏全区约57%的人口、80%的城镇人口，创造了宁夏90%以上的生产总值和财政收入，已初具雏形。二是从宁夏城市体系的整体分析，2020年银川市区人口为285.91万，较过去有明显增长，但仍然落后于同为省会的西安、兰州等其他城市，城市人口规模仍有增长空间。三是城市等级规模失衡，大城市和中等城市稀缺，城市发展水平较低，小城市和城镇发展滞后。宁夏城市体系中，大城市只有银川市，而近年来固原和中卫等市发展较为迅速，改变了中等城市只有石嘴山市的局面，但这些城市仍然难以形成与银川完全相适应的城市规模和体系，其他的小城市和小城镇发展迟滞，落后于大中城市的发展。缺乏适当的城市梯次必然阻碍着宁夏沿黄城市群的快速发展和产业体系建构。四是城市基础设施是支撑城市发展壮大的基础，虽然高铁、省道等交通设施有了长足增长，但是涉及邮电、供水、供电、绿化环保、文化卫生等的技术性工程设施和硬件系统，城市群内的城市大部分指标还没有达到标准。

7. 山西中部城市群

从发展现状来看：一是区位优势明显。该城市群地理条件独特，联通东中西，拥有参与多边区域合作的区位优势。二是自然资源优越。气候优越、环境优质，煤炭资源丰富、经济价值较高，生物资源种类繁多，是山西省综合自然地理条件与资源禀赋较优越的地区。三是经济基础较好。山西中部城市群产业门类较为齐全，经济总量占山西省50%左右。近年来产业结构不断优化，经济活力不断增强，形成了以烟草、有色金属冶炼、装备制造业等为主的增长点，具有较强的区域竞争力。四是基础设施建设成效突出，推进了太原至忻州城市快速通道108国道改造工程、太原铁路枢纽客运环线建设项目和太原城市轨道交通项目等重大交通项目，以太原为中心的现代化综合交通网络初步成型，各级城镇之间联系日趋紧密。

从发育程度来看：一是山西中部城市群地区生产总值及人均地区生产总值排名较为靠后，发展差距明显。二是现代产业体系不够完善，外向型产业发育不充分，出口产品层次较低、规模较小，产业发展同质化现象比较突出。三是城镇化质量总体不高，城镇空间结构有待优化，中心城市人口聚集能力不足、辐射带动作用不强。四是对内对外开放度不高。对外通道服务水平较低，运输成本较高，畅通保障不足，综合交通运输效率不高。与周边区域的合作水平有待提升，呈现散、小、弱特征。中心城市太原在金融、贸易、物流、信息等外向型服务产业方面发展相对滞后。五是基础设施互联互通和共建共享程度不足。综合交通网络化程度偏低，与周边地区交通基础设施和物流体系的对接与沟通不足，通航点和航线频度有待进一步增加。

第四节　黄河流域城市群的功能及在全国的地位演变

黄河流域包括七大城市群，这些城市群均在我国"十四五"规划布局的城市群之列。对于黄河流域来说，七大城市群沿黄河分布，是人口、产业集聚地，承担着生态保护和高质量发展的重要职能。对于国家来说，七大城市群是构建高质量发展国土空间布局的重要战略载体，也是国家城市化格局的重要组成部分。

一、黄河流域城市群的总体功能

黄河是中华文明主要的发源地，同时也是我国乃至世界上最难治理的河流。长期以来，黄河流域水资源不足，但人口、耕地等数量庞大，废水排放、能源浪费、生态破坏等问题严重，制约着黄河流域的城市经济发展。黄河流域城市群作为黄河流域经济密集区，工业化、城镇化发达，是黄河流域综合治理、"五化"融合、生态保护、人口和生产力布局的空间载体。

黄河流域城市群是黄河流域综合治理的先行区。黄河流域主要的问题是水资源短缺，多年来水资源总量不足长江的7%，但水资源的开发利用率远超全国平均水平。合理规划城市群，可以在有限的城市边界内实现以水定城、以水定地、以水定人、以水定产，实现人口和产业对水资源的集约使用。上游城市群的主要功能体现在保护水源，保障三江源"中华水塔"的水源滋养。中游城市群承担着保护水土、推进现代化农业的功能。下游城市群承担着湿地保护功能。沿黄城市群各司其能，集水环境保护、水生态修复、水污染治理、水资源节约、堤防建设于一体，进行山水林田湖草综合治理，贯彻"绿水青山就是金山银山"的生态理念，能够促进黄河流域的自然生态系统得到系统性、完整性的保护，筑牢国家生态安全屏障。

黄河流域城市群能够保障黄河流域"五化"融合的有效运行。黄河流域作为资源型经济带，具有产业效率低、能耗高的特点，必须尽快实现新型工业化、信息化、城镇化、农业现代化和绿色化融合发展。城市群作为城镇化的主要空间载体，是实现"五化"融合的重点区域。要加快黄河流域城市群内资源利用和生产方式向集约式转变，大力发展数字化、智能化的产业发展模式，促进新旧动能转换，加快产业结构升级和产业效率提升。

黄河流域城市群能够为推动生态保护、绿色环保做出表率。黄河流域七大城市群生态环境保护一体化，实现上、中、下游生态共同治理，固土、治污、调沙、治水、增绿等同时进行，可以确保黄河流域生态安全、食品安全和能源安全。同时，上中下游城市群共同承担防汛抗旱协同合作的功能。城市群率先建立起绿色环保的产业体系、生态保护补偿机制，严格实行边界管控，有助于实现黄河流域的合理、有效开发。

黄河流域城市群能够发挥集聚扩散能力。城市群是黄河流域资源要素集聚、区域经济发展的核心地区，对黄河流域资源要素配置、产业结构转型、经济发展起着重要作用。当前我国区域经济发展格局的集聚趋势日益显著，大量经济活动正在向北京、上海、深圳、广州等国家中心城市与京津冀、长三角、粤港澳大湾区等快速汇聚，南北经济差距、沿海与内陆经济差距持续显现，我国经济协调发展水平亟需增强。在此背景下，发挥黄河流域城市群的作用，实现城市群之间互联互通，有利于突破黄河流域资源禀赋约束，培育北方地区、内陆地区经济竞争新优势。

二、黄河流域各个城市群的功能

2020年1月，习近平在中央财经委员会第六次会议上指出，要推进兰州—西宁城市群发展，推进黄河"几"字弯都市圈协同发展，强化西安、郑州国家中心城市的带动作用，发挥山东半岛城市群龙头作用，推动沿黄地区中心城市及城市群高质量发展。可见，黄河流域生态保护和高质量发展需要城市群的共同发力，最大化发挥各个城市群的功能。

1. 兰州—西宁城市群

首先，兰州—西宁城市群位于黄河流域上游生态保护的核心区域，是黄河流域保障水安全的关键地带，其最重要的功能是涵养水源、防止荒漠化、保障生态安全，承担着保护"中华水塔"的重要功能。依托于三江源、祁连山，推动土壤、空气、水资源治理建设，是兰州—西宁城市群发挥生态屏障功能的重要体现。其次，兰州—西宁城市群是甘肃、青海两省的重要增长极，拥有深厚的文化底蕴、丰富的旅游资源和矿产资源，对发展生态产品、提升甘肃和青海的经济发展水平具有关键作用。同时，兰州—西宁城市群是新能源、新材料建设的先行区，是西北地区经济发展的有力支撑。最后，在全国层面，兰州—西宁城市群处于新亚欧大陆桥合作廊道的关键位置，是我国西北地区连接亚欧大陆的重要枢纽，有利于"一带一路"建设和长江经济带的互动合作。

2. 关中平原城市群

关中平原城市群是古丝绸之路的起点，自古以来承载着中华民族发展的重要使命。现代以来，关中平原城市群是我国社会主义现代化建设和对外开放的重要区域。首先，关中平原包含西安这一国家中心城市，是西部地区经济发展的核心引擎，《黄河流域生态保护和高质量发展规划纲要》指出要发挥西安的引领带动作用，可见西安在黄河流域发展中处于关键位置。其次，关中平原是黄河流域七大城市群中发育较完善、发育水平较高的三大区域性城市群之一，是西部建设现代产业体系、国家级产业园区、自由贸易试验区的主要区域，为高质量发展提供了重要平台和载体。最后，关中平原城市群凭借陇海—兰新交通线，向东与中原增长极、长三角增长极可以形成密切联系，而依托京津—包昆交通线，关中平原城市群向北可实现空间延伸，与京津冀城市群互联互通，与成渝经济区相连。作为国家级城市群，关中平原城市群服务于广袤的西北地区，为支撑和引领西部地区参与"一带一路"建设提供了重要支撑。

3. 山东半岛城市群

首先，山东半岛城市群包含济南、青岛两大核心城市，借助完备的现代交通基础设施网络，城市群内人流、物流、资金流、信息流、技术流等联系密切，地域分工和产业合作优势突出，构成互惠、互利、共赢的区域合作体，在黄河流域中承担着集聚、辐射、扩散的龙头功能。其次，山东半岛是黄河流域入海的主要门户，具有首批国家级水产健康养殖和生态养殖示范区。山东半岛城市群应打造成为黄河流域生态排头兵，承担保护湿地耕地、生物多样性的功能，确保生态优先、绿色发展。最后，山东半岛城市群是我们面向日韩地区开发的合作平台，是新亚欧大陆桥和"一带一路"建设的重要组成部分，也是国内京津冀、长三角的中间纽带。山东半岛城市群在国内、国际的关键位置决定了其具备资源要素配置功能和产业集聚转移能力，为实现黄河流域更高水平开放、更高质量发展发挥着引领作用。

4. 中原城市群

中原城市群是黄河流域区域性城市群之一，与关中平原城市群、山东半岛城市群组成黄河流域高质量发展的排头兵。一方面，郑州作为国家中心城市，是打造黄河流域先进制造业企业和战略性新兴产业集群的龙头，对黄河流域的高质量发展至关重要。中原城市群是黄河流域经济发展的增长极，是黄河流域率先实现先进制造业和现代服务业融合、打造战略性新兴产业的空间载体。另一方面，中原城市群地处沿海开放地区与中西部地区的接合处，交通条件便利，郑州新郑国际机场可实现与国内外主要枢纽机场的快速联通，同时以郑州为核心的"米"字形高速铁路网和现代综合交通枢纽格局正在加速形成，立体综合交通网络不断完善。依托陇海—兰新线，中原增长极东接长三角增长极、西联关中增长极。依托京广铁路，中原增长极北接环渤海增长极、南联长江中游增长极。建设中原城市群有助于打通全国城市群之间的联系，具有推动我国东南西北经济联动发展的引领作用。

5. 呼包鄂榆城市群

呼包鄂榆城市群位于黄河流域"几"字弯地区，与宁夏沿黄城市群、山西中部城市群共同构成黄河"几"字弯都市圈。作为西部的重要增长极，呼包鄂榆城市群建设对黄河流域生态保护和高质量发展具有重要意义。首先，呼包鄂榆城市群是我国能源、化工、新材料、乳业等多种产业发展基地，城市群内煤炭、石油、天然气等资源丰富，承载着为全国各个地区输送能源的战略职能。其次，呼包鄂榆城市群的煤炭资源丰富，但过度开发容易导致生态破坏，因此，以呼包鄂榆城市群率先实现煤炭资源的利用效率提升，减少煤炭造成的废气、废水排放，有利于黄河流域生态保护。最后，呼包鄂榆城市群位于黄河流域的中上游地区，是黄河流域水资源保护的核心区域。呼包鄂榆城市群的水土治理，有助于黄河流域中上游的水资源保护和林草资源保护，避免黄河流域的水土流失。

6. 宁夏沿黄城市群

宁夏沿黄城市群是黄河流域"几"字弯都市圈的组成部分。以银川为核心城市，宁夏沿黄城市群承担着推进黄河流域上游地区生态保护和高质量发展的关键职能。从区位视角看，宁夏沿黄城市群地处西北平原地区，位于我国"两横三纵"的北端，东临陕西省，南接甘肃省，区域优势明显。以包兰铁路为依托，是西部地区的交通枢纽。宁夏沿黄城市群集独特的人文地貌、丰富的资源于一体，银川、石嘴山、吴忠、中卫四个城市一体化发展，促进了城市群发展的整体性、组织性、有序性的提升。以银川为核心，加强两翼地区发展，打造绿色工业、生态文明产业和文化旅游产业，对提升宁夏及黄河流域上游生态功能，促进经济发展具有重要意义。

7. 山西中部城市群

山西中部城市群位于黄河流域中游，是黄河"几"字弯的重要组成。长期以来，山西煤炭资源丰富，煤炭经济为山西带来经济增长的同时，也造就了山西资源依赖型的产业结构，给山西中部城市群产业结构转型带来压力，同时导致了资源开发过度和生态资源破坏等问题。从地理位置看，黄河流域中游水土流失严重，是向黄河排沙的主要区域，可见注重山西中部城市群的生态保护和高质量发展，有助于促进"几"字弯地区的荒漠一体化治理和生态系统性修复，同时也为黄河流域打破资源约束实现高质量发展提供关键保障。未来要以太原为核心，加强吕梁、忻州、晋中等城市的生态协同建设和经济一体化高质量发展。加强山西中部城市群与呼包鄂榆城市群、宁夏沿黄城市群协同建设形成合力，推动黄河流域"几"字弯都市圈绿色经济转型和生态环境保护，为国家高效输送资源，强化我国能源战略安全，同时也为保护黄河流域资源环境、促进黄河流域高质量发展助力。

三、黄河流域城市群在全国的地位演变及未来发展趋势

对黄河流域城市群建设的初步探索集中在 2000 年前后，在这一起步阶段，黄河流域城市群普遍存在发展水平较低、质量不高、受资源约束大等问题，导致城市群的影响力和带动力不足，未能在全国城市群建设中取得优势地位。目前来看，黄河流域城市群发展水平仍有待提高，除了山东半岛城市群、关中平原城市群、中原城市群是区域性城市群之外，呼包鄂榆城市群、宁夏沿黄城市群、山西中部城市群、兰州—西宁城市群四个城市群仍处于培育发展的过程中。2021 年《黄河流域生态保护和高质量发展规划纲要》提出后，黄河流域生态保护和高质量发展上升为国家战略，黄河流域城市群迎来了新时期高质量发展的重大机遇。未来依托于国家战略的促进作用，黄河流域城市群将进一步吸引要素集聚、推动产业升级、加大基础设施建设、提高公共服务水平，推动黄河流域城市群一体化发展，并与长三角、珠三角、京津冀、成渝经济区等互利合作，打造成为我国西

北地区重要增长极。同时，要充分发挥地缘优势，参与国际合作和竞争，黄河流域城市群必将在全国处于重要的战略地位。

　　未来黄河流域城市群应扩大发展规模、强化发育水平，以创新、绿色、协调、开放、共享发展理念为指导，从促进沿黄城市群一体化发展、提高创新能力、拓展开放空间、促进生态保护等角度出发，推进黄河流域生态保护和高质量发展。首先，促进城市群产业生态化转型和产业协同发展。兰州—西宁城市群、宁夏沿黄城市群等上游地区注重水源涵养；呼包鄂榆城市群、山西中部城市群、关中平原城市群、中原城市群等注重水土治理，以防止土地荒漠化；山东半岛城市群注重保护湿地和生物多样化。七大城市群"牵一发而动全身"，通过共同治理、系统改革，可以维护好黄河流域人水关系，实现生态、环境、城乡一体化。其次，以城市群科技创新、产业创新、人居环境创新和体制创新激发黄河流域高质量发展新动能。随着黄河流域经济和科技的不断发展，未来创新模式将不断得到革新，以黄河流域核心城市和城市群为创新主体，可以加速人才、资源、产业、市场、技术等要素的自由流动，构建黄河流域创新系统，创新多样化的生态保护、高质量发展的治理方式。城市群是高新企业和科研机构集聚区，通过促进城市群内高新企业与高校及科研院所建立联动机制，以校企合作、省校合作等方式共同促进黄河流域高质量发展。再次，拓展对外开放空间、彰显地区发展优势。加强黄河流域城市群与成渝、长江中游、长江经济带等的互联互通，使其成为下好"全国一盘棋"的关键枢纽。依托新亚欧大陆桥国际大通道，串联上下游和新型城市群，形成以先进制造业为主导，以创新为主要动能的现代化经济廊道，打造黄河流域参与全国及国际经济分工的主体。最后，优化黄河流域城市群发展布局。通过推进以人为核心的新型城镇化建设，实现绿色发展和城乡协调发展。加快城市群建设形成节水型社会，促进经济生态耦合，打破水资源困境，促进生态的稳定安全，筑牢我国北方生态安全屏障。

参考文献

［1］郝海钊，陈晓键．西北地区城市群空间演变模式研究——以呼包鄂榆城市群为例［J］．现代城市研究，2021（4）：56-63．

［2］苗长虹，胡志强．城市群空间性质的透视与中原城市群的构建［J］．地理科学进展，2015，34（3）：271-279．

［3］田晓娟．西部大开发20年宁夏经济发展成就、面临的挑战及发展路

径［J］．宁夏社会科学，2020（4）：86-93.

　　［4］王云祥．兰州现代城市规划演进历史研究［D］．兰州：兰州交通大学硕士学位论文，2017.

　　［5］薛正昌．城市群建设析论——以宁夏沿黄城市带建设为例［J］．宁夏社会科学，2016（5）：138-144.

第二章 黄河流域城市群高质量发展的综合评价与时空演进

　　作为联通东、中、西三大板块的重要通道，黄河流域是颇具发展潜力的带状区域。经过历史上的长期开发，尤其是改革开放以来工业化与城镇化的快速建设，黄河流域已基本形成了科学合理的国土空间开发格局。2019 年 9 月，习近平总书记在河南考察调研时正式将黄河流域生态保护和高质量发展确立为国家战略，并指出黄河流域存在水资源利用较为粗放、农业用水效率不高、水资源开发利用率居高不下等问题，将推进水资源节约集约利用作为黄河流域生态保护和高质量发展的主要目标之一。2021 年 10 月，《黄河流域生态保护和高质量发展规划纲要》正式发布，纲要秉承"以水定城、以水定地、以水定人、以水定产"的原则，勾勒出沿黄地区中心城市及城市群高质量发展的宏伟蓝图。

　　本章将在明晰城市群高质量发展科学内涵的基础上，以"四水四定"为指导构建具有黄河流域城市群基本特征的高质量发展综合评价体系，借助纵横向拉开档次法、定基功效系数法合成高质量发展综合指数与分项指数，通过泰尔指数、空间基尼系数、马尔科夫转移矩阵、收敛性检验等统计与计量方法，剖析黄河流域城市群高质量发展的时空分异与演进轨迹，兼述其背后的现实原因，为塑造"普遍沸腾"的流域空间格局指明前进的方向。

第一节　黄河流域城市群高质量发展综合评价体系构建

　　本节将遵循从一般到特殊的基本思路，先明确高质量发展的一般性逻辑，在此基础上结合黄河流域社会经济发展的客观现实，阐述黄河流域城市群高质量发展的评价思路，并构建相应的综合评价体系。最后，本节将交代数据来源与权重计算方法。

一、高质量发展的一般性逻辑

高质量发展并非空谈，其背后有着深刻的现实逻辑，是新时代中国特色社会主义建设的使命所在。一方面，社会主要矛盾转变是高质量发展的逻辑原点。改革开放以来，中国经济经历了高速增长，在市场经济工具理性的支配下，利润、收入成为经济活动参与者的追求，社会价值观存在较为明显的物质主义倾向（金碚，2018）。在中国摘下生产力落后的帽子后，高速增长过程中蓄积的不平衡不充分的发展问题越发明显，社会主要矛盾已转化为"人民日益增长的美好生活需要和不平衡不充分的发展之间的矛盾"，表明单纯的"物质文化需要"已经无法满足人民诉求，人民对美好生活的向往已延伸至产业兴旺、科技创新、对外开放、生态环境等多个领域，成为中国高质量发展的根本发力点（高培勇，2019）。

另一方面，国民经济步入"三期叠加"的新常态是高质量发展的逻辑主线。当前，中国正处在提速换挡期、结构调整阵痛期、前期刺激政策消化期，传统增长模式下产业实力不足、科技成果转化困难、对外开放不确定性加剧、资源环境约束趋紧等现实病症突出（孙久文和蒋治，2021），这就要求通过优化资源配置方式、重组产业体系、维系可持续增长等途径，完成中国经济的本真复兴。在此背景下，高质量发展被推向时代前沿，为经济新常态下国民经济持续健康发展提出了一系列战略目标，具体包括：①经济运行在中高速增长的合理区间，居民收入接近中等发达经济体水平；②实体经济壮大，产业实力稳步加强，以技术革新为引擎促进全要素生产率持续优化；③创新型国家建设稳步推进，创新企业核心竞争力突出，创新活动的正外部性逐步释放；④全方位、宽领域、多层次的对外开放向纵深迈进；⑤循环生产模式、绿色生活方式普及，生态文明制度走向健全（高培勇等，2019；张军扩等，2019）。上述战略目标涉及经济增长、产业实力、创新能力、对外开放、绿色发展多方面内容，充分彰显了人民日益增长的美好生活需要的多维特征，是高质量发展需要关注的重点领域。

高质量发展的逻辑原点与逻辑主线并不孤立，而是相互作用、相互渗透：社会主要矛盾转变将诱发资源配置方式优化，继而引致产业体系重组与增长阶段进阶，最终驱动社会主要矛盾转化。为构建"社会主要矛盾—资源配置方式—产业体系—增长阶段—社会主要矛盾"的逻辑闭环，就必须融合工具理性与人类价值目标，不断满足人民日益增长的美好生活需要，最大限度改善经济状态的基本质量面。

二、黄河流域城市群高质量发展的评价思路

当今世界正经历百年未有之大变局，我国在朝 2035 年基本实现社会主义现代化、2050 年建成社会主义现代化强国宏伟目标进军的新时代长征路上，贯彻新发展理念推动高质量发展的历史必然性更加凸显（刘伟和陈彦斌，2021）。为此，本章将结合黄河流域生态保护和高质量发展的战略要求，从创新驱动、协调共进、绿色高效、开放共赢、共享和谐五方面入手，融汇"四水四定"的指导思想，阐明黄河流域城市群高质量发展的评价思路，构建相应的评价体系。

第一，创新驱动。创新驱动是发挥科学技术第一生产力作用的必由之路。在经济动能转换的新形势下，黄河流域城市群借助多年来积累的资金、人才与技术禀赋，推进高水平国家自主创新示范区建设，使得创新成为高质量发展的第一动力。黄河流域城市群创新发展需从以下三方面考量：①创新要素投入。优质生产要素是创新活动的重要动能。考虑到创新活动的高风险特征，中央与地方政府将增加对黄河流域城市群的科技教育支出，并逐步扩大高等教育规模，为企业提供更充足的资金与人力支持。②创新成果转化。为充分释放黄河流域城市群创新活力，在增加创新要素投入量的同时，还应注重创新要素的有效配置，以完成向发明专利等创新成果的落地转化，助力黄河流域城市群高质量发展。③创新平台建设。作为激发黄河流域城市群创新活力的微观细胞，企业是专利研发的中流砥柱。与此同时，创新活动的顺利开展还离不开高校的协同配合，其为打造产学研一体化的创新平台提供了必要的组织基础。

第二，协调共进。协调共进能有效缓解生产力发展过程中的失衡现象，强调发展的整体性。2020 年，黄河流域对国民经济的贡献率超过 20%，在此背景下更要注重协调共进，否则"木桶效应"对高质量发展的制约将越发明显。黄河流域城市群协调发展应秉承以下四项原则：①产业结构协调。库兹涅茨研究发现，产业全要素生产率差异会导致收益率不同，由此产生的各类生产要素跨行业流动将助力产业结构调整升级，集中体现为产业结构高级化、合理化进程加快。②内需结构协调。2018 年以来的政府工作报告以高质量发展为出发点，强调要同时发挥消费的基础性作用与投资的关键性作用。在西部大开发与中部崛起战略的驱动下，黄河流域城市群不仅成为投资的热点区域，而且是消费转型的重要突

破口。③城乡协调。高质量发展离不开城乡二元结构的消融。目前，黄河流域多数城市群的城镇居民收入依然比农村居民的两倍还要多，城乡发展差距在未来相当长的一段时间内将持续存在，是实现城乡深度融合亟待克服的突出障碍。④水资源供需协调。黄河流域城市群人口与经济活动高度集中，水资源需求旺盛，为平稳推进黄河流域城市群高质量发展，需要维持水资源供需动态平衡。

第三，绿色高效。绿色高效是改善人地关系、实现人与自然和谐共生的不二法门。在改革开放前20多年的时间里，黄河流域城市群大多遵循"先污染、后治理"的思路，诱发了资源过度消耗与环境质量下降等问题，人地关系趋紧。进入高质量发展的新时期，黄河流域城市群绿色发展涵盖以下两点要义：①资源利用。步入高质量发展的转轨期，黄河流域城市群依靠增加生产要素投入量的传统发展模式难以为继，优化劳动要素、资本要素以及水资源的利用效率成为时代课题。其中，水资源利用效率可分为单位农业产值用水量、单位工业产值用水量两方面内容。在新古典增长的理论框架下，存在一部分无法用生产要素投入解释的总产出增加，即扣除生产要素投入后的余值——全要素生产率。因此，在测度黄河流域城市群有形生产要素使用效率的同时，还应将全要素生产率纳入评价范围。②环境保护。随着黄河流域城市群人民群众生活水平的提高，其对优质环境的支付意愿显著增强。受此影响，钢铁、化工、冶金等传统产业部门的绿色技术改造将稳步向纵深推进，单位产出的工业"三废"排放量呈现明显下降态势，为实现黄河流域城市群绿色可持续发展注入了动力。

第四，开放共赢。开放共赢能助推内外联动，形成对国内、国际两个市场的有效整合。在高质量发展的时代背景下，黄河流域城市群开放发展面临新的历史使命：①扩大商品贸易。作为国民收入核算的要素之一，进出口总额是经济体对外开放程度的直观反映，2018年以来的政府工作报告也提到进出口应注重稳中有质的发展。尤其是伴随经济全球化向纵深推进，中国同其他国家和地区的经济关联不断加深，作为我国能源、化工、原材料和基础工业基地的黄河流域城市群正日益成为中国进出口贸易的货源地。②盘活资金融通。立足新发展阶段，为满足国民经济高质量发展的需要，在加快国内资金积累的同时，还需进一步发挥外资的引擎作用。黄河流域城市群在发展进出口贸易的同时，还需积极创造有利的政策环境，吸引外商投资，内外联动，为当地社会经济发展提供更充足的资金支持。

第五，共享和谐。共享和谐是经济体实现更加公平、更高质量发展的关键举措。共享和谐的终极目标是实现改革发展成果由人民共享，集中力量解决人民日益增长的美好生活需要同不平衡不充分的发展之间的矛盾。世纪之交，为加快区域协调发展步伐，中央政府先后实施西部大开发、中部崛起战略，同东部率先、东北振兴战略相呼应，共同构成区域发展总体战略的基本骨架。黄河流域人民生活的幸福感、获得感、满足感极大增进。在新形势下，黄河流域城市群为实现更高质量的共享和谐，在满足基本生活保障与日常出行的基础上，还需着力改善人居环境，坚持物质生活需要与精神文化诉求并重，力求将黄河打造成为造福人民的幸福河。具体而言，生活保障包括同人民息息相关的就业机会、工资收入、生活用水与生态用水情况，日常出行包括道路基础设施与公共交通工具情况，人居环境包括图书馆、互联网、医疗机构以及绿化建设情况。

三、评价指标体系构建

基于黄河流域城市群高质量发展的评价思路，兼顾数据的可得性、可信度，本书构建了包括 5 个子系统、14 项准则、30 项具体指标在内的综合评价体系（见表 2-1）。需要说明的是，评价黄河流域城市群高质量发展水平需要考虑其行政等级、辖区面积、规模等内生差异，总量指标在直辖市、省会城市、副省级城市与地级市间并不具有可比性，因此本书采用均量指标与比例指标，有效解决了上述问题。另外，表 2-1 中的部分指标需要进一步计算获得，具体包括：产业结构高级化指数与合理化指数的计算方式参见干春晖等（2011）；消费率与投资率的计算方式参见钞小静和任保平（2011）；城乡居民收入差距采用城镇居民人均可支配收入与农村居民人均纯收入之比衡量[①]；资本效率、劳动效率的计算方式参见魏敏和李书昊（2018），全要素生产率采用索洛余值法核算，其中资本存量根据永续盘存法计算得到，具体参见张军等（2004）。

表 2-1　黄河流域城市群高质量发展的评价体系

目标层	子系统	准则层	具体指标	属性	权重
高质量发展	创新驱动	创新要素投入	人均科学教育财政支出	+	0.0309
			万人普通高等学校在校学生数	+	0.0141
		创新成果转化	万人发明专利申请受理数	+	0.0119
		创新平台建设	百万人拥有高等学校数	+	0.0150

① 由于城市层面的城镇与农村常住人口数并不可得，无法采用考虑城乡人口结构变动的泰尔指数反映城乡收入差距，因此本书选用两类居民的收入比值。

续表

目标层	子系统	准则层	具体指标	属性	权重
高质量发展	协调共进	产业结构协调	产业结构高级化指数	+	0.0189
			产业结构合理化指数	−	0.0782
		内需结构协调	消费率	+	0.0550
			投资率	+	0.0236
		城乡协调	城乡居民收入差距	−	0.0681
		水资源供需协调	水资源供需比	+	0.0337
	绿色高效	资源利用	资本效率	+	0.0621
			劳动效率	+	0.0197
			单位农业产值用水量	−	0.0289
			单位工业产值用水量	−	0.0243
			全要素生产率	+	0.0534
		环境保护	单位产出工业废水排放量	−	0.0858
			单位产出工业二氧化硫排放量	−	0.0497
			单位产出工业烟粉尘排放量	−	0.0371
	开放共赢	商品贸易	人均进出口总额	+	0.0091
		资金融通	人均实际使用外资金额	+	0.009
	共享和谐	基本生活保障	失业率	−	0.0435
			职工平均工资	+	0.0511
			单位产出生活用水量	−	0.0311
			单位产出生态用水量	−	0.0206
		日常出行	人均拥有城市道路面积	+	0.0174
			万人拥有公交车辆	+	0.0201
		人居环境	百人公共图书馆藏书量	+	0.0037
			百人国际互联网用户数	+	0.0222
			万人拥有医疗机构床位数	+	0.0226
			建成区绿化覆盖率	+	0.0392

资料来源：笔者根据已有研究设计。

四、数据来源与权重确定

根据表2-1的评价体系，本书将测算2012～2019年黄河流域城市群高质量发展的综合指数及五大分项指数，涉及的数据主要来源于《中国统计年鉴》《中国区域经济统计年鉴》《中国城市统计年鉴》以及黄河流域各省份的统计年鉴、EPS 数据平台、CEIC 数据库、中经网统计数据库、中国研究数据服务平台（CNRDS 数据库）。

《中国区域经济统计年鉴》汇报了反映我国 340 余个市级行政单位经济社会发展情况的相关指标，但西部城市数据缺失严重，青海、甘肃部分市级行政单位不存在数据缺失的具体指标不足 5 项，难以纳入研究范围。因此，本书将《中国城市统计年鉴》作为主要数据来源。由于部分城市个别年份依然存在数据缺失现象，而综合评价不允许有缺失值的存在，因此通过线性插值法予以补齐。

在综合评价之前，需要确定各项指标的权重。确定权重的方法可分为主观与客观两种：前者主要基于专家的赋权打分，根据指标的相对重要性确定权重，如层次分析法；后者则根据指标的数值特征计算权重，主要包括熵权法、因子分析法、主成分分析法、逼近理想解排序法等。然而，上述方法均适用于横截面数据，对时变因素考虑不足，对面板数据分析并不适用。鉴于此，本书拟采用郭亚军（2002）提出的纵横向拉开档次法确定表 2-1 中各项指标的权重，克服传统赋权方法在跨期比较中的弱势。

设 $S = \{s_1, s_2, \cdots, s_n\}$ 为被评价对象集，$w = (w_1, w_2, \cdots, w_m)^T$ 为权重系数向量，则时刻 t_k 的综合评价函数可表示为 $point_i(t_k) = \sum_{j=1}^{m} w_j Y_{ij}(t_k)$。$w$ 的选取原则是在时序立体数据表上最大可能地体现出各被评价对象间的差异，这等价于最大化总离差平方和 $\sigma^2 = \sum_{k=1}^{N} \sum_{i=1}^{n} [Y_{i(t_k)} - \overline{Y}(t_k)]^2$。以矩阵形式表示有 $\sigma^2 = w^T H w = w^T \sum_{k=1}^{N} H_k w$，其中 $H = \sum_{k=1}^{N} H_k$，$H_k = \dfrac{1}{n-1}(A_k^T A_k - n \widehat{Y_k^T} \widehat{Y_k})$，而 $A_k = \begin{bmatrix} Y_{1,1}(t_k) & \cdots & Y_{1,m} \\ \vdots & \ddots & \vdots \\ Y_{n,1}(t_k) & \cdots & Y_{n,m}(t_k) \end{bmatrix}$，$\widehat{Y_k} = [\widehat{Y_{\cdot,1}(t_k)} \cdots \widehat{Y_{\cdot,m}(t_k)}]$。此时可将 w 的选择表示为如下规划问题：

$$\max w^t H w \quad s.t. \quad \|w\| = 1, \ w > 0 \tag{2-1}$$

其中，约束条件 $\|w\| = 1$ 是为了不使目标规划任意大，$w > 0$ 是为了保证各指标权重均为正。显然，规划目标是二次型，H 为该二次型的矩阵，由上文相关代数运算可知其为正定矩阵，则由代数学相关知识可知，当 w 取 H 最大特征值所对应的特征向量时，目标约束最大，且 Frobinius 定理保证了各权重系数均为

正。由于通常假定指标权重系数和为 1，因此求得的指标权重系数 w_j 还需同时除以 $\sum_{j=1}^{m} w_j$。虽然最终计算得到的 w_j 是非时变的，但是其本质上是由时序立体数据表所确定的，故而隐含时间因素。纵横向拉开档次法在减少动态综合评价计算量的同时，还使得各系统在各时刻的评价值具有直接的可比性。

以黄河流域城市群高质量发展指标权重为例，本章的评价对象为 79 个黄河流域城市，将 30 项评价指标按照 2012～2019 年的时间顺序依次排列，构成时序立体数据集。参考郭亚军等（2011）的研究，本章根据现有数据特征选用极值变换法对各指标进行类型一致化、无量纲的标准化处理，将指标 $x_{ij}(t_k)$ 标准化为 $Y_{ij}(t_k)$。

当 X_{ij} 为正向指标时：

$$Y_{ij}(t_k) = \frac{X_{ij}(t_k) - \min x_{\cdot j}(t_k)}{\max X_{\cdot j}(t_k) - \min X_{\cdot j}(t_k)} \tag{2-2}$$

当 X_{ij} 为负向指标时：

$$Y_{ij}(t_k) = \frac{\max x_{\cdot j}(t_k) - X_{ij}(t_k)}{\max X_{\cdot j}(t_k) - \min X_{\cdot j}(t_k)} \tag{2-3}$$

其中，i 表示沿黄城市，j 表示指标，t_k 表示时间；$X_{ij}(t_k)$ 表示原始指标值，$Y_{ij}(t_k)$ 表示标准化指标值；$i=1, 2, \cdots, 79$，$j=1, 2, \cdots, 30$，$t_k=2012$，$2013, \cdots, 2019$。使用标准化处理后数据构造 79×30 阶矩阵，每年构造矩阵并将其相加，最后求所得矩阵最大特征值对应的特征向量，再进行归一化后即可得各指标权重。

第二节　黄河流域城市群高质量发展的综合评价结果

一、综合指数

图 2-1 反映了 2012～2019 年黄河流域城市群的高质量发展综合指数。不难发现，黄河流域各大城市群高质量发展综合水平的时空分异显著。从空间维度看，将 2012～2019 年各大城市群高质量发展综合指数的均值按照从高到低的顺序排列依次是山东半岛城市群（70.30）、关中平原城市群（63.00）、中原城市

群（62.99）、黄河"几"字弯都市圈（62.32）、兰州—西宁城市群（61.99）。具体而言：①山东半岛城市群高质量发展综合指数遥遥领先。山东半岛城市群综合经济实力强劲，资源禀赋条件优渥，既是环渤海地区的重要组成部分，也是"一带一路"建设的重要枢纽，促使其成为黄河流域高质量发展的"排头兵"。②关中平原城市群高质量发展综合指数紧随其后。近年来，在国家中心城市西安的带动下，"米"字形的交通基础设施网络臻于完善，并逐步形成集先进制造业、现代服务业于一体的现代化产业体系，为高质量发展奠定了坚实基础。③中原城市群高质量发展综合指数紧随关中平原城市群之后。中原城市群装备制造、智能终端、有色金属、食品等产业集群优势明显，国家和省级创新平台数量众多，劳动力素质持续提升，在国家中心城市郑州的带动下迸发出旺盛的活力。④黄河"几"字弯都市圈高质量发展综合指数相对偏低。黄河"几"字弯都市圈由宁夏沿黄城市群、呼包鄂榆城市群、山西中部城市群组成，其中，宁夏沿黄城市群在地理空间上与相对落后的六盘山区相重叠，呼包鄂榆城市群、山西中部城市群在地理空间上同相对落后的吕梁山区存在重叠，阻滞了高质量发展综合指数的提升。⑤兰州—西宁城市群高质量发展综合指数位于末位。兰州—西宁城市群经济规模偏小，人均水平偏低，中心城市兰州、西宁的综合承载能力相对不足，高质量发展受到较大限制。从时间维度看，兰州—西宁城市群、黄河"几"字弯都市圈、关中平原城市群、中原城市群、山东半岛城市群的高质量发展各有所增长。比较发现，位于黄河流域上中游的兰州—西宁城市群、关中平原城市群、中原

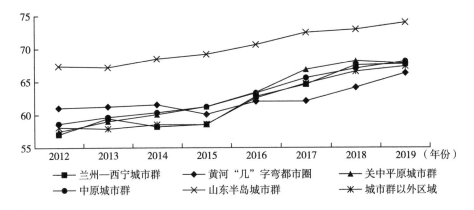

图 2-1 2012~2019 年黄河流域城市群高质量发展综合指数

资料来源：笔者测算后整理。

城市群的高质量发展综合指数提升较快，同黄河流域下游山东半岛城市群的差距呈缩小态势，成为新时代东、中、西三大地带协调发展在黄河流域范围内的映射。值得注意的是，黄河"几"字弯都市圈高质量发展综合指数的增幅较小，被兰州—西宁城市群反超概率较大，同黄河流域其他城市群的差距也将呈现扩大态势。除黄河流域的城市群外，本章还计算了城市群以外区域的高质量发展综合指数。由于这些城市未被纳入黄河流域七大城市群的空间范围，未同其他城市形成要素自由流动、资源高效配置、基础设施对接、产业关联配套、公共服务均等的网络化统一体，高质量发展综合指数逊于各大城市群。

二、分项指数

黄河流域城市群高质量发展分项指数的时空格局存在差异。鉴于此，本部分依次探讨黄河流域城市群的创新驱动指数、协调共进指数、绿色高效指数、开放共赢指数、共享和谐指数。

图2-2展现了2012~2019年黄河流域城市群的创新驱动指数。从空间维度看，将2012~2019年各大城市群创新驱动指数的均值按照从高到低的顺序排列依次是山东半岛城市群（34.54）、中原城市群（33.67）、关中平原城市群（30.31）、黄河"几"字弯都市圈（25.66）、兰州—西宁城市群（18.87）。下面进一步讨论创新驱动指数空间分异背后的现实原因：①山东半岛城市群。2012年党的十八大以来，山东半岛城市群充分发挥创新资源集聚优势，加快建设济南、青岛、淄博、潍坊、烟台、威海6个国家级高新技术产业开发区，先后在青岛成立海洋科学与技术国家实验室、在济南设立国家超级计算中心，使其成为原始创新和集成创新的关键引擎。②中原城市群。为构建区域协同创新体系，中原城市群在稳步推进郑洛新、合芜蚌国家自主创新示范区建设的同时，加快打造郑州航空港经济综合实验区等"双创"示范基地，使其成为国家创新网络的重要枢纽。③关中平原城市群。关中平原城市群科教资源、军工科技均位居全国前列，承担着全面创新改革试验等重大历史性任务。近年来，关中平原城市群充分发挥西安高新区国家自主创新示范区的引领示范作用，辐射带动西咸新区及宝鸡、咸阳、渭南、杨凌、天水开发区高质量发展，形成了相对完善的区域创新网络。④黄河"几"字弯都市圈。黄河"几"字弯都市圈内的宁夏沿黄城市群、呼包鄂榆城市群、山西中部城市群内拥有众多资源型城市，随着社会经济快速发展，资源型城市相继出现资源枯竭、生态恶化、失业率上升等问题，缺乏创新活

力。⑤兰州—西宁城市群。兰州—西宁城市群传统产业比重占比较高，创新链产业链不健全不完善，创新人才流失较为严重，因而其创新综合实力相对落后于黄河流域的其他城市群。从时间维度看，兰州—西宁城市群、黄河"几"字弯都市圈、关中平原城市群、中原城市群、山东半岛城市群的创新驱动指数均有所增长，其中尤以关中平原城市群与中原城市群的提升更为迅猛，指数增幅均突破了15，与山东半岛城市群共同构成黄河流域的创新增长极，成为黄河流域创新发展的主心骨。

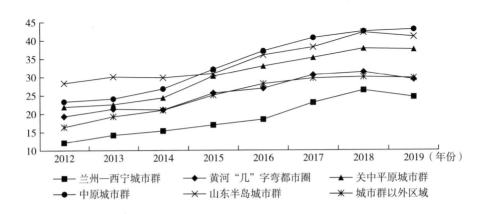

图 2-2　2012~2019 年黄河流域城市群创新驱动指数

资料来源：笔者测算后整理。

图 2-3 汇报了 2012~2019 年黄河流域城市群的协调共进指数。从空间维度看，将 2012~2019 年各大城市群协调共进指数的均值按照从高到低的顺序排列依次是山东半岛城市群（71.80）、中原城市群（68.35）、关中平原城市群（66.22）、兰州—西宁城市群（66.04）、黄河"几"字弯都市圈（63.68）。下面结合各大城市群产业优化升级、内需结构调整、城乡一体化、集约用水的具体实践，探讨其背后的现实原因：①山东半岛城市群。为打造现代化产业体系，山东半岛城市群加快农业现代化进程、壮大高端制造业、驱动现代服务业跨越式发展并举，加快由"山东制造"向"山东创造"的角色转换。与此同时，山东半岛城市群充分发挥济南、青岛全国性综合交通枢纽的功能，构建了"三横五纵"的交通运输网络，有效投资的基础性作用不断释放。在此过程中，山东半岛城市群加快推进产城融合，城乡居民收入稳步增长，为消费升级奠定了坚实的物质基

础。山东半岛城市群积极构建安全可靠的水资源保障体系，秉持"节水优先、空间均衡、系统治理、两手发力"的治水思想，在控制水资源需求量的同时，接续推进南水北调东线工程、引黄济青改扩建工程，优化水资源跨流域供给方案。②中原城市群。中原城市群深刻把握产业变革方向，依托郑州、洛阳、新乡、南阳、蚌埠、聊城、邯郸、邢台、运城、长治等国家高技术产业基地，孵化集电子信息、机器人、新能源汽车于一体的战略性新兴产业集群。在此过程中，积极承接来自东部沿海地区的产业转移，吸引有助于城市群高质量发展的资金、人才、技术。为平衡城乡发展，中原城市群利用传统农业强区的优势，平稳推进粮食生产核心区建设，拓宽农民创收增收渠道，进而释放消费活力。为提升综合承载力，中原城市群将引黄入冀补淀、引江济淮、淮水北调、山西小浪底引黄纳入水资源调配工程的总体实施框架，适时加快郑州、洛阳、南阳等国家级水生态文明试点城市建设，并将邢台青山、信阳张湾、信阳光山袁湾、南阳方城罗汉山等大型水库建设提上议程。③关中平原城市群。关中平原城市群坚持一二三产业并重的基本原则，以杨凌示范区为载体扎实推进农业供给侧结构性改革，充分依托西部创新港、国家工程研究中心构筑制造业协作平台，以打造全域旅游示范区为抓手促进服务业提质增效，切实增进了城乡居民的可支配收入。与此同时，关中平原城市群加快了西安、宝鸡全国性综合交通、信息、水利枢纽的建设步伐，并逐步推进渭南、商洛、运城、临汾、天水、平凉区域性交通、信息、水利枢纽建设，使得投资在实体经济领域发挥了不可替代的作用。关中平原城市群引汉济渭、白龙江引水、庆阳马莲河水利枢纽建设多措并举，水资源供需保持了动态平衡。④兰州—西宁城市群。根据全国主体功能区划，兰州—西宁城市群下辖的部分国土属于限制开发区与禁止开发区，高端制造业与现代服务业主要集中在区域性中心城市——兰州与西宁，域内其他城市产业结构高级化进程相对迟滞，对有效投资与消费的引致效应不足。农牧藏区在兰州—西宁城市群中占据相当大的比例，低收入人口数量较多，扩大了城乡居民的收入差距。兰州—西宁城市群地处非季风区，水资源储备相对匮乏，成为限制当地社会经济发展的瓶颈。⑤黄河"几"字弯都市圈。当前，黄河"几"字弯都市圈第二产业占比偏高，主导产业同质性强，产业升级困难重重。从具体的主导产业门类看，传统装备制造、能源化工是黄河"几"字弯都市圈的主导产业门类，因而使部分城市陷入了"资源诅咒"的发展陷阱，有效投资的关键性作用以及消费的基础性作用无法充分释放。此外，虽然黄河"几"字弯都市圈内六盘山区、吕梁山区的区域性整体贫困得到解决，但是农村地区依然拥有庞大的低收入人口，城乡二元分异显著，水资源也面临供需缺口问题。从时间维度看，兰州—西宁城市群、黄河"几"字弯都市圈、关中平原城市群、中原城市群、山东半岛城市群的协调共进指数均有所增长。虽然兰州—西宁城市群协调共进指数偏低，但是其增速较快，相继于2015年、2019年超越了黄河"几"字弯都市圈与关中平原城市群，同黄河流域中下游的中原城市群及山东半岛城市群的差距不断缩小。值得注意的是，黄河"几"字弯都市圈2012年的协调共进指数高于兰州—西宁城市群与关中平原城市群，但由于其协调管理社会总供给与总需求的能力欠佳，协调共进指数上升较慢，同黄河流域其他城市群的差距趋于增大。

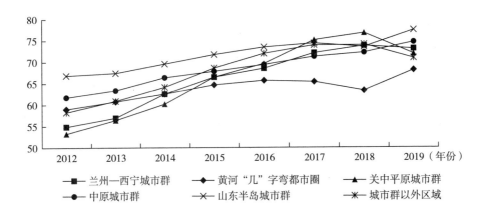

图 2-3　2012~2019 年黄河流域城市群协调共进指数

资料来源：笔者测算后整理。

图 2-4 反映了 2012~2019 年黄河流域城市群的绿色高效指数。从空间维度看，将 2012~2019 年各大城市群绿色高效指数的均值按照从高到低的顺序排列依次是山东半岛城市群（82.90）、关中平原城市群（77.25）、中原城市群（75.68）、黄河"几"字弯都市圈（72.22）、兰州—西宁城市群（69.61）。下面结合各大城市群集约利用资源、保护生态环境的具体实践，说明指数差异背后的现实原因：①山东半岛城市群。山东半岛城市群坚持构筑"魅力半岛"生态格局的战略愿景，打造集生态保护、运动休闲、旅游观光等多种功能于一体的绿道网络，先后建成了黄河绿道、山水圣人绿道、济青干线绿道、引黄干渠绿道、沿海绿道，形成对水、大气和土壤污染的有效防治。山东半岛城市群在增加水资源

供给的同时，最大化农田灌溉水利用系数、最大化工业用水重复利用率、最小化城镇公共供水管网漏损率并行，单位农业产出用水量、单位工业产出用水量控制在了合理区间内。②关中平原城市群。关中平原城市群将生态环境保护作为高质量发展的基本前提，集中力量推动南部秦巴山地生态屏障与北部黄土高原生态屏障建设，贯通了中部渭河沿岸生态带，近年来秦岭、黄河生态环境质量明显提升。为驱动农业用水与工业用水集约化，关中平原城市群在协同推进宝鸡峡与泾惠渠灌区节水改造的同时，通过节水技术改造有效提高了工业用水循环利用率。③中原城市群。中原城市群积极落实国家主体功能区战略，依托太行山、伏牛山、桐柏—大别山建设三大山地生态屏障，努力构筑南水北调中线工程、明清黄河故道、淮河、黄河四条河流水系生态廊道，形成了"三屏四廊"的生态网络。中原城市群还统筹小浪底南北岸、赵口引黄、西霞院大型灌区建设，维系农业用水与工业用水动态平衡。④黄河"几"字弯都市圈。黄河"几"字弯都市圈属于北方防风固沙带，大陆性季风气候显著，域内沙化土地面积为43.85万平方千米，不仅加剧了农业用水与工业用水的紧张状况，还使水土流失面积节节攀升。此外，黄河"几"字弯都市圈的PM2.5年平均浓度值与PM10年平均浓度值均高于国家标准，生态环境保护面临较大压力。⑤兰州—西宁城市群。伴随着兰州—西宁城市群的快速扩张，生态系统原有的平衡状态被打破，诱发了土地荒漠化、水污染、大气污染等一系列生态环境问题，农业用水与工业用水也存在透支情况，阻滞了兰州—西宁城市群绿色发展水平的提升。

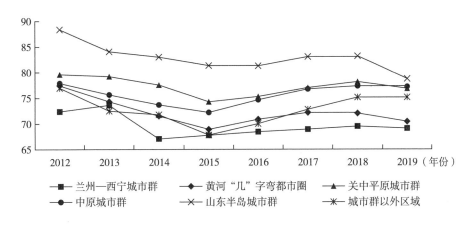

图 2-4　2012~2019 年黄河流域城市群绿色高效指数

资料来源：笔者测算后整理。

图2-5展现了2012~2019年黄河流域城市群开放共赢指数。从空间维度看，将2012~2019年各大城市群开放共赢指数的均值按照从高到低的顺序排列依次是山东半岛城市群（27.67）、中原城市群（14.87）、黄河"几"字弯都市圈（13.14）、关中平原城市群（6.26）、兰州—西宁城市群（3.28）。下面结合各大城市群货物贸易与资金融通的实际情况，探讨指数差异背后的现实原因：①山东半岛城市群。作为黄河流域开放型经济建设的"排头兵"，山东半岛城市群中的青岛、烟台早在1984年就被设立为沿海开放城市，助力山东半岛城市群逐步成长为环渤海沿海经济开放带的重要组成部分。步入新时代，山东半岛城市群加快融入"一带一路"倡议，济南、青岛、烟台获批设立自由贸易试验区，在扩大对外经济贸易的实践中逐步成长为区域性现代物流中心、国家海洋经济对外合作中心、国际产能协作发展中心，开放型经济建设水平显著提高。②中原城市群。中原城市群地处新亚欧大陆桥的关键节点，是连接"一带一路"建设的东西双向战略通道。步入新时代，中原城市群吸收了上海自由贸易区的有益经验，获批设立了河南、安徽自由贸易试验区，为高水平对外开放提供了广阔平台。与此同时，中原城市群将郑州作为开放型经济建设的龙头，发挥其作为跨境电子商务综合试验区、国际陆空港的辐射作用，带动整个中原城市群开放共赢指数稳步提升。③黄河"几"字弯都市圈。相较于山东半岛城市群和中原城市群，黄河"几"字弯都市圈对外开放进程相对滞后，都市圈内部的宁夏沿黄城市群、呼包鄂榆城市群、山西中部城市群均未获得自由贸易区试点权，在跨国商品贸易、资金融通等领域的发展相对滞后。④关中平原城市群。关中平原城市群在2017年3月正式获批设立了陕西自由贸易区，在西安中心片区、西安国际港务区片区、杨凌示范区片区三地展开试点，将首位城市西安推至开放型经济建设的时代前沿。然而，关中平原城市群其他城市的对外开放道阻且长，拉低了开放共赢指数的整体水平。⑤兰州—西宁城市群。为增进同世界其他国家和地区的交流，兰州—西宁城市群先后举办了中国兰州投资贸易洽谈会、中国（甘肃）国际新能源博览会、中国（青海）藏毯国际展览会等一系列国际交流活动。然而，兰州—西宁城市群的社会经济综合实力相对偏弱，商品贸易总额和资金融通规模远不及黄河流域中下游的中原城市群、山东半岛城市群。从时间维度看，黄河"几"字弯都市圈的开放共赢指数由2012年的12.11跌至2019年的10.06，而其他城市群的开放共赢指数均有所增加，反映出同流域内其他四大城市群间的差距正逐步拉大。

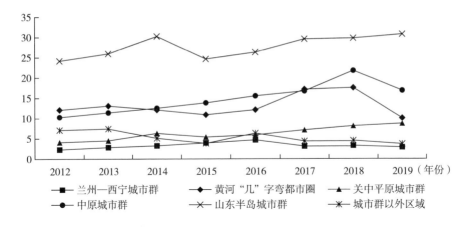

图 2-5　2012~2019 年黄河流域城市群开放共赢指数

资料来源：笔者测算后整理。

　　图 2-6 展现了 2012~2019 年黄河流域城市群共享和谐指数。从空间维度看，将 2012~2019 年各大城市群共享和谐指数的均值按照从高到低的顺序排列依次是山东半岛城市群（63.12）、兰州—西宁城市群（58.12）、黄河"几"字弯都市圈（56.58）、中原城市群（53.56）、关中平原城市群（51.84）。为切实满足人民群众日益增长的美好生活需要，各大城市群根据常住人口的空间分布特征及其增长趋势，积极改善公共服务供给质量。在人居环境领域，各大城市群贯彻"四水四定"的基本原则，切实保障城市群的生活用水与生态用水，在维系水资源动态平衡的实践中将水生态文明建设向纵深推进；在教育领域，各大城市群在推进基础教育普及化的同时，着力推进高等教育改革创新试点，在城市群内实现了教育公共资源的有效配置；在文化领域，各大城市群坚持文化产业与文化事业并重的基本原则，实施文化惠民工程，丰富了广大人民群众的精神文化生活；在医疗领域，各大城市群均积极鼓励中心城市的优质医疗机构采取跨区域布点、远程医疗合作等途径，延展服务范围，优化优质医疗卫生资源的使用效率。不可否认的是，由于各大城市群公共财政实力、待享受公共服务的人口规模存在差异，城市群的共享和谐指数存在一定差异。从时间维度看，各大城市群的共享和谐指数增幅相较于其他指数最为明显，全民共享、全面共享、共建共享、渐进共享正逐步成为现实。

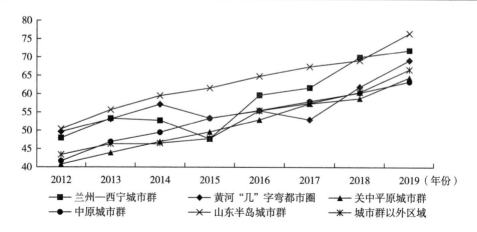

图 2-6　2012~2019 年黄河流域城市群共享和谐指数

资料来源：笔者测算后整理。

第三节　黄河流域城市群高质量发展的时空分异

一、泰尔指数

本书基于泰尔指数，将黄河流域城市群高质量发展的时空分异可视化。泰尔指数的具体计算公式为：

$$T = \frac{1}{n} \sum_{i=1}^{n} \left(\frac{Index_i}{Index} \times \ln \frac{Index_i}{Index} \right) \tag{2-4}$$

$$T_r = \frac{1}{n_r} \sum_{i=1}^{n_r} \left(\frac{Index_{ri}}{Index_r} \times \ln \frac{Index_{ri}}{Index_r} \right) \tag{2-5}$$

其中，T 代表黄河流域所有城市群高质量发展的泰尔指数，T_r（$r=1$，2，3，4，5）代表兰州—西宁城市群、黄河"几"字弯都市圈、关中平原城市群、中原城市群、山东半岛城市群高质量发展的泰尔指数。泰尔指数为 0-1，T 值越小表明黄河流域城市群高质量发展的分异越小，反之则越大。此外，i 代表黄河流域城市，r 代表黄河流域城市所属城市群，n 代表所研究的黄河流域城市群内的城市总数，n_r 代表对应兰州—西宁城市群、黄河"几"字弯都市圈、关中平原城市群、中原城市群、山东半岛城市群的城市数量，$Index_{ri}$ 代表黄河流域城市群 r 城市 i 的高质量发展综合指数，$\overline{Index}$ 与 $\overline{Index}_r$ 分别代表黄河流域所有城市群及兰州—西宁城市群、黄河"几"字弯都市圈、关中平原城市群、中原城市群、山东半岛城市群高质量发展综合指数的平均值。需要特别说明的是，黄河流域有3座城市同时属于不同城市群：山西运城同时属于关中平原城市群和中原城市群，山东聊城与菏泽同时属于中原城市群与山东半岛城市群。由于存在城市归属重叠问题，因此无法将泰尔指数 T 进一步分解为反映城市群内部整体分异的泰尔指数 T_w、反映城市群间分异的泰尔指数 T_b。

表2-2汇报了2012～2019年黄河流域城市群高质量发展的泰尔指数。黄河流域城市群高质量发展的泰尔指数由2012年的0.0077波动下降至2019年的0.0049，虽然泰尔指数在2015年和2017年出现了反弹，但是黄河流域城市群高质量发展的时空分异总体趋向缩小。具体到各城市群内部，从绝对数值看，兰州—西宁城市群、黄河"几"字弯都市圈、关中平原城市群、中原城市群、山东半岛城市群高质量发展的泰尔指数平均值依次是0.0113、0.0085、0.0048、0.0021、0.0026。其中，兰州—西宁城市群、黄河"几"字弯都市圈高质量发展泰尔指数处于前两位，且数值明显高于关中平原城市群、中原城市群、山东半岛城市群，原因在于该板块既包括兰州、银川、太原等高质量发展先导城市，也拥有

表2-2　2012～2019年黄河流域城市群高质量发展的泰尔指数

年份	总体分异	地区内分异				
		兰州—西宁城市群	黄河"几"字弯都市圈	关中平原城市群	中原城市群	山东半岛城市群
2012	0.0077	0.0139	0.0088	0.0079	0.0027	0.0024
2013	0.0057	0.0113	0.0060	0.0059	0.0020	0.0026
2014	0.0060	0.0156	0.0054	0.0045	0.0019	0.0029
2015	0.0067	0.0115	0.0089	0.0052	0.0022	0.0025
2016	0.0058	0.0088	0.0086	0.0043	0.0019	0.0025
2017	0.0067	0.0124	0.0115	0.0038	0.0019	0.0022
2018	0.0061	0.0091	0.0116	0.0038	0.0019	0.0024
2019	0.0049	0.0079	0.0072	0.0029	0.0019	0.0029

资料来源：笔者测算后整理。

吴忠、中卫、海东、石嘴山等高质量发展综合指数位居后 10 位的欠发达城市，呈现出典型的核心—边缘特征。关中平原城市群高质量发展的泰尔指数居于中游水平，这是因为该城市群既存在以西安为核心的高质量发展集水区，也不乏平凉、庆阳等高质量发展洼地。中原城市群与山东半岛城市群高质量发展泰尔指数数值偏低，这主要是因为上述两大城市群内部城市社会经济综合实力总体较强，相对差距较小。从相对变动看，兰州—西宁城市群、黄河"几"字弯都市圈、关中平原城市群、中原城市群高质量发展泰尔指数均有所降低，而山东半岛城市群高质量发展泰尔指数的变化规律并不明显，在平均值周围上下波动。

二、空间基尼系数

作为刻画时空分异的典型方法，泰尔指数将黄河流域各城市群相对于所有城市群的变动纳入考察范畴，且能将总体分异剥离为地区内和地区间。然而，泰尔指数关于地区间分异的测度较为粗糙，仅展现了兰州—西宁城市群、黄河"几"字弯都市圈、关中平原城市群、中原城市群、山东半岛城市群之间的总体分异情况，未能反映兰州—西宁城市群、黄河"几"字弯都市圈、关中平原城市群、中原城市群、山东半岛城市群之间的两两分异。鉴于此，本书引入空间基尼系数弥补上述缺陷，计算公式如下：

$$G = \frac{\sum_{q=1}^{k} \sum_{r=1}^{k} \sum_{h=1}^{n_q} \sum_{i=1}^{n_r} |Index_{qh} - Index_{ri}|}{2n^2 \overline{Index}} \tag{2-6}$$

$$G_{qq} = \frac{1}{2n_q^2 \overline{Index_q}} \sum_{h=1}^{n_q} \sum_{i=1}^{n_q} |Index_{qh} - Index_{qi}| \tag{2-7}$$

$$G_w = \sum_{q=1}^{k} G_{qq} m_q s_q \tag{2-8}$$

$$G_{qr} = \frac{\sum_{h=1}^{n_q} \sum_{i=1}^{n_r} |Index_{qh} - Index_{ri}|}{n_q n_r (\overline{Index_q} + \overline{Index_r})} \tag{2-9}$$

$$G_{nb} = \sum_{q=2}^{k} \sum_{r=1}^{q-1} G_{qr} (m_q s_r + m_r s_q) D_{qr} \tag{2-10}$$

$$G_t = \sum_{q=2}^{k} \sum_{r=1}^{q-1} G_{qr} (m_q s_r + m_r s_q)(1 - D_{qr}) \tag{2-11}$$

其中，G 代表总体空间基尼系数，G_{qq} 和 G_{qr} 分别代表兰州—西宁城市群、黄河"几"字弯都市圈、关中平原城市群、中原城市群、山东半岛城市群内和两两城市群间的空间基尼系数。空间基尼系数能进一步分解为地区内贡献率 G_w、

地区间净值贡献率 G_{nb} 以及超变密度贡献率 G_t，G_{nb} 和 G_t 共同构成地区间总贡献率。此外，h 和 i 代表黄河流域城市，q 和 r 代表黄河流域城市所属城市群，$Index_{qh}$（$Index_{ri}$）代表城市群 q（r）内城市 h（i）的高质量发展综合指数；$\overline{Index}$ 与 $\overline{Index_q}$（$\overline{Index_r}$）分别代表黄河流域所有城市群及城市群 q（r）内城市高质量发展综合指数的平均值；n 代表所研究的黄河流域城市总数，n_q（n_r）是兰州—西宁城市群、黄河"几"字弯都市圈、关中平原城市群、中原城市群、山东半岛城市群的城市数量；$m_q = n_q/n$，$s_q = n_q \overline{Index_q}/n\overline{Index}$；定义 a_{qr} 为 $Index_{qh} > Index_{ri}$ 时 $Index_{qh} - Index_{ri}$ 的加总数学期望，定义 d_{qr} 为 $Index_{ri} > Index_{qh}$ 时 $Index_{ri} - Index_{qh}$ 的加总数学期望，那么 $D_{qr} = (a_{qr} - d_{qr}) / (a_{qr} + d_{qr})$ 可反映黄河流域两两城市群间高质量发展综合指数的相对影响。

图 2-7 反映了 2012~2019 年黄河流域城市群高质量发展的地区内空间基尼系数。在绝对数值上，兰州—西宁城市群空间基尼系数平均值最大，黄河"几"字弯都市圈、关中平原城市群、山东半岛城市群紧随其后，中原城市群空间基尼系数平均值最小，排序和泰尔指数平均值的完全一致，其背后的原因在前文已有论述。进一步观察发现，整个黄河流域城市群的空间基尼系数平均值大于关中平原城市群、中原城市群、山东半岛城市群，说明城市群间高质量发展失衡。在相对变动上，兰州—西宁城市群、黄河"几"字弯都市圈、关中平原城市群、中原城市群的空间基尼系数在波动中下降，与泰尔指数保持一致；山东半岛城市群的空间基尼系数变化规律不明显，再次与泰尔指数形成印证。

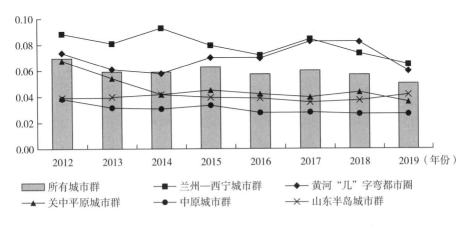

图 2-7　2012~2019 年黄河流域城市群高质量发展的地区内空间基尼系数

资料来源：笔者测算后整理。

图 2-8 展现了 2012~2019 年黄河流域城市群高质量发展的地区间空间基尼系数。在绝对数值方面，通过前文分析发现，黄河流域中上游的兰州—西宁城市群、黄河"几"字弯都市圈高质量发展综合指数及分项指数值相对偏低，是黄河流域高质量发展的短板，与关中平原城市群、中原城市群、山东半岛城市群之间的高质量发展时空分异较明显：兰州—西宁城市群与山东半岛城市群、黄河"几"字弯都市圈与山东半岛城市群、兰州—西宁城市群与关中平原城市群、黄河"几"字弯都市圈与关中平原城市群、兰州—西宁城市群与中原城市群、黄河"几"字弯都市圈与中原城市群的空间基尼系数高于 0.05。兰州—西宁城市群与黄河"几"字弯都市圈的空间基尼系数也较高，平均值达到 0.0797。由于黄河流域城市群高质量发展"下游高、中游平、上游低"的阶梯性特征较为显著，因此最上游的兰州—西宁城市群与最下游的山东半岛城市群的空间基尼系数最大。此外，关中平原城市群、中原城市群、山东半岛城市群之间的高质量发展分异同样不容忽视，关中平原城市群与山东半岛城市群、中原城市群与山东半岛城市群、关中平原城市群与中原城市群空间基尼系数平均值分别为 0.0430、0.0225、0.0201。在相对变动方面，除关中平原城市群与山东半岛城市群、中原城市群与山东半岛城市群以外，其他两两城市群间高质量发展的空间基尼系数都出现了不同程度的下降，2019 年兰州—西宁城市群与黄河"几"字弯都市圈、兰州—西宁城市群与关中平原城市群、兰州—西宁城市群与中原城市群、兰州—西宁城市群与山东半岛城市群、黄河"几"字弯都市圈与关中平原城市群、黄河"几"字弯都市圈与中原城市群、关中平原城市群与中原城市群的降幅均突破了 25%。总体上讲，城市群间高质量发展的时空分异正逐步缩小，成为黄河流域城市群完成本真复兴使命的催化剂。

图 2-9 显示了 2012~2019 年黄河流域城市群高质量发展的空间基尼系数贡献率结构分解。地区间贡献率在 54.19%~58.85% 的区间内浮动，对黄河流域城市群高质量发展时空分异的平均贡献率高达 56.79%，说明应坚持贯彻以东部率先、中部崛起、西部开发、东北振兴为主线的区域发展总体战略，同黄河流域生态保护和高质量发展战略相叠加，破解各大城市群高质量发展的失衡难题。地区内贡献率在 17.88%~19.08% 的区间内小幅波动，平均贡献率仅为 18.36%，比地区间贡献率低 38.43 个百分点，但仍应警惕黄河流域各大城市群内部出现高质量发展分化现象。地区间超变密度贡献率处于 23.26%~26.89%，平均贡献率为 24.84%，表明黄河流域城市群之间的样本交叠对高质量发展时空分异也存在一定影响。

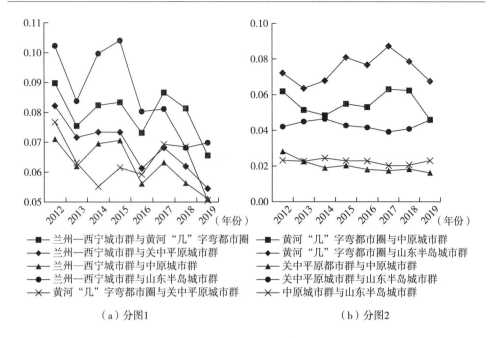

（a）分图1 　　　　　　　　　　（b）分图2

图 2-8　2012~2019 年黄河流域城市群高质量发展的地区间空间基尼系数

注：为便于直观展示，本书将城市群地区间空间基尼系数分为两图，但仍放在一起比较谈论。两图为随机划分，无特殊目的。

资料来源：笔者测算后整理。

图 2-9　2012~2019 年黄河流域城市群高质量发展的空间基尼系数贡献率结构分解

资料来源：笔者测算后整理。

第四节 黄河流域城市群高质量发展的演进轨迹

一、马尔科夫转移矩阵

本书借助马尔科夫转移矩阵解析黄河流域城市在不同质量等级间调整的总体轨迹。马尔科夫转移矩阵元素的计算公式为：

$$\text{prob}_{uv}^{t,\,t+d} = \frac{\sum_{t=T_0}^{T-d} n_{uv}^{t,\,t+d}}{\sum_{t=T_0}^{T-d} n_u^{t,\,t+d}} (u=1,\,2,\,\cdots,\,k;\,v=1,\,2,\,\cdots,\,k;\,t=T_0,\,\cdots,\,T-d)$$

$$(2-12)$$

其中，k 代表高质量发展综合指数的等级数量，本书通过 K 均值聚类分析法，将黄河流域城市划分为低质量、中低质量、中等质量、中高质量、高质量五个梯队，即 $k=5$；d 代表黄河流域城市在不同梯队之间的转移周期，取 $d=1$；$n_{uv}^{t,t+d}$ 代表由第 t 年的 u 梯队向第 $t+d$ 年的 v 梯队转移的黄河流域城市数量；$n_u^{t,t+d}$ 代表第 t 年属于 u 梯队的黄河流域城市数量。

表 2-3 展示了黄河流域城市群高质量发展的马尔科夫转移矩阵结果。黄河流域低质量、中低质量、中等质量、中高质量、高质量城市经过一年发展后仍处于同一梯队的概率顺次为 65.08%、75.37%、80.58%、85.00%、96.30%，所处梯队等级越高，维持原有状态的可能性也就越大。与此同时，黄河流域低质量、中低质量、中等质量、中高质量城市朝上一等级梯队进军的概率分别达到 34.13%、22.66%、14.19%、8.64%，黄河流域城市群发展质量持续优化。同时也要注意到，黄河流域城市高质量发展向高等级梯队转移的概率递减，表明向上跃迁的难度逐步增大。此外，黄河流域低质量、中低质量、中等质量城市存在一定的越级跳跃可能性，概率分别是 0.79%、0.16%、0.27%。黄河流域中低质量、中等质量、中高质量、高质量城市向下一等级梯队退步的概率分别为 1.81%、4.96%、6.36%、3.70%，不存在发展质量越级下降的情况。虽然等级下降概率值远低于等级上升概率值，但是仍应引起黄河流域相关城市的注意，应高度重视经济社会综合效益。

表 2-3　黄河流域城市群高质量发展的马尔科夫转移矩阵结果

状态	低质量	中低质量	中等质量	中高质量	高质量
低质量	0.6508	0.3413	0.0079	0.0000	0.0000
中低质量	0.0181	0.7537	0.2266	0.0016	0.0000
中等质量	0.0000	0.0496	0.8058	0.1419	0.0027
中高质量	0.0000	0.0000	0.0636	0.8500	0.0864
高质量	0.0000	0.0000	0.0000	0.0370	0.9630

资料来源：笔者测算后整理。

二、收敛性检验

σ 收敛是指随时间推移，黄河流域城市群高质量发展综合指数的离散程度逐步下降，通常使用离散系数来反映，具体公式为：

$$\sigma = \sqrt{\frac{1}{n-1}\sum_{i=1}^{n}\left(Index_i - \overline{Index}\right)^2} \qquad (2-13)$$

其中，$Index_i$ 代表黄河流域城市 i 的高质量发展综合指数，$\overline{Index}$ 代表黄河流域全部城市高质量发展综合指数的平均值。当 σ 逐年下降时，说明黄河流域城市间高质量发展的时空分异在缩小，发生 σ 收敛。

图 2-10 展现了 2012~2019 年黄河流域城市群高质量发展的 σ 系数值。在绝对数值方面，黄河流域中下游城市群高质量发展的变异程度总体小于黄河流域上游城市群。具体而言，兰州—西宁城市群、黄河"几"字弯都市圈 σ 系数的均值高于全部城市群平均水平，分别达到 9.24、8.01，说明上述城市群高质量发展的变异程度较高，明星型城市与平庸型城市并存：明星型城市多处于上述城市群内兰州都市圈、银川都市圈、太原都市圈的核心地带，而平庸型城市则散布于四省藏区、六盘山区、吕梁山区等不发达地区。关中平原城市群、中原城市群、山东半岛城市群 σ 系数的均值低于全部城市群平均水平，依次是 6.22、4.09、5.06，但明星型城市与平庸型城市的分化仍值得警惕。在相对变动方面，兰州—西宁城市群、黄河"几"字弯都市圈、关中平原城市群、中原城市群的 σ 系数由 2012 年的 9.52、8.10、7.30、4.33 分别减小至 2019 年的 8.58、7.84、5.32、4.30，降幅分别达 9.87%、3.21%、27.12%、0.69%，但由于 σ 系数值并未逐年下降，σ 收敛机制仍不典型。山东半岛城市群 σ 系数运动轨迹不明确，处于 5.06 的均值周围波动，σ 收敛机制同样不明确。

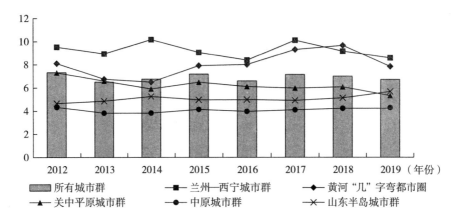

图 2-10　2012～2019 年黄河流域城市群高质量发展的 σ 系数值

资料来源：笔者测算后整理。

绝对 β 收敛理论认为，黄河流域发展质量相对较低的城市将出现更明显的进步，逐步拉近与黄河流域质量前沿面城市的差距，最终达到稳态。基于 Sala-i-Martin 的设定，构建模型如下：

$$\frac{1}{T}\ln\left(\frac{Index_{it}}{Index_{i0}}\right) = \alpha + \beta\ln\left(Index_{i0}\right) + \mu_i \tag{2-14}$$

其中，$Index_{it}$ 代表黄河流域城市 i 第 t 年的高质量发展综合指数，$Index_{i0}$ 代表黄河流域城市 i 基期的高质量发展综合指数，T 为研究年份数，μ_i 为随机扰动项。若 β 显著为负，则黄河流域城市高质量发展最终将绝对 β 收敛至稳态水平。

绝对 β 收敛建立在横截面数据的基础上，而条件 β 收敛做出改良，控制了城市固定效应与年份固定效应，将城市初始稳态水平纳入考虑范畴，模型具体设定为：

$$\ln\left(\frac{Index_{it}}{Index_{i,t-1}}\right) = \alpha + \beta\ln\left(Index_{i,t-1}\right) + \gamma_i + \vartheta_t + \mu_{it} \tag{2-15}$$

其中，γ_i 为城市固定效应，ϑ_t 为年份固定效应，其余符号的含义和绝对 β 收敛模型一致。若 β 显著为负，则说明黄河流域城市高质量发展出现了条件 β 收敛[①]。

---

① 既有研究在进行条件 β 收敛检验时，通常会加入一系列控制变量，但是考虑到本书条件 β 收敛检验的被解释变量是由 30 项具体指标合成的高质量发展综合指数，这些具体指标多为高质量发展的影响因素，因此本书的条件 β 收敛检验未加入控制变量。

进一步地，考虑到黄河流域城市群高质量发展的空间相关性，本书参考 Elhorst 等（2010）的研究，拟基于空间杜宾模型（SDM）进行空间绝对 β 收敛与条件 β 收敛检验，模型为：

$$\frac{1}{T}\ln\left(\frac{Index_{it}}{Index_{i0}}\right) = \alpha + \beta\ln(Index_{i0}) + \delta\sum_{h=1}^{N} w_{ih}\ln(Index_{i0}) +$$
$$\rho\sum_{h=1}^{N} w_{ih}\frac{1}{T}\ln\left(\frac{Index_{it}}{Index_{i0}}\right) + \mu_{i} \tag{2-16}$$

$$\frac{1}{T}\ln\left(\frac{Index_{it}}{Index_{i,t-1}}\right) = \alpha + \beta\ln(Index_{i,t-1}) + \delta\sum_{h=1}^{N} w_{ih}\ln(Index_{i,t-1}) +$$
$$\rho\sum_{h=1}^{N} w_{ih}\frac{1}{T}\ln\left(\frac{Index_{it}}{Index_{i,t-1}}\right) + \gamma_{i} + \vartheta_{t} + \mu_{it} \tag{2-17}$$

构造权重矩阵是空间计量分析的核心。除地理距离矩阵以外，本章还构造了经济距离矩阵、引力模型矩阵，验证空间 β 收敛的稳健性。经济距离矩阵、引力模型矩阵的具体计算公式为：

$$w_{ih} = 1/|\overline{pgdp_i} - \overline{pgdp_h}| \tag{2-18}$$
$$w_{ih} = \overline{pgdp_i} \times \overline{pgdp_h}/d_{ih} \tag{2-19}$$

其中，w_{ih} 代表空间权重矩阵中的元素，d_{ih} 代表黄河流域城市 i 与城市 h 间的地理距离，$\overline{pgdp_i}$、$\overline{pgdp_h}$ 分别代表黄河流域城市 i 与城市 h 2012～2019 年人均 GDP 的平均值。

表 2-4 汇报了黄河流域城市群高质量发展的 β 收敛性检验结果。对于绝对收敛而言，不论是否考虑空间因素的作用，β 均在 1% 的置信水平上显著为负，说明从长期来看，黄河流域发展质量较低的城市对发展质量较高的城市存在追超效应。对于条件收敛而言，β 同样保持了较强的负向显著性，黄河流域低质量发展城市在短期内难以和高质量发展城市并驾齐驱，而是向自身的稳态水平趋近，继而再对标高质量发展城市。对比可知，条件收敛的 β 估计值远高于绝对 β 收敛，分别达到 14.35 倍、15.22 倍、14.57 倍、15.31 倍，即黄河流域城市高质量发展的条件 β 收敛速度更快，这与该方法考虑黄河流域各城市发展质量的异质性有关。

前文证实了黄河流域城市群高质量发展的时空分异客观存在，俱乐部效应显著。相较于绝对 β 收敛，条件 β 收敛能够考虑黄河流域城市群差异化的初始稳态水平，基于条件 β 收敛的分城市群研究更加合理。表 2-5 和表 2-6 汇报了黄河流域各大城市群高质量发展的条件 β 收敛性检验结果。在不考虑空间因素的情况下，β 全部在1%的置信水平上显著为负，且兰州—西宁城市群收敛速率最快，黄河"几"字弯都市圈收敛速率最慢。在将空间因素纳入考虑范围后，在地理距离矩阵、经济距离矩阵、引力模型矩阵等不同设定形式下，β 始终在1%的置信水平上显著为负，俱乐部式的条件 β 收敛特征明显。随着黄河流域生态保护和高质量发展扎实推进，其与21世纪初形成的"东部率先、中部崛起、西部大开发、东北振兴"区域发展总体战略相配合，为塑造黄河流域城市群高质量发展的新棋局注入了强劲动力（孙久文和蒋治，2021）。

表2-4　2012~2019 年黄河流域城市群高质量发展的 β 收敛性检验

变量	被解释变量：高质量发展综合指数							
	绝对收敛				条件收敛			
	无权重矩阵	地理距离矩阵	经济距离矩阵	引力模型矩阵	无权重矩阵	地理距离矩阵	经济距离矩阵	引力模型矩阵
ln*index*	-0.046***	-0.045***	-0.046***	-0.045***	-0.660***	-0.685***	-0.670***	-0.689***
	(0.009)	(0.006)	(0.006)	(0.007)	(0.060)	(0.040)	(0.039)	(0.040)
城市固定效应					控制	控制	控制	控制
年份固定效应					控制	控制	控制	控制
样本量	79	79	79	79	553	553	553	553

注：括号内为聚类稳健标准误，***、**、*分别表示在1%、5%、10%的水平上显著。

资料来源：笔者测算后整理。

表2-5　2012~2019 年黄河流域城市群高质量发展的条件收敛性检验
（无权重矩阵和经济矩阵结果）

变量	被解释变量：高质量发展综合指数				
	无权重矩阵				
	兰州—西宁城市群	黄河"几"字弯都市圈	关中平原城市群	中原城市群	山东半岛城市群
ln*index*	-1.245***	-0.686***	-0.696***	-0.736***	-1.015***
	(0.097)	(0.109)	(0.153)	(0.060)	(0.201)
城市固定效应	控制	控制	控制	控制	控制
年份固定效应	控制	控制	控制	控制	控制
样本量	35	105	77	154	35

续表

变量	被解释变量：高质量发展综合指数				
	经济距离矩阵				
	兰州—西宁城市群	黄河"几"字弯都市圈	关中平原城市群	中原城市群	山东半岛城市群
lnindex	-1.322***	-0.689***	-0.682***	-0.719***	-1.151***
	(0.160)	(0.099)	(0.083)	(0.076)	(0.202)
城市固定效应	控制	控制	控制	控制	控制
年份固定效应	控制	控制	控制	控制	控制
样本量	35	105	77	154	35

注：括号内为聚类稳健标准误，***、**、*分别表示在1%、5%、10%的水平上显著。

资料来源：笔者测算后整理。

表2-6　2012~2019年黄河流域城市群高质量发展的条件收敛性检验（地理权重矩阵和引力模型结果）

变量	被解释变量：高质量发展综合指数				
	地理距离矩阵				
	兰州—西宁城市群	黄河"几"字弯都市圈	关中平原城市群	中原城市群	山东半岛城市群
lnindex	-0.662***	-0.634***	-0.734***	-1.245***	-0.686***
	(0.085)	(0.077)	(0.074)	(0.097)	(0.109)
城市固定效应	控制	控制	控制	控制	控制
年份固定效应	控制	控制	控制	控制	控制
样本量	105	77	154	35	105

变量	被解释变量：高质量发展综合指数				
	引力模型矩阵				
	兰州—西宁城市群	黄河"几"字弯都市圈	关中平原城市群	中原城市群	山东半岛城市群
lnindex	-0.654***	-0.641***	-0.733***	-1.322***	-0.689***
	(0.084)	(0.074)	(0.074)	(0.160)	(0.099)
城市固定效应	控制	控制	控制	控制	控制
年份固定效应	控制	控制	控制	控制	控制

续表

变量	被解释变量：高质量发展综合指数				
	引力模型矩阵				
	兰州—西宁城市群	黄河"几"字弯都市圈	关中平原城市群	中原城市群	山东半岛城市群
样本量	105	77	154	35	105

注：括号内为聚类稳健标准误，＊＊＊、＊＊、＊分别表示在1%、5%、10%的水平上显著。

资料来源：笔者测算后整理。

参考文献

［1］Elhorst P, Piras G, Arbia G. Growth and convergence in a multiregional model with space–time dynamics ［J］. Geographical Analysis, 2010, 42（3）：338–355.

［2］钞小静，任保平. 中国经济增长质量的时序变化与地区差异分析［J］. 经济研究，2011，46（4）：26-40.

［3］干春晖，郑若谷，余典范. 中国产业结构变迁对经济增长和波动的影响［J］. 经济研究，2011，46（5）：4-16.

［4］高培勇，杜创，刘霞辉，等. 高质量发展背景下的现代化经济体系建设：一个逻辑框架［J］. 经济研究，2019，54（4）：4-17.

［5］高培勇. 理解、把握和推动经济高质量发展［J］. 经济学动态，2019（8）：3-9.

［6］郭亚军，马凤妹，董庆兴. 无量纲化方法对拉开档次法的影响分析［J］. 管理科学学报，2011，14（5）：19-28.

［7］郭亚军. 一种新的动态综合评价方法［J］. 管理科学学报，2002（2）：49-54.

［8］金碚. 关于"高质量发展"的经济学研究［J］. 中国工业经济，2018（4）：5-18.

［9］刘伟，陈彦斌. "两个一百年"奋斗目标之间的经济发展：任务、挑战与应对方略［J］. 中国社会科学，2021（3）：86-102.

［10］孙久文，蒋治. "十四五"时期中国区域经济发展格局展望［J］. 中共中央党校（国家行政学院）学报，2021，25（2）：77-87.

［11］孙久文，蒋治．中国沿海地区高质量发展的路径［J］．地理学报，2021，76（2）：277-294.

［12］魏敏，李书昊．新时代中国经济高质量发展水平的测度研究［J］．数量经济技术经济研究，2018，35（11）：3-20.

［13］张军，吴桂英，张吉鹏．中国省际物质资本存量估算：1952-2000［J］．经济研究，2004（10）：35-44.

［14］张军扩，侯永志，刘培林，等．高质量发展的目标要求和战略路径［J］．管理世界，2019，35（7）：1-7.

［15］张可云．新时代的中国区域经济新常态与区域协调发展［J］．国家行政学院学报，2018（3）：102-108.

第三章　黄河流域城市群产业协同发展与探索

实现黄河流域生态保护和高质量发展，重要原则之一就是要加快协同发展，以此推进各省份经济高质量且有序发展。其中，城市群产业协同发展是其中的一个重要方面，通过产业链的协同配合，能够更好地促进城市群间交流和共享，有助于在全流域形成协同机制的基础上推动高质量发展建设。

产业协同，是指集群内的企业在生产、营销、采购、管理、技术等方面相互配合、相互协作，形成高度的一致性或和谐性（胡大立，2006）。更进一步地讲，产业协同更是在产业转移和产业分工的基础上，形成产业链有序发展的新体系。对黄河流域城市群而言，由于不同城市群分处于上游、中游和下游，经济发展水平和产业结构也存在差别，因此其产业协同发展是长期性目标，需要在产业有序转移和分工协作路径搭建好后，才能够实现协同发展的本义。本章以梳理产业协同研究为始，在遵循保护环境和绿色发展的基本原则下，基于统计数据分析黄河流域城市群的产业结构特征、产业转移和分工情况、产业协同进展，最后提出具体的发展规划和展望。

第一节　黄河流域城市群产业协同研究进展

产业协同发展理论可以追溯至哈肯的协同理论，该理论认为任何一个系统内的子系统之间的相互作用决定了该系统的整体行为，从而形成协同效应（孙虎和乔标，2015）。具体来讲，产业协同就是通过不同系统间的互动，形成"1+1>2"的总效应。产业协同从本质上看是实现产业分工，使一定区域内的不同地区产业形成效益链条并共同生产，从而成为利益共同体。

关于产业协同的概念，学界有不同的看法。例如，徐力行和高伟凯（2007）以及张淑莲等（2011）认为，产业协同是指在受到科技、经济、环境社会、资源等因素作用下，产业或产业群彼此之间协调合作形成一种有序结构的过程，是多个产业及其相关的子产业在发展过程中相互配合、互相协调，在越来越复杂的网络分工中解决好产业协调发展的问题。孙虎和乔标（2015）则认为，产业协同发展是区域多目标下的共赢，其意味着各自产业之间能够相互影响、相互感应。张明之（2017）以长三角地区为例，发现区域产业协同本质上是行政区内产业部门在空间结构、产业链分布、产业政策与市场规则等方面形成的同质对接和共融，以企业、科研机构、高校等为载体整合创新资源开展协同创新与协同制造，以共同利益为导向创造整体竞争优势。向晓梅和杨娟（2018）认为，区域产业协同发展是指区域内两个或两个以上的经济主体从追求各自独立的产业发展系统逐步演化为追求各经济主体间产业的相互促进、共同发展，达到双赢互惠的过程。其中，区位优势和较好的资源禀赋是区域产业协同发展的基本前提。

此外，也有学者从城市群视角对产业协同发展进行了界定。刘端端（2022）指出，城市群产业协同发展是城市群与产业之间相互协调的过程，打破并淘汰传统独立竞争的发展模式，通过互动发展有助于提高区域经济发展动力和核心竞争力。同时，城市群内产业协同发展也是通过产业链将不同城市连为一体，这将大幅提升单个城市或企业抵御市场风险、周期性风险、结构性风险等一系列风险的能力，增强城市和产业的发展韧性。总之，产业协同发展是以互动共享为基本原则，共同在产业链条上互补发展，并促进不同区域实现关联协作配合的有效手段。在提高本地产业竞争力的同时，产业协同发展更能够促进本地乃至城市群高质量发展。

有关具体城市群或区域的产业协同研究主要集中在东部沿海等较发达地区的城市群。一是京津冀地区。孙虎和乔标（2015）指出，目前京津冀地区产业协同发展仍存在区域发展价值取向单一、市场活力弱、河北承接转移能力差等问题，未来要加快形成利益共享机制、重视环境保护与治理，积极培育新兴产业。孙久文和张红梅（2014）指出，京津冀产业协同发展已取得一定实绩，要进一步抓住区位和交通优势、资源优势和产业优势，努力解决资源短缺问题、"城市病"问题以及区域发展极化、产业链发展水平不高等问题，以此形成具有京津冀特色的产业协同发展新模式。二是粤港澳大湾区。向晓梅和杨娟（2018）认为，粤港澳大湾区要以产业链分工和协作配套为重点，建设世界级先进制造业基地；要以产业间和沿产业链合作为重点，发展现代服务业以助力产业转型升级；要以协同研发和市场的共同开拓为重点，提高产业竞争力与全面融合。三是长三角地区。张明之（2017）认为，长三角地区产业协同具有天然的比较优势，交通便捷、经济外向度高、文化互通等一系列优势为其奠定了基础。朱正伟等（2019）指出，产业协同发展是长三角一体化发展成功的关键，并认为要打破管理体制、政策标准和要素流动的壁垒，以此实现新的发展和突破。与之相反，中西部产业集群协调发展同东部地区具有较大差距，主要是因为中西部地区城镇化水平较低、西部中心城市能级偏弱、交通基础设施有待进一步发展等（刘端端，2022）。未来要进一步做好发展规划以避免同质化，推动形成中西部城市群产业协同发展新格局。

相应地，在黄河流域生态保护和高质量发展这一重大战略提出之后，黄河流域的相关研究也逐渐兴起。孙正等（2022）在测度全国生产性服务业和制造业的协同情况后发现，城市群层面的融合模式逐渐由单一城市或地区主导转变为城市群内部之间的协同集聚，在其研究中，涉及黄河流域的城市群分别有关中平原城市群和中原城市群，前者生产性服务业和制造业的协同集聚程度不变，后者则有所下降，整体上相较于东部沿海地区的城市群仍有较大差距。高煜（2020）认为，黄河流域建设现代产业体系与推动形成产业协同，要在尊重生态环境的原则下，实现人力资本与生产要素的协同，着力提升工业结构，扩大对外开放力度。罗芳和赵煦琨（2021）研究太原经济圈后发现，区域内部仍未形成有效产业集聚，产业缺位现象严重，亟待加速推进产业体系重构。杨丹等（2020）指出，黄河流域产业协同发展要围绕电子信息、装备制造、化工、新能源、新材料等产业，通过产业联通形成上中下游东、中、西部产业互动分工合作网络。庞磊和朱彤（2021）也指出，黄河流域要抓紧构建战略性新兴产业协同创新体系，以此赋能地区经济高质量发展。从上述分析可知，黄河流域产业发展水平有待进一步提高，城市群的产业协同水平也有待增强。黄河流域要抓住重大战略机遇，在保护生态环境的基础上，通过产业结构优化与调整实现流域内部和各城市群的产业协同。

第二节　黄河流域城市群产业分工变化差异与特征分析

沿黄七大城市群分布在黄河上中下游，经济发展存在较大差异，推动黄河流域城市群产业协同发展是实现黄河流域区域经济高质量发展的关键环节。本节首先明晰黄河流域产业结构特征，然后比较黄河流域城市群承接产业转移情况，最后梳理黄河流域城市群产业协同发展现状。

一、黄河流域城市群产业结构特征与比较

产业结构与经济发展是经济学长久关注的命题，地区产业结构不仅决定了该地区在全国经济贸易网络以及国内国际产业链的相对地位，还会影响地区经济增长速度与质量（卢中原，1996）。三次产业占比可以反映国民经济发展的结构性特征，刻画经济系统中各产业部门的相互依存关系，随着经济发展阶段的变化，三次产业占比也会发生相应的变化。表3-1列出了黄河流域各城市群涉及城市的产业结构在2000年、2010年、2020年的演进变化情况①。

表3-1　黄河流域七大城市群三次产业占比情况　　　　单位：%

城市群	地级单位	2000年			2010年			2020年		
		第一产业	第二产业	第三产业	第一产业	第二产业	第三产业	第一产业	第二产业	第三产业
山东半岛城市群	青岛市	12.2	48.7	39.1	4.9	48.7	46.4	3.4	35.2	61.4
	济南市	10.0	44.0	46.1	5.5	41.9	52.6	3.6	34.8	61.6
	淄博市	7.4	58.8	33.9	3.7	61.6	34.7	4.3	48.4	47.4
	东营市	6.5	81.6	11.9	3.7	72.6	23.7	5.3	56.3	38.4
	烟台市	14.3	51.8	33.8	7.7	58.9	33.4	7.3	40.8	51.8
	潍坊市	20.4	46.1	33.5	10.7	55.7	33.7	9.1	39.3	51.6
	济宁市	19.8	43.0	37.2	12.6	53.4	34.1	11.7	39.2	49.1
	泰安市	17.7	44.9	37.4	9.5	53.6	36.9	10.9	39.1	50.1
	威海市	15.3	52.6	32.1	7.9	55.9	36.2	10.0	38.5	51.5
	日照市	24.4	39.1	36.6	9.8	54.8	35.4	8.5	42.1	49.4

---

①　关于数据主要有两点需要说明，一是我国涉及城市层面的行政区划调整在1997年之后较多，导致特定年份数据缺失，商洛、平凉、庆阳、定西、吕梁和海东相继于2001年、2002年、2002年、2003年、2004年和2013年撤地设市，鄂尔多斯于2001年撤盟设市，中卫于2004年撤县设市；二是有三个城市在两个城市群间有交叉，本节不对这三个城市做重复分析。菏泽市既属于山东半岛城市群，也属于中原城市群；聊城市既属于山东半岛城市群，也属于中原城市群；运城市既属于中原城市群，也属于关中平原城市群。本书将菏泽市和聊城市归入山东半岛城市群进行探讨，运城市划入关中平原城市群进行分析。

续表

城市群	地级单位	2000 年			2010 年			2020 年		
		第一产业	第二产业	第三产业	第一产业	第二产业	第三产业	第一产业	第二产业	第三产业
山东半岛城市群	菏泽市	50.2	26.7	23.1	17.9	52.9	29.2	9.9	40.2	49.9
	滨州市	22.7	48.3	28.9	10.0	54.6	35.4	9.7	40.8	49.6
	德州市	26.1	42.8	31.1	12.7	54.3	33.0	10.6	40.1	49.2
	聊城市	32.5	41.7	25.8	13.7	57.0	29.4	14.4	34.4	51.3
	临沂市	20.5	46.7	32.8	11.0	50.3	38.7	9.2	36.6	54.3
	枣庄市	16.8	49.5	33.8	8.6	60.1	31.3	9.6	40.6	49.8
中原城市群	郑州市	5.7	49.2	45.1	3.1	56.2	40.7	1.3	39.7	59.0
	洛阳市	9.3	54.6	36.1	8.1	60.2	31.7	5.0	45.1	50.0
	开封市	32.0	35.4	32.5	23.7	43.2	33.1	15.4	37.8	46.8
	南阳市	29.6	45.7	24.7	20.5	52.1	27.4	16.6	32.1	51.3
	安阳市	20.8	47.8	31.4	12.1	61.5	26.4	10.4	43.8	45.8
	商丘市	43.4	30.2	26.4	26.2	46.5	27.3	17.6	37.8	44.5
	新乡市	23.9	41.6	34.6	13.2	57.7	29.1	9.7	44.9	45.4
	平顶山市	15.1	52.4	32.5	8.8	66.3	24.9	8.4	45.1	46.5
	许昌市	21.1	52.8	26.1	11.4	68.5	20.1	5.3	52.7	42.0
	焦作市	17.2	50.6	32.2	8.1	68.7	23.2	7.4	42.0	50.6
	周口市	39.2	37.1	23.7	29.8	45.4	24.8	17.2	41.1	41.7
	信阳市	35.3	34.3	30.5	26.4	42.2	31.4	19.1	35.6	45.2
	驻马店市	34.0	39.1	26.9	27.6	41.9	30.5	19.2	38.5	42.4
	鹤壁市	22.5	48.6	28.9	11.4	70.4	18.3	8.0	56.5	35.6
	濮阳市	21.5	54.6	24.0	13.9	66.5	19.7	14.6	35.3	50.1
	漯河市	23.3	54.1	22.6	12.7	69.7	17.5	9.5	42.8	47.7
	三门峡市	13.4	52.4	34.3	8.0	68.5	23.5	10.1	47.4	42.5
	济源市	12.4	57.1	30.5	4.6	75.7	19.7	4.2	60.0	35.8
	长治市	14.4	54.8	30.8	4.4	65.4	30.2	3.6	52.5	43.9
	晋城市	8.3	53.2	38.5	4.2	63.6	32.2	4.0	53.5	42.5
	运城市	21.0	49.6	29.4	17.1	44.2	38.8	16.3	34.1	49.6
	聊城市	32.5	41.7	25.8	13.7	57.0	29.4	14.4	34.4	51.3
	菏泽市	50.2	26.7	23.1	17.9	52.9	29.2	9.9	40.2	49.9

续表

城市群	地级单位	2000 年			2010 年			2020 年		
		第一产业	第二产业	第三产业	第一产业	第二产业	第三产业	第一产业	第二产业	第三产业
关中平原城市群	西安市	6.5	47.7	45.8	4.3	43.5	52.2	3.1	33.2	63.7
	宝鸡市	12.4	53.4	34.2	10.7	63.0	26.4	9.0	55.4	35.6
	咸阳市	22.5	43.6	33.9	18.5	52.2	29.3	15.4	44.1	40.5
	铜川市	9.9	52.3	37.8	7.6	62.1	30.4	8.1	34.8	57.1
	渭南市	23.6	40.6	35.9	16.1	49.2	34.7	20.0	34.9	45.1
	商洛市	—	—	—	20.3	41.2	38.5	15.4	36.0	48.6
	运城市	21.0	49.6	29.4	17.1	44.2	38.8	16.3	34.1	49.6
	临汾市	13.5	51.9	34.6	7.5	58.3	34.2	7.5	42.9	49.6
	天水市	17.7	42.5	39.8	20.1	37.7	42.2	18.9	24.3	56.8
	平凉市	—	—	—	21.8	46.9	31.3	23.1	24.5	52.4
	庆阳市	—	—	—	14.3	60.1	25.7	12.9	47.2	39.9
呼包鄂榆城市群	呼和浩特市	14.0	43.8	42.2	4.9	36.4	58.7	4.5	29.1	66.3
	包头市	8.4	60.0	31.6	2.7	54.1	43.2	3.8	41.4	54.9
	鄂尔多斯市	—	—	—	2.7	58.7	38.6	3.9	56.8	39.4
	榆林市	18.1	45.0	36.9	5.3	68.6	26.1	6.7	62.5	30.9
山西中部城市群	太原市	4.3	48.7	47.0	1.7	44.9	53.4	0.8	36.2	63.0
	吕梁市	—	—	—	5.2	69.2	25.6	4.9	59.6	35.6
	忻州市	20.5	38.4	41.1	11.3	44.6	44.2	8.1	43.4	48.5
	晋中市	15.0	49.1	35.9	8.5	54.8	36.7	7.6	45.5	47.0
兰州—西宁城市群	兰州市	5.1	52.6	42.2	3.1	48.1	48.8	2.0	32.3	65.7
	白银市	15.9	51.8	32.3	12.1	55.0	32.9	20.2	34.3	45.5
	定西市	—	—	—	30.6	25.1	44.3	20.1	15.9	64.1
	临夏回族自治州	32.2	36.8	31.0	22.6	29.7	47.7	16.2	18.5	65.3
	西宁市	8.8	43.8	47.4	3.9	51.1	45.1	4.2	30.5	65.3
	海东市	—	—	—	—	—	—	15.0	37.9	47.1
	海北藏族自治州	32.9	31.0	36.2	19.1	50.4	30.5	31.1	16.7	52.2
	黄南藏族自治州	26.6	55.6	17.8	29.3	40.3	30.4	27.7	25.2	47.1
	海南藏族自治州	32.9	42.8	24.3	26.8	44.4	29.0	27.1	41.4	31.5

续表

城市群	地级单位	2000 年			2010 年			2020 年		
		第一产业	第二产业	第三产业	第一产业	第二产业	第三产业	第一产业	第二产业	第三产业
宁夏沿黄城市群	银川市	11.2	43.8	45.0	5.3	50.1	44.6	3.8	42.4	53.8
	石嘴山市	13.2	58.4	28.4	6.0	62.6	31.3	6.8	47.8	45.2
	吴忠市	23.9	47.2	28.9	17.5	50.8	31.7	13.7	43.9	42.4
	中卫市	—	—	—	19.0	40.8	40.2	15.5	39.8	44.8

资料来源：《中国城市统计年鉴》和各省份统计年鉴，其中"—"表示数据缺失。

由表 3-1 可知，从时间趋势上看，沿黄七大城市群三次产业占比变化趋势相对一致。各城市在 2000~2020 年的第一产业占比呈明显下降趋势；第二产业占比大多在 2000~2010 年呈上升趋势，在 2010~2020 年下降，整体随时间推移呈倒"V"形；第三产业占比在 2000~2020 年呈持续上升趋势。这与我国整体经济发展阶段相关，2010~2020 年我国第三产业整体发展迅速，经济发展由工业主导转向服务业主导。

横向比较 2020 年各城市群城市三次产业产值占比情况发现，第一产业产值占比在 20% 以上的城市多分布于兰州—西宁城市群。第二产业产值占比在 50% 以上的城市有榆林、济源、吕梁、鄂尔多斯等，主要涉及呼包鄂榆城市群、中原城市群、山西中部城市群、山东半岛城市群和关中平原城市群。第二产业产值占比主要受矿产资源分布的影响，如榆林已经发现 8 大类 48 种矿产，有世界七大煤田之一的神府煤田；鄂尔多斯已探明矿种 30 余种，以优质煤闻名遐迩。第三产业产值占比在 50% 以上的城市主要有呼和浩特、兰州、西宁、西安、太原、济南、青岛、郑州等。这些城市第三产业产值占比较高的原因可能有三个方面：一是旅游资源较为丰富；二是城市行政级别较高，是区域层面的政治、文化中心；三是所属城市群经济基础较好，这些城市中有 8 个位于山东半岛城市群、5 个位于关中平原城市群、4 个位于中原城市群。山东半岛城市群、中原城市群和关中平原城市群是七大城市群中发展相对成熟的城市群，"十四五"规划中将 19 个城市群分为三类，沿黄七大城市群中只有山东半岛城市群、中原城市群和关中平原城市群处于中间梯队。

接下来，进一步从产业结构合理化和高级化两个角度分析沿黄七大城市群涉及城市的产业结构特征。借鉴干春晖等（2011），构造产业结构合理化指标，从投入产出角度度量生产要素配置的合理性，计算公式如下：

$$H = \sum_{i=1}^{3} \left(\frac{Y_i}{Y} \right) \ln \left(\frac{Y_i / L_i}{Y / L} \right) \qquad (3-1)$$

其中，H 为产业结构合理化程度，Y_i 为产业 i 产出，Y 为全部产业产出，L_i 为产业 i 从业人员数，L 为全部产业从业人员数。H 数值越低，则产业结构合理化程度越高，反之则越低。根据克拉克定律，采用第三产业产值与第二产业产值之比来度量产业结构高级化，产业结构高级化指标越大则表明产业结构越高级。表 3-2 列出了 2020 年黄河流域七大城市群城市产业结构合理化和高级化情况，并且列出了城市群内各城市的排名。

表 3-2　2020 年黄河流域七大城市群产业结构合理化和高级化测算统计

城市群	城市	产业结构合理化	产业结构高级化
山东半岛城市群	青岛市	0.16	1.71
	济南市	0.12	1.79
	淄博市	0.09	0.92
	东营市	0.18	0.65
	烟台市	0.23	1.23
	潍坊市	0.37	1.26
	济宁市	0.47	1.20
	泰安市	0.42	1.29
	威海市	0.22	1.24
	日照市	0.38	1.14
	菏泽市	0.50	1.12
	滨州市	0.33	1.14
	德州市	0.30	1.14
	聊城市	0.67	1.41
	临沂市	0.32	1.41
	枣庄市	0.44	1.08
	平均值	0.33	1.23
中原城市群	郑州市	0.03	1.52
	洛阳市	0.16	1.09

续表

城市群	城市	产业结构合理化	产业结构高级化
中原城市群	开封市	0.54	1.2
	南阳市	0.41	1.53
	安阳市	0.38	1.02
	商丘市	0.61	1.09
	新乡市	0.27	1.00
	平顶山市	0.23	1.02
	许昌市	0.11	0.79
	焦作市	0.19	0.81
	周口市	0.28	0.96
	信阳市	0.74	1.23
	驻马店市	0.50	1.07
	鹤壁市	0.26	0.61
	濮阳市	0.42	1.44
	漯河市	0.26	1.05
	三门峡市	0.29	0.88
	济源市	0.26	0.57
	长治市	0.06	0.82
	晋城市	0.06	0.78
	运城市	0.48	1.44
	聊城市	0.67	1.41
	菏泽市	0.50	1.12
	平均值	0.34	1.06
关中平原城市群	西安市	0.06	1.91
	宝鸡市	0.21	0.63
	咸阳市	0.49	0.86
	铜川市	0.19	1.45
	渭南市	0.31	1.21

续表

城市群	城市	产业结构合理化	产业结构高级化
关中平原 城市群	商洛市	0.37	0.97
	运城市	0.48	1.44
	临汾市	0.22	1.15
	天水市	0.47	2.24
	平凉市	0.56	1.95
	庆阳市	0.43	0.77
	平均值	0.34	1.33
呼包鄂榆 城市群	呼和浩特市	0.08	2.25
	包头市	0.08	1.45
	鄂尔多斯市	0.14	0.66
	榆林市	0.27	0.46
	平均值	0.14	1.21
山西中部 城市群	太原市	0.02	1.62
	吕梁市	0.19	0.60
	忻州市	0.25	1.11
	晋中市	0.21	1.06
	平均值	0.17	1.10
兰州—西宁 城市群	兰州市	0.05	1.97
	白银市	0.44	1.21
	定西市	0.60	4.11
	临夏回族自治州	—	3.49
	西宁市	0.07	2.20
	海东市	0.57	1.26
	海北藏族自治州	—	2.74
	黄南藏族自治州	—	1.85
	海南藏族自治州	—	0.77
	平均值	0.35	2.18

续表

城市群	城市	产业结构合理化	产业结构高级化
宁夏沿黄城市群	银川市	0.04	1.21
	石嘴山市	0.14	0.94
	吴忠市	0.20	0.98
	中卫市	0.38	1.02
	平均值	0.19	1.04

资料来源：笔者测算后整理。

由表 3-2 可知，2020 年，山东半岛城市群产业结构较合理的城市是淄博市、济南市和青岛市，产业结构较高级的城市是济南市、青岛市、聊城市和临沂市；中原城市群产业结构较合理的城市是郑州市、长治市和晋城市，产业结构较高级的城市是南阳市、郑州市、濮阳市和运城市；关中平原城市群产业结构较合理的城市是西安市、铜川市和宝鸡市，产业结构较高级的城市是天水市、平凉市和西安；呼包鄂榆城市群产业结构较合理的城市是呼和浩特市和包头市，产业结构较高级的城市是呼和浩特市；山西中部城市群产业结构较合理的城市是太原市，产业结构较高级的城市也是太原市；兰州—西宁城市群产业结构较合理的城市是兰州市，产业结构较高级的城市是定西市；宁夏沿黄城市群产业结构较合理的城市是银川市，产业结构较高级的城市也是银川市。

根据城市群平均值结果看，呼包鄂榆城市群、山西中部城市群和宁夏沿黄城市群的产业结构更为合理，兰州—西宁城市群、关中平原城市群和山东半岛城市群的产业结构更加高级。配第一克拉克定律从劳动力分布角度揭示了经济发展过程中产业结构的变化规律，罗斯托经济成长阶段论和钱纳里工业化阶段理论概括了产业结构转化与经济发展阶段改变的联系。这些规律及理论的共同点在于发现主导产业由第一产业向第二产业再向第三产业过渡，沿黄七大城市群中部分城市产业结构相对高级，但主要由于它们多以第三产业中的旅游业为主导产业，并且制造业发育相对不是很完善，这对于部分欠发达地区是值得注意的一个问题，第二产业是区域经济发展的重要支撑，在大力推进第三产业发展的同时要注重产业发展的协调性。

二、黄河流域城市群承接产业分工与转移情况

近年来,黄河流域城市群积极探索产业转型发展路径,承接产业转移是助力转型发展的路径之一,承接产业转移需要城市群内城市跨区域合作,各城市充分发挥自身区位及产业优势,深化产业分工协作,在产业转移过程中抓取新一轮发展机遇。

1. 产业结构相似系数

各城市需要明晰自身的产业结构及优势,本部分计算了各城市群的三次产业结构相似系数以及分行业区位熵,以此准确判断当下各城市群内城市产业分工状况。产业结构相似系数的计算公式如下:

$$S_{mn} = \frac{\sum_{i=1}^{3} X_{mi} X_{ni}}{\sqrt{\sum_{i=1}^{3} X_{mi}^2 \sum_{i=1}^{3} X_{ni}^2}} \qquad (3-2)$$

其中,S_{mn} 为城市 m 与城市 n 的产业结构相似系数,X_{mi} 为城市 m 产业 i 产值占比。X_{ni} 为城市 n 产业 i 产值占比。参考李桢(2012)和刘杰(2013)的划分,产业结构相似系数大于 0.9 即表明存在产业结构同构现象。表 3-3 至表 3-9 为各城市群城市三次产业结构相似系数表。沿黄七大城市群内城市三次产业结构趋同现象明显,省会城市与城市群内其他城市三次产业结构相似系数普遍低于其余城市间三次产业结构相似系数。

如表 3-3 所示,2020 年山东半岛城市群产业结构较为相似的城市是德州市和威海市、临沂市和菏泽市、枣庄市和潍坊市以及枣庄市和滨州市,这四组城市的三次产业结构相似系数保留四位小数后均为 1.0000,表明这四组城市在三次产业层面产业结构几乎相同。

如表 3-4 所示,2020 年中原城市群产业结构较为相似的城市是周口市和开封市、信阳市和南阳市、濮阳市和开封市、濮阳市和周口市、三门峡市和新乡市、运城市和商丘市、聊城市和开封市、聊城市和周口市以及聊城市和濮阳市,这九组城市的三次产业结构相似系数保留四位小数后均为 1.0000,表明这九组城市在三次产业层面产业结构几乎相同。

表3-3 2020年山东半岛城市群城市三次产业结构相似系数

城市	青岛市	济南市	淄博市	东营市	烟台市	潍坊市	济宁市	泰安市	威海市	日照市	菏泽市	滨州市	德州市	聊城市	临沂市	枣庄市
青岛市	1															
济南市	0.9997	1														
淄博市	0.9979	0.9965	1													
东营市	0.9978	0.9970	0.9995	1												
烟台市	0.9571	0.9638	0.9433	0.9516	1											
潍坊市	0.9227	0.9317	0.9044	0.9154	0.9948	1										
济宁市	0.8868	0.8978	0.8652	0.8783	0.9826	0.9964	1									
泰安市	0.8972	0.9076	0.8764	0.8890	0.9866	0.9981	0.9997	1								
威海市	0.9068	0.9167	0.8869	0.8988	0.9899	0.9992	0.9990	0.9998	1							
日照市	0.9409	0.9488	0.9250	0.9348	0.9987	0.9987	0.9908	0.9937	0.9959	1						
菏泽市	0.9135	0.9231	0.8944	0.9060	0.9921	0.9997	0.9981	0.9993	0.9999	0.9973	1					
滨州市	0.9189	0.9282	0.9004	0.9117	0.9937	0.9999	0.9972	0.9986	0.9995	0.9982	0.9999	1				
德州市	0.9038	0.9139	0.8838	0.8960	0.9890	0.9989	0.9993	0.9999	1.0000	0.9953	0.9997	0.9993	1			
聊城市	0.8420	0.8549	0.8167	0.8319	0.9619	0.9848	0.9960	0.9936	0.9909	0.9747	0.9885	0.9864	0.9918	1		
临沂市	0.9118	0.9215	0.8922	0.9038	0.9915	0.9996	0.9983	0.9994	0.9999	0.9969	1.0000	0.9998	0.9998	0.9892	1	
枣庄市	0.9205	0.9297	0.9022	0.9133	0.9942	1.0000	0.9969	0.9984	0.9994	0.9984	0.9998	1.0000	0.9992	0.9857	0.9997	1

资料来源：笔者测算后整理。

表3-4 2020年中原城市群城市三次产业结构相似系数

城市	郑州市	洛阳市	开封市	南阳市	安阳市	商丘市	新乡市	平顶山市	许昌市	焦作市	周口市	信阳市	驻马店市	鹤壁市	濮阳市	漯河市	三门峡市	济源市	长治市	晋城市	运城市	聊城市	菏泽市
郑州市	1																						
洛阳市	0.8713	1																					
开封市	0.5300	0.8777	1																				
南阳市	0.4861	0.8519	0.9987	1																			
安阳市	0.6568	0.9422	0.9875	0.9781	1																		
商丘市	0.5035	0.8624	0.9995	0.9998	0.9821	1																	
新乡市	0.6816	0.9529	0.9817	0.9706	0.9994	0.9753	1																
平顶山市	0.7275	0.9705	0.9673	0.9530	0.9952	0.9590	0.9979	1															
许昌市	0.8902	0.9990	0.8568	0.8292	0.9274	0.8405	0.9394	0.9596	1														
焦作市	0.7406	0.9749	0.9623	0.9471	0.9931	0.9534	0.9965	0.9998	0.9646	1													
周口市	0.5232	0.8739	1.0000	0.9990	0.9862	0.9997	0.9802	0.9653	0.8529	0.9601	1												
信阳市	0.4794	0.8480	0.9983	1.0000	0.9765	0.9996	0.9688	0.9507	0.8252	0.9447	0.9987	1											
驻马店市	0.4917	0.8554	0.9990	0.9999	0.9795	0.9999	0.9722	0.9550	0.8331	0.9492	0.9993	0.9999	1										
鹤壁市	0.8038	0.9922	0.9295	0.9093	0.9760	0.9177	0.9827	0.9926	0.9865	0.9945	0.9267	0.9063	0.9122	1									
濮阳市	0.5273	0.8761	1.0000	0.9988	0.9869	0.9996	0.9810	0.9664	0.8551	0.9614	1.0000	0.9985	0.9991	0.9282	1								
漯河市	0.6748	0.9500	0.9834	0.9728	0.9997	0.9773	0.9999	0.9972	0.9361	0.9957	0.9820	0.9711	0.9744	0.9808	0.9828	1							
三门峡市	0.6852	0.9544	0.9806	0.9693	0.9992	0.9741	1.0000	0.9982	0.9412	0.9968	0.9791	0.9675	0.9710	0.9837	0.9799	0.9999	1						
济源市	0.9262	0.9237	0.7017	0.6694	0.7930	0.6810	0.8097	0.8404	0.9266	0.8508	0.6953	0.6627	0.6715	0.8813	0.7006	0.8060	0.8110	1					
长治市	0.9592	0.9736	0.7453	0.7101	0.8411	0.7243	0.8587	0.8901	0.9823	0.8984	0.7401	0.7049	0.7149	0.9385	0.7430	0.8538	0.8614	0.9457	1				
晋城市	0.9484	0.9811	0.7689	0.7350	0.8601	0.7488	0.8767	0.9060	0.9885	0.9137	0.7640	0.7301	0.7397	0.9504	0.7667	0.8720	0.8792	0.9439	0.9993	1			
运城市	0.4995	0.8600	0.9994	0.9999	0.9812	1.0000	0.9742	0.9576	0.8378	0.9520	0.9996	0.9997	0.9999	0.9157	0.9995	0.9763	0.9730	0.6793	0.7209	0.7455	1		
聊城市	0.5240	0.8741	1.0000	0.9990	0.9863	0.9997	0.9802	0.9654	0.8530	0.9603	1.0000	0.9987	0.9993	0.9267	1.0000	0.9821	0.9791	0.6985	0.7403	0.7641	0.9996	1	
菏泽市	0.6464	0.9374	0.9896	0.9809	0.9999	0.9847	0.9988	0.9937	0.9220	0.9914	0.9884	0.9795	0.9822	0.9727	0.9891	0.9993	0.9985	0.7874	0.8333	0.8527	0.9839	0.9885	1

资料来源：笔者测算后整理。

如表 3-5 所示，2020 年关中平原城市群除西安市以外，其他 10 个城市间产业结构相似系数均大于 0.9，表明这 10 个城市在三次产业层面均存在产业结构同构现象。同时，关中平原城市群内，运城市和渭南市、运城市和商洛市、临汾市和宝鸡市以及平凉市和天水市这四组城市产业结构相似系数大于 0.999，表明这四组城市的产业结构极为相近。

表 3-5　2020 年关中平原城市群城市三次产业结构相似系数

城市	西安市	宝鸡市	咸阳市	铜川市	渭南市	商洛市	运城市	临汾市	天水市	平凉市	庆阳市
西安市	1										
宝鸡市	0.9613	1									
咸阳市	0.8542	0.9626	1								
铜川市	0.9164	0.9895	0.9909	1							
渭南市	0.7944	0.9281	0.9943	0.9711	1						
商洛市	0.8275	0.9476	0.9987	0.9831	0.9984	1					
运城市	0.8150	0.9403	0.9973	0.9788	0.9994	0.9998	1				
临汾市	0.9535	0.9992	0.9709	0.9940	0.9398	0.9576	0.9511	1			
天水市	0.7671	0.9104	0.9884	0.9597	0.9990	0.9949	0.9968	0.9236	1		
平凉市	0.7523	0.9010	0.9848	0.9531	0.9977	0.9924	0.9948	0.9148	0.9997	1	
庆阳市	0.8889	0.9796	0.9974	0.9978	0.9840	0.9925	0.9895	0.9856	0.9750	0.9698	1

资料来源：笔者测算后整理。

如表 3-6 所示，2020 年呼包鄂榆城市群所有城市间产业结构相似系数均大于 0.9，表明城市群在三次产业层面存在产业结构同构现象。

表 3-6　2020 年呼包鄂榆城市群城市三次产业结构相似系数

城市	呼和浩特市	包头市	鄂尔多斯市	榆林市
呼和浩特市	1			
包头市	0.9668	1		
鄂尔多斯市	0.9188	0.9890	1	
榆林市	0.9810	0.9956	0.9752	1

资料来源：笔者测算后整理。

如表 3-7 所示，2020 年山西中部城市群除省会城市太原市以外，其他三个城市间产业结构相似系数均大于 0.9，表明这三个城市在三次产业层面存在产业结构同构现象。

表 3-7　2020 年山西中部城市群城市三次产业结构相似系数

城市	太原市	吕梁市	忻州市	晋中市
太原市	1			
吕梁市	0.8871	1		
忻州市	0.6454	0.9223	1	
晋中市	0.6845	0.9414	0.9986	1

资料来源：笔者测算后整理。

如表 3-8 所示，2020 年兰州—西宁城市群只有黄南藏族自治州和海北藏族自治州产业结构相似系数大于 0.999，表明这组城市在产业结构上极为相近。

表 3-8　2020 年兰州—西宁城市群城市三次产业结构相似系数

城市/地区	兰州市	白银市	定西市	临夏回族自治州	西宁市	海东市	海北藏族自治州	黄南藏族自治州	海南藏族自治州
兰州市	1								
白银市	0.6526	1							
定西市	0.5843	0.9960	1						
临夏回族自治州	0.6221	0.9522	0.9555	1					
西宁市	0.9266	0.8896	0.8466	0.8506	1				
海东市	0.7110	0.9968	0.9857	0.9471	0.9231	1			
海北藏族自治州	0.5742	0.9861	0.9933	0.9813	0.8368	0.9747	1		
黄南藏族自治州	0.6045	0.9895	0.9934	0.9831	0.8567	0.9810	0.9993	1	
海南藏族自治州	0.6486	0.9969	0.9949	0.9734	0.8864	0.9929	0.9942	0.9971	1

资料来源：笔者测算后整理。

如表 3-9 所示，2020 年宁夏沿黄城市群除省会城市银川市以外，其他三个城市间产业结构相似系数均大于0.9，表明这三个城市在三次产业层面存在产业结构同构现象。

表3-9　2020年宁夏沿黄城市群城市三次产业结构相似系数

城市	银川市	石嘴山市	吴忠市	中卫市
银川市	1			
石嘴山市	0.9743	1		
吴忠市	0.8646	0.9555	1	
中卫市	0.8337	0.9365	0.9983	1

资料来源：笔者测算后整理。

2. 区位熵

区位熵可以反映行业优势，其计算公式如下：

$$LQ_{mj} = \frac{q_{mj}/q_j}{q_m/q} \tag{3-3}$$

其中，LQ_{mj} 为城市 m 行业 j 的区位熵，q_{mj} 为城市 m 行业 j 的产值，q_j 为全国行业 j 的产值，q_m 为城市 m 全部行业总产值，q 为全国全部行业总产值。当区位熵大于1时，表明该城市在国内该行业具备比较优势。表3-10 至表3-16 为2020年黄河流域各城市群城市工业，建筑业，交通运输、仓储和邮政业，批发和零售业，住宿和餐饮业，金融业以及房地产业的区位熵。

如表3-10所示，山东半岛城市群整体在工业，交通运输、仓储和邮政业，批发和零售业以及住宿和餐饮业具备产业比较优势，城市群内有11个城市的工业区位熵大于1，12个城市的交通运输、仓储和邮政业区位熵大于1，13个城市的批发和零售业区位熵大于1，7个城市的住宿和餐饮业区位熵大于1。举例看：一是泰安市在建筑业有较突出的比较优势，区位熵达2.07。建筑业是泰安市传统的优势产业和富民产业，在出国施工产值和出省施工产值上较高。二是威海市和菏泽市在批发和零售业有较突出的比较优势，区位熵分别为3.71 和4.41。同时，两市还在住宿和餐饮业有较突出的比较优势，区位熵分别为2.34 和3.47。威海市和菏泽市近年来注重改造和提升传统产业，加速推进"互联网+"与产业融合，通过降低交易成本，拓宽需求，促进线上与线下一体化经营，积极引进大型商贸物流项目，推动了批发和零售业以及住宿和餐饮业发展。

表 3-10　2020 年山东半岛城市群城市分行业区位熵

行业 城市	工业	建筑业	交通运输、仓储和邮政业	批发和零售业	住宿和餐饮业	金融业	房地产业
青岛市	0.85	1.23	1.61	1.71	1.19	0.84	0.97
济南市	0.75	1.61	1.22	1.40	0.92	1.16	1.09
淄博市	1.33	1.04	1.20	0.98	0.64	0.72	0.70
东营市	1.76	0.29	0.62	0.81	0.47	0.65	0.37
烟台市	1.13	0.83	1.06	1.75	0.90	0.52	0.78
潍坊市	1.05	0.95	1.13	1.45	1.18	0.71	0.73
济宁市	1.08	0.81	0.99	1.53	1.07	0.64	0.63
泰安市	0.79	2.07	1.12	1.14	0.86	0.73	0.77
威海市	1.07	0.78	—	3.71	2.34	—	—
日照市	1.10	1.15	1.87	1.14	0.83	0.74	0.54
菏泽市	1.11	0.84	—	4.41	3.47	—	—
滨州市	1.18	0.59	1.63	1.15	0.64	0.65	0.81
德州市	1.15	0.64	1.15	1.32	0.88	0.57	0.84
聊城市	0.95	0.71	1.50	0.97	0.85	0.82	0.73
临沂市	0.97	0.95	1.00	1.47	1.48	0.83	0.85
枣庄市	1.06	1.10	1.19	1.35	1.49	0.65	0.64

资料来源：笔者测算后整理，其中"—"表示数据缺失。

如表 3-11 所示，中原城市群整体在工业和交通运输、仓储和邮政业以及住宿和餐饮业具备产业比较优势，城市群内有 14 个城市的工业区位熵大于 1，19 个城市的交通运输、仓储和邮政业区位熵大于 1，16 个城市的住宿和餐饮业区位熵大于 1。举例来看：一是焦作市在交通运输、仓储和邮政业有较突出的比较优势，区位熵达 2.44。2018 年，焦作市先后获评河南省物流标准化示范市、国家供应链创新与应用试点市，交通运输、仓储和邮政业产值实现较快增长。二是菏泽市在批发和零售业以及住宿和餐饮业有较突出的比较优势。菏泽市是黄河"入鲁第一市"，串联山东半岛城市群和中原城市群，环踞众多交通枢纽城市，地理区位优势显著。

表3-11　2020年中原城市群城市分行业区位熵

城市 \ 行业	工业	建筑业	交通运输、仓储和邮政业	批发和零售业	住宿和餐饮业	金融业	房地产业
郑州市	0.85	1.90	1.42	0.93	1.12	1.32	1.20
洛阳市	1.17	1.27	1.25	0.93	1.23	0.72	0.76
开封市	1.02	0.92	0.93	0.70	1.39	0.47	0.81
南阳市	0.79	1.10	1.73	0.90	1.90	0.53	0.90
安阳市	0.99	1.87	1.36	0.72	0.92	0.40	0.85
商丘市	0.99	1.00	1.19	0.59	1.75	0.43	1.00
新乡市	1.11	1.49	1.68	0.71	0.89	0.46	0.92
平顶山市	1.23	1.01	1.11	0.92	1.48	0.56	0.69
许昌市	1.52	0.85	1.17	0.72	0.99	0.34	0.69
焦作市	1.17	0.84	2.44	0.79	1.48	0.47	0.68
周口市	1.10	0.99	1.12	0.62	1.55	0.32	0.93
信阳市	0.87	1.21	0.81	0.51	1.39	0.51	1.02
驻马店市	0.91	1.48	0.82	0.68	1.25	0.47	0.64
鹤壁市	1.62	0.91	1.76	0.54	1.39	0.26	0.55
濮阳市	0.92	1.35	1.83	0.80	1.54	0.50	0.75
漯河市	1.21	0.78	1.72	1.17	1.49	0.37	0.72
三门峡市	1.19	1.52	1.79	0.71	1.12	0.38	0.56
济源市	1.77	0.76	1.53	0.73	1.20	0.23	0.43
长治市	1.60	0.42	1.17	0.68	—	—	—
晋城市	1.63	0.46	1.53	0.57	0.72	0.63	0.81
运城市	0.92	0.79	1.53	0.89	0.54	0.75	0.67
聊城市	0.95	0.71	1.50	0.97	0.85	0.82	0.73
菏泽市	1.11	0.84	—	4.41	3.47	—	—

资料来源：笔者测算后整理，其中"—"表示数据缺失。

　　如表3-12所示，关中平原城市群整体在交通运输、仓储和邮政业具备产业比较优势，城市群内有5个城市的交通运输、仓储和邮政业区位熵大于1。其中，西安市在建筑业有较突出的比较优势，区位熵达2.09。建筑业是支撑西安市经济发展的重要产业，2020年，西安市建筑业增加值总量居副省级城市第一位。

表 3-12　2020 年关中平原城市群城市分行业区位熵

城市 \ 行业	工业	建筑业	交通运输、仓储和邮政业	批发和零售业	住宿和餐饮业	金融业	房地产业
西安市	0.59	2.09	0.88	0.84	1.06	1.29	1.17
宝鸡市	1.46	1.47	—	—	—	—	—
咸阳市	1.16	1.14	0.99	—	—	—	—
铜川市	0.95	0.76	—	—	—	—	—
渭南市	0.97	0.68	1.58	0.77	0.99	0.62	0.92
商洛市	0.99	0.76	1.08	0.57	1.05	0.67	0.77
运城市	0.92	0.79	1.53	0.89	0.54	0.75	0.67
临汾市	1.28	0.49	1.47	0.77	—	—	—
天水市	0.55	1.05	1.18	0.84	0.76	1.12	0.82
平凉市	0.58	0.93	0.43	0.50	0.96	0.96	0.92
庆阳市	1.41	0.59	0.41	0.62	1.68	0.63	0.42

资料来源：笔者测算后整理，其中"—"表示数据缺失。

如表 3-13 所示，呼包鄂榆城市群整体在工业和交通运输、仓储和邮政业以及住宿和餐饮业具备产业比较优势，城市群内有 2 个城市的工业区位熵大于 1，有 3 个城市的交通运输、仓储和邮政业区位熵大于 1，有 2 个城市的住宿和餐饮业区位熵大于 1。与山东半岛城市群、中原城市群以及关中平原城市群相比，呼包鄂榆城市群内没有城市在 7 个行业中区位熵大于 2。

表 3-13　2020 年呼包鄂榆城市群城市分行业区位熵

城市 \ 行业	工业	建筑业	交通运输、仓储和邮政业	批发和零售业	住宿和餐饮业	金融业	房地产业
呼和浩特市	0.71	1.01	1.39	0.80	1.77	1.10	1.06
包头市	1.00	1.48	—	—	—	—	—
鄂尔多斯市	1.67	0.75	1.80	0.68	1.09	0.44	0.52
榆林市	1.92	0.55	1.82	0.61	0.40	0.41	0.35

资料来源：笔者测算后整理，其中"—"表示数据缺失。

如表 3-14 所示，山西中部城市群整体在工业，交通运输、仓储和邮政业具备产业比较优势，城市群内有 3 个城市的工业区位熵大于 1，4 个城市的交通运输、仓储和邮政区位熵均大于 1。其中，晋中市在交通运输、仓储和邮政业有较突出的比较优势，区位熵达 2.09，近年来交通运输服务业成为晋中市行业发展的"压舱石"，全市全力推进网络货运平台建设，畅通司机与货主的信息沟通渠道，网络货运新业态的发展给晋中市带来了更多的经济增长点。

表 3-14 2020 年山西中部城市群城市分行业区位熵

行业　　城市	工业	建筑业	交通运输、仓储和邮政业	批发和零售业	住宿和餐饮业	金融业	房地产业
太原市	0.84	1.46	1.16	1.02	0.76	1.35	0.96
吕梁市	1.87	0.27	1.19	0.54	0.57	0.60	0.61
忻州市	1.30	0.44	1.48	0.51	—	—	—
晋中市	1.32	0.68	2.09	0.70	0.56	0.56	0.92

资料来源：笔者测算后整理，其中"—"表示数据缺失。

如表 3-15 所示，兰州—西宁城市群整体在建筑业以及住宿和餐饮业具备产业比较优势，城市群内有 6 个城市的建筑业区位熵大于 1，6 个城市的住宿和餐饮业区位熵大于 1。举例来看：一是兰州市在交通运输、仓储和邮政业有较突出的比较优势，区位熵达 2.06。兰州市是黄河上游的中心城市，是西北地区重要的工业基地和综合交通枢纽，2020 年兰州市的交通运输、仓储和邮政业投资增长 38.5%。二是临夏回族自治州在住宿和餐饮业有较突出的比较优势，区位熵达 2.03。2019 年，临夏回族自治州被评为"2019 中国（区域）最具魅力人气旅游城市"，旅游业发展势头迅猛，是全州的主导产业。三是海东市在建筑业有较突出的比较优势，区位熵达 2.56。

如表 3-16 所示，宁夏沿黄城市群整体在工业，建筑业以及交通运输、仓储和邮政业具备产业比较优势，城市群内 4 个城市的工业区位熵均大于 1，有 3 个城市的建筑业区位熵大于 1，3 个城市的交通运输、仓储和邮政业区位熵大于 1。宁夏沿黄城市群位于我国西北地区的干旱地带，区域内自然资源禀赋差距大，与周边的城市群相比，经济实力较弱。宁夏现已建立起以煤炭、电力、化工、冶金和有色金属等行业为主导的重工业产业体系，但是初级产品及原材料产品所占比重较大，不利于地区参与经济循环。

表 3-15　2020 年兰州—西宁城市群城市分行业区位熵

城市 \ 行业	工业	建筑业	交通运输、仓储和邮政业	批发和零售业	住宿和餐饮业	金融业	房地产业
兰州市	0.82	1.01	2.06	0.84	0.90	1.81	0.96
白银市	0.88	1.00	0.94	0.62	0.68	0.98	0.58
定西市	0.26	1.08	0.64	0.87	1.44	1.27	0.86
临夏回族自治州	0.28	1.37	0.49	0.71	2.03	1.00	0.78
西宁市	0.56	1.83	0.95	0.90	1.10	1.77	1.08
海东市	0.64	2.56	0.55	0.34	1.06	0.55	0.65
海北藏族自治州	0.33	0.90	0.66	0.34	1.32	0.66	0.41
黄南藏族自治州	0.48	1.46	0.18	0.16	1.15	0.52	0.29
海南藏族自治州	1.11	0.99	0.45	0.19	0.84	0.43	0.36

资料来源：笔者测算后整理。

表 3-16　2020 年宁夏沿黄城市群城市分行业区位熵

城市 \ 行业	工业	建筑业	交通运输、仓储和邮政业	批发和零售业	住宿和餐饮业	金融业	房地产业
银川市	1.08	1.26	1.08	0.51	0.84	1.35	0.79
石嘴山市	1.30	1.08	1.20	—	—	0.67	0.30
吴忠市	1.18	1.09	0.94	0.56	0.86	0.61	0.43
中卫市	1.07	0.92	1.18	0.49	0.83	0.63	—

资料来源：笔者测算后整理，其中"—"表示数据缺失。

综合来看，沿黄七大城市群内产业分工呈现以下三种特征：一是城市群内不同城市的优势行业存在一定差距,在承接产业转移时需要注重城市间的合作。二是黄河流域城市群内的城市多在传统产业,如工业以及建筑业具备比较优势。三是黄河流域城市群内的城市重视"互联网+"新业态发展,利用地理区位禀赋,大力推动交通运输、仓储和邮政业发展。

3. 产业转移情况概述

山东半岛城市群处于黄河下游广大腹地的出海口,自然条件相对优越,经济基础良好。根据工业和信息化部发布的《产业发展与转移指导目录(2018年本)》(以下简称《目录》),山东将不再承接炼铁、炼钢、铁合金、焦化、化肥生产、水泥熟料生产、陶瓷等产业。《目录》提出东部地区要积极承接国际高端产业转移,推动传统产业向中西部地区转移。山东作为东部省份之一,将优先承接发展电子信息、中高档轻工业等产业。

黄河流域其余6个城市群大多分布在黄河上游和中游。根据《目录》,河南优先承接电子专用材料制造、轻工业等产业,山西优先承接化工、机械制造等产业;陕西优先承接化工、机械制造等产业;内蒙古优先承接钢铁制造、有色金属加工等产业;甘肃优先承接精细化工、新材料制造以及包括现代物流的生产性服务业等产业;宁夏优先承接电子材料生产、新材料制造以及包括产业金融的生产性服务业等产业;青海优先承接有色金属加工、石油和天然气下游化工产品等产业。比较各省份优先承接转移产业发现,普遍遵循基于地区原有优势禀赋进一步融合发展中高端产业的规律,如有丰富矿产资源的省份会在传统工业基础之上推进精细加工及深加工产业发展,工业制造基础相对较好的省份会进一步发展高技术制造业。与此同时,黄河流域上中游地区在承接产业转移时也随之建设承接产业转移示范区,构建产业转移承接平台,深化区域间的战略合作,为产业协同发展奠定坚实的基础。总体上,各省份将利用自身特色资源与地理区位优势,充分发展特色产业。

2021年,中共中央、国务院印发《黄河流域生态保护和高质量发展规划纲要》后,沿黄省份陆续出台了各自的黄河流域生态保护和高质量发展规划以及相关政策措施。黄河流域生态脆弱以及水资源短缺会对城市群以及产业发展形成一定的约束,但也有助于引导黄河流域城市群承接产业转移时重视生态环境,以长久计,以未来计,都是黄河流域城市进一步发展的机遇。

三、黄河流域城市群产业协同发展现状

《黄河流域生态保护和高质量发展规划纲要》指出,黄河流域各省份经济联

系度历来不高，区域分工协作意识不强，高效协同发展机制尚不完善。黄河流域城市群产业协同发展是实现区域高质量发展的关键。当前，黄河流域七大城市群经济发展具有下游较为发达、上中下游区域经济差异较大的空间特征，并且城市产业结构相似问题突出，较多城市产业结构偏重工业，高技术制造业与现代服务业发展乏力。邓祥征等（2021）认为城市群发展依赖产业协同集聚，而黄河流域产业发展受水资源约束较为严重，实现水资源协同优化管理可以为黄河流域产业协同发展提供保障。越来越多的研究基于数据测度黄河流域城市群的产业协同发展情况。赵瑞和申玉铭（2020）关注黄河流域服务业的发展，发现黄河流域服务业发展水平空间差异显著，水平较高的仅有西安、济南、郑州、呼和浩特等省会城市，且 2007~2017 年空间分异特征增强，整体服务业发展增速缓慢，东中西部地区差距逐渐增大。分行业来看，生产性服务业专业化水平小幅提升，优于生活性服务业，内部行业中仅有金融业具有专业化优势；生活性服务业专业化水平有所下降，仅有文化、体育娱乐业具有专业化优势，总体上其专业化水平都亟待提升。

分区域来看，上游地区服务业发展基础薄弱；中游地区资源优势显著，二三产业融合促进产业转型是主要发展方向；下游地区金融业突出，高技术服务业发展不充分。张双悦（2022）利用区位熵及标准差椭圆方法对黄河流域产业集聚与经济增长的空间格局进行了分析，发现无论是整体产业还是细分行业，黄河流域制造业以及生产性服务业的空间分布中心均位于山西省境内。同时，2008~2019年黄河流域生产性服务业的空间分布范围大于制造业，除交通运输、仓储和邮政业，租赁和商务服务业以外，其余行业的产业呈现更进一步集聚的趋势。此外，黄河流域产业协同集聚指数有以下特征：一是分河段，黄河流域下游地区制造业与生产性服务业的协同集聚指数明显高于上、中游地区；二是分城市规模，城市规模越大，产业协同集聚指数越高，特大城市与大城市的协同集聚指数均在波动中不断上升，中等城市的协同集聚指数呈阶段性变化趋势，小城市的协同集聚指数则在 2008~2018 年不断下降，从 2019 年开始上升。

黄河流域区域正在积极探索跨区域协同发展。在沿黄省份陆续出台的省级黄河流域生态保护和高质量发展规划中，均提到了要推进黄河流域工业污染协同治理以及健全区域协同合作机制，促进黄河流域协同发展。2021 年，黄河流域协同科技创新大会在山东召开，会上发布了《十省区科技厅关于加强科技创新协作促进黄河流域生态保护和高质量发展的联合倡议书》，推动跨地区产业链创新链的有效融合，为产业协同发展谋划新的方向。

第三节 黄河流域城市群产业协同发展展望

一、黄河流域城市群产业协同发展的目标

黄河流域城市群产业协同发展是以构建具有特色优势的现代产业体系为目标，重点要基于各地区资源禀赋和经济基础做强特色产业，使七大城市群各具特色，根据所在上中下游形成相应的产业转型与高质量发展新模式。在各城市群内部，要基于已有发展差异和产业结构特征，通过适当的产业转移与合理的产业培育，使城市群内产业形成一定关联，从而提升城市群整体经济效益。

黄河流域中上游城市群重化工特征明显，大部分技术密集型制造业和现代服务业竞争优势较弱，主动的产业技术进步远远小于东部较为发达的城市群。未来，黄河流域城市群产业要基于资源和战略优势，顺应产业发展趋势，基于黄河流域特色研发更多具有针对性的普适性技术，提高技术进步在产业协同发展和经济高质量发展中的贡献。

结合《黄河流域生态保护和高质量发展规划纲要》，黄河流域城市群产业协同发展也可以设置分阶段的发展目标。到 2030 年，黄河流域城市群要基本形成产业协同发展的格局，城市群间也开始探索分工协作发展的新模式，体制机制已基本成熟。到 2035 年，黄河流域城市群要产业协同发展取得显著成果，各城市群产业竞争力均有大幅提升，在推进黄河流域生态保护和高质量发展中起到重要支撑作用。

二、黄河流域城市群产业协同发展的主要内容

黄河流域七大城市群已基本具有"三二一"的产业结构特征，第三产业发展迅速，并开始向服务业转变。然而，不同产业产值占比仍有较大差别，如兰州—西宁城市群第一产业产值占比高于20%，山西中部城市群和呼包鄂榆城市群的第二产业占比相对高于其他城市群，山东半岛城市和中原城市群则是第三产业占比更高。同时，各城市群内部不同城市发展水平存在差异，导致产业发展水平

也存在差别。黄河流域城市群产业协同发展要基于城市群所在区位灵活调整，避免形成统一标准，应错位发展并依托产业转移与分工，逐步提高各城市群产业竞争力。

1. 山东半岛城市群

山东半岛城市群地处黄河下游，是黄河流域经济发展水平较高的城市群，为黄河流域生态保护和高质量发展做出了诸多有益探索和实践。山东半岛城市群凭借区位禀赋优越、市场体系健全、产业门类齐全等优势，规模以上工业发展较快，第三产业对经济增长的贡献持续扩大。目前，城市群正加快高水平对外开放，参与制造业强省建设，在信息技术、高端装备、现代海洋等战略性新兴产业和智能制造业等领域不断吸引外资，提高自身实力与竞争力。

在《山东省黄河流域生态保护和高质量发展规划》中，明确要学习成功经验，突出产城融合，加强规划引领，优化功能分区，形成南北呼应、协同发展态势；严格产业准入标准，优先布局区域性总部、功能性中心，加快引进一批高等院校和科研院所。上述内容实际上包含产业协同发展思路，山东半岛城市群产业协同发展就是在功能分区的基础上加强区域产业协同，制定严格的准入标准保证协同发展质量，通过与高校科研院所合作提供先进技术以巩固和提高产业竞争力，从而带动城市群发展。

此外，根据《山东半岛城市群发展规划（2021-2035年）》的要求，山东半岛城市群在发展之初就已确立要推动城市群产业协同发展，主要内容是加快建设山东半岛国家自主创新示范区，以创新为动力，推动传统产业转型升级，推进产城融合，建立产业合作机制，努力构建横向错位发展、纵向分工协作的现代产业体系。从具体布局看，城市群是以产业园区为载体，引导区域产业协作分工和集聚发展，引导同类和相关产业就近布局，形成规模化产业集群，以此推进产城融合和产业跨区域转移，从而在形成城市群内部产业协同网络的基础上，发挥好城市群对其他地区的辐射作用。

2. 中原城市群

中原城市群产业集聚效应明显，对黄河流域发展的贡献度逐步提高。其中，城市群内装备制造产业集群和食品产业集群规模庞大，电气和智能装备、资源原材料和冷链产品等产业集群发展迅速。中原城市群产业协同发展要以全产业链分工协作为主要思路，使中心城市和其他城市之间围绕产业链条形成明确的产业分工体系。

按照《中原城市群发展规划》的定位，中原城市群将着力发展和培育先进制造业集群、战略性新兴产业集群、现代服务业和现代农业集群。其中，先进制造业集群要加强产业分工协作，促进产业链上下游深度合作，在电子信息、装备制造业等领域打造成为优势产业集群。战略性新兴产业集群要发挥郑州、洛阳、新乡、南阳、蚌埠、聊城、邯郸、邢台、运城、长治等城市创新优势和国家高技术产业基地的引领带动作用，统筹区域布局和加强分工协作，重点培育生物医药、先进材料、机器人、新能源、新能源汽车等产业集群。现代服务业集群要促进产业转型升级，提高区域间分工效率，重点发展现代物流、现代金融、商务服务、研发设计、信息与软件服务、旅游、文化、现代商贸和健康养老产业。现代农业集群主要是要严格落实耕地保护制度，全面划定永久基本农田，高水平推进粮食生产核心区建设，巩固提升全国重要粮食生产基地地位。加快转变农业发展方式，引导农村土地经营权有序流转，发展多种形式、适度规模经营。

针对中原城市群内同一产业上下游的分布特征和发展水平，各城市可以根据不同其资源禀赋和产业优势参与产业发展，成为产业链条中的一环，从而形成特色产业。例如，郑州具有人才和资金优势，可以处在城市群内产业链的高端，注重研发投入与技术推广，其余城市则发挥土地、劳动力和资源等优势来发展产业链的中端或低端环节，从而使城市群整体形成分工有序的产业协同发展体系并提高整体产业竞争力。此外，也要完善产业协同机制，健全产业分工合作机制，建立区域产业链上下游联动机制，共建产业合作平台。

3. 关中平原城市群

关中平原城市群国防工业、装备制造和高新技术产业较为发达，在全国区域经济发展中占有重要地位，其中以能源化工产业、装备制造产业、电子信息、文化旅游和现代服务产业发展为主体。关中平原城市群产业协同发展，除了要继续增强优势产业的竞争力之外，还需通过产业链协同推动产业转型，加快产业综合化发展以提高抗风险和可持续发展的能力。同时，要重点促进能源化工产业转型升级以延伸煤化工产业链条，推动农产品精深化加工以形成特色鲜明的围绕农产品的循环经济产业链条，构建现代服务业产业体系以发挥文化优势形成文旅产业联盟，以此综合提升城市群产业竞争力。

《关中平原城市群发展规划》指出，要建设创新引领的现代产业体系，具体要推动创新链产业链深度双向互动，承接国际国内产业转移，依托重要平台推进产业升级，这实际上也是为打造产业协同平台奠定坚实的基础。城市群内产业要组建产业联盟，完善利益共享机制，基于市场化发展需求建立跨区域和特色鲜明的产业园区，实现一体化发展。

4. 兰州—西宁城市群

兰州—西宁城市群有着较好的传统工业基础，在特色农业体系和现代工业体系发展中均有所建树，起到了促进黄河上游地区发展的重要作用。城市群内除兰州和西宁以外其他地区的农业占比仍较大，反映出农业仍然是该城市群内发展的重点，需要发展现代农业产业体系，确立西南部畜牧业为主、北部和中东部种植业为主的农业加工产业，并形成农产品精深加工业以提高产品附加值。就工业而言，要发挥好兰州和西宁这两个中心城市的辐射带动作用，建设国家重要战略平台和承接产业转移示范区，围绕石油化工、装备制造、电子信息、生物医药等构建现代产业体系，并基于产业链形成分工，带动周边地区产业发展并形成协同合力。

《兰州—西宁城市群发展规划》指出，要打造绿色循环型产业体系，加快传统优势产业改造升级，培育壮大绿色新兴产业，促进产业集聚发展、循环发展，探索后发地区产业发展新路。这一思路与产业协同发展存在一定关联，但由于兰州—西宁城市群有待进一步发展，因此目前的产业发展思路仍然是以提高产业发展实力为主，同时也要让中心城市不断提高竞争力以发挥辐射带动作用，以此为未来产业协同发展和构建现代产业体系奠定基础。

5. 呼包鄂榆城市群

呼包鄂榆城市群是典型的资源型区域，是京津冀地区能源、重要原材料和农畜产品的重要供给基地，也是"一带一路"建设下的国际物流园区，产业发展前景较好。在发展初期，呼包鄂榆城市群凭借资源储备形成了围绕煤炭、钢铁、农畜等为主的产业布局，但是随着人们生态保护意识的增强，城市群发展迫切需要转型，以此适应当前经济发展需要。目前，呼包鄂榆城市群积极推进现代装备制造业等新兴产业发展，致力于培育大数据、云计算和现代能源等新兴产业，产业结构不断丰富，同时仍需引导城市群内产业协同发展。

《呼包鄂榆城市群发展规划》具体设置了关于产业协同发展的章节，指出要立足资源禀赋和产业基础，推动产业分工协作和转型升级，加快淘汰落后产能，大力发展优势产业、战略性新兴产业和现代服务业，培育发展新动能，加快建设实体经济、科技创新、现代金融、人力资源协同发展的产业体系。首先，要强化产业分工协作，着力构建产业协作平台促进产业集聚发展，打造区域分工协作产业链条。其次，要联手打造优势产业集群，围绕高端能源化工、金属加工和装备制造业、战略性新兴产业、绿色农畜产品生产加工等进行建设。再次，要共同促进现代服务业发展，打造文化旅游业、商贸流通业、金融业和信息服务业，形成城市群内部的产业协同网络。最后，要合力提升创新能力，构建协同创新发展新格局，共建产业科技创新平台，推进科技成果产业化及全社会创新创业。

6. 宁夏沿黄城市群

宁夏沿黄城市群全域处在黄河流域，是支撑宁夏回族自治区发展的重要增长极，但同黄河"几"字弯都市圈的其他城市群相比仍有较大的发展差距。宁夏沿黄城市群特色产业较为丰富，除农业以外还有文化旅游、能源材料、电子信息等产业。从产业协同发展视角看，宁夏沿黄城市群要以生态保护和水资源节约集约利用为前提，大力发展特色优势产业，加快产业转型升级，构建绿色产业体系。要重点围绕现代农业、现代煤化工、装备制造、新能源等支柱产业确立协同网络体系，以产业关联为基础使城市群内各地区错位发展。

2022年4月，国家发展和改革委员会印发《支持宁夏建设黄河流域生态保护和高质量发展先行区实施方案》。该方案以加快产业转型升级为主导，指明要提升科技创新支撑能力，围绕现代能源化工、新能源、新材料、仪器仪表、现代农牧业等产业领域，深入开展技术研发和科技成果转化应用，促进传统产业提质增效和转型升级；建设国家农业绿色发展先行区，推进标准化规模养殖和优质饲草良种扩繁，建设优质奶源和饲草料基地，做强做优特色农产品优势区。加快发展枸杞、畜牧、瓜菜、葡萄等特色优势产业；高水平建设新能源综合示范区，支持光伏材料基地建设；加快制造业转型升级，建设绿色制造体系，面向高端新材料延伸产业链、提升价值链。

7. 山西中部城市群

山西中部城市群是山西省境内实力较强的地区，其工业体系完备，产业集聚度高，形成了以能源、化工、冶金、新材料、装备制造等为主的工业体系，以及以旅游、物流、商贸、金融等为主的现代服务业体系。由于过去长期发展能源化工产业，城市群及其周边地区的环境污染治理压力较大。随着能源高质量转型发展步伐加快，城市群能源供给质量进一步提升，能源节约利用水平也持续提升，起到了倒逼传统产业转型升级和培育战略性新兴产业的作用。

山西中部城市群的产业协同发展，要处理好国家重要能源基地和生态修复治理的关系，要以煤炭绿色开采和转型升级为契机形成重视科技培育的新型产业协同体系，从开采到产出、运输等各个环节形成产业链条，推动煤炭、电力等传统产业绿色化、智能化发展。同时，要大力发展和形成信息技术应用创新产业、半导体产业、大数据融合创新产业、光电产业、光伏产业、碳基新材料产业、特种金属材料产业、生物基新材料产业、先进轨道交通装备产业、煤机智能制造装备产业、智能网联新能源汽车产业、通用航空产业、现代生物医药和大健康产业、节能环保产业这14个标志性引领性产业集群，围绕上述产业根据城市群内各城市经济水平错位发展，避免资源竞争和浪费。

三、黄河流域城市群产业协同发展的政策建议

随着《黄河流域生态保护和高质量发展规划纲要》颁布，黄河流域发展蓝图已开始绘制，并对流域内各方面发展起到指导作用。从城市群产业协同来看，要在结合黄河流域整体性纲领文件和所在区域发展规划文件的基础上，加快城市群产业协同发展建设，以此提高城市群和流域的整体竞争力。

第一，必须坚持由各地方政府建立城市群内和黄河流域的产业协同机制。建立统一高效的协同机制，需要各地方政府积极参与制度设计，明确各自的发展诉求和利益要害，努力突破行政区划所带来的制度壁垒，确定产业协同发展中的奖惩机制。地方政府要联合设立产业协同发展联盟，定期召开相关会议，共商城市群产业协同发展问题。同时，也要建立政府间信息资源共享机制，搭建信息交流产联平台，形成城市群产业协同信息网络，避免各城市群信息不通而导致的潜在资源浪费。

第二，要发挥好各城市群中心城市作用。城市群中心城市在确立之初并非是让其不断提高经济体量独立发展，而是要发挥好扩散和辐射带动效应，形成同周边城市的经济势能差和产业联系，促进中心城市和周边城市的人口流动和资源共享。在城市群产业协同发展中，中心城市还需要在此基础上帮助形成有效的分工协作结构，甚至是作为组织者和引领者，发挥在人力资本和技术储备上的优势，带领周边城市共同形成产业协同互动的关联网，形成多中心网络化的现代产业协同体系。

第三，要注重解决城市间产业结构同质化问题，推动区域产业整合，在经济发展水平差距较大的地区可以探索垂直分工的产业协同发展模式，在经济发展水平相近的地区可以探索水平分工的产业协同发展模式。通过多模式和多层次产业协同发展体系建设，能够更好地促进各城市群互补发展，从而提高整体竞争实

力。同时，注重城市群间的产业联系，挖掘自身最大优势，根据所处上中下游的资源优势和现实需求，从整体上形成错位发展的黄河流域现代产业体系，使其成为推进黄河流域生态保护和高质量发展的支撑力量。

第四，要围绕生态保护开展产业协同发展体系建设，特别是针对黄河流域水资源供需不足这一现实问题。产业发展不能脱离环境，要根据城市群内的资源承载力建设产业协同体系，避免破坏环境。在产业协同体系设计中，要在实施和后期考核两个维度设立具体的生态保护效益标准，绿色和可持续化地提高黄河流域各城市群的资源承载力，为未来黄河流域高质量发展奠定坚实基础。

参考文献

［1］邓祥征，杨开忠，单菁菁，等．黄河流域城市群与产业转型发展［J］．自然资源学报，2021，36（2）：273-289.

［2］干春晖，郑若谷，余典范．中国产业结构变迁对经济增长和波动的影响［J］．经济研究，2011，46（5）：4-16，31.

［3］高煜．黄河流域高质量发展中现代产业体系构建研究［J］．人文杂志，2020（1）：13-17.

［4］胡大立．产业关联、产业协同与集群竞争优势的关联机理［J］．管理学报，2006（6）：709-713，727.

［5］李桢．区域产业结构趋同的制度性诱因与策略选择［J］．经济学动态，2012（11）：63-68.

［6］刘端端．城市群和产业集群协同发展研究［J］．宏观经济管理，2022（2）：54-61.

［7］刘杰．山东省西部产业结构趋同研究［J］．经济地理，2013，33（9）：101-106.

［8］卢中原．产业结构对地区经济发展影响的分析［J］．经济研究，1996（7）：38-45.

［9］罗芳，赵煦琨．黄河流域高质量发展与太原经济圈现代产业体系构建［J］．生产力研究，2021（4）：29-36，161.

［10］庞磊，朱彤．黄河流域战略性新兴产业协同创新问题研究［J］．中州学刊，2021（11）：30-35.

［11］孙虎，乔标．京津冀产业协同发展的问题与建议［J］．中国软科学，

2015（7）：68-74.

[12] 孙久文，张红梅 . 京津冀一体化中的产业协同发展研究 [J]. 河北工业大学学报（社会科学版），2014，6（3）：1-7.

[13] 孙正，岳文浩，霍富迎 . 我国生产性服务业与制造业协同集聚程度测算研究——基于产业与城市群的视角 [J]. 统计研究，2022（3）：21-33.

[14] 向晓梅，杨娟 . 粤港澳大湾区产业协同发展的机制和模式 [J]. 华南师范大学学报（社会科学版），2018（2）：17-20.

[15] 徐力行，高伟凯 . 产业创新与产业协同——基于部门间产品嵌入式创新流的系统分析 [J]. 中国软科学，2007（6）：131-134，140.

[16] 杨丹，常歌，赵建吉 . 黄河流域经济高质量发展面临难题与推进路径 [J]. 中州学刊，2020（7）：28-33.

[17] 张明之 . 区域产业协同的类型与运行方式——以长三角经济区产业协同为例 [J]. 河南社会科学，2017，25（4）：79-85.

[18] 张淑莲，刘冬，高素英，等 . 京津冀医药制造业产业协同的实证研究 [J]. 河北经贸大学学报，2011，32（5）：87-92.

[19] 张双悦 . 黄河流域产业集聚与经济增长：格局、特征与路径 [J]. 经济问题，2022（3）：20-28，37.

[20] 赵瑞，申玉铭 . 黄河流域服务业高质量发展探析 [J]. 经济地理，2020，40（6）：21-29.

[21] 朱正伟，盛群华，郑家臻 . 推动长三角一体化示范区产业协同发展 [J]. 党政论坛，2019（9）：36-38.

第四章 黄河流域城市群
创新能力与效率评价

城市是我国区域创新的重要基础空间单元，城市群是构建国家区域创新体系的重要支撑节点。我国积极推进创新型城市试点建设和培育工作，为提升国家整体创新能力提供了良好的基础。近年来，黄河流域经济社会发展取得了突破性进展，然而主要城市群仍然存在着整体创新水平有待提高的问题，尤其是创新驱动力不足导致创新协调性欠佳、创新能力薄弱。黄河流域生态保护和高质量发展战略的提出，为提高黄河流域整体创新能力和创新绩效提供了战略契机。研究黄河流域城市群整体创新能力和创新效率时空演进特征，分析影响黄河流域城市群创新水平的主要因素，对于优化黄河流域区域创新战略布局，推动区域创新协同提升，实现创新驱动的高质量发展具有重要意义。

第一节 研究现状与理论基础

一、当前研究现状

科技创新是推动区域经济发展模式转型、促进高质量的重要驱动力，对于建设创新型国家具有重要意义。国内外大量学者在区域创新领域形成了丰富的研究成果。国内已有研究主要以城市和城市群为研究对象，围绕创新绩效和创新能力的演进特征，创新水平和创新效率的影响因素，创新水平对绿色发展、高质量发展、城镇化等的影响而展开。在研究对象的选取上，学者们主要选择京津冀、长三角、粤港澳等创新水平相对较高的地区为研究对象，或是对省会城市等区域性中心城市进行研究，较少研究关注创新能力薄弱地区的创新问题。实际上，非核心地区创新能力的提升同样具有重要意义，国外一些学者的研究表明，对于偏远地区而言，实施创新战略对于解决人口流失（Isaksen and Trippl，2016）、促进经济多样化（Doloreux and Dionne，2008；Carlsson et al.，2014）和增加就业（North and Smallbone，2000；Virkkala，2007；Carlsson et al.，2014）等具有重要的促进作用。因此，创新能力薄弱地区的创新问题需要深入研究。

自黄河流域生态保护和高质量发展战略提出以来，一些学者逐渐开始关注黄河流域城市及城市群的创新问题。罗巍等（2020）构建了科技创新集中度与极化度模型，分析黄河流域科技创新极化效应演化过程，研究发现黄河流域上游地区存在区域创新"虹吸效应"，中下游地区仅存在较弱的"涓滴效应"。刘建华和王明照（2020）针对黄河流域下游城市群的研究表明，黄河下游形成了郑州、济南、青岛和蚌埠四大中心，集聚程度东高西低的区域创新格局。孙勇等（2022）通过构建科技创新评价指标，发现不同城市间科技创新水平差异较大，全局空间莫兰指数目前仍处于上升阶段。

也有一些研究重点关注黄河流域区域创新效率。张超等（2021）将非期望产出纳入超效率网络 SBM-Malmquist 模型，从科技研发和成果转化两个阶段系统评价黄河流域科技创新效率，研究发现黄河流域科技创新效率呈逐年上升趋势，技术进步成为黄河流域科技创新效率以及科技研发效率增长的主要动力，各城市科技创新效率总体区域差异呈扩大趋势。许玉洁和刘曙光（2022）采用网络 DEA 模型测度了黄河流域地级市层面的绿色创新效率，发现黄河流域绿色创新效率水平较低，且存在显著的空间非均衡性。沙德春和王茂林（2022）利用黄河流域省级数据进行研究后发现，尽管黄河流域创新效率总体呈上升趋势，但是仍处于较低水平，落后于我国整体平均值，较多省份处于无效率状态。

此外，还有一些学者研究了黄河流域创新对于经济社会发展的影响。曾刚和胡森林（2021）深入研究技术创新对城市绿色发展的作用机理，发现城市技术创新能力的提升对该城市绿色发展存在显著的"U"形（先抑制后促进）关系。李吉祥和高山（2022）引入金融门槛实证检验绿色技术创新和绿色经济增长间的关系，结果表明绿色技术创新可以有效促进绿色经济增长，金融发展对于该效应存在双重门槛效应，适当的金融发展水平有利于充分发挥绿色技术创新对于绿色经济增长的提升作用。

二、理论基础

1. 知识生产函数理论

知识生产过程是指知识创新，也就是科学发现与技术发明的过程。知识生产函数理论在新经济增长理论基础上形成，将创新看作是生产的过程，从创新投入影响创新产出的角度讨论创新能力的形成，是研究区域创新问题的重要理论基础。随着知识生产函数理论研究的不断深入，知识生产函数模型也在不断拓展，其中最有代表性的知识生产函数理论模型为 Griliches-Jaffe 知识生产函数。

Griliches（1979）最早提出了知识产出模型，认为研发经费投入决定了新知识的产生，但是并未将该理论用于实证分析中。Jaffe（1989）在考虑创新的基础上对模型进行了改造，考虑区域之间的知识溢出效应，形成知识生产函数（KPF）框架，并针对美国高校研发活动对企业创新能力溢出效应的影响进行实证研究，将知识生产函数具体表述为式（4-1）的形式：

$$\log(P_{ikt}) = \beta_{1k}\log(I_{ikt}) + \beta_{2k}\log(U_{ikt}) + \beta_{3k}\left[\log(U_{ikt}) \times \log(C_{ikt})\right] + \varepsilon_{ikt} \quad (4-1)$$

其中，i 表示观测单位，即美国各区域；k 表示技术领域，即不同产业；t 表示时间；I 和 U 分别表示企业和高校的研发经费支出；C 用来度量各个区域内部高校和企业研发活动的相容程度。

此后，众多学者在 Griliches（1979）和 Jaffe（1989）的基础上，将知识生产函数模型进行扩展和修正（Audretsch and Feldman，1996；Acs et al.，2002；Bode，2004；吴玉鸣，2007），在研发、创新和知识溢出等领域形成了丰富的研究成果。

2. 区域创新系统理论

区域创新系统（Regional Innovation System，RIS）是区域创新和发展的主要理论。Cooke（1992）最初提出区域创新系统的概念，将其定义为"地理上确定的、受行政支持的创新网络和机构的安排，依赖于现有规则的强力互动，以增强该地区的创新产出"。此后，越来越多的学者对区域创新系统的概念进行了进一步的完善（Tödtling and Kaufman，1999；Asheim and Isaksen，2002；Buesa et al.，2006）。Asheim 和 Isaksen（2002）认为区域创新系统是由区域中主导产业集群以及对区域创新有重要支撑作用的主体制度基础设施两者相互作用形成，基础设施部分包括高校、研究机构、技术中介机构、职业培训机构、行业协会和金融机构等。黄鲁成（2000）将区域创新系统定义为各种与创新相联系的主体要素（创新的机构和组织）、非主体要素（创新所需要的物质条件）以及协调各要素之间关系的制度和政策网络组成。总体来看，区域创新系统重视区域内部企业、高校、科研机构等创新主体开展新产品或工艺发明中形成的相互创新联系，强调通过一定的制度安排促进区域内部创新主体之间的良好互动。

区域创新系统主要由三部分组成：①创新资源，即创新活动中的各种资源要素，主要包括创新人力资源、创新财力资源和创新知识资源，是区域创新活动开展的前提，也是区域创新主体之间互动、形成连接关系的载体和基础。②创新主体，包括企业、高等学校、研究机构、地方政府、金融部门和中介机构等主体。前三者直接从事知识生产活动，是区域技术创新活动的直接参与主体；后三者虽然不直接参与研发活动，但是在区域创新活动中承担着重要的支撑作用。③创新环境，即支持区域创新的制度环境、社会文化环境和经济环境，主要包括知识产权制度、产权制度、对外开放程度、创新文化、企业家精神、创新基础设施、市场创新需求环境、产业环境等方面。

3. 区域创新合作理论

创新合作是知识溢出的重要来源之一（Feldman，1999；Breschi and Lissoni，2001；赵勇和白永秀，2009），各创新主体之间的交流和合作为知识溢出创造了条件，通过各种非正式交流或正式的会议交换异质性知识，实现技术知识的溢出或扩散。Boschma（2005）研究了创新合作的动力机制，即多维邻近性机制，阐释了地理邻近、认知邻近、社会邻近、组织邻近对创新合作的影响，推动了经济地理学研究的关系转向。其中，认知邻近是决定创新合作的前提条件，创新主体之间只有存在创新所需的互补性知识才会产生合作的动力，其他维度的邻近存在互相替代关系，以往学者过度重视地理邻近对创新合作的决定性作用，忽略了组织、社会维度的邻近有利于弥补地理邻近的不足，从而有利于促进远距离创新合作。Boschma（2005）提出的多维邻近机制全面分析了创新合作形成的动力机制，为后续创新合作的研究奠定了基础，此后较多学者在此框架下研究企业层面以及区域层面的创新合作问题，尤其对于系统揭示区域创新合作网络的演化提供了重要参考。

随着区域创新系统研究的不断深入，Bathelt 等（2004）、Gertler 和 Levitte（2005）、Boschma 和 Wenting（2007）开始强调获取外部知识和创新资源的重要性。与此同时，随着信息通信技术的进步和经济全球化的发展，以跨国公司为代表的全球生产网络、创新网络呈现跨区域特点（Cooke et al.，2011）。然而，区域创新系统忽视了区域创新系统的开放性，无法解释跨区域创新的现象。Bathelt 等（2004）将本地内部和跨区域之间的知识交流结合起来，提出了知识流动的

"本地蜂鸣—全球管道"（Local Buzz-Global Pipeline）模型。此后，有关跨区域创新合作的研究逐渐展开，创新地理学、城市地理学研究范式出现"网络化"转向。目前，国内外有关跨区域创新合作缺乏明确的概念定义。国外学者将跨区域之间的创新合作称之为"interregional innovation cooperation"或"cross region R&D collaboration"，国内学者将区域间的创新合作形成的网络联系称为"城市创新网络"或"城市协同创新网络"。

第二节　黄河流域城市群整体创新情况

一、黄河流域城市群创新产出情况

由于专利数据具有较强的时效性和可比性，现有研究一般采用专利数据衡量地区创新产出水平。图4-1展示了2005～2019年黄河流域城市群各类专利授权量占相应全国专利总授权量的比重，从图中可以看出，发明、实用新型和外观设计这三类专利授权量在全国的占比均相对较小，且存在较大幅度的波动。具体来看，黄河流域实用新型专利授权量在各类专利中占全国的比重最高，在12%～18%的范围内波动，尤其是2005～2010年占全国比重相对较高，从2013年起保持相对稳定的变动趋势，2013～2019年占全国比重约为14.12%。发明专利授权量占全国比重呈现明显的波动增长趋势，尽管初期的发明专利授权量占全国比重明显低于实用新型专利，但是2008～2013年的快速稳定增长使近年来发明专利授权量占比与实用新型专利授权量占比较为接近，2015～2019年黄河流域城市群发明专利授权量占全国比重约为12.06%。外观设计专利授权量占全国比重相对较低，在3%～12%，且波动幅度较大。

整体来看，黄河流域城市群创新产出在全国份额中占比相对较小，创新产出具有一定的波动性，各类型创新产出发展较不均衡，因而需要进一步鼓励各类创新活动，提升综合创新水平。其中，发明专利产出保持了较为良好的增长趋势，在全国发明专利中所占份额不断提升，说明黄河流域城市群较为注重对高水平创新活动的支持。黄河流域城市群未来要进一步加强创新投入，提高创新效率，支持各类创新活动发展，不断提升整体创新竞争力。

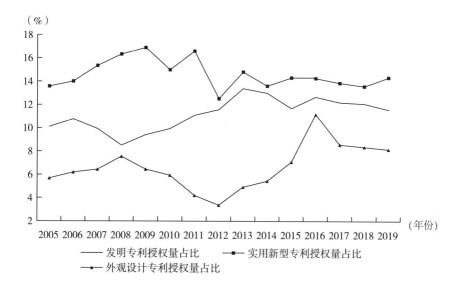

图 4-1　2005~2019 年黄河流域城市群专利授权量占全国比重

资料来源：CNRDS 数据库和《中国城市统计年鉴》。

在此基础上，本书进一步分析了黄河流域各城市群创新产出的变动情况。由于发明专利相比于实用新型专利和外观设计专利有更高的新颖性和创造力要求，因此本书以发明专利授权数据为例进行分析。同时，考虑到专利数据的波动性，本书将研究时间均分为 3 个时间段，第一阶段为 2005~2009 年，第二阶段为 2010~2014 年，第三阶段为 2015~2019 年，表 4-1 展示了不同时间段黄河流域各城市群发明专利授权量占比情况，以及发明专利授权量的增速变化。从发明专利占比授权量份额来看，黄河流域城市群创新格局相对较为稳定，山东半岛城市群、关中平原城市群和中原城市群创新竞争力较强，其创新产出占黄河流域城市群整体产出的 80% 以上，且呈现逐渐增加的态势。山东半岛城市群在黄河流域中占据创新优势地位，各时间段在黄河流域各城市群中创新产出最高；创新核心地位不断凸显，创新产出占比不断提高，2015~2019 年黄河流域城市群发明专利授权量近半数来自山东半岛城市群。其次为关中平原城市群，2005~2019 年发明专利授权量占比在 21%~24%。中原城市群各时间段占比略低于关中平原城市群，但占比呈现稳定小幅增长，由第一阶段的 17.62% 增长到第三阶段的 18.49%。其他四大城市群专利授权量占比均较小，分别不足黄河流域城市群整体的 10%，尤其是呼包鄂榆城市群和宁夏沿黄城市群近年来占比均不足 2%。

黄河流域城市群创新产出呈现阶段性特征，前期增速明显高于近期平均水平。第一阶段至第二阶段各城市群创新产出增速均在20%以上，部分城市群甚至在30%以上；第二阶段至第三阶段，除宁夏沿黄城市群以外，各城市群创新产出增速均明显下降，大部分城市群增速在20%以下。宁夏沿黄城市群保持了较好的增长态势，预计未来创新实力将不断增强，专利产出在黄河流域城市群中的占比也有所增加。山东半岛城市群、关中平原城市群和中原城市群尽管近年增速有所下降，但是仍然表现出较高的区域创新水平。山西中部城市群、兰州—西宁城市群和呼包鄂榆城市群各时期增速均相对较低，导致其在黄河流域城市群中的总体产出占比也呈现下降趋势，这三大城市群应注重加强提升区域创新竞争力，防止陷入创新水平较低的不利局面。

表4-1　黄河流域各城市群发明专利授权量占比及增速变化　　单位：%

城市群	2005~2009年专利占比	2010~2014年专利占比	2015~2019年专利占比	2005~2010年年均增速	2010~2015年年均增速
山东半岛城市群	43.24	45.93	48.89	35.39	21.50
关中平原城市群	22.81	23.45	21.61	34.51	18.05
中原城市群	17.62	18.08	18.49	34.46	20.52
山西中部城市群	8.27	5.62	4.64	23.82	15.48
兰州—西宁城市群	4.65	3.81	3.05	28.54	14.81
呼包鄂榆城市群	2.17	2.19	1.82	34.02	15.66
宁夏沿黄城市群	1.25	0.92	1.50	25.76	32.38

注：2005~2010年年均增速为2005~2009年和2010~2014年专利授权量的平均增速；2010~2015年年均增速为2010~2014年和2015~2019年专利授权量的平均增速。

资料来源：CNRDS数据库和《中国城市统计年鉴》。

二、黄河流域城市群创新实践探索

1. 国家创新型城市试点

城市是创新活动的重要空间载体，创新型城市是国家创新体系的重要组成部分。2008年我国将深圳列为首个国家级创新型城市，此后5年内陆续增设了青岛、大连等50余个国家级创新城市。2016年科学技术部与国家发展和改革委员会联合发布《建设创新型城市工作指引》，进一步明确推动国家级创新型城市建设。随后，2018 年共新增佛山市等 17 个城市为国家级创新型城市。目前，国家创新型城市共 78 个。其中，黄河流域共有 14 个创新型城市（见表 4-2），分布在七大城市群，除兰州、西安等省会城市以外，关中平原城市群的宝鸡市，山东半岛城市群的青岛、烟台、潍坊，中原城市群的洛阳、南阳，以及呼包鄂榆城市群的包头都入选了试点建设名单。整体来看，我国创新型城市区域分布较为均衡，尤其是黄河流域各城市群都有试点建设城市，为推动黄河流域城市群的创新发展提供了政策指引，有利于黄河流域城市群创新水平的协同提升。

根据《国家创新型城市创新能力评价报告 2021》，国家创新型城市前十强为深圳、杭州、广州、南京、苏州、武汉、西安、长沙、合肥、青岛，黄河流域城市群中西安和青岛位列其中，说明黄河流域创新型城市建设已经取得一定成效。国家创新型城市建设有力地推动了黄河流域城市创新水平的提高，下一步应当因地制宜，强化政府的战略指引，灵活利用国家创新型城市建设的政策支持，多举措改善创新环境，增强城市创新竞争力，培育高水平创新城市。

表 4-2　黄河流域各城市群国家创新型城市试点情况

城市群	试点城市
兰州—西宁城市群	兰州市
关中平原城市群	西安市、宝鸡市
山东半岛城市群	青岛市、济南市、烟台市、潍坊市
中原城市群	郑州市、洛阳市、南阳市
呼包鄂榆城市群	呼和浩特市、包头市
宁夏沿黄城市群	银川市
山西中部城市群	太原市

资料来源：笔者根据已有政策文件整理。

2. 创新型企业培育

企业作为重要的创新主体，是区域创新水平提升的重要动力来源，在国家创新体系中占有重要地位。我国积极引导高科技创新企业发展，强调发挥企业在创新中的主体作用。对于符合条件的高科技创新企业给予了大量财税支持，并推动以科技领军企业为核心完善创新产业链布局，推动产学研各创新主体进行创新合作，发挥各方优势提升国家创新能力，培育出了一批高水平的创新型企业。

《中国企业创新能力百千万排行榜（2020）研究报告》针对全国近 22 万家高新技术企业，结合企业专利申请数量、专利授权数量、专利价值、专利被引用情况等信息，评选出中国企业创新能力百强名单。从创新百强企业的整体分布来看（见表 4-3），黄河流域高水平创新型企业数量相对较少，仅 7 家企业位于黄河流域，且高水平创新型企业在黄河流域分布不均衡，5 家企业位于山东半岛城市群，中原城市群和山西中部城市群分别有 1 家企业入选，其他城市群均未有百强创新型企业入选。因此，黄河流域亟须加强高水平创新型企业培育，通过促进上下游城市之间的合作交流，加强各城市群之间和内部创新型企业合作，以高水平创新型企业带动初级创新型企业发展，探索高水平创新型企业培育路径，以企业发展带动区域创新动能升级。

表 4-3　2020 年百强创新型企业城市分布

城市	企业数	城市	企业数	城市	企业数	城市	企业数
北京市	25	广州市	3	济南市	1	石家庄市	1
深圳市	12	成都市	2	柳州市	1	太原市	1
上海市	9	东莞市	2	绵阳市	1	芜湖市	1
杭州市	5	佛山市	2	宁波市	1	徐州市	1
武汉市	5	合肥市	2	秦皇岛市	1	玉林市	1
南京市	4	青岛市	2	泉州市	1	长沙市	1
苏州市	4	潍坊市	2	绍兴市	1	郑州市	1
重庆市	4	保定市	1	十堰市	1	珠海市	1

资料来源：中国人民大学企业创新课题组发布的《中国企业创新能力百千万排行榜（2020）研究报告》。

第三节　黄河流域城市群创新能力评价

一、黄河流域城市群创新能力测度

创新能力评价要综合反映区域创新活力、创新潜力、创新竞争力等，基于区域创新系统理论，本书参考吕拉昌等（2013）和周灿等（2017）的做法，将城市创新能力划分为知识创新能力、技术创新能力、创新基础环境三大方面。根据数据可得性和指标代表性，选取如表4-4所示的13个指标构建城市创新能力综合评价指标体系。

表4-4　黄河流域城市群创新能力评价指标体系

目标层	准则层	指标层次	单位
城市群创新能力	知识创新能力	普通高等学校数	所
		普通高等学校在校学生数	人
		百人拥有公共图书馆藏书量	册
		教育经费支出占地方财政支出占比	%
	技术创新能力	科研人员占比	%
		教育支出占地方财政支出占比	%
		人均发明专利授权数	件/万人
		人均实用新型专利授权数	件/万人
		人均外观设计专利授权数	件/万人
	创新基础环境	人均地区生产总值	万元
		人均金融机构存贷款余额	万元
		人均城市道路面积	平方米
		建成区绿化覆盖面积	%

资料来源：笔者根据已有研究设计。

本书选取黄河流域城市群2005~2019年数据为样本进行研究，由于兰州—西宁城市群中的临夏回族自治州、海北藏族自治州、海南藏族自治州和黄南藏族自治州数据缺失较多，因此我们未将其纳入本书研究范围内。涉及的相关数据来源于2006~2020年《中国统计年鉴》《中国城市统计年鉴》和各省份历年统计年鉴，并对人均地区生产总值、人均金融机构存贷款余额等指标利用居民消费价格指数进行平减。

在指标体系的权重设定方面，本书采用主成分分析法对各指标进行赋权。根据主成分分析法计算得到样本变量相关系数矩阵特征值、贡献率，结果如表4-5所示，前4个主成分因子正交旋转后的特征值均大于1，累计方差贡献率达到77.30%，能够较好地解释各城市的创新能力。因此，本书提取4个主成分因子计算城市创新能力综合评价值。此外，为了便于比较，本书将主成分分析法计算得到的结果标准化为 0~10 的数值。

表4-5　主成分因子特征值与贡献率

主成分	特征值	贡献率（%）	累计贡献率（%）
1	5.48403	42.18	42.18
2	1.99616	15.36	57.54
3	1.46202	11.25	68.79
4	1.10567	8.51	77.30

资料来源：笔者测算后整理。

二、黄河流域城市群创新能力时空特征

1. 时间特征分析

黄河流域城市群创新水平稳步增长，创新水平显著提升。表4-6展示了黄河流域各城市群和黄河流域城市群整体创新能力变动情况，从表4-6中可以看出，黄河流域城市群整体创新能力保持着较为稳定的提升，创新水平由2005年的0.99增长到2019年的2.58，年增速达到7.08%。从各个城市群创新水平的变动来看，除宁夏沿黄城市群以外，其他六大城市群均保持了较为稳定的增长趋势，年均增长率在6%~10%。其中，呼包鄂榆城市群的增长最为显著，年均增长率达到了9.47%，其次为山西中部城市群（7.49%）。宁夏沿黄城市群在2005~2015年增长较不稳定，增速较慢，但近年来呈现较快的增长趋势。

表4-6　黄河流域城市群创新能力变动情况

年份	山东半岛城市群	呼包鄂榆城市群	山西中部城市群	中原城市群	关中平原城市群	兰州—西宁城市群	宁夏沿黄城市群	黄河流域整体
2005	1.36	0.95	0.95	0.94	0.85	0.76	0.45	0.99
2006	1.48	1.03	1.01	1.00	0.96	0.81	0.77	1.09
2007	1.64	1.31	1.18	1.10	1.01	0.85	0.88	1.21
2008	1.74	1.66	1.31	1.18	1.11	0.94	1.14	1.39
2009	1.91	1.90	1.50	1.26	1.12	1.02	1.13	1.43

年份	山东半岛城市群	呼包鄂榆城市群	山西中部城市群	中原城市群	关中平原城市群	兰州—西宁城市群	宁夏沿黄城市群	黄河流域整体
2010	2.06	2.31	1.61	1.32	1.21	1.12	1.19	1.55
2011	2.19	2.36	1.70	1.38	1.35	1.17	1.07	1.62
2012	2.32	2.51	1.78	1.45	1.42	1.30	1.31	1.73
2013	2.55	2.71	2.00	1.56	1.48	1.44	1.26	1.87
2014	2.62	2.80	2.06	1.63	1.65	1.47	1.57	1.97
2015	2.83	2.87	2.13	1.78	1.79	1.54	1.30	2.09
2016	2.97	3.10	2.23	1.88	2.10	1.65	2.06	2.29
2017	3.09	3.20	2.35	1.99	1.99	1.69	2.55	2.38
2018	3.29	3.23	2.51	2.17	2.08	1.77	2.16	2.50
2019	3.38	3.37	2.61	2.28	2.17	1.81	2.04	2.58

资料来源：笔者测算后整理。

2. 空间分布特征分析

从城市群层面来看，七大城市群相对创新水平整体较为稳定。如表4-6所示，山东半岛城市群和呼包鄂榆城市群创新能力较为接近，其他五大城市群与其存在一定差距。山西中部城市群创新能力比呼包鄂榆城市群平均低0.7~0.8，创新差距相对较为稳定。中原城市群和关中平原城市群创新能力较为接近，位于山西中部城市群之后，与山西中部城市群的差距在0.3~0.4波动。兰州—西宁城市群和宁夏沿黄城市群创新能力较弱，但随着创新水平的不断提升，与其他城市群的创新差距也在不断缩小。

黄河流域代表性年份各城市创新能力核密度分布如图4-2所示，从该图中可以看出，各时期黄河流域创新能力均呈现出双峰分布态势，主峰和次峰峰值差距明显，表明黄河流域创新水平呈一定程度两极分化趋势，各城市创新能力存在梯度效应。随着时间的推移，黄河流域分布曲线峰值对应的创新能力数值逐步右移，同时分布曲线两侧变化区间也逐步右移，说明黄河流域各城市创新水平不断提升。从波峰形态来看，波峰高度不断下降，同时宽度不断增加，说明黄河流域创新能力差异不断扩大。从分布曲线延展性来看，其呈现明显的右拖尾现象，且随着时间的推移延展性不断提升，这意味着创新能力较强的城市其创新水平增速大于其他地区，存在"强者越强"的"马太效应"。创新能力较强的城市利用累积优势，能够不断吸引其他地区优质创新人才、创新资金等创新资源的流入，导致创新水平空间格局不平衡更加严重。

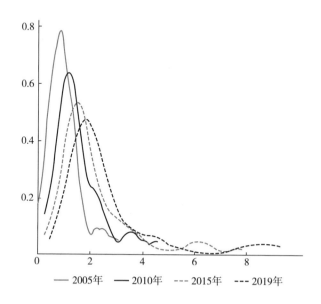

图4-2　黄河流域各城市创新能力核密度分布

资料来源：笔者测算后整理。

从各地区创新能力空间分布变动情况来看，西安市、郑州市、青岛市、济南市和太原市等经济发展水平较高、高校数量较多、地理位置相对优越的城市创新水平较高，2019年创新能力综合评价得分均在5分以上，尤其是西安市、郑州市和青岛市创新能力明显高于其他城市，创新能力综合评价得分在9分左右。黄河流域大部分城市创新能力较低，以2019年为例，70%以上的城市创新能力低于黄河流域平均水平。创新能力高于平均水平的城市共18个，其中一半都位于山东半岛城市群；呼包鄂榆城市群中的鄂尔多斯市、呼和浩特市和包头市创新水平高于平均水平，但是总体创新能力还相对较弱；中原城市群除郑州市以外，只有洛阳市高于平均水平。由此来看，不仅各城市群之间存在创新差异，而且除山东城市群以外的其他各城市群内部的创新差异也相对较为明显。不仅如此，各城市创新水平的提升速度也存在差异，创新能力较强的城市创新水平提高较快，而创新能力较弱的城市创新水平提升较为缓慢。2005~2019年，西安市、郑州市和青岛市等创新能力较强的城市创新水平得分提高了6分以上，而商洛市、定西市等创新能力较弱的地区创新水平得分提高不足 1 分。因此，提升黄河流域整体创新水平要注意引导创新资源的合理分配，在缩小各城市群之间差异的基础上，还要注重城市群内部创新水平的同步提升。

第四节　黄河流域城市群创新效率分析

区域创新效率的内涵主要指在一定的技术创新环境和创新资源配置条件下，单位技术创新投入获得的产出，或者单位创新产出消耗的创新投入。与创新产出相比，创新效率更能体现出区域创新系统的复杂性，并将关注焦点从创新系统内部因素转向外部因素。区域创新效率的高低能体现出区域创新系统的运行水平与质量，也能反映出区域自主创新能力的高低。提高区域创新效率对于减少创新资源错配，促进区域创新产出具有重要作用。同时，创新效率的提升有利于企业和研发机构更好地适应充满不确定性的技术变革和市场需求环境，应对资源匮乏的挑战，优化资源配置效率，促进创新竞争力的持续提升。

一、黄河流域城市群创新效率测度

当前测度区域创新效率的方法主要包括数据包络分析法（DEA）、主成分分析法（PCA）、随机前沿分析法（SFA）以及层次分析法（AFP）等。数据包络分析方法是一种通过分析投入和产出大小来判断决策单元有效性的非参数估计方法，具有不需要人为设定函数形式、可用于多投入和多产出模型测算的优点。然而需要注意的是，数据包络分析方法是基于样本内所有研究对象共同构造的，其所测算的效率实际是某个地区相对于同期创新效率较高地区的相对效率值，无法有效比较创新效率的历年绝对数值变化，因此较多学者采用 DEA-Malmquist 方法进行动态效率的测算。

DEA-Malmquist 方法首先测度出全要素生产率的变动，然后将其分解为技术进步变动指数和技术效率变动指数的乘积。技术进步变动指数代表由于要素质量提高、科技进步等产生的生产前沿面的向外扩张，代表理想情况下的创新产出变动情况；技术效率变动指数代表规模经济和要素配置效率等因素影响的效率变动情况。进一步地，技术效率变动指数可以分解为纯技术效率变动和规模效率变动，分别代表纯粹要素配置效率和规模经济对效率的影响。对以上指标而言，均以 1 为分界线进行分析，当数值大于 1 时，说明效率得到了提高。

在投入产出指标的选择上，从理论上看，创新投入资源主要包括研发所需的物料、仪器、设备、场地、人才、资本、技术等，而创新产出的成果包括新产品、新技术、新理论、新专利等。考虑到投入产出指标体系构建的科学性、合理性以及数据的可得性，参照张超和许岑（2022）、许玉洁和刘曙光（2022）的做法，本书选取科学技术支出、教育支出代表创新资金投入，选取科技服务人员、高等学校在校学生人数代表创新人员投入，选取全社会用电量、供水总量代表能源资源投入，选取发明专利授权数、实用新型专利授权数和外观设计专利授权数代表创新产出。

二、黄河流域城市群创新效率时空特征

1. 黄河流域城市群创新效率整体情况

黄河流域城市群创新效率波动幅度较大，呈增长趋势，技术进步变动率呈下降趋势（见图 4-3）。研究期间，黄河流域城市群整体创新效率在 0.71～1.49 范围波动，除 2006～2007 年及 2016～2017 年以外，其他时期的创新效率均大于 1，说明黄河流域整体创新效率在不断提高。从创新效率分解指标变动情况来看，技术效率变动幅度相对较为稳定，除 2016～2017 年小于 1 以外，其他时期的技术效率变动率均大于 1，说明技术效率在不断提升。规模效率与技术效率的波动情况较为一致，说明技术效率的改善主要来源于规模效率的提升，即得益于黄河流域创新资源集聚水平的提升带来的规模经济效益。纯技术效率变动率波动幅度相对较小，大部分时期变动率均大于 1，说明黄河流域整体创新资源配置效率在不断提高。技术进步率波动幅度较大，且整体呈下降趋势，说明技术进步对于黄河流域创新效率提升的作用不断减弱。

技术效率是推动创新效率提升的重要来源，技术效率的提升主要受规模经济效益的影响。从各分解指标横向对比来看，大部分时期技术进步率都低于技术效率变动率，说明创新效率的提高主要来源于创新资源配置效率的提高，生产技术进步的贡献相对较弱。然而，技术进步率与全要素生产率的波动趋势较为一致，说明技术进步虽然对创新效率提升贡献偏小，但是其波动却能显著影响创新效率的提升。面对技术进步率波动下降的趋势，未来要注重加强黄河流域创新技术的进步。从规模效率变动率和纯技术效率变动率的对比来看，所有时期规模效率变

动率均高于纯技术效率变动率，说明技术效率提升的主要来源是规模效率的提升。因此，黄河流域未来仍要加强科技创新技术进步，加强技术引导能力，保持规模优势，继续完善创新资源配置体系，促进创新效率的稳定提升。

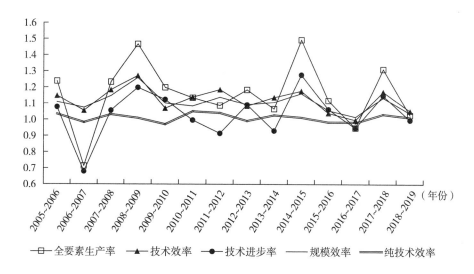

图4-3　黄河流域城市群创新效率及分解指标变化

资料来源：笔者测算后整理。

2. 黄河流域各城市群创新效率情况

由于创新效率各项分解指数不断波动，因此本书取各分解指数研究期间的平均值进行城市群之间的横向对比分析，并研究不同城市群创新效率提升的主要来源。如表4-7所示，黄河流域各城市群全要素生产率均大于1，说明城市群创新效率均得到了提升。其中，宁夏沿黄城市群创新效率提升最为明显，其次是兰州—西宁城市群、关中平原城市群，这些城市群整体创新实力相对较弱，在低水平创新阶段创新投入边际产出较高，因此创新效率提升较为显著。山东半岛城市群创新水平相对较高，创新边际产出较小，因此创新效率相较于其他城市群较低。从技术效率来看，各城市群技术效率相对较为接近，均在1上下波动，除呼包鄂榆城市群以外，其他城市群技术效率均有所提升。从技术进步率来看，各城市群差异相对较大，兰州—西宁城市群、宁夏沿黄城市群和山西中部城市群技术进步率低于1，这些城市群仍有待加强技术进步，通过生产前沿面的向外扩张推进创新效率的提升，而山东半岛城市群整体创新水平较高，因而技术进步率也较高。从规模效率来看，除山东半岛城市群以外，其他各城市群平均规模效率均大于1，这可能是山东半岛城市群创新资源相对较为分散导致。从纯技术效率来看，同样是除山东半岛城市群以外，其他各城市群纯技术效率均大于1，说明山东半岛城市群创新资源配置效率也有待提升。

表4-7　黄河流域各城市群创新效率及分解

城市群	全要素生产率	技术效率	技术进步率	规模效率	纯技术效率
关中平原城市群	1.221	1.009	1.001	1.214	1.122
呼包鄂榆城市群	1.117	0.986	1.011	1.131	1.117
兰州—西宁城市群	1.224	1.019	0.972	1.229	1.255
宁夏沿黄城市群	1.284	1.010	0.968	1.258	1.290
山东半岛城市群	1.106	1.011	1.138	0.978	0.882
山西中部城市群	1.114	1.009	0.981	1.113	1.130
中原城市群	1.143	1.019	1.030	1.082	1.065

注：表中各效率指数为各城市群研究期间平均数值。

资料来源：笔者测算后整理。

从黄河流域各城市群创新效率提升的内部机制进行分析，关中平原城市群、呼包鄂榆城市群和中原城市群创新效率的提升主要受规模效率的影响，规模经济产生的集聚经济效益在提高创新效率方面发挥了主导作用，而技术进步对三大城市群创新效率提升的贡献相对较小。对于兰州—西宁城市群、宁夏沿黄城市群和山西中部城市群，纯技术效率提升是其创新效率提升的主要来源，说明这些城市群主要受益于创新管理配置能力的提高。山东半岛城市群规模效率和纯技术效率在研究期间均有所下降，其创新效率的提升主要来源于技术进步，说明其在提升区域创新水平的过程中较为注重技术进步，忽略了对创新资源的协调配置和创新资源的有效集聚。

因此，各城市群在保持已有优势的同时，要有所侧重提升区域创新效率。对于大部分城市群而言，需要进一步提升技术进步率，关中平原城市群、呼包鄂榆城市群和中原城市群创新效率的提升主要受规模效率的影响，要进一步注重提升区域创新资源的协调配置能力，减少创新资源的无效损失，兰州—西宁城市群、宁夏沿黄城市群和山西中部城市群要进一步注重发挥集聚经济效益，利用规模优势增加创新产出。山东城市群在保持技术领先地位的同时，要注重增强创新资源的合理化配置，同时促进创新资源的集聚发挥规模经济效益。

3. 黄河流域城市创新效率空间非均衡分析

从城市群创新效率分解指标来看，各区域创新效率存在一定的空间差异。本书利用基尼系数进一步衡量历年黄河流域涉及的城市创新效率空间非均衡性，结果如图 4-4 所示。从图中可以看出，全要素生产率整体呈波动下降趋势，虽然在早期阶段空间不平等程度较大，但是自 2010 年以来，整体空间不平等程度显著降低，尤其是近年来，全要素生产率基尼系数逐步下降，表明黄河流域各城市群创新效率逐步收敛。从各分解指标来看，规模效率空间差异相对较为显著，尤其是 2007～2008 年，基尼系数达到 0.22，此后空间不平等程度呈明显下降趋势，2009～2012 年的基尼系数有所反弹，增加至 0.13，此后又呈逐年下降的趋势。技术变化效率空间不平等程度初期阶段有所下降，近年来，呈上升趋势，2017～2018 年甚至超过全要生产率的基尼系数，整体范围在 0.07～0.16。纯技术效率空间不平等程度相对较低，历年变化相对较为稳定，整体范围在 0.05～0.09，且各期间数值均显著低于技术变化和纯技术效率的空间不平等程度。

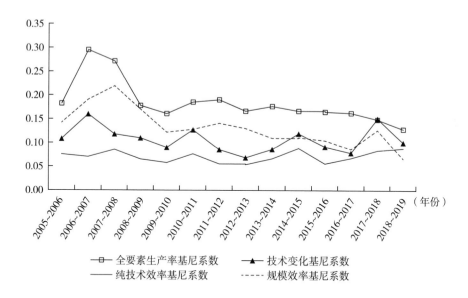

图 4-4　黄河流域城市创新效率空间非均衡性分析

资料来源：笔者测算后整理。

第五节　黄河流域城市群创新产出影响因素分析

各领域学者从不同角度研究了导致区域创新差异的原因。现有研究在 Griliches（1979）和 Jaffe（1989）构建的知识生产函数模型的基础上，研究了研发投入（Bilbao-Osorio and Rodríguez-Pose，2004；周密、申婉君，2018）、金融发展（King and Levine，1993；Hsu et al.，2014）、区域政策（庄羽、杨水利，2021；徐圆、施永莉，2021）、知识产权保护（Schneider，2005）、交通基础设施（Fritsch and Slavtchev，2011；卞元超 et al.，2019）、外商直接投资（Cheung and Ping，2004；Fu，2018）等，并形成了丰富的研究成果。近年来，一些学者从演化经济地理学角度出发，重视区域间创新合作对于本地知识的补充作用，从多个角度研究了区域间创新合作对地区创新绩效的不同影响。尤其是 De Noni 等（2018）针对创新较为落后地区的研究结果表明，这些地区通过与具有较高创新水平地区的合作，能够显著地提升地区创新产出。考虑到黄河流域较多城市群的创新基础相对较为薄弱，以及创新合作对于补充本地知识基础的作用，我们在已有研究的基础上，重点关注创新合作对于黄河流域城市群创新产出的影响。

一、模型与变量设定

为了进一步研究黄河流域各城市群创新产出的影响因素，本书构建如下计量模型：

$$\ln Y_{ct} = \beta_0 + \beta_1 RIC_{ct} + \beta_2 Controls + \alpha_c + \gamma_t + \mu_{ct} \qquad (4-2)$$

其中，c 表示城市；t 表示年份；Y_{ct} 表示城市 c 第 t 期的创新产出水平，用人均发明专利授权数衡量；RIC_{ct} 表示城市 c 第 t 期的区域对外创新合作相关指标；$Controls$ 表示一系列控制变量，包括创新投入、经济发展、金融发展和其他一些城市特征变量；α_c 表示未观测到的城市固定效应；γ_t 表示时间效应；μ_{ct} 表示随机扰动项。各指标的选取与测度方法说明如下。

在区域对外创新合作的指标设定方面，本书利用联合申请专利数据构建城市之间创新合作网络，衡量城市对外创新合作水平。联合申请专利指的是申请人为两个及以上的专利，联合申请专利数据能够反映创新知识在组织间的共享和转移。通过与企查查数据库匹配、百度地图爬虫等方法，可以识别出联合申请专利中不同申请人所处的城市，从而将创新主体间的合作关系转换为城市间的创新合作关系。当一个专利中的多个申请人位于不同的城市时，则所涉及的城市之间均存在一次区域创新合作。De Noni 等（2017）以欧洲为例，直接将区域内和区域之间的创新合作强度纳入模型中，研究结果表明区域外创新合作对于提高区域创新产出水平有负面影响。Innocenti 等（2020）以意大利为例，构建了衡量对外创新联系深度和广度的相关指标。参考已有研究设定，本书构建反映区域对外创新合作广度和深度的相关指标。具体地，利用城市个体网络中心衡量对外创新合作广度（DC），该指标反映了某城市进行对外创新合作的城市数量，该数值越大，表明城市的创新合作范围越广，城市在整体区域创新网络中具有较强的中心地位，获取外部知识的能力更强。利用城市联合发明专利次数衡量创新合作深度（LINK），该数值越大表明城市对外创新合作次数越多，对外创新合作需求越强，本地创新主体与外地创新联系越为紧密。因此，区域创新合作广度和深度都将有利于区域创新产出水平的提高。

在此基础上，本书参照已有研究加入以下变量作为控制标量：一是创新人力资本投入（RDL）。创新驱动的实质就是人才驱动，人力资本是高校、企业等各创新主体开展创新活动的主要参与者，是区域创新发展的重要战略性资源，因此本书加入科研人员数量，研究创新人力资本投入产生的影响。二是研发经费投入（RDK）。创新具有高风险、高收益和超前性的特征，这决定了技术创新活动需要大量资金支持，政府研发经费支出有利于缓解高科技企业融资难题，调动企业积极性，帮助创新主体分担各种研发不确定性和技术外溢等风险，促进社会重大创新技术进步，因此本书加入政府研发经费支出占比研究其对于创新产出的影响。三是经济发展水平（PGDP）。本书选取人均地区 GDP 来代表经济发展水平。良好的经济发展情况有利于吸引创新人才流入以及高科技企业的投资，并提供更为完备的软硬件条件，有利于促进高校、企业、科研院所之间的密切交流互动，促进本地知识的有效利用，同时良好的科技产出交易体系有利于提高本地知识转化效率。四是产业结构（IND）。本书选取第二产业增加值与第三产业增加值之比代表产业结构。一般而言，不同产业创新产出成果不同，第二产业创新成果更多以发明专利形式产出，因此第二产业占比更多则更利于产出更多的发明专利。五是金融发展水平（FINAN）。本书用城市人均存贷款余额代表金融发展水平。由于创新过程具有高度的不确定性，前期研发投入和后期商业应用都要投入大量的资本，因此良好的金融体系有利于帮助创新项目获得资金，促进新技术的产生，以及新产品和新流程的应用。六是教育发展水平（EDU）。优质的教育水平有利于培养科学家和工程师等创新型人才，促进人才进行创新实践，提高理论知识应用水平，因而本书利用高等学校平均在校生人数代表城市的教育情况。七是文化环境（BOOK）。良好的文化环境有利于推动形成敢于创新的社会氛围，提高全民对创新的重视程度，本书利用人均图书馆藏书量衡量地区文化环境。经检验后发现各变量之间不存在严重的多重共线性问题，因此可以进行面板数据回归。

二、回归结果

本书以黄河流域城市群涉及的城市为研究对象，利用面板固定效应模型对创新产出的影响因素进行分析，结果如表4-8所示。列（1）为只加入控制变量的回归结果，列（2）和列（3）为在此基础上分别加入城市创新合作广度和城市创新合作深度变量的回归结果，列（4）为加入所有控制变量和创新合作相关变量的回归结果。从表4-8中可以看出，不同模型设定下各变量的系数和显著性均未发生明显变化，说明本书的回归结果较为稳健。同时，随着创新合作相关变量的逐渐加入，模型的 R^2 明显增加，说明创新合作对于解释城市创新产出水平差异具有重要作用。

表4-8　黄河流域城市群创新产出影响因素固定效应模型回归结果

解释变量	被解释变量：黄河流域城市群创新产出水平			
	（1）	（2）	（3）	（4）
RDL	0.623***	0.376***	0.381***	0.312***
	（0.050）	（0.047）	（0.043）	（0.043）
RDK	0.017***	0.012**	0.018***	0.015***
	（0.005）	（0.005）	（0.005）	（0.004）
PGDP	0.032***	0.011***	0.012***	0.006**
	（0.003）	（0.003）	（0.003）	（0.003）
IND	0.098**	0.112***	0.095***	0.102***
	（0.040）	（0.036）	（0.033）	（0.032）
FINAN	0.0274***	0.005	0.020***	0.011***
	（0.004）	（0.004）	（0.003）	（0.003）
EDU	0.0381***	0.021**	0.028***	0.022**
	（0.010）	（0.009）	（0.009）	（0.008）

续表

解释变量	被解释变量：黄河流域城市群创新产出水平			
	（1）	（2）	（3）	（4）
BOOK	0.0114	0.009	0.006	0.006
	(0.011)	(0.009)	(0.009)	(0.009)
DC		0.046***		0.023***
		(0.003)		(0.003)
LINK			0.003***	0.002***
			(0.001)	(0.000)
Constant	−1.415***	−0.937***	−0.939***	−0.808***
	(0.132)	(0.121)	(0.112)	(0.110)
Observations	945	945	945	945
R−squared	0.708	0.772	0.801	0.812
Number of city	63	63	63	63

注：括号内为聚类稳健标准误，＊＊＊、＊＊、＊分别表示在1%、5%、10%的水平上显著，下同。

资料来源：笔者测算后整理。

从创新合作相关指标的影响来看，较大的城市对外创新合作广度和创新合作深度均有利于提升城市创新产出水平。当两者同时纳入模型中时，由于创新合作广度和深度变量之间存在一定的相关性，因此两个变量系数均有所减小，但是系数都仍显著为正。最终结果表明，创新合作广度每增加1个单位，城市人均发明专利授权量将增加0.023个。从2019年各城市创新合作情况来看，西安市创新合作广度最大，为129，意味着西安市与129个城市建立了创新合作关系，青岛市、郑州市、济南市、太原市、兰州市等区域创新合作广度也较大，均与50个以上城市建立了创新合作关系，而这些城市的创新产出水平也相对较高，人均发明专利授权量均在2以上。2019年创新合作广度较小的城市为商洛市和平凉市，分别仅与3个城市建立了创新合作关系，而其人均授权发明专利数量也不足0.2，假如这些城市能够与所处城市群内部其他城市或者抓住黄河流域发展战略机遇而与黄河流域其他城市建立创新联系，则也能有效提升其创新产出水平，当其将创新合作城市数量增加至10个以上时，其创新产出水平将翻倍。此外，创新合作深度每增加1个单位，创新合作产出将增加约0.002个单位。2019年西安市、济南市、青岛市和郑州市对外创新合作深度均在1000以上，而这些城市人均发明专利授权量也均在 3 以上，由此说明这些城市较高的创新产出水平与其持续深化的对外创新合作存在紧密的关系。对于其他创新水平较低的城市，以兰州市为例，其 2019 年对外创新合作深度不足 500，创新产出仅为 2.5，在保持其他因素不变的情况下，假如其创新合作深度增加 100，则其创新产出将增加约 8%。

创新投入、经济发展、产业结构、金融发展、教育水平等变量对创新产出的影响与预期相符。创新投入的增加，尤其是研发人员的增加对于提高创新产出具有重要作用。科研经费投入每增加 1 个百分点，创新产出将增加 0.015 个单位。经济发展水平和产业结构对创新产出也能够产生明显的促进作用，第二产业占比越高，人均发明专利授权量也越高。金融发展水平和教育水平也能够有效提升创新产出，对区域创新系统提供有力的支撑。文化环境变量影响为正但并不显著，可能与当前各城市整体创新环境相对不完善有关，未能对创新产出呈现明显的促进作用。

考虑到城市对外创新合作水平对创新产出的影响可能受到城市本身创新能力的影响，本书进一步根据创新能力评价结果将样本进行四等分，考察不同创新能力下创新合作的异质性影响，结果如表 4-9 所示。从表 4-9 中可以看出，对于创新能力较弱的城市而言，对外创新合作广度对其影响并不显著，而对外创新合作深度可以促进其创新水平的提高。由于这些城市本身创新能力相对较低，创新资源较为有限，难以与较多城市开展创新合作，其对外创新合作广度和深度水平均较低，因此创新合作对其影响相对较小，未来应该更加重视创新合作深度的提升，通过与所属城市群核心城市展开合作提升自身创新水平。对于创新能力处于中等水平的城市而言，创新合作深度并不能对其产生显著影响，而创新合作广度有利于提升其创新产出水平。这些城市由于拥有一定的创新能力，在对外创新合作方面已经进行了一定探索，形成了一定数量和范围的创新合作伙伴城市，但是同样面临创新资源紧张的问题，在创新合作的深度方面仍然有待提升，因此未来应基于当前已有的创新合作伙伴关系，针对重点行业和重点合作城市进行突破，通过创新资源的有效利用提升创新产出水平。对于创新能力较强的城市而言，创新合作广度和深度均能显著提升其区域创新产出水平。这些城市创新资源相对较为丰富，创新能力较强，能够吸引其他创新能力较弱的城市与其合作，通过有效利用其他城市的创新资源，能够进一步优化本城市的创新资源分配，提高本地创新资源的利用效率，因此未来应该继续保持当前创新优势，做好区域创新合作的联系者，承担推动区域创新合作联系的责任，搭建区域创新合作平台，促进区域创新水平的共同提升。

表4-9　黄河流域城市群创新产出影响因素分组回归结果

解释变量	被解释变量：黄河流域城市群创新产出水平			
	（1）	（2）	（3）	（4）
DC	−0.001	0.014***	0.006*	0.035***
	（0.001）	（0.002）	（0.004）	（0.008）
LINK	0.001*	0.001	0.000	0.002***
	（0.000）	（0.000）	（0.000）	（0.000）
控制变量	是	是	是	是
Observations	240	240	240	225
R-squared	0.598	0.590	0.752	0.859
Number of city	16	16	16	15

注：列（1）、列（2）、列（3）、列（4）分别为创新能力水平为前25%、25%~50%、50%~75%和后25%的城市样本回归结果。

资料来源：笔者测算后整理。

第六节　结论与政策建议

本章综合测度了黄河流域城市群的创新能力和创新效率，重点从对外区域创新合作角度分析了影响黄河流域城市群创新产出的因素，主要结论如下：

第一，黄河流域城市群创新水平稳步提升，然而创新产出在全国份额中占比相对较小，创新产出具有一定的波动性，各类型创新产出发展较不均衡。此外，黄河流域创新能力差异不断扩大，创新水平存在一定程度两极分化趋势。

第二，黄河流域城市群创新效率波动幅度较大，呈波动增长趋势，技术效率是创新效率提升的重要来源，而技术效率的提升主要受规模经济效益的影响。研究期间内各城市群创新效率均有所提升，但仍存在较为明显的创新效率空间不均衡现象。

第三，区域创新合作广度和深度对于增加区域创新产出具有重要的促进作用，然而对于不同创新能力等级的城市而言，两者作用存在异质性，各城市应当结合当前发展阶段有效开展对外创新合作活动。

基于此，本书提出如下政策建议：

第一，发挥政府主导作用，重视创新资源引入和培育。政府要承担起提升区域创新水平、缩小区域创新差距的重任，营造良好的创新氛围，建设公共空间促进创新企业集聚和创新主体知识溢出，注重人力资本积累，提升教育水平，加强对高科技企业的研发补贴和各项政策支持，强化创新资源的培育与引进，提升创新要素的利用效率。

第二，充分利用外部创新资源，强化区域创新合作，推动黄河流域创新水平的协同提升。在加强自主研发投入的同时，创新能力薄弱地区要善于抓住黄河流域生态保护和高质量发展战略机遇，积极加强同沿线城市的创新合作，建立良好的伙伴关系，利用区域知识溢出推动本地创新能力的提升。结合地区发展实际选择对外创新合作伙伴城市，强化重点技术领域合作关系，培育本地特色技术优势，以点带面协同提升区域整体创新能力。

第三，优化基础设施建设，促进创新要素的自由流动。完善公路、铁路以及航运等基础设施建设，为创新要素流动提供良好的交通基础设施。紧抓数字基础设施建设机遇，提升信息基础设施建设水平，建设好西部数字信息中心，促进知识、技术扩散。

第四，完善区域创新系统，促进科技成果转化。推动企业、科研院所、高校等各创新主体与政府和中介机构的协同合作，促进区域内知识交流和技术传播，增强企业创新能力，完善产学研创新合作机制，促进科技创新成果转化。

参考文献

［1］Acs Z J, Anselin L, Varga A. Patents and innovation counts as measures of regional production of new knowledge ［J］. Research Policy, 2002, 31 (7): 1069-1085.

［2］Asheim B T, Isaksen A. Regional innovation systems: The integration of local "sticky" and global "ubiquitous" knowledge ［J］. The Journal of Technology Transfer, 2002, 27 (1): 77-86.

［3］Audretsch D B, Feldman M P. R&D spillovers and the geography of innovation and production ［J］. The American Economic Review, 1996, 86 (3): 630-640.

［4］Bathelt H, Malmberg A, Maskell P. Clusters and knowledge: Local buzz, global pipelines and the process of knowledge creation [J]. Progress in Human Geography, 2004, 28 (1): 31-56.

[5] Bilbao-Osorio B, Rodríguez-Pose A. From R&D to innovation and economic growth in the EU [J]. Growth and Change, 2004, 35 (4): 434-455.

[6] Bode E. The spatial pattern of localized R&D spillovers: An empirical investigation for Germany [J]. Journal of Economic Geography, 2004, 4 (1): 43-64.

[7] Boschma R A, Wenting R. The spatial evolution of the British automobile industry: Does location matter? [J]. Industrial and Corporate Change, 2007, 16 (2): 213-238.

[8] Boschma R. Proximity and innovation: A critical assessment [J]. Regional Studies, 2005, 39 (1): 61-74.

[9] Breschi S, Lissoni F. Knowledge spillovers and local innovation systems: A critical survey [J]. Industrial and Corporate Change, 2001, 10 (4): 975-1005.

[10] Buesa M, Heijs J, Pellitero M M, et al. Regional systems of innovation and the knowledge production function: The Spanish case [J]. Technovation, 2006, 26 (4): 463-472.

[11] Carlsson E, Steen M, Sand R, et al. Resilient peripheral regions? The long-term effects of ten Norwegian restructuring programmes [J]. Norsk Geografisk Tidsskrift-Norwegian Journal of Geography, 2014, 68 (2): 91-101.

[12] Cheung K, Ping L. Spillover effects of FDI on innovation in China: Evidence from the provincial data [J]. China Economic Review, 2004, 15 (1): 25-44.

[13] Cooke P, Asheim B, Boschma R, et al. Handbook of regional innovation and growth [M]. Cheltenham: Edward Elgar Publishing, 2011.

[14] Cooke P. Regional innovation systems: Competitive regulation in the new Europe [J]. Geoforum, 1992, 23 (3): 365-382.

[15] De Noni I, Orsi L, Belussi F. The role of collaborative networks in supporting the innovation performances of lagging-behind European regions [J]. Research Policy, 2018, 47 (1): 1-13.

[16] Doloreux D, Dionne S. Is regional innovation system development possible in peripheral regions? Some evidence from the case of La Pocatière, Canada [J]. Entrepreneurship and Regional Development, 2008, 20 (3): 259-283.

［17］ Feldman M P, Audretsch D B. Innovation in cities: Science-based diversity, specialization and localized competition ［J］. European Economic Review, 1999, 43 (2): 409-429.

［18］ Fritsch M, Slavtchev V. Determinants of the efficiency of regional innovation systems ［J］. Regional Studies, 2011, 45 (7): 905-918.

［19］ Fu X. Foreign direct investment, absorptive capacity and regional innovation capabilities: Evidence from China ［J］. Oxford Development Studies, 2008, 36 (1): 89-110.

［20］ Gertler M S, Levitte Y M. Local nodes in global networks: The geography of knowledge flows in biotechnology innovation ［J］. Industry and Innovation, 2005, 12 (4): 487-507.

［21］ Griliches Z. Issues in assessing the contribution of research and development to productivity growth ［J］. The Bell Journal of Economics, 1979, 10 (1): 92-116.

［22］ Hsu P H, Tian X, Xu Y. Financial development and innovation: Cross-country evidence ［J］. Journal of Financial Economics, 2014, 112 (1): 116-135.

［23］ Innocenti N, Capone F, Lazzeretti L. Knowledge networks and industrial structure for regional innovation: An analysis of patents collaborations in Italy ［J］. Regional Science, 2020, 99 (1): 55-72.

［24］ Isaksen A, Trippl M. Path development in different regional innovation systems: A conceptual analysis ［M］. London: Taylor and Francis, 2016.

［25］ Jaffe A B. Real effects of academic research ［J］. The American Economic Review, 1989, 79 (5): 957-970.

［26］ King R G, Levine R. Finance and growth: Schumpeter might be right ［J］. The Quarterly Journal of Economics, 1993, 108 (3): 717-737.

［27］ North D, Smallbone D. The innovativeness and growth of rural SMEs during the 1990s ［J］. Regional Studies, 2000, 34 (2): 145-157.

［28］ Schneider P H. International trade, economic growth and intellectual property rights: A panel data study of developed and developing countries ［J］. Journal of Development Economics, 2005, 78 (2): 529-547.

［29］ Tödtling F, Kaufmann A. Innovation systems in regions of Europe—A comparative perspective ［J］. European Planning Studies, 1999, 7 (6): 699-717.

［30］Virkkala S. Innovation and networking in peripheral areas—A case study of emergence and change in rural manufacturing ［J］. European Planning Studies, 2007, 15 (4): 511-529.

［31］卞元超, 吴利华, 白俊红. 高铁开通是否促进了区域创新？［J］. 金融研究, 2019 (6): 132-149.

［32］黄鲁成. 关于区域创新系统研究内容的探讨 ［J］. 科研管理, 2000, 21 (2): 43-48.

［33］李吉祥, 高山. 绿色技术创新、金融门槛与绿色经济增长——基于沿黄生态经济带的实证研究 ［J/OL］. 金融理论探索, 2022 (4): 72-80 ［2022-04-12］. http: //kns. cnki. net/kcms/detail/13. 1418. F. 20220412. 2124. 002. html.

［34］刘建华, 王明照. 黄河下游城市群创新能力的空间演变及其影响因素 ［J］. 郑州大学学报（哲学社会科学版）, 2020, 53 (2): 55-60.

［35］吕拉昌, 谢媛媛, 黄茹. 我国三大都市圈城市创新能级体系比较 ［J］. 人文地理, 2013, 28 (3): 91-95.

［36］罗巍, 杨玄酯, 杨永芳. 面向高质量发展的黄河流域科技创新空间极化效应演化研究 ［J］. 科技进步与对策, 2020, 37 (18): 44-51.

［37］沙德春, 王茂林. 黄河流域九省区创新效率评价 ［J］. 科技管理研究, 2022, 42 (6): 43-50.

［38］孙勇, 汪亚林, 张亚峰. 黄河流域科技创新的时空格局及其经济效应 ［J］. 科技管理研究, 2022, 42 (5): 1-9.

［39］吴玉鸣. 大学、企业研发与区域创新的空间统计与计量分析 ［J］. 数理统计与管理, 2007, 26 (2): 318-324.

［40］徐圆, 施永莉. 城市群规划引导下的政府合作与区域创新能力 ［J］. 科研管理, 2021, 42 (3): 131-138.

［41］许玉洁, 刘曙光. 黄河流域绿色创新效率空间格局演化及其影响因素 ［J］. 自然资源学报, 2022, 37 (3): 627-644.

［42］曾刚, 胡森林. 技术创新对黄河流域城市绿色发展的影响研究 ［J］. 地理科学, 2021, 41 (8): 1314-1323.

［43］张超, 宋晓华, 孙亚男. 黄河流域科技创新效率差异测度、来源分解与形成机理 ［J］. 经济与管理评论, 2021, 37 (6): 38-50.

［44］张超, 许岑. 产权性质、资本结构与企业创新 ［J］. 经济理论与经济

管理，2022，42（3）：38-53.

［45］赵勇，白永秀．知识溢出：一个文献综述［J］．经济研究，2009，44（1）：144-156.

［46］周灿，曾刚，曹贤忠．中国城市创新网络结构与创新能力研究［J］．地理研究，2017，36（7）：1297-1308.

［47］周密，申婉君．研发投入对区域创新能力作用机制研究——基于知识产权的实证证据［J］．科学学与科学技术管理，2018，39（8）：26-39.

［48］庄羽，杨水利．"强省会"战略对区域创新发展的影响——辐射还是虹吸？［J］．中国软科学，2021（8）：86-94.

第五章　黄河流域城市群基本公共服务均等化研究

不断推进基本公共服务在不同地区、城乡和人群间的均等化，是党和国家始终坚持"以人民为中心"，扎实推动共同富裕的深刻体现（李实和杨一心，2022）。分地区、有步骤地将局部基本公共服务水平拉齐至合理区间，是推进均等化的科学有效的操作方式，其中，黄河流域是不可忽视的重要区域。一方面，从地缘重要性来看，黄河沿岸九省区①约占我国国土面积的13.5%，2020年末总人口达4.21亿，承载着全国近30%的人口，是我国人口活动和经济发展的重要区域，在国家发展大局和社会主义现代化建设全局中具有举足轻重的战略地位。另一方面，从发展阶段来看，流域内一直存在公共服务水平相对低下的问题。2021年10月8日，中共中央、国务院印发的《黄河流域生态保护和高质量发展规划纲要》指出："黄河流域最大的弱项是民生发展不足。沿黄各省区公共服务、基础设施等历史欠账较多。医疗卫生设施不足，重要商品和物资储备规模、品种、布局亟须完善，保障市场供应和调控市场价格能力偏弱，城乡居民收入水平低于全国平均水平。"因此，攻克了黄河流域基本公共服务相对匮乏的难题，也就朝着全国性基本公共服务均等化目标迈出了坚实一步。

基于上述分析，本章在第一节为相关研究提供理论分析工具，首先对基本公共服务均等化概念进行拆解说明，然后立足黄河流域分析地区实施环境的现状特点，从客体共性和主体特性来定性认识黄河流域推进基本公共服务均等化的重难点。在第二节构建综合评价指标体系，以2012~2020年19个指标为基础，以地区内63个地级市和七大城市群为单元，量化评估相关地区基本公共服务的综合表现，描述城市群内外公共服务质量的时空分异，弥补现有相关研究的不足。第

---

① 黄河沿岸九省区指青海、四川、甘肃、宁夏、内蒙古、陕西、山西、河南、山东。本章后续分析以剔除了四川后的八省区为分析基础：一是因为黄河途经四川的流域面积较少，相关区域人口经济活动相对稀疏；二是遵循目前绝大多数研究的做法，一般不将四川纳入黄河流域城市群或都市圈的研究范畴。

三节则是针对上述分析为实现黄河流域基本公共服务均等化提供政策建议和路径指引。

第一节 黄河流域基本公共服务均等化的
分析视角和现状概述

研究黄河流域公共服务均等化问题，首先要理解基本公共服务脱离于一般商品（服务）的区别，这些属性为中央或地方政府的生产和分配过程提出了挑战。同时，黄河流域沿岸城市作为基本公共服务的供给主体，又具备一些地区特定的"顽疾"。总之，需要认清矛盾的普遍性和特殊性。

一、基本公共服务均等化的关键属性

1. "基本"体现不可或缺性

基本公共服务，首先强调的是服务的基础性和全面性。一方面，它代表着最基础、最核心的民生需求，象征着居民维持基本体面生活的必要内容和最低底线；另一方面，它的基础性又决定了其全面性，覆盖居民衣食住行等方方面面，从内容上看一般包括保障基本民生需求的教育、就业、住房、社会保障、医疗卫生、文化体育等领域的公共服务，广义上还包括与人民生活环境紧密关联的交通通信、公用设施、环境保护等领域的公共服务，以及保障安全需要的公共安全、消费安全和国防安全等领域的公共服务。

此外，基本公共服务不是一成不变的，而是随着时空环境的更迭而演变，与地区经济社会发展阶段和总体生活水平息息相关，并综合考虑民众需求、政策延续和财政保障能力。2021 年 3 月，国家发展和改革委员会等 21 个部门联合发布《国家基本公共服务标准（2021 年版）》，从"幼有所育""学有所教""劳有所得""病有所医""老有所养""住有所居""弱有所扶"以及优军服务保障、文体服务保障 9 个方面明确了国家基本公共服务具体保障范围和质量要求，规定已有国家统一标准的基本公共服务项目，各地区要按照不低于国家标准执行，而对于暂无国家统一标准的服务项目，各地区要按照国家有关要求和本地区实际情况明确相关标准，纳入本地区具体实施标准。

2. "公共"体现政府主导性

基本公共服务的公共属性使产品无法完全依赖自由市场供给。由于基本公共产品往往具备非排他性、非竞争性、低（零）利润空间等特性，若仅通过市场机制运行，将导致总量供给不足、质量无法保障等。因此，基本公共服务的落实主体为政府，其中又分为中央政府和地方政府。相对应地，在前期，基本公共服务所需的投入要素以财政资金为主要支撑；在供给过程中，政府为主要实践人，负责标准制定、资源调度等事务；后期验收和效果评估也主要由政府牵头。

以政府主导性贯穿基本公共服务全流程，并不意味着完全排斥其他社会参与主体。在实践中，为缓解财政单一执行压力，丰富服务供给特色，改革现代治理体系，许多基本公共服务产品由政府承担保障供给数量和质量的主要责任，引导市场主体和公益性社会机构补充供给。

3. "服务"体现地域专属性

基本公共服务一般提供的是"无形服务"而非"有形货品"，其天然地不可贸易和不可分割，这些特点又进一步决定了其具备高度本地化的异质性特征。若基本公共服务可以如普通商品般克服时空界限，跨地区生产、流通、分配，则各地的基本公共服务便拥有了在自由统一市场下相似的可能性。可以说，基本公共服务的地域特性，是决定其在空间上分化和不均的关键先天因素。

正因基本公共服务辐射范围有限，各级政府的主体责任一般由各类基本公共服务发挥作用的空间领域来划分。中央政府负责涵盖全国的事务，如基本国防开支等，而地方政府事权集中在地方性民生保障，如当地的管网铺设、道路修建、园林绿化等。

4. "均等化"不是"平均化"

需要强调的是，均等化并不意味着平均、无差异。均等化的最终目标是基本公共服务在地区、城乡、人群等维度上，在一个合理的区间范围内，在基于人均意义的价值标准上，实现数量和质量的相似分布，以及空间上的相对均衡。进一步地，允许也应该满足不同地区、人群在某些基本公共服务品类上有独特的偏好要求，让不同地域公民的共性和个性需求都能在基本层面得到充分保障。

二、黄河流域地区基本公共服务的现状特点

1. 财政保障力度相近，地方政府财力差距大

财政是维系基本公共服务正常运转的关键中枢，而黄河流域内各省区的财政

系统承受着不小的压力。表5-1展现了2020年黄河流域内九个财政单元①的相关财政指标。其中，财政自给率为地方一般预算收入与地方一般预算支出的比率；财政依赖度为中央财政转移支付与地方一般预算支出的比率，此处采取反向排名，即财政依赖度越低排名越高；公共服务类财政支出率为囊括一般公共服务、教育、社会保障和就业等公共服务类财政支出占总支出的比率。

表5-1　2020年黄河流域各财政单元相关财政指标及相对排名

财政主体	财政自给率（%）	财政依赖度（%）	公共服务类财政支出率（%）
青岛市	76	12	63
山东（不包括青岛市）	56	29	66
山西	42	44	62
陕西	38	48	65
河南	40	49	67
内蒙古	35	52	56
宁夏	28	66	57
甘肃	21	71	62
青海	17	75	58

资料来源：根据《中国财政年鉴》计算得来。

首先，从财政自给率来看，青岛市位居全国前列，山东（不包括青岛市）自给率达56%，其余单元自给率皆不足五成；山西、河南及陕西位于中列，而内蒙古、宁夏、甘肃和青海基本处于自身财政收入难以覆盖支出的局面。其次，从财政依赖度来看，山东（不包括青岛市）对中央财政转移支付的依赖程度较低，山西、陕西、河南的本地收入能够负担约一半的总支出，而宁夏、甘肃和青海的每100元财政支出中，来自中央转移的部分就分别为66元、71元和75元。最后，从公共服务类财政支出率来看，河南、山东（不包括青岛市）、陕西的公共服务支出占比在全国位居前列，青岛市、山西省、甘肃省紧随其后，青海、宁夏

---

① 全国（不包括港澳台地区）共划分为36个财政单元，包括31个省、自治区和直辖市，以及宁波市、深圳市、厦门市、青岛市和大连市5个计划单列市，计划单列市数据不计入所管辖的省份。

和内蒙古的公共服务类财政支出占比排名较为靠后。需要指出的是，黄河流域内各财政单元的公共服务类财政支出占比在60%上下波动，绝对水平的分异相对较小，体现出区域内各地方普遍重视发展民生保障事业。

总之，地方财政综合实力与当地经济社会发展水平高度相关。除山东（不包括青岛市）等少数地区，黄河流域内多数区域处于发展中或欠发达阶段，财政自补给能力相对薄弱，对外依赖程度较高，财政常年性缺口较大，公共民生类开销压力不小，对财政系统施加了不容忽视的压力。

2. 生态环境长期脆弱，水资源约束效应显著

生态脆弱、水资源匮乏始终是制约黄河流域高质量发展的首要矛盾。《黄河流域生态保护和高质量发展规划纲要》指出，黄河一直"体弱多病"，生态本底差，水资源十分短缺，水土流失严重，资源环境承载能力弱，沿黄各省区发展不平衡不充分问题尤为突出。作为承载着人类活动的生态载体，第一自然系统的运行紊乱会对社会和谐发展、人民安居乐业、优质要素留存等各个方面带来极大隐患，势必也不利于基本公共服务的数量增长和质量提升。

3. 民生发展常年滞后，不平衡不充分问题凸显

相比于全国其他主要城市群，民生发展相对滞后是黄河流域各省区普遍面临的一大问题。进一步来看，在黄河流域地区公共事业进展相对迟滞的发展共性中，又蕴含着结构性、地域性的差别。除了一些共同的短板以外，基本公共服务事业在不同城市群之间、每个城市群内部、省区各地市之间等不同比照尺度中，都存在着差异化的演进路线和具体的突出矛盾。

首先，对于青海、宁夏等黄河上游段而言，其把控着黄河整体水源质量的关键命脉，生态环境基础较为薄弱，地区发展水平相对落后，应该尤其注重缓和人与自然的共存矛盾，加快遏制生态退化趋势，基本公共服务的支出应该重点向污染治理、生态移民、绿色就业、环境工程等方面倾斜；其次，对于一些资源禀赋较差、发展基础薄弱的欠发达地区，其面临的困境是基本公共服务在数量和质量上的双重短缺，同时区域内生发展动力又相对不足；最后，对于处在城市化发展中期阶段的地区来说，其在总量甚至人均意义上，行政区域内的基本公共服务往往可以匹配地方需求，而如何解决城乡间基本公共服务的结构不均问题，如何引导中心城市、城区的高质量资源向下辐射，才是亟须面对的关键问题。

第二节　黄河流域城市群基本公共服务
综合评估和时空分异

全面深入评估黄河流域地区基本公共服务的发展现状和存在问题，需要应用一套科学合理的量化方法。既有研究已从较丰富的角度去测度基本公共服务发展水平（安体富和任强，2008；刘成奎和王朝才，2011；王晓玲，2013；姜晓萍和康健，2020），但相关研究仍存在一定改进空间，主要表现在：一是分析单元以省区等级为主，针对城市群或地级市更加细化尺度的探究依旧相对较少；二是分析对象上有基于城乡、四大板块、长江流域等视角，却鲜有关于黄河流域的分析；三是分析方法上，具体技术有待优化，如某些研究选择主观赋权法或者简单平均赋权法（安体富和任强，2008；魏福成和胡洪曙，2015），或把面板数据视为截面数据处理（刘成奎和王朝才，2011），抑或没有考虑水资源和公共环境指标（王新民和南锐，2011；杨光，2015）等。

本节在兼蓄前人研究和探索改进创新的基础上，搭建一套针对黄河流域的综合指标体系，计算出流域内地级市、城市群的基本公共服务水平评价得分，进而探究黄河流域城市群基本公共服务水平非均等化的差异来源和时空演进特征。

一、综合评估：基于面板数据的分层因子分析模型

1. 方法介绍

在综合指标体系的分析框架下，针对多指标、多个体的高维数据，首先需要对数据进行降维和分权，即按照合理的权重规划将各层次的数据压缩成便于分析的结构。为避免主观随意性，通常使用基于数据本身信息浓度判断的客观赋权法，而诸如熵权法等传统客观赋权方法大多把面板数据视为混合截面数据，在时间和个体层面无差异地计算每个城市的综合评价指数，这一处理简便、直接，但牺牲了数据在时间序列上的有用信息，面板数据的价值未得到充分体现。因子分析是一类广泛应用于综合指标体系评估的方法（林海明和张文霖，2005），通过对诸多原始变量的内在相关结构进行分组，提取出能够表示为各变量线性组合形式的公因子（常用的提取方法为主成分分析法，本方法亦然），略去相对次要的特

殊因子，从而在多维复杂数据中实现主体信息的浓缩。本书参考肖启华等（2015）的研究，采用一个同时考虑了面板数据指标维度与时间序列价值的分层因子分析模型。

基于因子分析思想，本改进模型对"指标×城市×年份"的面板结构进行了双重降维：首先，在底层维度，对各个年份剖面的各项指标实施压缩，形成各城市的一维评价指数向量；其次，将各个截面的评价指数向量按照时间顺序组合成"城市×年份"的顶层评价矩阵，再进行一次因子分析；最后，合成面板数据公因子，将结果代入面板数据评价函数，得到每个城市最终的综合评价得分。本方法的优势在于既包括个体截面信息，又吸收了时间序列的信息价值，避免了最后权重分配在时间上趋于平均的弊端。

具体做法包括四个步骤：

步骤一：数据标准化。为消除指标间量纲冲突的影响，对数据在每个纵向剖面进行全局极值标准化。在第 t（$t=1, 2, \cdots, T$；$T=9$）时，对于第 i（$i=1, 2, \cdots, I$；$I=63$）个城市的第 j（$j=1, 2, \cdots, J$；$J=19$）个原始指标 x_{ij}^t，若指标为正向指标，则有标准化后的 z_{ij}^t：

$$z_{ij}^t = \frac{x_{ij}^t - \min(x_j)}{\max(x_j) - \min(x_j)} \tag{5-1}$$

步骤二：底层因子分析。在时间截面 t 上提取公因子关于原始变量的线性组合式，设共有 K 个公因子，组成的底层因子得分向量为：

$$\vec{F}^t = (F_1^t, \cdots, F_K^t)' = A^t S_Z^{t-1} \vec{Z}^t \tag{5-2}$$

其中，A^t 为因子载荷矩阵，S_Z^t 为样本协方差矩阵。设 $A^t S_Z^{t-1} = (\alpha_{k_j})_{K^t \times J}$，则第 k（$k=1, 2, \cdots, K$；$K<J$）个公因子 F_k^t 可表达为标量形式，即底层因子得分公式：

$$F_k^t = \sum_{j=1}^J \alpha_{k_j} z_j^t \tag{5-3}$$

然后，以各公因子方差贡献率 σ_{Zk}^t 为权重，利用式（5-3）得到在截面 t 上第 i 个城市的评价函数：

$$f_i^t = \sum_{k=1}^K \sigma_{Zk}^t F_k^t = \sum_{k=1}^K \sum_{j=1}^J \sigma_{Zk}^t \alpha_{k_j} z_j^t \tag{5-4}$$

同一截面的所有城市的评价值构成了当年的底层评价值向量：

$$\vec{f}^t = (f_1^t, \cdots, f_I^t)' \tag{5-5}$$

步骤三：顶层因子分析。按截面 $t=2012$，2013，$\cdots$，2020 依次计算并排列上述底层评价值向量，形成顶层评价值矩阵：

$$Y = (\overrightarrow{f_{2012}}, \cdots, \overrightarrow{f_{2020}}) \tag{5-6}$$

与步骤二类似，提取出 M 个公因子，且组成的顶层因子得分向量为：

$$\vec{G} = (G_1, \cdots, G_M)' = B'S_Y^{t-1}\vec{Y^t} \tag{5-7}$$

其中，B' 为因子载荷矩阵，S_Y^t 为样本协方差阵。设 $B'S_Y^{t-1} = (\beta_{m_t})_{M\times T}$，则第 m（$m=1$，2，$\cdots$，M；$M<T$）个公因子 G_m 可表达为标量形式，即顶层因子得分公式：

$$G_m = \sum_{t=1}^{T} \beta_{m_t} f_i^t \tag{5-8}$$

将 f_i^t 代入式（5-8）可得：

$$G_m = \sum_{t=1}^{T} \sum_{k=1}^{K} \sum_{j=1}^{J} \sigma_{Zk}^t \alpha_{k_j} \beta_{m_t} z_j^t \tag{5-9}$$

可见，顶层公因子实为面板数据各个时间截面上标准化后指标的函数。

步骤四：计算最终评价得分。以各个顶层公因子方差贡献率 σ_m 为权重，可构造顶层评价值矩阵的样本评价函数。以各公因子的方差贡献率 σ_{Ym} 为权重，利用上式得到在截面 t 上第 i 个城市的评价函数：

$$y_i = \sum_{m=1}^{M} \sigma_{Ym} G_m = \sum_{m=1}^{M} \sum_{t=1}^{T} \sum_{k=1}^{K} \sum_{j=1}^{J} \sigma_{Ym} \sigma_{Zk}^t \alpha_{k_j} \beta_{m_t} z_j^t \tag{5-10}$$

将每个城市的标准化后指标代入，可计算得到对应城市在上述指标体系框架下的最终评价得分。

2. 指标体系

本章研究范围为黄河流域七大城市群内 8 个省区的 63 个城市（见表5-2）。

表5-2　本章涉及的黄河流域城市群研究范围

城市群	涵盖城市	备注
兰州—西宁城市群	兰州市、白银市、定西市、西宁市、海东市（5个）	临夏回族自治州、海北藏族自治州、黄南藏族自治州和海南藏族自治州数据缺失较多，故舍去
关中平原城市群	西安市、宝鸡市、咸阳市、铜川市、渭南市、商洛市、运城市、临汾市、天水市、平凉市、庆阳市（11个）	—

续表

城市群	涵盖城市	备注
山东半岛城市群	青岛市、济南市、淄博市、东营市、烟台市、潍坊市、济宁市、泰安市、威海市、日照市、菏泽市、滨州市、德州市、聊城市、临沂市、枣庄市（16 个）	2019 年，莱芜以"撤市设区"的形式并入济南
中原城市群	郑州市、洛阳市、开封市、南阳市、安阳市、商丘市、新乡市、平顶山市、许昌市、焦作市、周口市、信阳市、驻马店市、鹤壁市、濮阳市、漯河市、三门峡市、长治市、晋城市、运城市、聊城市、菏泽市（22 个）	济源缺失值较多，故舍去
呼包鄂榆城市群	呼和浩特市、包头市、鄂尔多斯市、榆林市（4 个）	参考安树伟等（2021），黄河"几"字弯都市圈与三大城市群的覆盖范围基本重合
宁夏沿黄城市群	银川市、石嘴山市、吴忠市、中卫市（4 个）	
山西中部城市群	太原市、吕梁市、忻州市、晋中市（4 个）	

资料来源：笔者根据已有政策文件进行整理。

根据基本公共服务均等化关于"权利平等、机会均等"的内涵，可将基本公共服务指标分为民生性基本公共服务和发展性基本公共服务。一级指标的设计，既要涵盖一般性指标，也要纳入体现黄河流域特征的特色型指标。结合已有文献、相关政策，民生性基本公共服务包含基础教育、公共卫生、社会保障和公共文化 4 项一级指标，其也是一般性指标的体现。发展性基本公共服务包含基础设施、生态环境 2 项一级指标，其关注《黄河流域生态保护和高质量发展规划纲要》对于"把水资源作为最大的刚性约束"及"生态优先"等具体要求，这 2 项一级指标的设计也是黄河流域特色性指标的体现。二级指标的设计既要考虑横向、纵向的可对比性，同时要兼顾数据的可获取性，结合已有研究和本章设计，该指标体系包含 19 项二级指标（见表 5-3）。数据来源主要为各城市各年的统计年鉴和统计公报，部分缺失数据按照线性插值法补齐。数据整体构成了 2012～2020 年的平衡面板结构。

3. 结果分析

本章借助 SPSS 26 进行数据分析。完成数据标准化后，首先进行底层因子分析。因子分析需要通过两个检验：一是比较各变量间简单相关系数和偏相关系数的大小。KMO 统计量衡量了变量间的相关性，当变量间相关性强时，偏相关系数远小于简单相关系数，KMO 值接近 1。因子分析需要变量之间存在信息重叠，一般来说 KMO 值不宜低于 0.6。二是 Bartlett 球形检验。它是用于检验变量相关

表5-3 黄河流域基本公共服务综合评价指标体系

目标指数	一级指标	二级指标	计算方法	单位
基本公共服务综合评价得分	基础教育	教育财政支出比	教育财政支出/地方一般财政预算支出	%
		每万人幼儿园数	幼儿园数/常住人口	家
		每万人中小学数	普通中小学数/常住人口	家
		中小学师生比	普通中小学在校生/普通中小学专任教师数	%
	公共卫生	每万人医疗人员数	卫生机构人员数/每万人常住人口	位
		每万人医疗机构数	医疗卫生机构数/每万人常住人口	家
		每万人医疗床位数	卫生机构床位数/每万人常住人口	张
	社会保障	基本养老保险参保率	城镇职工基本养老保险参保人数/常住人口	%
		公共失业保险参保率	公共失业保险参保人数/常住人口	%
	公共文化	人均图书馆藏书	公共图书馆图书总藏量/常住人口	册
		人均绿地面积	园林绿地面积/常住人口	公顷
	基础设施	人均水资源总量	水资源总量/常住人口	万立方米
		每万人公路里程	公路里程/每万人常住人口	千米
		每万人公交车数	年末实有公共汽（电）车营运车辆数/每万人常住人口	辆
		人均互联网宽带覆盖户数	互联网宽带接入用户数/常住人口	户
		人均移动电话户数	移动电话户数/常住人口	户
	生态环境	污水处理厂集中处理率	年鉴直接导出	%
		生活垃圾无害化处理率	年鉴直接导出	%
		一般工业固体废物综合利用率	年鉴直接导出	%

资料来源：笔者根据已有研究设计。

系数矩阵是否为单位阵，原假设为相关系数矩阵为单位阵。Bartlett球形检验的统计量符合近似卡方分布，显著性 P 值越小，越倾向于拒绝原假设，认为变量间非独立，具备进行因子分析的基础。

基于因子分析思想及计算步骤，得出各时间截面底层因子分析结果如表5-4所示。

表 5-4　2012~2020 年截面底层因子分析

年份	公因子个数	KMO 值	Bartlett 球形检验 P 值	总方差解释
2012	6	0.74	0	78
2013	5	0.75	0	71
2014	6	0.72	0	77
2015	5	0.72	0	70
2016	5	0.70	0	71
2017	5	0.76	0	73
2018	6	0.73	0	78
2019	5	0.70	0	74
2020	5	0.64	0	70

资料来源：笔者测算后整理。

其次，进行顶层因子分析。顶层因子分析 KMO 值达 0.88，Bartlett 球形检验 P 值为 0，同样较好地通过了两个检验。本环节共提取 1 个公因子，总方差解释达到 86%。最后，将各步骤公因子的方差贡献率、线性组合相关系数等数据代入式（5-10），汇总计算面板数据的综合评价得分，如表 5-5 所示。

表 5-5　黄河流域各城市基本公共服务综合评价得分

城市	综合评分	排名	省区	城市群
太原市	2.45	1	山西	山西中部城市群
青岛市	2.38	2	山东	山东半岛城市群
济南市	2.36	3	山东	山东半岛城市群
西安市	2.33	4	陕西	关中平原城市群
银川市	2.27	5	宁夏	宁夏沿黄城市群
郑州市	2.24	6	河南	中原城市群
威海市	2.17	7	山东	山东半岛城市群
淄博市	2.07	8	山东	山东半岛城市群
兰州市	1.96	9	甘肃	兰州—西宁城市群
呼和浩特市	1.91	10	内蒙古	呼包鄂榆城市群
西宁市	1.91	11	青海	兰州—西宁城市群
石嘴山市	1.90	12	宁夏	宁夏沿黄城市群

续表

城市	综合评分	排名	省区	城市群
东营市	1.90	13	山东	山东半岛城市群
包头市	1.87	14	内蒙古	呼包鄂榆城市群
铜川市	1.83	15	陕西	关中平原城市群
烟台市	1.80	16	山东	山东半岛城市群
泰安市	1.64	17	山东	山东半岛城市群
新乡市	1.62	18	河南	中原城市群
济宁市	1.59	19	山东	山东半岛城市群
枣庄市	1.58	20	山东	山东半岛城市群
潍坊市	1.55	21	山东	山东半岛城市群
日照市	1.52	22	山东	山东半岛城市群
晋城市	1.51	23	山西	中原城市群
宝鸡市	1.50	24	陕西	关中平原城市群
焦作市	1.50	25	河南	中原城市群
鹤壁市	1.48	26	河南	中原城市群
洛阳市	1.48	27	河南	中原城市群
安阳市	1.47	28	河南	中原城市群
滨州市	1.46	29	山东	山东半岛城市群
濮阳市	1.46	30	河南	中原城市群
临沂市	1.46	31	山东	山东半岛城市群
平顶山市	1.44	32	河南	中原城市群
咸阳市	1.43	33	陕西	关中平原城市群
开封市	1.38	34	河南	中原城市群
许昌市	1.37	35	河南	中原城市群
三门峡市	1.37	36	河南	中原城市群
漯河市	1.34	37	河南	中原城市群
长治市	1.34	38	山西	中原城市群
鄂尔多斯市	1.30	39	内蒙古	呼包鄂榆城市群
榆林市	1.30	40	陕西	呼包鄂榆城市群
运城市	1.28	41	山西	关中平原城市群+中原城市群
德州市	1.28	42	山东	山东半岛城市群
菏泽市	1.25	43	山东	山东半岛城市群+中原城市群
聊城市	1.24	44	山东	山东半岛城市群+中原城市群

城市	综合评分	排名	省区	城市群
平凉市	1.20	45	甘肃	关中平原城市群
渭南市	1.19	46	陕西	关中平原城市群
晋中市	1.17	47	山西	山西中部城市群
商丘市	1.17	48	河南	中原城市群
驻马店市	1.14	49	河南	中原城市群
商洛市	1.13	50	陕西	关中平原城市群
周口市	1.12	51	河南	中原城市群
吴忠市	1.11	52	宁夏	宁夏沿黄城市群
南阳市	1.11	53	河南	中原城市群
临汾市	1.07	54	山西	关中平原城市群
天水市	1.05	55	甘肃	关中平原城市群
白银市	1.04	56	甘肃	兰州—西宁城市群
信阳市	1.04	57	河南	中原城市群
海东市	1.04	58	青海	兰州—西宁城市群
定西市	1.00	59	甘肃	兰州—西宁城市群
中卫市	0.97	60	宁夏	宁夏沿黄城市群
庆阳市	0.94	61	甘肃	关中平原城市群
吕梁市	0.90	62	山西	山西中部城市群
忻州市	0.89	63	山西	山西中部城市群

资料来源：笔者测算后整理。

从城市层面来看，黄河流域的城市基本公共服务呈现如下特征：一是按照城市等级呈现三个递减梯次。第一梯次是省会级城市或区域内中心城市，其中太原的基本公共服务评价得分最高，前21名城市中位于山东省的占10个；第二梯次的城市属于在城市群内有一定发展基础的地区，中原城市群共有13个城市落于此区间；第三梯队为各城市群内整体发展水平相对滞后的城市。二是城市群内部城市间基本公共服务总体水平差距大。以差距最大的山西中部城市群为例，太原为基本公共服务综合排名第一，而同属山西中部城市群的忻州和吕梁分别为倒数第一、第二，前后评分分别相差1倍有余。

从城市群层面来看（见表5-6），黄河流域城市群基本公共服务综合水平呈现"两头高、中间低"的态势。位于黄河流域最下游的山东半岛城市群的基本公共服务综合评分最高，这也与其在流域内甚至全国范围内较强的经济社会综合实力相匹配。位于黄河流域上游的呼包鄂榆城市群、宁夏沿黄城市群和兰州—西宁城市群紧随其后，但这一结果需要更谨慎地解读——由于城市群层面的分析掩盖了地级市之间的差异，导致若城市群内部各地市之间高度分异，高（低）分城市占据了较大权重，则城市群的测度结果将会被高（低）估。黄河流域上游城市群内包含的城市数量相对较少，且省会或中心城市的基本公共服务评分较高，容易引致城市群层面上结果的高估。呼包鄂榆城市群中，呼和浩特和包头的评分较高，而榆林和鄂尔多斯则位于第二梯队的末尾；宁夏沿黄城市群中，银川和石嘴山的评分较高，而吴忠、中卫的排位实际较低；兰州—西宁城市群中，主要是兰州和西宁拉高了评分排位。位于黄河中游的中原城市群、关中平原城市群和山西中部城市群依次位列第5、第6、第7，其原因是城市群内部过大的基本公共服务水平差异拉低了城市群的综合水平，虽然省会城市和区域性中心城市的基本公共服务水平较高，但是基本公共服务处于中低水平的中小城市过多。中原城市群19个城市中，11个城市基本公共服务水平位于后50%；关中平原城市群11个城市中，8个城市基本公共服务水平位于后50%。

表5-6　黄河流域各城市群基本公共服务综合评价得分

城市群	综合评分
山东半岛城市群	1.70
呼包鄂榆城市群	1.60
宁夏沿黄城市群	1.57
兰州—西宁城市群	1.39
中原城市群	1.38
关中平原城市群	1.36
山西中部城市群	1.35

资料来源：笔者测算后整理。

　　总之，结合表5-5和表5-6发现，山东城市群、中原城市群和关中平原城市群的基本公共服务水平与其内部城市的发展情况相吻合，前者处于相对优势的阶段，而后两者处在流域内整体中下游；黄河"几"字弯都市圈和兰州—西宁城市群的情况需要细化判断，地区内的城市间基本公共服务水平分化较大，省会城市、首位度较高的中心城市与其他城市呈两极分化。

二、时空分析：基于泰尔指数的分解

1. 泰尔指数

泰尔指数又名泰尔熵，最初 Theil 在 1967 年基于信息理论中的"熵"概念研究收入不平等，随后拓展为测度某项指标（数）在区域间差距的常用工具。泰尔指数的数学构造为以某种比例（通常为人口比例、GDP 比例等）为权重的对数熵的加权和，其取值为非负数，值越小代表差异越小。

利用底层因子分析测算得到的 2012~2020 年黄河流域 63 个城市的基本公共服务评价得分，以及各城市统计年鉴搜集的常住人口数据，本书研究的泰尔指数通式可表达为：

$$T = \sum_i \left(\frac{Y_i}{Y}\right) \log\left(\frac{Y_i/Y}{P_i/P}\right) \tag{5-11}$$

其中，i 为某城市，Y_i 为城市 i 的评价得分，Y 为评价得分总和，P_i 为城市 i 的常住人口，P 为常住人口总和。若所有城市的得分占比与人口占比恰好相同，即基本公共服务完全按常住人口供给，则对数值为 0，泰尔指数为 0，基本公共服务在各地实现了绝对均等化。

进一步地，泰尔指数的一阶分解变体式为：

$$T_{total} = \sum_i \sum_j \left(\frac{Y_{ij}}{Y_i}\right) \log\left(\frac{Y_{ij}/Y}{P_{ij}/P}\right) \tag{5-12}$$

其中，i 为某城市群，j 为某城市，Y_{ij} 为城市群 i 中第 j 个城市的评价得分，Y_i 为城市群 i 的得分总和，Y 为全样本的得分总和，P_{ij} 为城市群 i 中第 j 个城市的常住人口，P_i 为城市群 i 的得分总和，P 为全样本的人口总和。

若把城市群 i 内部 J 个城市间的差异记为：

$$T^i = \sum_{j=1, 2, \cdots, J} \left(\frac{Y_{ij}}{Y_j}\right) \log\left(\frac{Y_{ij}/Y_j}{P_{ij}/P_i}\right) \tag{5-13}$$

则总差异可被分解为：

$$T_{total} = \sum_{i=1, 2, \cdots, I} \left(\frac{Y_i}{Y}\right) T^i + \sum_{i=1, 2, \cdots, I} \left(\frac{Y_i}{Y}\right) \log\left(\frac{Y_i/Y}{P_i/P}\right) = T_{WG} + T_{BG} \tag{5-14}$$

其中，T_{WG} 表示城市群内差异，T_{BG} 表示城市群间差异。

上述表达式的好处在于能够将指数细化到"黄河流域—城市群—城市"的

层面，进而一方面借助式（5-14），将总泰尔指数分解为"城市群内差异"部分和"城市群间差异"部分；另一方面借助式（5-13）在每个城市群内部探究城市间基本公共服务水平差异的纵向变迁，并对比城市群之间的不平等格局。

2. 结果分析

借助底层因子分析的结果和上述分解过程，可以得到黄河流域城市群基本公共服务的泰尔指数分解结构，以及各城市泰尔指数的时空演进情况。需要说明的是，为保证计算可行，运城数据仅计入关中平原城市群，菏泽、聊城数据仅计入山东半岛城市群。

图5-1展示了黄河流域城市群基本公共服务的总泰尔指数及分解值。首先，黄河流域城市群基本公共服务的水平分异呈现明显的缩小—扩大—缩小三个阶段，尤其是2014~2018年的泰尔指数持续提高，2019年呈明显下降趋势，2020年的差距相比基期略有缩小。特别需要注意的是，黄河流域基本公共服务的主要差异来源于城市群内部，这一情况与其他区域有所区别。一般而言，某个城市群内部的城市应该共享相似的文化环境，具备相近的社会特征，拥有可比照的经济发展水平，然而通过上述分析发现，结果表面上反映的是黄河流域城市群内部基本公共服务水平的高度分化，实际上揭示了城市群内部的城市之间发展阶段不一，协同态势不足，中心城市对其他地区的带动性较弱。

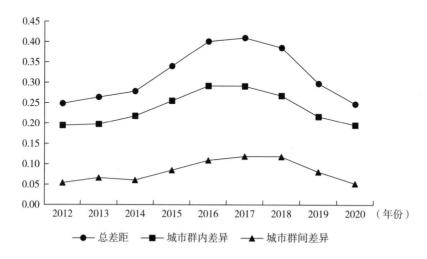

图5-1 2012~2020年黄河流域城市群基本公共服务的泰尔指数及分解值
资料来源：笔者测算后整理。

图 5-2 展示了 2012~2020 年黄河流域七大城市群内部基本公共服务的泰尔指数。山东半岛城市群基本公共服务的内部差异较小，差异演变也较为平缓，泰尔指数稳定在 0.2~0.3。中原城市群基本公共服务均等化改善趋势较明朗，自 2016 年后其泰尔指数呈持续下降趋势，均等化程度不断提升。山西中部城市群基本公共服务的泰尔指数始终在高位，除了在 2018 年有小幅回落之外，其余年份均保持增长态势，直到 2019 年达到顶峰后回落至 2012 年的水平附近，但依旧是七大城市群中均等化程度最高的。兰州—西宁城市群公共服务水平的泰尔指数呈现往复波动的态势，但其基本公共服务均等化程度提高显著，由 2012 年的倒数第二位提升至 2020 年的第一位。宁夏沿黄城市群内部基本公共服务有持续扩大的趋势，自 2015 年的泰尔指数降至低点后逐年提高，在 2019 年达到峰值，而后又回落。呼包鄂榆城市群内部基本公共服务差距持续扩大的态势更为明显，与宁夏沿黄城市群较为一致，2015 年后的泰尔指数基本保持上升趋势。关中平原城市群公共服务的内部差距始终保持在较高位水平，不过自 2018 年开始连续三年稳步降低。

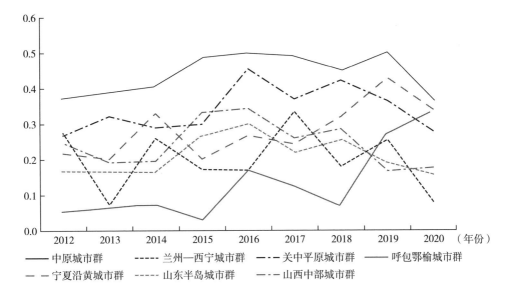

图 5-2 2012~2020 年黄河流域城市群内部基本公共服务的泰尔指数
资料来源：笔者测算后整理。

结合黄河流域七大城市群基本公共服务综合水平及其内部差距来看，如图 5-3 所示，山东半岛城市群的基本公共服务属于较高质量均衡型，即综合水平较高、内部差距较小；呼包鄂榆城市群、宁夏沿黄城市群属于阶段性不均衡型，即综合水平较高但内部差距也较大，这两大城市群均属于覆盖城市较少、省会城市基本公共服务水平较高、带动其他中小城市发展的阶段；兰州—西宁城市群、中原城市群基本公共服务属于较低水平均等型，即虽然城市群内部基本公共服务差距小，但是整体综合水平也较低；关中平原城市群、山西中部城市群属于基本公共服务失衡型，即基本公共服务综合水平偏低、内部差距较大，这两大城市群只有省会城市基本公共服务水平较高，其余城市基本公共服务水平较低，省会城市难以带动。

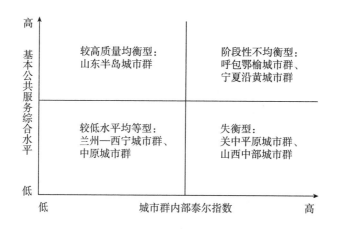

图 5-3 黄河流域城市群基本公共服务综合水平分类

资料来源：笔者根据分析结果设计。

综合上文分析可以提炼出以下结论：一是黄河流域各城市之间的基本公共服务水平差异较大，因此无论是现状评估还是方案设计，都不宜采用较大的空间尺度作为分析单元；二是对比各个城市群，结合基本公共服务的绝对评分和相对均等化程度来看，山东城市群的表现较好，其他城市群要么整体处于中等或中等偏下的状况，要么内部城市存在较大的发展分化；三是一个地区的基本公共服务发展状况与当地的经济财政实力、人口数量结构以及上级政府重视程度等内外部因素紧密相连。地区自身的发展阶段越滞后，其基本公共服务水平便越易受外部环境制约，当年基本公共服务的建设便越易遭到税收波动、宏观经济等外生冲击的影响，这也解释了为何流域内大多数城市群的泰尔指数在各年间起伏较大。

第三节　实现黄河流域基本公共服务均等化的路径指引

由前两节分析可得，黄河流域基本公共服务水平呈现系统支撑动力薄弱、外部自然环境脆弱、内部分化程度显著等特征。由问题倒推思路，要推进黄河流域基本公共服务均等化：首先，从步调节奏来看，采取省份内部—各城市群内部—城市群之间差距依次拉平的分步走战略，是更为科学可行的安排，同时需要注意，追求均等化一定不是满足于保持地区间低水平的均衡，而是推动各地区基本公共服务向先进方向共同迈进，共享发展成果。其次，从原则思路来看，要紧紧围绕节约水资源和绿色发展的核心原则，因地制宜地规划黄河流域基本公共服务的建设，一方面公共服务的供给不能以突破水资源和环境约束为代价，另一方面应该积极探索如何将公共服务均等化与生态保护事业协同统筹。最后，从具体举措来看，发力的维度既包括基层政府治理，也涉及中央顶层制度；既涵盖政府主导的供给侧结构性改革，又关联其他市场主体和人民群众。总之，可以在制度设计、供给主体、投资领域、政府职能等方面改进。

一、更好发挥政府作用，扎实推进民生性基本公共服务均等化

1. 发挥服务型职能，畅通政民双向沟通渠道

作为接受公民赋予权利、提供基本公共服务的社会主体，政府应该加快转变自身职能，全面推进公平公开，共治共享。黄河流域各地区要坚持把权力放在阳光下运行，充分利用政府公报、政府网站、新媒体平台等，及时公开各项基本公共服务标准，畅通意见及建议反馈渠道，方便群众获取信息、参与标准监督实施、维护自身权益。

针对公共服务事业长期以来重建设、轻评估的弊端，政府可以委托社会组织、咨询公司等第三方开展基本公共服务社会满意度调查，加强基本公共服务标准实施效果反馈，及时妥善回应社会关切，收集、提炼民众呼声诉求，以改善后期基本公共服务的决策流程和内容质量。

2. 探索基本公共服务标准，持续缩小民生领域水平差距

我国地方公共事业长期存在"重面子、轻里子"，注重建设成效快的经济型投资，忽视系统复杂的民生型投资的倾向，极易造成基本公共服务在结构上的失衡，以及宝贵资源的低效错配。此外，虽然在有限的资源约束下，财政实力对于推进基本公共服务均等化很关键，但是政府的主观意愿和行为偏好也同样重要（岳军，2009）。若某地政府的工作重心时常忽视公民重大合理诉求，长此以往将会恶化地区社会生态环境，人口、资本、产业也会因"用脚投票"而流出当地，造成"政府工作不力—包括公共服务在内的社会基本面衰落—税源基础被腐蚀—地方发展动力不足"的恶性循环。

"衣食住行"和"教医工养"始终是广大人民高度关切的民生领域，而黄河流域地区还面临着生态环境脆弱的独特问题，对此可以将其统筹调和。例如，以优惠政策吸引高校毕业生投身黄河生态保护事业，支持退役军人、返乡入乡务工人员在生态环保、乡村旅游等领域就业创业；发挥基础设施建设、环境生态治理等重大工程在拉动就业、促进税收、刺激上下游需求等方面的作用；创新户籍、土地、社保等政策，引导沿黄地区劳动力赴青海等边疆、高原地区就业创业安居。

3. 关注特殊群体和特殊地区，差异化落地基本公共服务

针对社会特殊人群，要统筹城乡社会救助体系，织密、扎牢民生保障网，尽力而为、量力而行地逐步提高涉及养老、住房、医疗等最低生活服务保障的水平，做好对留守儿童、孤寡老人、残障人员、失独家庭等弱势群体的关爱服务。

针对上中游民族地区、革命老区、生态脆弱地区等特殊地区，要深入推进脱贫攻坚成果与乡村振兴有效衔接，全力让脱贫群众迈向富裕。精准扶持发展特色优势产业，支持培育壮大一批龙头企业；继续做好东西部协作、对口支援、定点帮扶等工作；大力实施以工代赈，扩大建设领域，增加赈济方式和受益对象；编制实施新时代陕甘宁革命老区振兴发展规划，让老区焕发时代新机。

二、夯实民生保障能力，着力提升发展性基本公共服务水平

1. 加快关乎国计民生的重大基础设施建设

一方面，重大基础设施牵动着国计民生和经济命脉，是稳增长、调结构的重要抓手；另一方面，黄河流域内基础设施一直存在着总量不足和结构性短缺的双重困境。2022年4月26日，中央财经委员会第十一次会议召开，会上强调"要

适度超前，布局有利于引领产业发展和维护国家安全的基础设施，同时把握好超前建设的度"。需要注意的是，加大基建力度并不代表"撒胡椒面"，而是要注重精准投资，重点布局的领域应该包括基础设施的重大短板、关乎新型城镇化的重点工程、基本公共民生事业、生态发展和"双碳"项目等。

水土灾害防治、水环境治理、城市水网建设等水利事业，是黄河流域需要特别重视的方面。2022年，陕西计划完成水利投资406亿元，较2021年增长8%，其中涉及加快水网建设，一体推进水灾害、水资源、水生态、水环境系统治理，改善农作物灌溉环境，提升农村人口供水保障水平，降低地方GDP用水消耗等。河南则把"推进水利和损毁工程修复加固"纳入了扩大有效投资的十条措施之中，具体包括"汛前基本完成4227项受损水利工程修复"，"对25座病险水库进行除险加固"等。继长治获评"第一批海绵城市建设示范城市"并拿下A级考核后，山西宣布推荐晋城申报"第二批海绵城市建设示范城市"，希望借此契机提升城市抗洪防涝能力，促进水文系统高效循环，改善人与自然交互环境。

此外，在新经济业态方兴未艾的当下，要尤其关注人工智能、移动物联网、5G等对应的新型基础设施在促进基本公共服务均等化上扮演的独特角色。例如，借助高速互联网和交互式虚拟现实技术，可以突破时空界限，将优质教育、医疗资源下沉至欠发达地区；通过在沿黄重点信息节点城市部署国家超算中心，强化黄河流域数据信息的网络化布局和全域共通共享，搭建"互联网+生态环保"的新型模式。

2. 构建便捷、智能、绿色、安全、综合交通网络

交通路网发挥着促进区域内外要素流动沟通的支撑作用，要加快构建黄河流域便捷、智能、绿色、安全的综合交通网络。具体来看，要优化提升既有普速铁路、高速铁路、高速公路、干支线机场功能，谋划新建一批重大项目，加快形成以"一"字形、"几"字形和"十"字形为主骨架的黄河流域现代化交通网络，填补缺失线路、畅通瓶颈路段，实现城乡区域高效连通。

公路方面，要优化完善黄河流域高速公路网，提升国省干线技术等级。航空方面，要加快西安国际航空枢纽和郑州国际航空货运枢纽建设，提升济南、呼和浩特、太原、银川、兰州、西宁等区域枢纽机场功能，完善上游高海拔地区支线机场布局。水运方面，要加强跨黄河通道建设，积极推进黄河干流适宜河段旅游通航和分段通航。

3. 加强跨区域战略性大通道建设

作为"十四五"规划中承载着国家五大区域重大战略的空间主体之一，除了关注流域内城市和城市群的民生发展，沿黄地区还应积极向外拓展，促进自身与京津冀、长江经济带、成渝双城经济圈等周边增长极的互联互通，这样既有利于吸收引进先进生产要素和治理经验为己所用，又能够将区域内特色优质产品和禀赋资源向外输送以互通有无。

强化跨区域大通道建设，应重点关注以下方面：一是以铁路为重要载体，加快促进区域间人货来往。推进天津至潍坊（烟台）等铁路建设，强化黄河"几"字弯地区至北京、天津大通道建设，以实现快捷连通黄河流域和京津冀地区。推动西宁至成都、西安至十堰、重庆至西安等铁路重大项目实施，研究推动成都至格尔木铁路等项目，构建兰州至成都和重庆、西安至成都和重庆以及郑州至重庆和武汉等南北向客货运大通道，形成连通黄河流域和长江流域的铁水联运大通道。以铁路为主，加快形成沿黄粮食等农产品主产区与全国粮食主销区之间的跨区域运输通道。加强煤炭外送能力建设，加快形成以铁路为主的运输结构，推动大秦、朔黄、西平、宝中等现有铁路通道扩能改造，发挥浩吉铁路功能，加强集疏运体系建设，畅通西煤东运、北煤南运通道。二是加强能源产品的通道建设畅通。推进青海—河南、陕北—湖北、陇东—山东等特高压输电工程建设，打通清洁能源互补打捆外送通道。优化油气干线管网布局，推进西气东输等跨区域输气管网建设，完善沿黄城市群区域、支线及终端管网。

三、创新体制机制，夯实多层制度体系保障

1. 完善公共财政顶层设计，实现激励相容

各级政府之间的财政关系很大程度上决定了政府的动机倾向和行为导向。推动形成财权与事权相统一的各级财政体制，有利于引导政府科学提供基本公共服务。1994 年分税制改革以来，我国形成了中央与地方分权、分税、分管的安排，同时地方政府又进一步分为省、市、县三级财政主体，构成了央地之间和地方基层之间的两大财政关系。由上文对沿黄省区的财政状况评估可知，在事权财权分配、财政自给"造血"、基层激励导向等方面，黄河流域的综合财政体系存在很大的改革空间。

从央地事权来看，2018 年 1 月 27 日印发的《基本公共服务领域中央与地方共同财政事权和支出责任划分改革方案》将义务教育、学生资助、基本就业服务等八

大项基本公共服务事项纳入了中央与地方共同财政事权范围，与之对应地，宁夏、甘肃、山东、河南等省区先后优化了省与下属市、县的共同财政事权支出责任，进一步改善基本公共服务责任重心偏低的局面，帮助疏解基层政府过大的事务压力。

财权方面，黄河流域各地的财政自给程度较低，应该加大优化转移支付和分配机制。有研究表明，简单偏向性的中央财政转移支付并没有显著改善欠发达地区的公共服务（王丽艳和马光荣，2017），因此，在加强规范财政支出、提升资金使用效率的同时，要积极推动中央转移支付按常住人口而非户籍人口拨付，做到"财往需去，钱随人走"。2022 年 4 月 13 日由财政部发布的《中央对地方均衡性转移支付办法》已经把常住人口作为关键指标纳入考量。

近年来，在基层政府财权关系上，黄河流域各省区也进行了许多有益尝试。山东已经推动省财政直管县多年，在 2019 年进一步扩大省直管县范围，并健全省市共同帮扶机制，将市级对所辖省财政直管县帮扶情况作为各市财政管理绩效考核的重要内容，并与省级转移支付分配挂钩。河南于 2021 年 9 月 23 日公布了《关于印发深化省与市县财政体制改革方案的通知》，更是确定把财政直管县的范围扩大至省内全部 102 个县（市），并配套财税激励、核定基数等一系列保障措施，体现了前所未有的改革决心和力度。"县财省属"一定程度上有益于解决以前体制下可能存在的市级主体截留资金、过度下放责任等问题，同时使得财政流向更为精准、畅通，以挖掘县域经济活力。当然，这也可能引发市级政府积极性欠缺等潜在弊端，相关改革的实际成效亟待未来观察。

2. 健全政府管理制度，提高公共服务领域治理能力

政府的管理与供给机制是推进基本公共服务均等化的一大关键变量（郭小聪和代凯，2013）。从公权力约束来看，需要在法规层面完善基本公共服务全流程的决策机制、供给机制、评估机制和追责机制。目前，在服务内容上，黄河流域各省区都与 2021 年颁布的《国家基本公共服务标准（2021 年版）》相衔接，参照当地实际情况，制定了本地区的基本公共服务具体实施标准，相比以前是一项极大的进步。然而在前端，基本公共服务的决策过程仍是"自上而下"，容易忽视对民众真实需求的洞察；在后端，相应的项目评估和需求方反馈没有形成常态化的标准流程，缺乏对供给主体的评价考核约束。此外，在政府工作评价体系上也应该做出相应改革，通过制度化的"萝卜和大棒"引导和激励政府行为。对此宁夏、青海等地已经有部分举措，如在划定的环境涵养和生态保护地区取消当地官员绩效考核与 GDP 挂钩，而是重点关注地方环境生态和民生保障。

3. 推进市场化改革，提升公共服务领域投资绩效

在供给主体上，当下提供基本公共服务的渠道仍比较单一。随着人们生活水平不断提高，传统的单一供给方式将越发难以满足不同利益、不同特征的群体需求。未来，探索鼓励多方主体参与的供给体系，将是基本公共服务供给侧改革的重点之一，具体做法包括细分公共服务领域，科学放开、放宽主体准入限制，鼓励社会力量通过公建民营、政府购买服务、政府和社会资本合作（Public-Private Partnership，PPP）等方式参与公共服务供给等。在构建公共服务多元供给格局方面，黄河流域各省区近年来也取得了一些突破。例如，甘肃于2016年首次尝试以PPP模式筹资建设的两徽高速在2019年正式通车，结束了两县不通高速的历史，打通了陇南—宝鸡的通道。

四、松绑要素流通约束，推进城乡融合发展

无论是全国范围还是黄河流域，城乡始终是公共服务非均等化矛盾的较大空间载体，而县城作为连接大城市与村镇的过渡地带，是未来填补我国经济社会城乡发展落差的价值洼地。2020年，黄河流域内省区仅有内蒙古（67.48%）和宁夏的城镇率（64.96%）超过全国水平（63.89%），甘肃仅为52.23%。可见，黄河流域内依旧有很大一部分人口生活在基本公共服务整体薄弱的农村，若将优质服务范围限定在区域内中心城市或城区，则还将有一批居住在县城或集镇的居民难以真正享受到城市群的便利，这一方面表明流域内基本公共服务的非均等化程度依旧突出，另一方面也展现出未来强大的待开发潜力。

由前文分析可知，黄河流域基本公共服务的非均等化现状，主要是流域各城市群内部发展不平衡不充分。在地区整体发展阶段还处于城镇化和工业化中期的当下，各省区应该做到遵循规律、因地制宜，首先重点攻克省区内部不同等级的城市之间、城市与乡镇之间的发展失衡问题，为后期熨平流域整体的基本公共服务水平打下坚实基础。

以县域为突破口径，顺应要素流动变化趋势，推动小到省区内、大到城市群之间的城乡经济社会、公共服务、制度体系等全方位融合衔接，是黄河流域推进基本公共服务均等化的路径选择。2022年5月6日，《关于推进以县城为重要载体的城镇化建设的意见》发布，指出要健全农业转移人口市民化机制；全面落实取消县城落户限制政策，确保稳定就业、生活的外来人口与本地农业转移人口落户一视同仁，确保新落户人口与县城居民享有同等公共服务，保障农民工等非户

籍常住人口均等享有教育、医疗、住房保障等基本公共服务。

参考文献

［1］安树伟，张双悦.黄河"几"字弯区域高质量发展研究［J］.山西大学学报（哲学社会科学版），2021，44（2）：134-144.

［2］安体富，任强.中国公共服务均等化水平指标体系的构建——基于地区差别视角的量化分析［J］.财贸经济，2008（6）：79-82.

［3］郭小聪，代凯.国内近五年基本公共服务均等化研究：综述与评估［J］.中国人民大学学报，2013（1）：145-154.

［4］姜晓萍，康健.实现程度：基本公共服务均等化评价的新视角与指标构建［J］.中国行政管理，2020（10）：73-79.

［5］李实，杨一心.面向共同富裕的基本公共服务均等化：行动逻辑与路径选择［J］.中国工业经济，2022（2）：27-41.

［6］林海明，张文霖.主成分分析与因子分析的异同和SPSS软件——兼与刘玉玫、卢纹岱等同志商榷［J］.统计研究，2005（3）：65-69.

［7］刘成奎，王朝才.城乡基本公共服务均等化指标体系研究［J］.财政研究，2011（8）：25-29.

［8］王丽艳，马光荣.帆随风动、人随财走？——财政转移支付对人口流动的影响［J］.金融研究，2017（10）：18-34.

［9］王晓玲.我国省区基本公共服务水平及其区域差异分析［J］.中南财经政法大学学报，2013（3）：23-29.

［10］王新民，南锐.基本公共服务均等化水平评价体系构建及应用——基于我国31个省域的实证研究［J］.软科学，2011（7）：21-26.

［11］魏福成，胡洪曙.我国基本公共服务均等化：评价指标与实证研究［J］.中南财经政法大学学报，2015（5）：26-36.

［12］肖启华，黄硕琳，王慰.多指标面板数据因子分析的分层模型及应用［J］.数学的实践与认识，2015（12）：86-93.

［13］杨光.省际间基本公共服务供给均等化绩效评价［J］.财经问题研究，2015（1）：111-116.

［14］岳军.公共服务均等化、财政分权与地方政府行为［J］.财政研究，2009（5）：37-39.

第六章 黄河流域城市群对外开放水平的分析与比较

开放兴邦，开放强国。国家兴旺发达的重要标志之一就是对外开放水平较高。一般而言，经济发达的国家或地区开放程度较高，而经济不发达或欠发达的国家或地区开放程度较低。本章以对外开放理论为基础，分析我国对外开放的发展历程，探究黄河流域对外开放基本情况，最终提出推进黄河流域城市群对外开放的政策建议。

第一节 对外开放研究的理论基础

黄河流域城市群的对外开放需要以科学理论作为基础。在研究中，需要对地区对外开放内在运转的理论基础进行充分的分析和厘清，才能为实际提供重要的理论支撑。黄河流域城市群对外开放研究的理论基础包括马克思、恩格斯的经济全球化理论，以及比较优势理论和工业化阶段理论。

一、马克思、恩格斯的经济全球化理论

经济全球化是每个国家的政界、学界和商界都极为关注和热烈讨论的话题，关于其是否存在、是什么、为什么及怎么样等问题得到了广泛的研究。1985年，T. 莱维提出了经济全球化这一概念，但其至今没有确定一个被广泛认可的定义。一般而言，经济全球化指的是全球的经济活动超越国家或地区的界限，通过对外贸易、资本流动、技术转移、提供服务、相互依赖、相互联系，形成世界范围内的有机经济整体的过程。更深层次地看，经济全球化不仅是经济方面的概念，还是政治方面的概念，资本主义利用自身优势在世界范围内向外扩张并攫取剩余价

值是它的特征，强调各国经济发展相互依存、相互联系是它的表象，经济全球化实质上是资本主义从国内到国际的基本矛盾的体现。

马克思的经济全球化理论体系具体包括世界历史理论、世界市场理论、国际分工理论和国际价值理论。马克思在其研究中并没有使用过"经济全球化"这一词汇，但他从唯物史观和经济学相结合的角度，准确地揭示了经济全球化的起源、本质和发展趋势。他也从经济学角度解释了经济全球化在现实中的一系列具体现象和具体规律，以唯物史观为方法论前提论述了经济全球化形成和发展的内生机制和根本性动力。经济全球化实质上是资本主义发展到当代的一个特定阶段的产物，在客观上具有一定的历史进步性，但也不能忽视其可能带来的困境和灾难。马克思的经济全球化理论能够为经济全球化背景下我国及其黄河流域城市群坚定不移地走中国特色社会主义道路的合理性和目的性提供支撑。

1. 马克思世界历史理论

马克思和恩格斯的世界历史理论散见于其撰写的文章中，通过梳理和总结，这一理论主要论述了以下内容：一是世界历史形成的原因、机制和发展趋势；二是世界历史的基本矛盾与人类历史，即历史观上基本矛盾的内在关联；三是进一步研究这一关联的必要性。

马克思和恩格斯所说的世界历史指的是自资本主义社会产生以来，世界从相对封闭和孤立走向相互依赖、相互融合、相互作用的历史过程和趋势。马克思和恩格斯在《德意志意识形态》中写道："各个相互影响的活动范围在这个发展进程中越是扩大，各民族的原始封闭状态由于日益完善的生产方式、交往以及因交往而自然形成的不同民族之间的分工消灭得越是彻底，历史也就越是世界历史。"资本主义大工业的发展首次将地域的限制打破，促进了各国历史的进步与发展。各地域之间的联系和交流日益紧密，逐渐成为一个整体。《共产党宣言》深化了马克思和恩格斯对于世界市场的认识，从历史过程中生产力和生产关系的内在矛盾出发，证明了资本主义产生的必然性和其被社会主义替代的必然性。生产力的快速发展有助于世界历史的发展。马克思认为，世界历史是由资产阶级开创的，但资产阶级并不能促使世界历史彻底完成转变。马克思和恩格斯在《共产党宣言》中阐述，生产力的快速发展能够有力推动世界历史的发展。生产力发展将进一步打破各国及各地区之间沟通交流的障碍，形成世界市场，国际分工和国际交换逐渐形成和普及，人们之间的交往普遍起来，民族及国家之间的交往也同样越来越具有直接性和普遍性。世界市场的形成标志着世界历史的形成。而这种普遍发展的背后是资本主义受资本内在驱动进而在全球进行扩张，试图在全世界统一资本主义的天下。资产阶级在世界历史发展中起到关键作用，但世界历史最终发展的必然趋势必定是共产主义。

2. 马克思世界市场理论

世界市场在经济全球化中的作用是马克思重点关注的内容，他认为世界市场是经济全球化的实现方式。"市场"是一个多层次的概念。经济学定义的市场，指的是商品交换的场所、领域和关系。世界市场指的是世界各个国家之间通过对外贸易和经济合作建立起来的商品和服务贸易的场所、领域。生产力的普遍发展和人类交往的普遍发展是世界市场的重要表现。世界市场形成最根本的动力是资本主义生产方式，它是以社会化的机器大生产为物质条件，以生产资料私有制为基础的社会经济制度。生产力不断发展，生产不断扩张，国内市场逐渐无法容纳和消耗，就会使得商品必须"走出去"在国际市场上寻找发展空间。世界市场是生产力发展到一定阶段的产物。资本主义为了攫取更多的剩余价值，就会到处开辟市场，资本的扩张本性也会愈演愈烈。世界市场的本质是资本剥削工人，在此基础上使得自身价值得以增殖和扩张。由此形成的国际分工体系也促使存在控制与反控制、剥削与反剥削的不平等国际经济关系形成。世界市场的内在矛盾本质是资本主义基本矛盾从国内嫁接到国外的结果。世界市场使得劳动与资本的关系国际化和复杂化，使得资本主义国家之间的竞争更加激烈和普遍，发达国家与不发达国家及与殖民地之间的矛盾更加突出。劳动者越来越被排挤在资本主义的市场体系之外，社会主义革命的大规模爆发具有必然性。

3. 马克思国际分工理论

国际分工是指全球各国和地区所组成的国际社会内部的分工，主要表现是生产方式的分工和劳动者之间的分工，即国与国之间的分工。马克思的国际分工理论可以从生产力和生产关系两个角度去考察。

在原始社会，人们通过采摘打猎的方式来生存，当生产力超过人类对食物的胜利消费需求时，就会出现剩余产品，这些剩余产品会被用于交换，来获取更多种类的产品。发展到资本主义社会，国家之间的交换也与此类似。自然资源禀赋、劳动力、生产资料等生产力要素存在差异，导致不同地区的生产力存在差异，进而导致社会出现分工。国际分工的形成需要以下四个特定的条件：一是社会生产力的发展是国际分工形成和发展的关键；二是资本主义及其大工业的发展是促使国际社会分工的直接原因；三是资本主义生产关系的作用，马克思认为，资本为满足追求剩余价值的目的，必定会暴露自己扩张的本性；四是不同国家和地区自然条件的差别形成社会分工的自然基础（张志远，2020）。

4. 马克思国际价值理论

马克思的国际价值理论作为马克思国际贸易理论体系中的重要组成部分，同时也是马克思劳动价值学说不可分割的一部分。商品进行交换的前提是商品价值，而商品价值由生产该商品的社会必要劳动时间决定，而"不同国家在同一劳动时间内所生产的同种商品的不同量，有不同的国际价值，从而表现为不同的价格，即表现为按各自的国际价值而不同的货币额"。当一个国家的商品进入世界市场时，衡量该商品价值量的就是国际价值，其由世界劳动的平均单位所决定。影响国际价值的主要因素包括劳动强度和劳动生产率两个方面。首先，相比于劳动强度小的国家而言，劳动强度大的国家在同一时间内生产的国际价值高，外在表现为更多的货币；其次，劳动生产率由工人熟练程度、技术水平、生产资料规模等条件决定，劳动生产率不同，同一商品的国际价值不同，劳动生产率提高会降低单个商品个别价值，增加商品总量。

二、比较优势理论

比较优势理论是研究国家和地区对外开放水平的重要理论基础。1817 年，李嘉图发表了《政治经济学及赋税原理》一书，在其中提出了比较优势原理。这是重要的、无可争议的经济学原理之一，也是李嘉图对国际贸易理论杰出的贡献。李嘉图继承并发展了亚当·斯密的自由贸易理论，进而提出比较成本说这一更加系统和完善的国际贸易理论。李嘉图证明，一个国家发展对外贸易有利于推动本国商品总量的大量增长，进而使得享用品增加，通过国家之间的贸易满足本国人民对物质和服务产品的需求。在比较成本说的基础上，李嘉图提出了国际分工的模式。各个国家在生产条件、技术水平等方面存在不同，使得各个国家生产某一特定物质产品中的投入成本存在差异。因此，各个国家要参与贸易往来，在调动生产要素方面会存在一定的差别，会对生产要素进行有效的配置。一个国家不论是处于什么发展阶段，经济力量是强是弱，都能确定自身的比较优势，即使是处于劣势的国家，也能在劣势中找到优势。李嘉图的比较成本说从理论上为进一步扩大国际贸易，在国际范围内提高劳动生产率提供了依据。

三、工业化阶段理论

工业化阶段理论是推进黄河流域城市群对外开放政策实施的重要理论基础。

经济学家钱纳里利用第二次世界大战后发展中国家的相关历史资料，建立了多国模型，提出了标准产业结构。这一理论将工业化阶段发展分为三个阶段，从任何一个发展阶段跃进到更高的一个阶段都是通过产业结构转化来推动。这三个阶段依次为准工业化阶段、工业化阶段及后工业化阶段。

在准工业化阶段，劳动密集型产业为主要产业。这一阶段还可以分为两个时期：一是不发达经济时期，生产力水平低下，产业结构以农业为主，现代工业基本不存在；二是工业化初期，产业结构逐渐从以农业为主的传统结构向现代化工业为主的工业化结构转变，现代工业部门开始发展，以机器体系为特征的现代物质技术基础开始建立。后一时期的生产以食品、烟草、采掘、建材等初级产品为主，社会化大生产方式开始发挥作用。

在工业化阶段，资本密集型产业为主体。这一阶段也可分为工业化中期和工业化后期。工业化中期，现代化工业部门在这一时期得到很大的发展，国民经济的物质技术基础得到很大提高，制造业内部由轻工业的迅速增长向重工业的迅速增长发展，非农劳动力逐渐占据主体，第三产业也开始迅速发展。工业化后期，在第一、第二产业协调发展的同时，第三产业也转入持续高速增长，成为这一时期发展最快的领域，尤其是新兴服务业。

在后工业化阶段，技术密集型产业是主要产业。现代工业部门得到充分发展，国民经济的物质技术基础得到根本性提高，社会化大生产方式渗透到国民经济的各个部门，占据统治地位，个体化生产被取代。工业化的过程就是工业不断发展的过程，以及产业结构、经济结构、社会结构在这一基础上转型的过程。工业发展是物质生产力和财富积累的根本动力。地区工业化发展程度是影响整个地区经济发展水平和社会建设程度的重要因素。

第二节　我国对外开放战略的发展历程

1978 年，党的十一届三中全会召开，中央领导集体作出了将工作重心转移到经济建设上来、实行改革开放的决策。经过多年发展，我国逐渐探索出一条具有中国特色的对外开放道路，具体的实践包括以下三个方面：

一、从沿海经济特区开始，对外开放范围不断扩大

改革开放之初，我国工业化建设较为落后，在资金、技术和工业设备等方面与发达国家存在较大的差距。因此，我国的对外开放是以引进国外技术和设备为起点，之后逐渐拓展到发展进出口贸易、引进外资等，这为经济特区开放乃至开放型经济的发展奠定了思想条件和实践基础（张志远，2020）。

邓小平同志曾提出让一部分人、一部分地区先富起来，实行"先富"带"后富"的思想。东部沿海地区因其地理条件和经济发展状况较为优越，被选为优先开放和发展的地区，成为对外开放的前沿阵地。我国开始实施向东部沿海区域倾斜的区域发展战略，以此创造经济"增长极"，实现全国经济的整体发展。

1979 年 4 月，邓小平同志首次要提出开办"出口特区"；1979 年 7 月，因广东、福建临近港澳与台湾的区位优势，中央确定在两省实行"特殊政策、灵活措施"，在广东省的深圳、珠海、汕头和福建省的厦门试办出口特区。设立经济特区并实行特殊政策的目的就是要探索市场经济体制，发挥对外开放的窗口和桥梁作用，同时让特区示范和引领我国的经济改革（肖金成和安树伟，2019）。继 1979 年设立深圳、珠海、汕头和厦门 4 个经济特区后，1984 年中央进一步设立了 14 个沿海开放港口城市，即天津、上海、大连、秦皇岛、烟台、青岛、连云港、南通、宁波、温州、福州、广州、湛江和北海，其中就包括位于山东半岛城市群的烟台和青岛两个城市。1985 年，中共中央、国务院批准《长江、珠江三角洲和闽南厦漳泉三角地区座谈会纪要》，将长江三角洲、珠江三角洲和闽南厦漳泉三角洲地区 59 个县确定为沿海经济开放区，随后山东半岛、辽东半岛也被纳入，从而形成了一个以发展外向型经济为主的沿海开放地带。在这一阶段的对外开放中，黄河流域城市群只有位于沿海的山东半岛城市群被纳入开放范围之中。4 个经济特区、14 个沿海开放港口城市和 5 个沿海经济开发区由点到线、由线到面、由南至北，在东部沿海地区形成了条带状的开放地带。中央扩大了这些开放城市和地区的地方权限，在外资项目审批权限、财税、外汇留成、信贷等方面给予这些地区特殊的优惠政策和措施，以进一步支持沿海地区经济发展，使其在促进自身地区经济飞速发展的同时，也带动整个国民经济的持续增长（惠中，1999）。

1987 年 10 月，党的十三大报告指出："当今世界是开放的世界。我们已经在实行对外开放这个基本国策中取得了重大成就。今后，我们必须以更加勇敢的

姿态进入世界经济舞台，正确选择进出口战略和利用外资战略，进一步扩展同世界各国包括发达国家和发展中国家的经济技术合作与贸易交流。"因此，我国"必须继续巩固和发展已初步形成的'经济特区—沿海开放城市—沿海经济开发区—内地'这样一个逐步推进的开放格局"。进入 20 世纪 90 年代后，我国开始将开放区域逐渐扩大到沿江、沿边和内陆省会城市。1992 年，在开放黑河市、绥芬河市、珲春市和满洲里市以拉开我国内陆地区对外开放的序幕后，国务院于同年发布《关于进一步对外开放重庆等市的通知》，决定进一步开放太原、合肥、南昌、郑州、长沙、成都、贵阳、西安、兰州、西宁、银川 11 个内陆地区省会城市，实行沿海开放城市的政策，其中郑州、西安、兰州、西宁和银川均是黄河流经省份的省会城市，促进了黄河流域城市的对外开放发展。内陆省区国土面积广阔，人口众多、资源丰富，但受到改革开放次序和地理位置的影响，总体发展速度远不如东部沿海地区，因此开放内陆省区有助于我国经济均衡发展（项松林，2019）。

1992 年，党的第十四次全国代表大会提出要形成多层次、多渠道、全方位开放的格局，中国对外开放格局正式走向全方位、多层次、宽领域的新轨道。1997年，党的十五大指出要以更加积极的姿态走向世界，完善全方位、多层次、宽领域的对外开放格局。2001 年 12 月 11 日，中国正式加入世界贸易组织（WTO），实现全域国土面积走向开放，也从有限范围、有限领域、低层次的开放转变为全方位、多层次、宽领域的开放。加入 WTO 对中国产生了深远的影响，为国民经济发展开拓了新的空间，为对外经贸的发展提供了新的机遇，为参与经济全球化开辟了新的途径（项松林，2019）。

二、社会主义市场经济体制确立，对外贸易体制不断改革和完善

扩大开放就必须对我国的对外贸易体制进行改革。回顾改革开放以来我国的外贸体制改革，可以分为三个阶段（江小涓，2019）：

第一阶段是从对外开放初期到 20 世纪 90 年代。改革开放前，我国的对外贸易体制具有较强的计划特征，考虑到中华人民共和国成立以来外贸起"互通有无、调剂余缺"的作用，此时的对外贸易管理体制高度集中。这种高度集中的外贸体制在改革开放后逐渐难以适应国家经济发展的需要，改革势在必行。1978年 12 月的中央工作会议提出，要"在经济计划和财政、外贸等方面给予更多的自主权"。下放外贸经营权打响了外贸体制改革的"第一枪"。1979 年，国务院

颁布《开展对外加工装配和中小型补偿贸易办法》，此后数年以打破高度集中的外贸体制、增加出口和换汇为目标对外贸体制进行改革，包括下放外贸经营权、计划与市场调节相结合等。1984年，国务院转批对外经济贸易部《关于外贸体制改革意见的报告》，指出外贸体制改革是我国经济体制的一项重要改革。这对我国实行对外开放，对内搞活经济，进一步发展我国对外贸易，加快四个现代化建设，具有重大的意义。1988年，国务院颁布《国务院关于加快和深化对外贸易体制改革若干问题的规定》，提出要全面推行外贸承包经营责任制，对三个行业的外贸企业试点实施自负盈亏体制改革，完善出口退税制度等。1990年，国务院发布《关于进一步改革和完善对外贸易体制若干问题的决定》，取消国家对外贸出口的财政补贴，从建立自负盈亏机制入手，使对外贸易逐步走上统一政策、平等竞争、自主经营、自负盈亏、工贸结合、推行代理制、联合统一对外的轨道。1992年，党的十四大确立了建立社会主义市场经济体制是我国经济体制改革的目标。

第二阶段是从20世纪90年代中期到2011年。1994年，国务院发布了《关于进一步深化外贸体制改革的决定》，提出我国对外贸易体制改革的目标是建立符合社会主义市场经济要求和适应国际经济通行规则的运行机制，主要改革内容包括：改革外贸行政体制，取消进出口指令性计划；改革汇率制度，实行人民币浮动汇率；完善外贸财税体制，税制改为分税制，出口退税由中央财政承担。市场经济也是法治经济，要求加快外贸立法工作，增强外贸管理办法的透明度。同时，为了适应加入WTO要求，我国也积极修订法律法规。1994年颁布的《中华人民共和国对外贸易法》标志着我国对外贸易管理正式走上法治化道路。2001年，我国正式加入WTO，相应的外贸体制改革和法治建设也持续深入展开，开始建立起既符合中国国情又符合国际惯例的外贸运行机制。2004年，我国修订了《中华人民共和国对外贸易法》，出台了若干重要新改革措施。2005年，我国全面履行加入WTO承诺，推进贸易自由化，在较大范围实质性降低关税，服务贸易领域对外开放加速。

第三阶段是2012年至今。这一阶段我国外贸发展的重要目标转变为"提质增效"，构建开放型经济新体制，以简政放权、营造良好营商环境、转变政府职能为重要内容，外贸体制机制改革纵深推进，在引导、监管、服务等机制方面不断取得创新发展（马林静和梁明，2020）。行政管理更加对外开放，管理方式更加公开透明，工作行政审批流程进一步简化；法治化建设再上新台阶，法律制度不断完善，知识经济产权保护不断加强；支持跨境电商、外贸综合服务平台等新型贸易方式发展，建立自由贸易试验区，将一大批制度创新成果推广至全国；外贸管理体制主动向提高便利化水平持续完善；科技开放进入质量提升阶段，开放内容实现新突破，实现从以"引进来"为主向"引进来"和"走出去"相结合的转变。

三、拓展开放层次，提高开放型经济水平

党的十八大以来，国内外环境发生了深刻的变化，我国对外发展面临不少挑战和风险。以习近平同志为核心的党中央审时度势，总揽全局，科学决策，着眼于"两个一百年"奋斗目标，提出一系列对外开放新理念、新思路。"开放"作为五大发展理念之一，也构成了习近平新时代中国特色社会主义经济思想的重要组成部分。

新时代对外开放的基本内涵概括如下：以实现中华民族伟大复兴中国梦为核心目标，以构建人类命运共同体为价值情怀，以统筹国内和对外开放为中轴，以和平、发展、合作、共赢为旗帜，走和平发展道路，体现大国担当，努力促进各国各地区的共同发展，在实现中华民族伟大复兴中国梦的进程中，建设全人类共有、共享和共同发展的美好未来（门洪华，2018）。党的十八届三中全会通过《中共中央关于全面深化改革若干重大问题的决定》，提出构建开放型经济体制。2017 年，习近平总书记强调："我们要坚定不移地发展开放型世界经济，在开放中分享机会和利益，实现互利共赢。"新时代的中国从被动适应开放走向主动开放新阶段。党的十九大强调要推动形成全面开放新格局。新时代对外开放的核心任务是提高对外开放水平，构建开放型经济体制，推动形成全方位对外开放新格局。一方面，加强学习借鉴发达国家的先进经验；另一方面，推动和发展中国家的交往联系，优先促进同周边国家的互联互通。在开放领域方面，围绕经济、文化、教育、医疗、交通、体育、科技等各个方面积极加强交流合作。

在创造性提出构建"人类命运共同体"的目标后，习近平总书记于 2013 年分别提出建设"丝绸之路经济带"和"21 世纪海上丝绸之路"，即"一带一路"倡议。"一带一路"倡议贯穿欧亚大陆，东边连接亚太经济圈，西边进入欧洲经济圈，是沿线各国合作发展的有效平台。"丝绸之路经济带"包括西北的陕西、甘肃、青海、宁夏、新疆五省份，以及西南的重庆、四川、云南、广西四省份。其中，陕西、甘肃、青海、宁夏均为黄河中上游省份，"一带一路"建设为其对外开放发展提供了新契机和新平台，有利于各省份发挥优势并通过协同互补实现合作共赢。

第三节 黄河流域城市群对外开放现状分析

一、黄河流域对外开放水平基本数据分析

1. 黄河流域对外开放省级基本数据分析

表6-1和表6-2分别展示了2012~2020年全国及黄河流域各省份对外贸易和实际利用外资的相关数据。由表6-1可知，2020年，黄河流域各省份的货物进出口总额35644亿元，增长率为8.32%，远超全国增长率（1.69%）。2012年，黄河流域各省份进出口总额增长率高于全国增长率水平，但进出口总额占GDP比重维持在14%~18%，远低于全国30%~46%的水平，由此可见黄河流域八省份的对外贸易仍有较大的发展空间[①]。由表6-2可知，2020年黄河流域八省份的实际利用外资3448.58亿元，增长率为11.17%。除个别年份外，2012~2020年黄河流域各省份的实际利用外资增长率和所占比重均高于全国水平。

表6-1　2012~2020年全国及黄河流域对外贸易数据

年份	地区生产总额（亿元）		货物进出口总额（亿元）		进出口总额增长率（%）		进出口总额占GDP比重（%）		货物出口总额（亿元）		货物进口总额（亿元）	
	全国	省份总和	全国	省份总和	全国	省份总和	全国	省份总和	全国	省份总和	全国	省份总和
2012	538580	131945	244112	22135	—	—	45.33	16.78	129325	11613	114787	10522
2013	592963	144239	257575	24108	5.51	8.91	43.44	16.71	136808	12422	120767	11686
2014	643563	154479	264234	25545	2.59	5.96	41.06	16.54	143882	13767	120352	11778
2015	688858	160743	246211	24037	-6.82	-5.90	35.74	14.95	141601	14093	104610	9944
2016	746395	172016	244806	24937	-0.57	3.75	32.80	14.50	139331	14479	105475	10458

① 本章后续分析以剔除了四川后的八省份为分析基础：一是因为黄河途经四川的流域面积较少，相关区域人口经济活动相对稀疏；二是遵循目前绝大多数研究的做法，一般不将四川纳入黄河流域城市群或都市圈的研究范畴。

续表

年份	地区生产总额（亿元）		货物进出口总额（亿元）		进出口总额增长率（%）		进出口总额占GDP比重（%）		货物出口总额（亿元）		货物进口总额（亿元）	
	全国	省份总和	全国	省份总和	全国	省份总和	全国	省份总和	全国	省份总和	全国	省份总和
2017	832036	184239	277306	28535	13.28	14.43	33.33	15.49	152817	16186	124489	12349
2018	919281	197888	305884	31465	10.31	10.27	33.27	15.90	164554	17795	141330	13669
2019	986515	200792	315806	32906	3.24	4.58	32.01	16.39	172427	18239	143379	14667
2020	1013567	205263	321137	35644	1.69	8.32	31.68	17.37	178639	20451	142498	15194

资料来源：国家统计局、EPS 数据库，汇率按当年平均汇率计算，其中"—"表示数据缺失。省份总和中包括青海、甘肃、宁夏、内蒙古、陕西、山西、河南及山东。

表 6-2 2012~2020 年全国及黄河流域实际利用外资数据

年份	地区生产总额（亿元）		实际利用外资额（百万元）		实际利用外资额增长率（%）		实际利用外资额占GDP的比重（%）	
	全国	省份总和	全国	省份总和	全国	省份总和	全国	省份总和
2012	538580	131945	715168	217582	—	—	1.33	1.65
2013	592963	144239	735263	241318	2.81	10.91	1.24	1.67
2014	643563	154479	735324	254771	0.01	5.57	1.14	1.65
2015	688858	160743	786441	271527	6.95	6.58	1.14	1.69
2016	746395	172016	836936	302351	6.42	11.35	1.12	1.76
2017	832036	184239	884722	269870	5.71	-10.74	1.06	1.46
2018	919281	197888	893124	284077	0.95	5.26	0.97	1.44
2019	986515	200792	952924	310203	6.70	9.20	0.97	1.54
2020	1013567	205263	995771	344858	4.50	11.17	0.98	1.68

资料来源：国家统计局、EPS 数据库，汇率按当年平均汇率计算，其中"—"表示数据缺失。省份总和中包括青海、甘肃、宁夏、内蒙古、陕西、山西、河南及山东。

表 6-3 展示了黄河流域各省份的对外开放基本数据，分别为青海、甘肃、宁夏、内蒙古、山西、陕西、河南及山东 8 个省份。根据 2020 年数据，山东省的货物进出口金额最高，为 22086 亿元，是青海省的 960 倍；实际利用外资排名第

一的是河南省，是青海省的786倍。进出口总额增长率高于流域总增长率的省份为河南，高于全国增长率水平的省份为河南、山东、陕西、山西；甘肃、内蒙古、青海和宁夏的增长率低于全国水平，且除甘肃以外的三个省区增长率为负。实际利用外资额增长率水平高于流域水平的省份为山西和山东，低于流域水平的省份为陕西、甘肃、河南、内蒙古、宁夏和青海，其中内蒙古、宁夏和青海还低于全国水平，且增长率均为负值。由此可见，黄河流域各省区内部的对外开放水平差距较大，黄河下游省份远远高于中上游的中西部省份。

表6-3 2012~2020年黄河流域各省份对外开放基本数据

省份	年份	地区生产总值（亿元）	货物进出口总额（亿元）	进出口总额增长率（%）	进出口总额占GDP比重（%）	货物出口总额（亿元）	货物进口总额（亿元）	实际利用外资额（百万元）	实际利用外资额增长率（%）	实际利用外资额占GDP的比重（%）
青海	2012	1894	73	—	3.86	46	27	1299	—	0.69
	2013	2122	87	18.90	4.09	52	34	580	−55.32	0.27
	2014	2303	106	21.47	4.58	69	36	308	−46.93	0.13
	2015	2417	120	14.18	4.98	102	18	343	11.22	0.14
	2016	2572	102	−15.7	3.95	91	11	100	−70.91	0.04
	2017	2625	44	−56.44	1.69	29	16	122	21.98	0.05
	2018	2865	48	8.76	1.68	31	17	29	−75.77	0.01
	2019	2966	38	−21.90	1.27	20	17	467	1486.47	0.16
	2020	3006	23	−39.44	0.76	12	10	176	−62.32	0.06
甘肃	2012	5650	562	—	9.94	226	336	386	—	0.07
	2013	6331	634	12.83	10.01	290	344	496	28.55	0.08
	2014	6837	531	−16.27	7.76	327	203	616	24.29	0.09
	2015	6790	495	−6.69	7.29	362	133	685	11.18	0.10
	2016	7200	454	−8.36	6.30	270	184	764	11.49	0.11
	2017	7460	342	−24.74	4.58	124	218	294	−61.50	0.04
	2018	8246	398	16.50	4.83	146	252	334	13.40	0.04
	2019	8718	381	−4.30	4.37	132	249	566	69.71	0.06
	2020	9017	381	0.16	4.23	86	296	612	8.15	0.07

续表

省份	年份	地区生产总额（亿元）	货物进出口总额（亿元）	进出口总额增长率（%）	进出口总额占GDP比重（%）	货物出口总额（亿元）	货物进口总额（亿元）	实际利用外资额（百万元）	实际利用外资额增长率（%）	实际利用外资额占GDP的比重（%）
宁夏	2012	2341	140	—	5.98	104	36	2197	—	0.94
	2013	2578	199	42.41	7.73	158	41	917	−58.24	0.36
	2014	2752	334	67.54	12.13	264	70	568	−38.11	0.21
	2015	2912	233	−30.24	8.00	185	48	1183	108.40	0.41
	2016	3169	216	−7.24	6.82	165	51	1687	42.57	0.53
	2017	3444	340	57.40	9.88	247	94	2100	24.46	0.61
	2018	3705	250	−26.51	6.74	181	69	1416	−32.56	0.38
	2019	3748	241	−3.67	6.42	149	92	1732	22.27	0.46
	2020	3921	123	−49.00	3.13	86	37	1458	−15.82	0.37
内蒙古	2012	15881	711	—	4.48	251	460	24891	—	1.57
	2013	16917	743	4.52	4.39	253	489	28767	15.57	1.70
	2014	17770	894	20.37	5.03	393	501	24430	−15.08	1.37
	2015	17832	793	−11.32	4.45	352	441	20865	−14.59	1.17
	2016	18128	773	−2.49	4.27	292	481	26370	26.38	1.45
	2017	16096	938	21.35	5.83	333	605	21272	−19.33	1.32
	2018	17289	1038	10.66	6.01	380	658	20911	−1.70	1.21
	2019	17213	1100	5.90	6.39	377	722	14211	−32.04	0.83
	2020	17360	1050	−4.53	6.05	348	702	12567	−11.57	0.72
陕西	2012	14454	934	—	6.46	546	388	18534	—	1.28
	2013	16205	1247	33.44	7.69	633	613	22779	22.90	1.41
	2014	17690	1681	34.85	9.50	856	825	25652	12.62	1.45
	2015	18022	1900	13.01	10.54	921	978	28775	12.17	1.6
	2016	19400	1989	4.72	10.25	1052	937	33291	15.69	1.72
	2017	21899	2710	36.25	12.38	1658	1052	39788	19.52	1.82
	2018	24438	3527	30.15	14.43	2091	1437	45316	13.89	1.85
	2019	25793	3521	−0.19	13.65	1878	1643	53319	17.66	2.07
	2020	26182	3766	6.97	14.38	1924	1842	58235	9.22	2.22

续表

省份	年份	地区生产总额（亿元）	货物进出口总额（亿元）	进出口总额增长率（%）	进出口总额占GDP比重(%)	货物出口总额（亿元）	货物进口总额（亿元）	实际利用外资额（百万元）	实际利用外资额增长率(%)	实际利用外资额占GDP的比重(%)
山西	2012	12113	950	—	7.84	443	507	15805	—	1.30
	2013	12665	978	2.99	7.72	495	483	17403	10.11	1.37
	2014	12761	997	1.96	7.81	549	448	18133	4.19	1.42
	2015	12766	914	−8.30	7.16	524	390	17876	−1.42	1.40
	2016	13050	1107	21.03	8.48	660	447	15477	−13.42	1.19
	2017	15528	1159	4.77	7.47	688	471	11411	−26.27	0.73
	2018	16818	1374	18.50	8.17	812	562	15617	36.87	0.93
	2019	17027	1447	5.35	8.50	806	641	9382	−39.92	0.55
	2020	17652	1506	4.07	8.53	875	632	11664	24.32	0.66
河南	2012	29599	3266	—	11.03	1873	1393	76493	—	2.58
	2013	32191	3713	13.69	11.53	2229	1484	83342	8.95	2.59
	2014	34938	3991	7.48	11.42	2419	1572	91694	10.02	2.62
	2015	37002	4595	15.14	12.42	2682	1913	100277	9.36	2.71
	2016	40472	4730	2.93	11.69	2843	1887	112873	12.56	2.79
	2017	44553	5240	10.78	11.76	3175	2065	116334	3.07	2.61
	2018	48056	5480	4.58	11.40	3559	1922	118465	1.83	2.47
	2019	54259	5691	3.85	10.49	3740	1951	129188	9.05	2.38
	2020	54997	6709	17.89	12.20	4090	2619	138408	7.14	2.52
山东	2012	50013	15500	—	30.99	8125	7375	77976	—	1.56
	2013	55230	16507	6.50	29.89	8311	8196	87034	11.62	1.58
	2014	59427	17011	3.06	28.63	8889	8122	93371	7.28	1.57
	2015	63002	14986	−11.91	23.79	8964	6022	101523	8.73	1.61
	2016	68024	15567	3.87	22.88	9106	6460	111790	10.11	1.64
	2017	72634	17761	14.1	24.45	9932	7829	78550	−29.73	1.08
	2018	76470	19349	8.94	25.30	10596	8754	81990	4.38	1.07
	2019	71068	20488	5.89	28.83	11137	9351	101339	23.60	1.43
	2020	73129	22086	7.80	30.20	13031	9056	121739	20.13	1.66

资料来源：国家统计局、EPS 数据库，汇率按当年平均汇率计算，其中"—"表示数据缺失。

2. 黄河流域省级对外开放度比较分析

对外开放可以从外贸、外资和外经三个方面进行分析。基于指标选取的目的性、科学性、理论性、可操作性等相关原则，根据资料的可得性，本书在计算和分析时，选用货物进出口总额和实际利用外资总额的相关数据，从外贸和外资两个方面进行分析。贸易开放度 O_1 由货物进出口总额占 GDP 的比重表示，投资开放度 O_2 由实际利用外资总额占 GDP 的比重表示。在计算对外开放度时，为了方便起见，本书采用算术平均赋权法，具体计算公式如下：

$$EO = 0.5O_1 + 0.5O_2 \tag{6-1}$$

基于前文数据，对黄河流域各省份的对外开放度进行测算，结果如表 6-4示。由图 6-1 可知，黄河流域整体和各省份的对外开放度均低于全国的对外开放度，但全国的对外开放度总体呈下降趋势，而黄河流域整体的对外开放度从 2012年到 2020 年有所提升，因此黄河流域整体水平与全国之间的差距在逐渐缩小，两者差距从 2012 年的 14.12% 降到了 2020 年的 6.81%。

表 6-4　2012~2020 年全国及黄河流域对外开放度　　　单位:%

年份	全国	省份总和	青海	甘肃	宁夏	内蒙古	山西	陕西	河南	山东
2012	23.33	9.21	2.27	5.01	3.46	3.02	4.57	3.87	6.81	16.28
2013	22.34	9.19	2.18	5.05	4.04	3.05	4.55	4.55	7.06	15.73
2014	21.10	9.09	2.36	3.93	6.17	3.20	4.62	5.48	7.02	15.10
2015	18.44	8.32	2.56	3.70	4.20	2.81	4.28	6.07	7.56	12.70
2016	16.96	8.13	1.99	3.20	3.68	2.86	4.83	5.98	7.24	12.26
2017	17.20	8.48	0.87	2.31	5.24	3.58	4.10	7.10	7.19	12.77
2018	17.12	8.67	0.84	2.43	3.56	3.61	4.55	8.14	6.93	13.19
2019	16.49	8.97	0.71	2.22	3.44	3.61	4.53	7.86	6.43	15.13
2020	16.33	9.52	0.41	2.15	1.75	3.39	4.60	8.30	7.36	15.93

资料来源：笔者测算后整理。

图 6-2 展示的是 2012~2020 年黄河流域各省份的对外开放度。由图 6-2 可知，各省份的对外开放度均呈波动起伏的状态。其中，山东省的对外开放度远远高于其他省份，排名第一，2012~2020 年均保持在 12% 以上，但也低于全国水平；青海省的对外开放度较低，从 2012 年的 2.27% 下降到 2020 年的 0.41%。2020 年，山东省的对外开放度约是青海省的 39 倍。其余各省份对外开放度水平也都存在差距。由此可见，黄河流域各省份的对外开放水平参差不齐，与全国水平差距较大，省份之间的差距也较大。

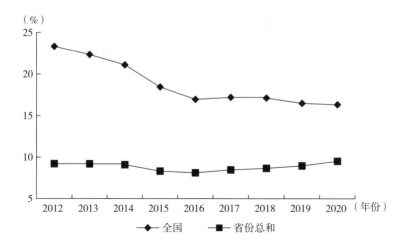

图 6-1　2012~2020 年全国及黄河流域整体对外开放度

资料来源：笔者测算后整理。

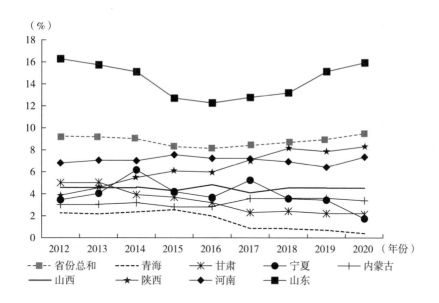

图 6-2　2012~2020 年黄河流域各省份对外开放度

资料来源：笔者测算后整理。

3. 黄河流域城市群对外开放数据分析

本书以黄河流域城市群为研究主体，对其对外开放的基本数据进行分析。表
6-5 至表 6-11 依次展示了 2012~2019 年兰州—西宁城市群、关中平原城市群、

山东半岛城市群、中原城市群、呼包鄂榆城市群、宁夏沿黄城市群及山西中部城市群的对外开放相关数据。

由表6-5可知，除2015年以外，2012~2019年兰州—西宁城市群的进出口总额占GDP的比重在4%~12%，对外开放度在2%~6%，总体都呈现出逐年下降的趋势。2012~2019年，实际利用外资占GDP的比重呈先上升后下降的趋势。2019年，兰州—西宁城市群的进出口总额占GDP的比重为3.87%，实际利用外资占GDP的比重为0.26%，对外开放度为2.06%。

表6-5 2012~2019年兰州—西宁城市群对外开放相关数据

年份	名义GDP（亿元）	进出口总额（亿元）	进出口总额占GDP的比重（%）	实际利用外资（亿元）	实际利用外资占GDP的比重（%）	对外开放度（%）
2012	3071.94	308.01	10.03	2.54	0.08	5.05
2013	3470.34	379.09	10.92	3.06	0.08	5.51
2014	3804.53	442.89	11.64	4.22	0.11	5.88
2015	3966.80	1079.36	27.21	12.68	0.31	13.76
2016	4285.68	394.14	9.20	26.97	0.62	4.91
2017	4563.54	213.77	4.68	17.07	0.37	2.53
2018	4887.21	212.78	4.35	22.44	0.45	2.41
2019	5067.00	195.96	3.87	13.29	0.26	2.06

资料来源：《中国城市统计年鉴》、EPS数据库。

由表6-6可知，2012~2019年关中平原城市群的进出口总额占GDP的比重、实际利用外资占GDP的比重和对外开放度均呈逐年上升的趋势。2019年，关中平原城市群的进出口总额占GDP的比重为16.53%，实际利用外资占GDP的比重为2.36%，对外开放度为9.45%。

表6-6 2012~2019年关中平原城市群对外开放相关数据

年份	名义GDP（亿元）	进出口总额（亿元）	进出口总额占GDP的比重（%）	实际利用外资（亿元）	实际利用外资占GDP的比重（%）	对外开放度（%）
2012	12721.00	1007.48	7.92	186.95	1.46	4.69
2013	14237.09	1312.22	9.22	221.22	1.55	5.39
2014	15495.45	1735.21	11.20	255.02	1.64	6.42

续表

年份	名义 GDP（亿元）	进出口总额（亿元）	进出口总额占GDP 的比重（%）	实际利用外资（亿元）	实际利用外资占 GDP 的比重（%）	对外开放度（%）
2015	16006.22	1943.21	12.14	272.45	1.70	6.92
2016	17062.99	2022.41	11.85	313.69	1.83	6.85
2017	18907.86	2755.22	14.57	389.63	2.06	8.32
2018	20616.96	3575.05	17.34	450.03	2.18	9.76
2019	21609.00	3570.90	16.53	511.14	2.36	9.45

资料来源：《中国城市统计年鉴》、EPS 数据库。

由表 6-7 可知，2012~2019 年山东半岛城市群的进出口总额占 GDP 的比重和对外开放度呈先下降后上升的趋势，实际利用外资占 GDP 的比重呈先上升后下降的趋势。2019 年，山东半岛城市群的进出口总额占 GDP 的比重为 29.02%，实际利用外资占 GDP 的比重为 1.45%，对外开放度为 15.23%。

表 6-7　2012~2019 年山东半岛城市群对外开放相关数据

年份	名义 GDP（亿元）	进出口总额（亿元）	进出口总额占GDP 的比重（%）	实际利用外资（亿元）	实际利用外资占 GDP 的比重（%）	对外开放度（%）
2012	50252.40	15365.83	30.58	772.18	1.53	16.06
2013	54864.53	16390.58	29.87	865.68	1.57	15.73
2014	59076.79	16886.35	28.58	1426.24	2.41	15.50
2015	62406.67	14938.91	23.94	1006.14	1.61	12.78
2016	66160.47	15443.74	23.34	1109.09	1.67	12.51
2017	71912.79	17654.91	24.55	1203.44	1.67	13.11
2018	76865.95	19237.55	25.03	1157.84	1.50	13.27
2019	70474.00	20451.50	29.02	1019.57	1.45	15.23

资料来源：《中国城市统计年鉴》、EPS 数据库。

由表 6-8 可知，2012~2019 年中原城市群的进出口总额占 GDP 的比重、实际利用外资占 GDP 的比重和对外开放度基本保持平稳，呈略有上升趋势。2019 年，中原城市群的进出口总额占 GDP 的比重为 10.60%，实际利用外资占 GDP 的比重为 2.13%，对外开放度为 6.37%。

表 6-8　2012～2019 年中原城市群对外开放相关数据

年份	名义 GDP（亿元）	进出口总额（亿元）	进出口总额占 GDP 的比重（%）	实际利用外资（亿元）	实际利用外资占 GDP 的比重（%）	对外开放度（%）
2012	37006. 52	4018. 54	10. 86	810. 10	2. 18	6. 52
2013	40437. 01	4506. 21	11. 14	894. 79	2. 21	6. 68
2014	43550. 83	4687. 69	10. 76	976. 68	2. 24	6. 50
2015	45758. 63	5270. 79	11. 52	1066. 18	2. 33	6. 92
2016	49692. 33	5529. 90	11. 13	1168. 83	2. 35	6. 74
2017	54687. 33	6194. 06	11. 33	1210. 03	2. 21	6. 77
2018	59094. 27	6552. 78	11. 09	1742. 00	2. 94	7. 02
2019	64028. 30	6787. 92	10. 60	1363. 80	2. 13	6. 37

资料来源：《中国城市统计年鉴》、EPS 数据库。

由表 6-9 可知，2012～2019 年呼包鄂榆城市群的进出口总额占 GDP 的比重、实际利用外资占 GDP 的比重和对外开放度呈下降趋势。2019 年，呼包鄂榆城市群的进出口总额占 GDP 的比重为 2.88%，实际利用外资占 GDP 的比重为 0.91%，对外开放度为 1.90%。

表 6-9　2012～2019 年呼包鄂榆城市群对外开放相关数据

年份	名义 GDP（亿元）	进出口总额（亿元）	进出口总额占 GDP 的比重（%）	实际利用外资（亿元）	实际利用外资占 GDP 的比重（%）	对外开放度（%）
2012	12211. 79	381. 17	3. 12	223. 58	1. 83	2. 48
2013	13016. 06	379. 19	2. 91	237. 69	1. 82	2. 37
2014	13506. 43	473. 29	3. 50	212. 86	1. 57	2. 54
2015	13659. 87	413. 98	3. 03	193. 50	1. 41	2. 22
2016	14232. 21	387. 08	2. 72	257. 41	1. 80	2. 26
2017	13900. 12	461. 06	3. 32	181. 74	1. 30	2. 31
2018	13467. 12	480. 57	3. 57	170. 53	1. 26	2. 42
2019	13246. 00	381. 58	2. 88	121. 07	0. 91	1. 90

资料来源：《中国城市统计年鉴》、EPS 数据库。

由表 6-10 可知，2012～2019 年宁夏沿黄城市群的进出口总额占 GDP 的比重、实际利用外资占 GDP 的比重和对外开放度呈下降趋势。2019 年，宁夏沿黄城市群的进出口总额占 GDP 的比重为 6.10%，实际利用外资占 GDP 的比重为 0.90%，对外开放度为 3.50%。

表 6-10　2012～2019 年宁夏沿黄城市群对外开放相关数据

年份	名义 GDP（亿元）	进出口总额（亿元）	进出口总额占 GDP 的比重（%）	实际利用外资（亿元）	实际利用外资占 GDP 的比重（%）	对外开放度（%）
2012	2126.52	139.91	6.58	24.94	1.17	3.88
2013	2374.21	199.29	8.39	29.83	1.25	4.83
2014	2536.89	333.88	13.16	28.07	1.10	7.13
2015	2697.94	235.92	8.74	36.88	1.36	5.06
2016	2912.84	215.51	7.40	32.80	1.12	4.26
2017	3220.51	341.15	10.59	13.57	0.42	5.51
2018	3444.93	249.04	7.23	33.67	0.97	4.10
2019	3426.00	208.94	6.10	30.90	0.90	3.50

资料来源：《中国城市统计年鉴》、EPS 数据库。

由表 6-11 可知，2012～2019 年山西中部城市群的进出口总额占 GDP 的比重、实际利用外资占 GDP 的比重和对外开放度呈先上升后下降趋势。2019 年，山西中部城市群的进出口总额占 GDP 的比重为 15.03%，实际利用外资占 GDP 的比重为 0.41%，对外开放度为 7.72%。

表 6-11　2012～2019 年山西中部城市群对外开放相关数据

年份	名义 GDP（亿元）	进出口总额（亿元）	进出口总额占 GDP 的比重（%）	实际利用外资（亿元）	实际利用外资占 GDP 的比重（%）	对外开放度（%）
2012	5149.35	669.85	13.01	78.39	1.52	7.27
2013	5318.43	749.48	14.09	90.16	1.69	7.89
2014	5354.08	794.16	14.83	93.13	1.73	8.29
2015	5418.50	769.64	14.20	80.72	1.48	7.85
2016	5758.15	986.24	17.13	71.95	1.24	9.19
2017	6851.92	1040.01	15.18	37.05	0.54	7.86

年份	名义 GDP（亿元）	进出口总额（亿元）	进出口总额占GDP的比重（%）	实际利用外资（亿元）	实际利用外资占GDP的比重（%）	对外开放度（%）
2018	7741.53	1205.55	15.57	85.39	1.10	8.34
2019	8003.00	1202.97	15.03	32.90	0.41	7.72

资料来源：《中国城市统计年鉴》、EPS 数据库。

　　图 6-3 到图 6-5 依次展示的是 2012～2019 年黄河流域城市群的进出口总额占 GDP 的比重、实际利用外资占 GDP 的比重和对外开放度。由图 6-3 可知，黄河流域各城市群进出口总额占 GDP 的比重均低于全国平均水平，其中，只有山东半岛城市群的进出口总额占 GDP 的比重稳定高于黄河流域城市群总体水平，其贸易开放度远远超过黄河流域其他城市群，基本维持在 23%～31%，最低值也基本远高于多数城市群。2019 年，黄河流域城市群进出口总额占 GDP 的比重从高到低依次为山东半岛城市群、关中平原城市群、山西中部城市群、中原城市群、宁夏沿黄城市群、兰州—西宁城市群、呼包鄂榆城市群。

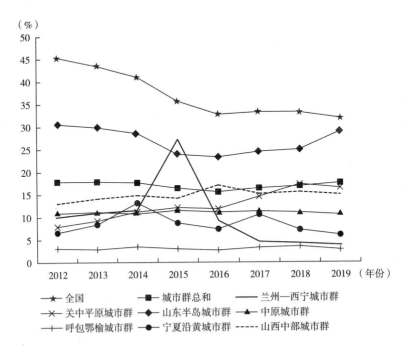

图 6-3　2012～2019 年黄河流城市群进出口总额占 GDP 的比重

资料来源：《中国城市统计年鉴》、EPS 数据库。

由图 6-4 可知，2012~2019 年黄河流域各城市群实际利用外资占 GDP 的比重呈现波动起伏的趋势。实际利用外资占 GDP 的比重较高和较低的分别为中原城市群和兰州—西宁城市群。2019 年，黄河流域城市群实际利用外资占 GDP 的比重从高到低依次为关中平原城市群、中原城市群、山东半岛城市群、呼包鄂榆城市群、宁夏沿黄城市群、山西中部城市群、兰州—西宁城市群。

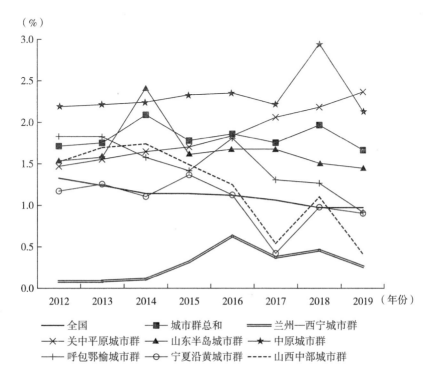

图 6-4　2012~2019 年黄河流城城市群实际利用外资占 GDP 的比重
资料来源：《中国城市统计年鉴》、EPS 数据库。

表 6-12 和图 6-5 分别展示了 2012~2019 年黄河流域城市群对外开放度的数据和变化趋势。由图 6-5 可知，黄河流域各城市群的对外开放度均远低于全国平均水平。山东半岛城市群的对外开放度水平处于全国和城市群总和之间，远高于黄河流域多数城市群。2019 年，黄河流域城市群对外开放度从高低依次为山东半岛城市群、关中平原城市群、山西中部城市群、中原城市群、宁夏沿黄城市群、兰州—西宁城市群、呼包鄂榆城市群，山东半岛城市群的对外开放度分别是其他城市群的 1.61 倍、1.97 倍、2.39 倍、4.35 倍、7.39 倍、8.02 倍，可见黄河流域城市群对外开放水平存在较大差距。

表 6-12　2012~2019 年黄河流域城市群对外开放度　　单位：%

地区\年份	全国	城市总和	兰州—西宁城市群	关中平原城市群	山东半岛城市群	中原城市群	呼包鄂榆城市群	宁夏沿黄城市群	山西中部城市群
2012	23.33	9.20	5.05	4.69	16.06	6.52	2.48	3.88	7.27
2013	22.34	9.13	5.51	5.39	15.73	6.68	2.37	4.83	7.89
2014	21.10	9.03	5.88	6.42	15.50	6.50	2.54	7.13	8.29
2015	18.44	8.01	13.76	6.92	12.78	6.92	2.22	5.06	7.85
2016	16.96	7.75	4.91	6.85	12.51	6.74	2.26	4.26	9.19
2017	17.20	8.22	2.53	8.32	13.11	6.77	2.31	5.51	7.86
2018	17.12	8.59	2.41	9.76	13.27	7.02	2.42	4.10	8.34
2019	16.49	9.66	2.06	9.45	15.23	6.37	1.90	3.50	7.72

资料来源：《中国城市统计年鉴》、EPS 数据库。

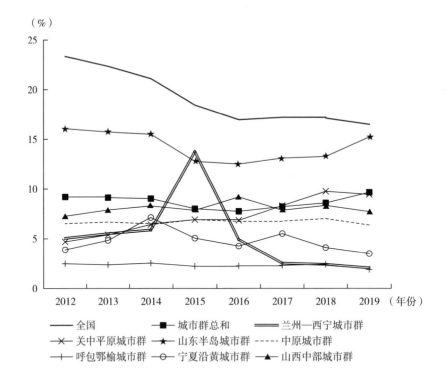

图 6-5　2012~2019 年黄河流域城市群对外开放度趋势

资料来源：《中国城市统计年鉴》、EPS 数据库。

二、对外开放经验做法：以山东半岛城市群为例

山东半岛城市群地处环渤海经济圈，是"丝绸之路经济带"和"21 世纪海上丝绸之路"的重要交汇点，是我国距离韩国、朝鲜、日本地理位置最近的城市群，也是中国黄河中下游地区的主要出海门户。山东半岛城市群拥有优越的地理位置、便捷的海陆交通、较多的天然良港、丰富的资源和广阔的市场，造就了其良好的外商投资条件，有利于地区开放型经济的发展。

从"打造对外开放新高地"到"努力在服务和融入新发展格局上走在前"，习近平总书记对山东对外开放高度重视，重要指示要求一脉相承。由点及面，山东充分发挥开放平台作用。2019 年 8 月 30 日，中国（山东）自由贸易试验区正式挂牌。国务院批准的《中国（山东）自由贸易试验区总体方案》明确指出，山东自贸试验区的实施范围为 119.98 平方千米，涵盖济南、青岛、烟台三个片区。这三个片区同时也是山东新旧动能转换综合试验区的三个核心区。建立山东新旧动能转换综合试验区是党的十九大后获批的首个区域性国家发展战略，也是中国第一个以新旧动能转换为主题的区域发展战略。2021 年，山东自贸试验区总体方案 112 项试点任务已实施 110 项，实施率达到 98.2%。山东共提炼总结 189 项创新成果，其中 1 项被评为全国"最佳实践案例"，3 项被国务院部际联席会议简报推广，17 项首创性探索获国家部委认可，在省内分两批共复制推广 87 项创新成果。

2022 年 2 月，山东的淄博、日照两市成功入选国务院批复同意的跨境电子商务综合试验区设立名单。加上此前五批入选的东营、潍坊、济南、青岛、烟台、威海、临沂 7 市，山东跨境电子商务综合试验区数量已升至 9 个。2021 年，山东省跨境电商和市场采购两种外贸新业态出口实现"双过千亿元"，成为推动山东外贸发展的重要新动能。2022 年，青岛空港综合保税区获批设立，这是山东省第 14 个获批的综合保税区。截至 2021 年，山东的 13 家综合保税区进出口总额达到 4884.2 亿元，同比增长 93.8%，高于山东全省进出口增幅 61.4 个百分点，进出口增幅在前十位省市中位列第一，其已发展成为山东对外开放的重要平台。

截至 2020 年底，山东省拥有省级以上各类开发区 176 家，其中经济（技术）开发区 140 家（含国家级 15 家），高新技术产业开发区 21 家（含国家级 12 家），农业高新技术产业示范区 1 家，海关特殊监管区域 13 家，旅游度假区 1 家（国家级）。

深度融入和服务国家开放大局，既要"引进来"，又要"走出去"。自"一带一路"倡议实施以来，山东作为海上战略支点和新亚欧大陆桥经济走廊沿线重点地区，正在积极融入"一带一路"倡议规划中。整合中欧班列（齐鲁号），山东运营线路直达"一带一路"倡议沿线 23 个国家、54 个城市，2021 年开行 1825 列，构建起"东联日韩、西接欧亚、辐射东南亚、带动全国"的贸易物流"黄金大通道"。中欧班列高质量、常态化稳定开行，深化了山东与"一带一路"沿线国家的经贸合作。

第四节 推进黄河流域城市群对外开放的政策建议

一、加大黄河中上游城市群开放力度，与区域协调发展机制形成良好互动

黄河流域各城市群的对外开放水平同其他地区具有较大差距，同时各城市群之间的对外开放水平也参差不齐，如山东半岛城市群地处东部沿海，对外开放发展水平远超区域内其他城市群。在未来发展中，黄河流域各城市群应当加强合作，坚持优势互补原则，根据不同城市群的比较优势，针对性地发展自身，最大限度地发挥区域的整体优势。尤其是对于黄河中上游城市，应当充分发挥自身承东启西的区位优势，深度融入和对接国家"一带一路"建设等，补足融资渠道、物流成本、营商环境等方面的短板，不断加大配套政策支持力度，拓展产业和企业发展新空间，在积极承接东部先进产业布局和转移的同时，大力支持自主创新，推动制造业高质量发展，提升区域发展的水平和质量。此外，黄河流域城市群也要不断深化与周边区域的深度合作和学习，积极对接京津冀、长三角、成渝等地区。

二、着力打造市场化、法治化、国际化、便利化的优质营商环境

优质的营商环境有利于生产要素的聚集，促进资源高效配置，进而形成区域竞争的产业优势。根据《中国城市竞争力第 19 次报告》，2021 年中国营商软环境竞争力排名前十的城市依次为北京、香港、上海、台北、杭州、深圳、广州、

南京、武汉、天津，无黄河流域城市位列其中。从黄河流域城市群内部的排名看，西安、青岛、济南、郑州分列第11、第13、第14、第22位，可见黄河流域城市的营商环境与一线城市及国际先进水平之间存在差距。2021年是"十四五"时期开局之年，《中华人民共和国国民经济和社会发展第十四个五年规划和2035年远景目标纲要》明确提出"构建一流营商环境"，要求"持续优化市场化法治化国际化营商环境"。黄河流域各城市群应努力打造市场化、法治化、国际化、便利化的优质营商环境。一是建立健全公平正义的法治环境，注重跨行政区域合作相关法律法规的建立健全，完善外资法治建设，加强知识产权保护。二是营造和优化高效便捷的政务环境，加快推动服务型政府建设，强化政府的公共服务职能，深化"放管服"改革，继续简政放权，推动一体化在线政务服务平台的建设和改进。三是加强打造竞争有序的市场环境，推动投资自由化，逐步开放投资领域，同时多措并举严格加强市场监管，实行属地管理，加强日常巡查监管，增加服务含量。

三、建设和完善互联互通的国内、国际大通道，打破要素流通壁垒

2022年4月，《中共中央　国务院关于加快建设全国统一大市场的意见》发布，明确要"打破地方保护和市场分割，打通制约经济循环的关键堵点，促进商品要素资源在更大范围内畅通流动"。交通基础设施是资金、人才、技术和信息流的物质载体，要推动劳动力、配套产品和重要资源等在区域内部自由流动和有效汇集，前提就是要畅通关键枢纽和各地区之间的联通网络。依托于国家"一带一路"倡议，黄河流域各城市群应当优化交通基础设施网络空间布局和功能结构，加强基础设施的现代化建设，构建衔接东部发达地区和"一带一路"沿线国家和地区的高品质运输服务网，打造一批承载商贸、物流、金融、旅游等产业链的国际服务运营平台。

参考文献

［1］惠中.建国以来我国区域经济发展战略的演变及思考［J］.毛泽东邓小平理论研究，1999（6）：37-44，77.

［2］江小涓.新中国对外开放70年［M］.北京：人民出版社，2019.

［3］马林静，梁明.中国对外贸易体制70年变革与未来改革思路探索［J］.

国际经济合作，2020（1）：45-55.

　　［4］门洪华．中国对外开放战略（1978-2018 年）［M］．上海：上海人民出版社，2018.

　　［5］项松林．中国对外开放 40 年［M］．石家庄：河北人民出版社，2019.

　　［6］肖金成，安树伟．从区域非均衡发展到区域协调发展——中国区域发展 40 年［J］．区域经济评论，2019（1）：13-24.

　　［7］张志元．经济高质量发展视域下东北地区对外开放研究［M］．沈阳：东北大学出版社，2020.

第七章　黄河流域新型城镇化与乡村振兴的总体研究

实施乡村振兴战略与推进新型城镇化战略不是对立的关系，两者在本质上具有内在的一致性。黄河流域作为中国农耕文明的起源地之一，其农业农村经济发展、新型城镇化与乡村振兴协同推进的情况具有鲜明的时代特征。在黄河流域生态保护和高质量发展的背景下，坚持新型城镇化与乡村振兴"双轮驱动"，协同推进新型城镇化和乡村振兴战略是实现城乡平衡充分发展的重要保障。

第一节　黄河流域农业农村经济发展的成效与特征

一、黄河流域农业农村经济发展的基本情况

黄河流域横跨青藏高原、内蒙古高原、黄土高原、华北平原等地貌单元，拥有黄河天然生态廊道和三江源、祁连山、若尔盖等多个重要生态功能区域。在农业发展方面，黄河流域分布有黄淮海平原、汾渭平原、河套灌区等农产品主产区，粮食和肉类产量占全国 1/3 左右，农牧业基础较好。在农村经济发展方面，黄河流域较多地区位于我国中、西部，经济发展水平远低于东部沿海地区，但考虑到黄河流域城乡居民消费与收入之间的差距不断缩小，未来可以为深入推进乡村振兴战略实施提供有力支撑。

1. 黄河流域农业优势及其战略地位分析

黄河流域城市主导产业特点主要表现为：产业层次较低，资源型产业占比较大；城市三次产业结构不够合理，第二产业占比仍然过大，第三产业发展较为缓

慢。在第一产业的地区贡献度方面，黄河流域八省份①第一产业增加值占地区生产总值比重从 2014 年开始呈波动状态，整体发展有升有降（见表 7-1）。其中，山西省、山东省、河南省、陕西省第一产业增加值占地区生产总值比重呈下降趋势，内蒙古自治区、青海省、宁夏回族自治区、甘肃省第一产业增加值占地区生产总值比重呈上升趋势。在地区经济发展情况和地理区位特点的基础上，黄河流域农业为主导产业的城市主要位于甘肃省、宁夏回族自治区、内蒙古自治区和青海省等黄河流域中上游地区②。西北地区日照充足、气候干旱、水资源稀缺，以灌溉农业为主的生产活动主要集中在河套平原、宁夏平原、河西走廊等地区，以畜牧业为主的生产活动主要集中在内蒙古自治区和青海牧区等。

表 7-1　2014~2020 年黄河流域八省份第一产业增加值
占地区生产总值比重　　　　　　　　单位：%

年份 省区	2014	2015	2016	2017	2018	2019	2020
山西	6.2	6.2	6.1	4.6	4.4	4.8	5.4
内蒙古	9.2	9	8.7	10.2	10.1	10.8	11.7
山东	8.1	7.9	7.4	6.7	6.5	7.2	7.3
河南	11.9	11.4	10.7	9.3	8.9	8.5	9.7
陕西	8.8	8.8	8.8	8.0	7.5	7.7	8.7
甘肃	13.2	14.1	13.6	11.5	11.2	12.0	13.3
青海	9.4	8.6	8.6	9.1	9.4	10.2	11.1
宁夏	7.9	8.2	7.6	7.3	7.6	7.5	8.6

资料来源：《中国农村统计年鉴》。

如表 7-2 所示，在第一产业的总体贡献度方面，尽管各个省份第一产业增加值占全国第一产业生产总值比重也存在较大差异，但是黄河流域重点涉及的 8 个省份第一产业对全国的整体贡献度在 20% 以上，整体作为全国农业重点发展地区便具有了战略地位。在体量上，下游平原地区第一产业生产效率较高，第一产业

---

①　本章后续分析以剔除了四川后的八省份为分析基础：一是因为黄河途经四川的流域面积较少，相关区域人口经济活动相对稀疏；二是遵循目前绝大多数研究的做法，一般不将四川纳入黄河流域城市群或都市圈的研究范畴。

②　考虑到自然环境和集聚经济对黄河流域城市经济韧性空间分布的影响，选择自然分界点作为黄河流域分区的依据，按照黄河的上、中、下游，将黄河流域分为上游区域、中游区域与下游区域。上游区域包括宁夏全部、青海、甘肃的大部分市州，中游区域包括山西全部地市、陕西大部分以及甘肃、河南个别市，下游区域包括山东与河南部分地市。

对全国农业生产贡献度较大，其中河南省是全国重要的大田作物（小麦、玉米、花生等）生产地，河南小麦产量约占全国的1/4，而山东省是华北地区各类经济作物和粮食作物生产地，粮食安全具有重要战略意义。在时间维度上，随着中西部地区农业生产技术改善和农业生产效率提升，近年来甘肃省、宁夏回族自治区、青海省等省份在全国第一产业中的重要性日益凸显，其第一产业增加值占全国第一产业增加值比重呈逐年上升趋势。

表7-2　2014～2020年黄河流域八省份第一产业增加值占
全国第一产业增加值比重　　　　　　　　单位：%

年份 省份	2014	2015	2016	2017	2018	2019	2020
山西	1.32	1.26	1.20	1.16	1.14	1.17	1.22
内蒙古	2.94	2.82	2.74	2.66	2.70	2.64	2.60
山东	8.38	8.49	8.03	7.78	7.65	7.26	6.90
河南	7.17	6.95	6.76	6.67	6.66	6.58	6.89
陕西	2.82	2.77	2.82	2.80	2.83	2.83	2.92
甘肃	1.25	1.27	1.33	1.38	1.43	1.50	1.54
青海	0.39	0.36	0.37	0.38	0.41	0.43	0.43
宁夏	0.39	0.41	0.40	0.40	0.43	0.40	0.43

资料来源：《中国农村统计年鉴》。

2. 黄河流域农村经济发展成效及其特征

黄河流域农村经济呈现整体发展水平偏低的态势。在空间维度上，除山东省以外，黄河流域其余省份农村居民人均可支配收入在各时段均低于全国平均水平，说明黄河流域乡村经济整体水平较低，农村地区发展较为落后，仍需要较大提升。在时间维度上，2018～2020年黄河流域各地区城乡居民收入比例（城镇居民人均可支配收入/农村居民可支配收入）不断下降（见表7-3），说明农村农民收入增加，城乡差距进一步缩小。"十四五"时期应以乡村振兴为总目标，政策目标应从单一产业发展转向与乡村振兴战略全面衔接，政策内容应从产业要素配置扩展到社会文化生态环境建设，乡村旅游政策工具应从环境型为主转向环境型与需求型相结合为主（姚旻等，2021）。在现阶段城市基础设施和公用事业面临投资困境、黄河流域农业部门生产技术整合率较低的背景下，现代化农业设施、新型农村基础设施和公共服务等可以作为赋能黄河流域农业经济发展的新突破口，进一步降低基建维护成本、缓解政府债务投资困境，科技赋能促进农业产值和农民收入的新一轮提升。

表 7-3　2018~2020 年黄河流域八省份城乡居民人均可支配收入

地区	2018 年			2019 年			2020 年		
	农村（元/人）	城镇（元/人）	城乡居民收入比例	农村（元/人）	城镇（元/人）	城乡居民收入比例	农村（元/人）	城镇（元/人）	城乡居民收入比例
全国	1.46	3.93	2.69	1.60	4.24	2.64	1.71	4.38	2.56
山西	1.18	3.10	2.64	1.29	3.33	2.58	1.39	3.48	2.51
内蒙古	1.38	3.83	2.78	1.53	4.08	2.67	1.66	4.14	2.50
山东	1.63	3.95	2.43	1.78	4.23	2.38	1.88	4.37	2.33
河南	1.38	3.19	2.30	1.52	3.42	2.26	1.61	3.48	2.16
陕西	1.12	3.33	2.97	1.23	3.61	2.93	1.33	3.79	2.84
甘肃	0.88	3.00	3.40	0.96	3.23	3.36	1.03	3.38	3.27
青海	1.04	3.15	3.03	1.15	3.38	2.94	1.23	3.55	2.88
宁夏	1.17	3.19	2.72	1.29	3.43	2.67	1.39	3.57	2.57

注：城乡居民收入水平对比（农村居民＝1）。

资料来源：《中国农村统计年鉴》。

二、黄河流域特色乡村建设的发展特征

乡村振兴在一定程度上依赖特色产业的带动，特色乡村是乡村振兴的重要动力。基于黄河流域特色生态资源产业化的资源要素禀赋优势和数字经济革新劳动力、土地等传统生产要素的背景，作为乡村振兴持续推进的新突破口，特色乡村已经成为未来黄河流域部分乡村的主要发展方向，是未来县域经济发展的战略新高地（王金华和谢琼，2021）。

1. 黄河流域以特色生态资源产业化推进特色乡村建设

黄河流域生态环境的特点是水土流失较为严重、水资源有限、地表采矿有塌陷，大片区域属于生态脆弱区。由于生态资源承载能力有限，黄河流域产业发展受到约束，发展相对滞后，具体表现为：第一产业占比高于全国平均水平，有大量人口依赖农牧业维持生计；第二产业占比较高，资源储量丰富，以低端采掘和粗加工为主；第三产业占比低于全国平均水平，并且高端产业较为缺失。由于受到生态和资源约束，黄河流域适合人口和产业集聚的区域内部发展差距较大，上

游和中游地区第二、第三产业发展规模受限。在黄河流域的生态环境给常规产业发展施加压力的情况下，发展特色化高效农业与推动城乡一体化成为实现环境友好型城市转型的关键，即依托于黄河流域的特色生态资源，大力发展农业循环经济建设，促进产业集聚发展、土地集约使用和现代化生态农业结构体系的构建（王金华和谢琼，2021）。

黄河流域各地区沼气工程数量在全国范围内保持优势（见表7-4），通过沼气利用和沼气功能建设可以实现生态优化建设和农业农村经济发展。沼气是一种可再生的生物能源，具有清洁、高效、可再生的特点，是一种优质、卫生、廉价的气体燃料。沼气的规模使用和产业化，一方面有助于构建资源节约型和环境友好型社会，另一方面可以完善农业生产结构、提高农产品的质量和效率、增加农民收入，进一步实现农村城镇化目标，有效缓解农村生活能源与环境保护之间的矛盾。黄河流域的沼气项目在全国范围内优势突出，其上连养殖业、下接种植业，是发展生态循环农业和推进农村能源革命的重要抓手，使农业生产和农民生活实现了循环发展，显著节约了农村能源（王登山等，2019）。此外，建设一个沼气池大约可以使用20年的时间，在沼气池建设期间不仅可以推广环境友好型能源使用、开展生态农业生产方式、提升环境保护意识，还可以发展带动当地经济发展、增加农民收入。

表7-4 2016~2020年黄河流域八省份沼气工程数量

单位：万平方米，处

年份 地区	2016	2017	2018	2019	2020
全国	269879.2	261724.2	279598.6	102650	93481
山西	2473.0	1676.2	1310.6	271	220
内蒙古	3566.7	1803.3	2569.3	1029	712
山东	20924.7	20987.3	21622.7	5518	4919
河南	40352.2	33292.6	33575.4	9122	8880
陕西	2756.3	2571.6	3956.7	458	454
甘肃	3640.9	5412.3	4207.0	233	233
青海	187.3	187.3	187.3	129	128
宁夏	1431.8	701.6	702.5	231	220

资料来源：《中国农村统计年鉴》。

黄河流域中上游太阳能资源丰富，太阳能产业化给农村地区带来了环境效益和经济效益。黄河发源于青藏高原，中部跨越黄土高原，所经地区纬度较高、日照时间充足、云雨较少、植被覆盖率低，太阳能资源丰富。《"十四五"黄河流域生态保护和高质量发展城乡规划建设行动方案》提到，加快淘汰燃煤小锅炉，优先鼓励太阳能、地热、工业余热等资源丰富的地区利用清洁能源取暖。太阳能作为可循环使用的清洁能源存在不连续和不稳定的特点，目前在农村地区的应用主要有太阳房和太阳灶两种：一方面，太阳房可以直接利用太阳辐射能量，发挥太阳能环境友好和经济节约的优势。目前，黄河流域的甘肃、青海、宁夏等地区太阳房推广较为广泛（见表7-5）。另一方面，太阳灶利用太阳能辐射，通过聚光获取热量进行烹饪，不进行燃料燃烧且不产生额外污染。目前，黄河流域中太阳灶的推广应用主要集中在山西、陕西、甘肃、青海等地区。

表7-5 2014~2020年黄河流域各地区太阳房数量 单位：万平方米

年份 地区	2014	2015	2016	2017	2018	2019	2020
全国	2527.6	2549.4	2564	2541	2529.8	2074.3	1822.3
山西	0.2	0.2	0.2	0.2	0.2	56.5	28.9
内蒙古	88.6	88.2	83.6	82.7	73.5	412.2	144.2
山东	14.5	14.1	14.1	14.0	7.4	0.2	0.1
河南	1.9	1.9	2.0	2.0	2.0	—	—
陕西	0.8	0.2	0.2	0.2	0.2	352.8	387.3
甘肃	311.1	315.6	319.2	316.6	336.1	505.2	505.2
青海	472.9	496.8	505.2	505.2	505.2	5.3	5.1
宁夏	16.0	14.2	12.4	9.4	5.7	—	—

资料来源：《中国农村统计年鉴》。

2. 黄河流域特色乡村建设典型案例分析

  由于历史、自然条件等因素，黄河流域生态系统脆弱，经济社会发展相对滞后，乡村建设仍处于探索阶段。习近平总书记在黄河流域生态保护和高质量发展座谈会上指出，沿黄河各地区要从实际出发，宜水则水、宜山则山，宜粮则粮、宜农则农，宜工则工、宜商则商，积极探索富有地域特色的高质量发展新路子。

  （1）特色乡村农业现代化：以山西省太谷县农谷科创城为例。

  为了形成引领黄土高原地区现代农业发展的创新源、动力源、服务源，山西农谷战略的实施成为推动黄河流域农业供给侧结构性改革的重要抓手。在太谷全县域内建设山西"农谷"是山西省委、省政府立足实际、着眼"三农"长远发展和全面建成小康社会大局作出的战略部署。依托于山西省酿品、饮品、乳品、主食糕品、肉制品、果品、功能食品、保健食品、化妆品、中医药品等优质产业集群，山西农谷旨在突出功能农业（食品）研发和高新技术产业化两大核心功能，集聚政策、科技、人才、金融、市场等要素，加快科技创新，增强农业发展动能，建成立足山西、面向全国的功能农业（食品）研发高地、农业科技创新高地和技术集成示范推广平台。在此基础上，推动形成高价值创新成果和技术组合，培育领先行业、领军企业、精品品牌，进一步助力山西省农村改革先行区、农谷总部基地、中国农科院山西农谷花卉、蔬菜科研基地等五大基地的建设，打造黄河流域特色优势产业链。

（2）特色乡村因地制宜化：以河南省洛阳市沟域经济为例。

作为黄河流域重要节点城市，河南省洛阳市位于豫西地区与东秦岭褶皱系，市内约86.2%为山区、丘陵，境内大小沟（岔）数十万条，沟域面积约3200平方千米，涵盖60%的乡镇。针对沟域生态脆弱、土地贫瘠、交通不便、产业落后等瓶颈制约，洛阳市深入贯彻落实新发展理念，基于自身生态基因和生态功能定位，创造性地提出了"发展山区特色产业，建设豫西沟域经济示范区"的想法，以沟域支撑流域，将发展沟域经济放在黄河流域生态保护和高质量发展的大局中统筹推进，带动乡村振兴发展（刘永恒和王鹏杰，2020）。目前已形成以新安樱桃谷、洛宁苹果谷、孟津图河谷的林果业，栾川伊源康养谷、新安黄河神仙湾、嵩县龙潭沟的乡村旅游，宜阳香鹿山谷、洛宁玄沪河小镇及伊滨倒盏村的民族文化为代表的特色沟域经济乡村产业。

（3）特色乡村生态宜居化：以山西运城沿黄美丽乡村示范带为例。

黄河流经运城共345千米，流长占到山西全省的34.7%。运城作为黄河中游重要节点城市，是黄河流域生态保护和高质量发展的重要组成部分。中共中央、国务院印发的《黄河流域生态保护和高质量发展规划纲要》中，涉及运城的汾河、涑水河水污染防治、小浪底调水调沙清淤、小北干流河道疏浚、晋陕豫黄河金三角承接产业转移示范区等9项内容，占山西22项内容的40.9%。在此基础上，山西运城市提出建设"五条绿色走廊"工作方案，其中"沿黄美丽乡村示范带"以沿黄8县（市）为重点，实施沿黄美丽乡村"1+5"工程。通过创新"黄河旅游公路+"模式，促进交旅、农旅、文旅等融合发展，即以黄河一号旅游公路为纽带，打造特优农业、生态保护、文旅融合、美丽乡村、特色小镇五大基地，串联沿线生态资源、农业资源、文化资源、乡村旅游资源。到2025年，创建200个左右"产业兴旺、生态宜居、乡风文明、治理有效、生活富裕"示范村，与黄河一号旅游公路及主干道串点成线、连片成带，形成示范效应，推动乡村振兴，形成独具晋南特色的黄河文化风情体验带。

3. 黄河流域特色乡村建设的经验总结

各地农村在区位、自然条件、经济水平、文化特点和社会特点等方面有很大不同，这意味着乡村振兴的发展路径是复杂的，黄河流域乡村振兴的相关探索要始终秉承因地制宜的原则，以增加人民福祉为出发点，在借鉴其他发展经验过程中切忌照搬照抄、机械学习，应适时推出新政策，防止过于超前的政策造成对相对落后地区的二次伤害（孙久文等，2021）。

（1）以产业振兴赋能乡村农业振兴。

产业振兴是黄河流域乡村全面振兴的重点任务，产业发展可以成为实现巩固拓展脱贫攻坚成果同乡村振兴有效衔接的动能来源。针对相对落后村，要给予其足够的过渡时间，随着其接近全国乡村发展水平，再将原有的产业扶贫政策、举措有序地撤出。针对其他类型村，根据乡村自身所特有的优势资源，打造各乡村的农业全产业链。

促进相对落后村的发展需要增加非农产业的比例，可以让周边临近工业园区与欠发达村形成产业合作，让欠发达村基于比较优势生产特色产品，以此促进地区发展。产业特点可能涉及但不限于对交通运输条件要求不高、对从业人员的学历要求不高、有符合相对落后村所在地区的黄河流域特色自然环境，如干旱条件的要求、以当地特色农业资源为原料、要求具备特定生态资源等。

（2）以绿色扶贫赋能农村生态振兴。

黄河流域生态振兴是乡村全面振兴的主要任务之一。提倡鼓励与黄河生态相关的林草与动物的种养殖产品的研发和发展，培育特色种养殖产业，从特色产业发展角度推进绿色发展。研究探索对相对落后农村工业园区提供污染治理和循环经济等方面技术、设备及资金支持的办法，降低相对落后农村所在地区在工业发展方面因后发时序带来的生态成本增加的劣势，鼓励更多符合生态环保要求的项目投资。探索工业文明与绿色发展的融合道路，尤其注重探索具有一些特色自然环境条件的地区工业发展与生态促进相结合的方式。鼓励和支持具有重大发展前景的相对落后农村发展生态旅游和健康养生等产业。

第二节　黄河流域新型城镇化与乡村振兴
协同推进的重要领域

黄河流域各区域面临城乡发展不平衡、农村发展不充分的问题，呈现出东强西弱的基本格局。在城市化过程中，黄河流域需要坚持新型城镇化与乡村振兴"双轮驱动"，协同推进新型城镇化和乡村振兴战略，通过发展优势产业、完善基础设施、优化空间布局等推动城市群城镇化建设，促进资源要素跨地区流动，提高沿黄城市群的整体承载能力和资源优化配置能力，推进建设黄河流域生态保护和高质量发展先行区。

一、以发展优势产业为基础，推动城市群城镇化建设

1. 黄河流域城市群产业发展优势测度与差异分析

基于 2008~2019 年黄河流域七大城市群的区位熵①平均数，对各地区的产业的优势和专业化程度进行研究。按照城市区位熵最大值划分城市主导产业类型，计算结果表明 2008~2019 年大多数城市主导产业表现稳定，具体如表 7-6 所示。

表 7-6　黄河流域城市专业化类型划分

城市群	三大产业	具体产业	城市
山东半岛城市群	第一产业	矿业	东营市、枣庄市、济宁市、泰安市
	第二产业	制造业	青岛市、烟台市、潍坊市、威海市、日照市、滨州市、临沂市
		建筑业	淄博市
		电力、燃气及水的生产和供应业	菏泽市、德州市
	第三产业	金融业	聊城市
		科学技术和地质勘查业	济南市

---

① 区位熵是指某个地区某一部门的某项指标（产值、就业等）在该地区所占的比重与全国同一部门这项指标在全国所有部门中所占比重之间的比值。如果区位熵大于 1，表明该地区该产业专业化强，具有比较优势；反之，则表明该地区该产业专业化较弱，处于比较劣势。

续表

城市群	三大产业	具体产业	城市
中原城市群	第一产业	矿业	商丘市、平顶山市、许昌市、焦作市、鹤壁市、濮阳市、三门峡市、济源市、长治市、晋城市
	第二产业	制造业	漯河市、邯郸市、邢台市、淮北市、阜阳市、亳州市、蚌埠市
		建筑业	郑州市、安阳市、新乡市
		电力、燃气及水的生产和供应业	菏泽市
	第三产业	金融业	聊城市、运城市
		科学技术和地质勘查业	宿州市、洛阳市
		其他第三产业	开封市、南阳市、周口市、信阳市、驻马店市
关中平原城市群	第一产业	农业	天水市
		矿业	铜川市、渭南市、商洛市、临汾市、平凉市、庆阳市
	第二产业	制造业	宝鸡市
		电力、燃气及水的生产和供应业	咸阳市
	第三产业	金融业	运城市
		科技	西安市
呼包鄂榆城市群	第一产业	矿业	鄂尔多斯市、榆林市
	第二产业	电力、燃气及水的生产和供应业	呼和浩特市、包头市
兰州—西宁城市群	第一产业	农业	临夏回族自治州、海东市、海北藏族自治州、黄南藏族自治州、海南藏族自治州
		矿业	白银市
	第二产业	电力、燃气及水的生产和供应业	定西市
兰州—西宁城市群	第三产业	科技	兰州市、西宁市
山西中部城市群	第一产业	矿业	太原市、吕梁市、忻州市、晋中市
宁夏沿黄城市群	第一产业	农业	中卫市
		矿业	银川市

城市群	三大产业	具体产业	城市
宁夏沿黄城市群	第二产业	电力、燃气及水的生产和供应业	石嘴山市、吴忠市

注：以农业、矿业为主导的城市产业主要属于第一产业；制造业，建筑业，电力、燃气及水的生产和供应业属于第二产业；金融业、科学技术和地质勘查业、其他三产的城市主导产业主要属于第三产业。此外，水利、环境和公共设施管理业，教育业、卫生、社会保障和社会福利业，文化、体育、娱乐用房屋从业人员，公共管理和社会组织业是维持城市正常运营和管理的基本公共服务，其服务对象主要是城市居民，对上、下游产业的带动作用和关联性有限，因此在进行城市专业化水平测度时予以剔除。济南区位熵最大的产业是计算机与信息业，由于其科学技术和地质勘查业产业区位熵也较大，因此归类为科学研究与技术。甘肃天水市农业区位熵同科学技术和地质勘查业区位熵相近，结合实际情况归类为农业（孙久文等，2021）。

资料来源：笔者测算后整理。

首先，以农业为优势产业的城市主要集中于兰州—西宁城市群、宁夏沿黄城市群等黄河流域上游地区，资源依赖型产业广泛分布于黄河流域。中西部城市群中心城区规模较小、实力较弱，县域面积较大，农村人口多，"小马拉大车"现象凸显，以农业为优势产业的城市有7个，主要位于甘肃、青海、宁夏，空间上属于关中平原城市群、兰州—西宁城市群、宁夏沿黄城市群的上游地区。矿业作为典型的资源依赖型产业，广泛分布于黄河流域，该类产业在7个黄河流域城市群中均有分布，遍布山西、河南、山东、内蒙古、陕西等省份。以矿业为优势产业的城市数量最多，达到28个，代表性的有山西晋城的煤矿产业、河南三门峡的金矿、陕西渭南的有色金属（以钛和钼等为主）和内蒙古鄂尔多斯的铁矿、稀土等。

其次，以第二产业为优势产业的城市主要分布在黄河下游的山东、河北、河南和安徽，集中于山东半岛城市群和中原城市群等黄河流域中下游城市群。以第二产业为主导产业的城市共有27个，其中山东半岛城市群和中原城市群分别占比33.33%和40.74%。以制造业为优势产业的城市共计14个，以建筑业为优势产业的城市共计4个，以上述产业为优势的城市主要位于东部沿海省份；电力、燃气及水的生产和供应业主要位于内蒙古、宁夏等省份，空间上在黄河流域上、中、下游均有分布。

最后，以第三产业为优势产业的城市也主要集中在山东半岛城市群和中原城市群，省会城市第三产业优势显著。科学技术和地质勘查业具有优势的城市主要包括兰州、西宁、西安、济南、洛阳等城市，多是省会城市。具有其他第三产业优势的城市主要在河南和山东，其中日照主要以交通运输、仓储和邮政业为主导产业，河南开封、南阳、信阳、周口、驻马店等主要以批发和零售业为主导产业。总体来说，黄河流域城市主导产业特点主要表现为：产业层次较低，资源型产业占比较大；城市三次产业结构不够合理，第二产业占比仍然过大，第三产业发展较为缓慢。

2. 优势产业推动城市群城镇化建设的路径

目前黄河流域城市产业发展仍面临新的挑战和瓶颈。一是黄河流域很多城市都存在单一产业高度集中现象，多样化程度较低，矿业类城市占比较大，在这类城市中需要实现专业化集聚和产业多样化的有效平衡。二是现阶段中小型企业面临创新投入资金不足的融资信贷约束，中西部地区金融服务发展较为落后的现状亟待改善。三是黄河流域较多城市对于重工业和资源型行业依赖较重，在产能严重过剩和实施供给侧结构性改革的背景下，资源依赖型城市需要从被动调整增长方式向主动寻找产业增长点、升级产业结构、提升技术水平和科研实力转变。四是黄河流域缺乏合理的区域分工和成熟的区域产业链。基于以上问题，突出优势产业重要战略地位成为赋能城镇化建设的关键。

首先，黄河流域城镇化的重要方向之一是通过培育建设一批中心城市，在流域范围内打造若干区域增长极，带动周边城市发展，增强经济内循环动力。在此基础上，通过城市群建设提升城市间协调发展能力，以区域合作为基础，在统筹发展的框架内增强中心城市和城市群的综合承载力和资源配置能力。无论国家级城市群、区域性城市群还是地区性城市群，都需要有竞争力强的中心城市作为城市群发展的有力支撑（孙久文，2021），而发展优势产业可以加速黄河流域要素集聚和中心城市建设。

其次，优势产业可以带动黄河流域城市服务业的发展。城市产业结构由制造业向服务业转变是一个整体趋势，服务业可以吸收大量的转移劳动力，提升人民生活质量，有效促进城镇化发展。依托于服务业能更好地把握新机遇，以新兴技术产业化促进产业结构调整（孙久文和闫昊生，2015）。由于城市产业结构的多样性和专业化对创新的有利效应不同，城市在发展产业时应考虑自身的产业结构，通过优势产业创新升级带动产业向多元化、服务化发展。例如，多元化城市基于优势产业改善创新环境、培育创新型企业，促进产业协同；专业城市基于优势产业改善基础设施和公共服务，提升承接相应成熟产业的能力，推动产业多元化发展。

再次，发展优势产业可以发挥企业作为市场主体在区域合作和产业集群中的作用。黄河流域现阶段区域合作存在缺乏协调机制的问题，需要引入非制度性的协调组织机制（孙久文，2013），而以创新企业、城市群、产业网络、人力资本竞争和信息资源争夺为代表的新型发展理念将会深刻影响黄河流域发展的未来格局（孙久文和苏玺鉴，2020）。通过发展优势产业可以促进黄河流域城市群企业间的实质性合作，共同推动区域内企业的联合兼并，采用资产剥离和置换等新型合作方式进行跨区域资产重组等，是实现产业集群化发展、提高黄河流域经济分工水平、促进黄河流域城市群经济联动和快速发展的有效途径。

最后，优势产业和县域经济协同发展可以促进黄河流域产业优化和经济融合。县域经济是我国国民经济的重要基础，是我国实施城乡规划统筹、生态与环境统筹、产业与就业统筹、资源和能源统筹、政府公共服务统筹、社会管理统筹以及政策和法律统筹的重要切入点。通过大力发展县域经济、有序支持黄河流域上游地区县城发展，合理引导农产品主产区、重点生态功能区的县城发展。通过分类建设特色产业园区、农民工返乡创业园、农产品仓储保鲜冷链物流设施等产业平台，可以带动农村创新创业（见表7-7）。

表7-7　2019年黄河流域城市群基础设施建设情况

城市群	道路交通设施用地/市区人口（平方千米/万人）	储气能力/用气人口（立方米/人）	每日供水综合生产能力/用水人口（立方米/人）
关中平原城市群	0.11	3.30	0.45
呼包鄂榆城市群	0.13	0.57	0.50
兰州—西宁城市群	0.18	0.45	0.60
宁夏沿黄城市群	0.24	0.31	0.68
山东半岛城市群	0.14	0.53	0.51
山西中部城市群	0.23	0.41	0.27
中原城市群	0.17	0.48	0.49
黄河流域城市群总计	0.13	0.88	0.49
全国平均水平	0.12	2.36	0.60

资料来源：《中国城市建设统计年鉴》。

二、以完善基础设施为依托，推动城乡要素自由流动

1. 黄河流域城市群基础设施建设情况

促进基本公共服务均等化是缩小区域差距的一项重要且有效的举措，因而其

对于提升相对落后地区的基础设施和人居环境水平十分关键。从公共服务方面看，黄河流域地区的公共服务水平接近全国平均水平，但是离实现基本公共服务均等化的目标仍然存在一定的差距。

在道路交通设施供应方面，考虑到黄河流域城市群人口对比度较低，现阶段人均道路使用情况已接近或超出全国平均水平。在人均储气能力方面，尽管2019年关中平原城市群天然气储存水平已显著高于全国平均水平，但整体来看黄河流域城市群的油气储备和供应能力仍处于偏低水平，其中宁夏沿黄城市群、兰州—西宁城市群等西部城市群的基础设施和其资源所有量匹配度较低。在供水综合生产能力方面，黄河流域城市群总体供水能力低于全国平均水平，其中山西中部城市群、关中平原城市群、中原城市群问题较为突出，构建总量控制、集约高效、配置科学、管控有力的水资源安全保障体系和黄河水网是全面提高流域水资源集约安全利用水平的关键。

2. 基础设施推动城乡要素自由流动的路径

消除城乡要素流动的障碍，是调节城乡收入分配差距的基础。完善商品流通网络是城乡良性互动的重要基础，是社会扩张再生产各环节联系的中心，是促进城乡深度融合的关键。一方面，唯有坚持将技术创新作为引导城市与乡村良性大循环的第一动力，推进乡村技术基础设施的完善，才能有效突破乡村产业窄化、乡村人口发展机会缺失的瓶颈，确保城乡两种文明形态共生共融，引领更高水平的动态平衡（孙久文，2021）。另一方面，促进流域性与跨省智能绿色安全综合交通网络建设，可以成功打通生产、分配、交换、消费等城乡互动环节中的"梗阻"，成为完成"乡土中国—城乡中国"国内大循环战略演进的不二法门。

第一，加快乡村新型基础设施建设可以从根本上解决城乡产业链供应链不通畅、城乡收入分配失调、城乡骨干流通网络不健全、乡村消费潜能释放欠充分等问题，推动农村技术革命。在新一轮技术革命的浪潮下，大数据、物联网、5G等新兴技术被广泛应用于城乡产品流通网络，综合物流管理平台作为物流的中心单元、城乡之间的信息流网络，传统的地理分割造成的配送中心和销售点分隔被新技术革命彻底打破，工农传统产品批发零售市场的功能地位正面临着前所未有的深刻变化。只有大力推进数字信息等新型基础设施建设，如加快5G网络建设、在沿黄城市部署国家超算中心、在部分省份布局建设互联网数据中心、推广"互联网+生态环保"综合应用等，才能提高黄河流域上中下游、各城市群、不同区域之间互联互通水平，实现信息资源的共同开发和共享，深化区域基础设施建设。

第二，构建便捷、智能、绿色、安全的综合交通网络可以打通市民入乡通道、保障外来人口自住需求、提高配置效率、发展乡村产业，进一步扩大农村集体建设用地产权结构的开放性（叶兴庆，2020）。现阶段中国的经济实力和综合国力已经获得了显著提升，人民生活质量和社会共享水平取得历史性进步，地区之间的经济发展差距逐渐缩小。而区域间的区域合作是使贸易一体化向政策一体化过渡，实现经济高质量协同的关键。其一，通过完善城乡现代化交通网络、填补缺失线路、畅通瓶颈路段，可以实现城乡区域内高效连通；其二，通过加强黄河流域毗邻省区铁路干线连接和支线、专用线建设，强化跨省区高速公路建设，加密城市群城际交通网络，实现要素自由流通。具体地，在航空运输方面，积极推进黄河干流适宜河段旅游通航和分段通航，如加快西安国际航空枢纽和郑州国际航空货运枢纽建设，提升济南、呼和浩特、太原、银川、兰州、西宁等区域枢纽机场功能，完善上游高海拔地区支线机场布局。在铁路运输方面，以铁路为主，加快形成沿黄粮食等农产品主产区与全国粮食主销区之间的跨区域运输通道，如强化黄河"几"字弯都市圈至北京、天津大通道建设，推进天津至潍坊（烟台）等铁路建设，快捷连通黄河流域和京津冀地区。在资源运输方面，优化油气干线管网布局，推进西电东送、西气东输等跨区域输气管网和电网建设，进一步实现国家骨干天然气管网和电网联通，助力实现碳达峰、碳中和目标。

三、以空间规划协调为引领，推进城乡融合一体化发展

1. 黄河流域城乡空间规划协调情况

关于黄河流域城市空间格局演变及城乡发展的研究表明，黄河流域各地区在商业能力、城市关联和乡村绿色发展等方面都呈现区域差异。叶强等（2021）考察沿黄省会城市商业空间结构及商业空间服务能力发现，沿黄省会城市商业空间格局呈现出串珠型、单核心型、基础网络型、成熟网络型，同时城市商业空间结构越成熟空间服务能力越强。刘海洋等（2020）基于人口迁徙大数据，运用复杂网络分析方法研究了黄河流域城市网络联系的区域差异性和空间指向性，发现黄河流域内城市网络密度较低，不同地区网络联系的空间指向性差异明显，流域内部联系多指向省会城市，空间指向上存在明显的上中下游分异。苟兴朝和张斌儒（2020）对黄河流域乡村绿色发展水平、区域差异及空间关联性进行了研究，发现2008年以来黄河流域乡村绿色发展整体水平逐年提高，且呈现"两头高、中间低"的特征。

黄河流域城市群空间规划处于重要战略地位，需要进一步推进区域空间协调。根据《全国及各地区主体功能区规划》中对黄河流域城市的功能定位可以发现，黄河流域城市群中有176个国家重点开发区，占全国总体的33.27%（见表7-8）。国家重点开发区被定义为资源环境承载能力较强、经济和人口集聚条件较好的区域，意味着黄河流域城市群开发和规划处于重大战略地位，具备深远现实意义。此外，黄河流域城市群的国家生态功能区和国家农产品主产区个数也分别占全国的13.79%和36.18%，其中关中平原城市群、中原城市群、兰州—西宁城市群的较多（见表7-8）。在黄河流域城市群优化空间布局、推进城乡一体化的过程中，需要平衡好资源和环境、城镇化与工业化的关系。

表7-8 黄河流域城市群主体功能区规划情况　　　单位：个

城市群	国家级优化开发区	国家级重点开发区	国家生态功能区	国家农产品主产区
关中平原城市群	0	32	20	34
呼包鄂榆城市群	0	27	9	1
兰州—西宁城市群	0	28	14	0
宁夏沿黄城市群	0	6	4	7
山东半岛城市群	25	9	12	57
山西中部城市群	0	17	11	4
中原城市群	0	57	10	130
黄河城市群总计	25	176	80	233
全国总计	218	529	580	644

资料来源：《全国及各地区主体功能区规划》。

2. 黄河流域空间规划协调推进城乡融合的路径

由于黄河流域横跨东西多个地区，区域资源承载能力与环境承载能力的差异较大，城市化的速度和路径存在差异，应该探索适合当地发展的新型城乡融合道路，有效协调可持续城镇化的空间格局，以乡村振兴为中心实现城乡融合发展（孙久文，2021）。从人口、资源和环境等制约因素出发，通过区域协调发展的空间格局和"集约城镇化"模式，可以实现城乡就业、社会保障、教育一体化，推动城乡融合发展，激活乡村内生发展，保障组织机制，进一步落实乡村振兴（戈大专等，2022）。

考虑人口空间规划方面，黄河流域中上游城市群适合人口和产业集聚的区域较少，超载人口维持生计的方式主要是依附于土地资源的农牧业；中游的关中平原城市群人口和城镇密集，但科教资源的经济竞争力转化较弱；黄河中下游地区人口和经济规模体大，但科技和教育对经济的支撑能力不强，开放发展能力不足。这些因素均制约了城乡融合发展。乡村振兴主体是农民，人才是关键，通过财政划拨对黄河流域重点区域农村的投资，可以培养适应现代农业发展需要的新农民，引导农民向非农产业转移，优化农业就业结构。具体地，通过对黄河流域相对落后地区新型农民的职业教育培训等，可以推动农村经济的发展与繁荣；通过全面取消县城落户限制、简化户籍迁移手续，可以促进农业转移人口就近便捷落户。

考虑土地空间规划方面，针对黄河流域土地利用的突出问题和土地集约的利用条件，土地空间规划是探索城乡区域协调发展的重要战略思维方式。黄河流域以高消费、高排放、低生产为特征的低效率经济发展方式对资源环境造成了严重破坏。在政策和市场机制不断变化的背景下，实施具有指导性、约束性、科学性、长期性和稳定性的国土空间开发战略规划和不同类型的区域发展方案，可以实现土地资源高效利用，推动农村经济向城市融合。具体地，在相对发达地区，可以采取网络化发展模式优化人口和产业空间分布；在欠发达地区，可以采取点或极点的开发模式，保护生态环境，减少人类活动对自然环境的破坏和影响；在城市化较为落后的地区，可以将区位条件较好、辐射半径较大的城市作为区域中心城市，加快这些城市的经济发展，以辐射周边地区的发展。

考虑矿产和生态资源空间规划方面，黄河流域总体上应该采取"适度开发、集聚布局、保护生态"的基本空间布局策略，缓解目前工业化、城市化与生态环境脆弱的地域基础之间的矛盾。从黄河流域生态保护和高质量发展战略出发，通过加强对粮食生产基地和能源矿产资源基地的管控，严格控制耕地红线，不减少耕地资源面积和质量。建立战略资源储备体系，建设一批能源矿产资源战略储备基地，将相关产业和城镇开发集聚到合适的空间，实现集聚布局。通过优先保护生态脆弱地区和重要的生态屏障地区，缓解生态环境的压力，保护生态系统和生物多样性（孙久文和傅娟，2013）。

第三节　黄河流域新型城镇化与乡村振兴的发展研判

乡村振兴战略与新型城镇化在内容和目标上具有一定交叉和重合之处，本质上是相辅相成、互联互动的关系。实际上，城镇化必然包含乡村发展，新型城镇化与乡村振兴战略结合是城乡融合研究的立足点（叶超和于洁，2020）。

一、黄河流域新型城镇化与乡村振兴的发展现状

学界普遍认为，实施乡村振兴战略与推进新型城镇化不是对立的关系，两者在本质上具有内在的一致性，是你中有我、我中有你，相互补充、相互促进的关系。当前，要解决城乡发展不平衡、农村发展不充分的问题，必须坚持新型城镇化与乡村振兴"双轮驱动"，协同推进新型城镇化和乡村振兴战略，才能实现城乡共荣（王金华和谢琼，2021）。

1. 黄河流域新型城镇化情况

国内学者对新型城镇化进行了大量研究，主要集中在对新型城镇化的内涵、指标构建、动力机制、发展模式和优化路径等方面的探讨。新型城镇化是一个复杂系统，由人口城镇化、土地城镇化、经济城镇化、生态城镇化四个维度协同推进（杨佩卿，2022）。表7-9通过常住人口中的城镇人口/常住人口、建成区面积/城区人口、人均地区生产总值、污水处理率四个指标简单衡量城镇化水平。从城市群内部层面看，2019年呼包鄂榆城市群、山东半岛城市群各维度城镇化水平均高于黄河流域城市群总体，山西中部城市群和兰州—西宁城市群的人口城镇化和生态城镇化高于黄河流域城市群总体。从城市群空间层面看，李豫新和欧国刚（2022）的研究表明黄河流域新型城镇化协调发展水平较低，大多数地级市仍处在轻度失调、勉强协调和初级协调阶段，仅省会城市新型城镇化协调发展水平相对较高，中、下游地区新型城镇化协调发展水平好于上游地区。

表 7-9　2019 年黄河流域城市群城镇化水平

城市群	人口城镇化	土地城镇化	经济城镇化	生态城镇化
	常住人口中的城镇人口/常住人口（%）	建成区面积/城区人口（平方千米/人口）	人均地区生产总值（万元）	污水处理率（%）
关中平原城市群	51.71	1.17	4.10	94.82
呼包鄂榆城市群	72.51	2.51	11.92	97.22
兰州—西宁城市群	60.43	1.45	4.34	96.89
宁夏沿黄城市群	62.50	2.38	5.63	95.07

续表

城市群	人口城镇化	土地城镇化	经济城镇化	生态城镇化
	常住人口中的城镇人口/常住人口（%）	建成区面积/城区人口（平方千米/人口）	人均地区生产总值（万元）	污水处理率（%）
山东半岛城市群	62.01	1.74	7.24	97.94
山西中部城市群	61.65	1.43	5.11	96.31
中原城市群	53.48	1.45	4.92	93.67
黄河流域城市群总体	57.50	1.58	5.72	95.40

资料来源：人口城镇化指标来自各省市统计年鉴、各城市国民经济和社会发展统计公报、各城市政府工作汇报，缺失值采用插值法补充；土地城镇化、生态城镇化指标来自《中国城市建设统计年鉴》；经济城镇化指标来自《中国城市统计年鉴》。

2. 黄河流域乡村振兴情况

乡村振兴战略的总要求是产业兴旺、生态宜居、乡风文明、治理有效、生活富裕。乡村振兴的战略实施分"三步走"：到2020年，乡村振兴取得重要进展，制度框架和政策体系基本形成；到2035年，乡村振兴取得决定性进展，农业农村现代化基本实现；到2050年，乡村全面振兴，农业强、农业美、农业富全面实现。目前我们已经进入到第二个阶段。

从人口发展角度看，乡村振兴战略是面向全国乡村居民同时需要全国相关机构组织和市场主体参与的战略。当前，按照农民收入来分组，乡村人口可分为低收入人口和其他类型人口。由图7-1和图7-2可以发现，2018~2020年黄河流域城市群农村居民人均生活消费支出和农村居民人均可支配收入呈逐年上升趋势。其中，宁夏沿黄城市群和山东半岛城市群农村居民人均生活消费支出和农村居民人均支配收入在黄河流域处于较为领先地位，兰州—西宁城市群相对落后。根据2020年全国农村人均可支配收入数据，20%低收入户、20%中等偏下收入户、20%中等收入户、20%中等偏上收入户、20%高收入户的农村居民人均可支配收入分别为4681.45元、10391.60元、14711.65元、20884.48元和38520.26元。黄河流域整体处于中等及偏下收入状态，因此将黄河流域农村低收入人口纳入乡村振兴战略的扶持范围是十分必要的。

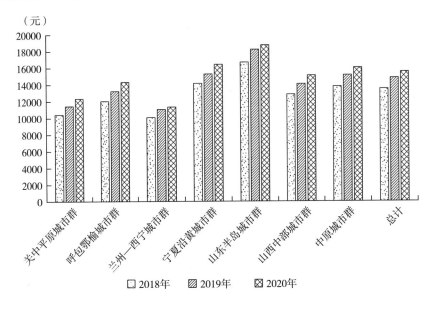

图 7-1 2018~2020 年黄河流域城市群农村居民人均生活消费支出

资料来源：人口城镇化指标来自各省市统计年鉴、各城市国民经济和社会发展统计公报、各城市政府工作汇报。

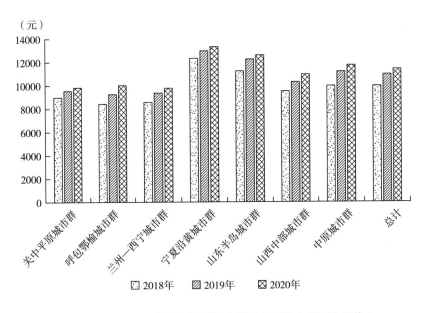

图 7-2 2018~2020 年黄河流域城市群农村居民人均可支配收入

资料来源：人口城镇化指标来自各省市统计年鉴、各城市国民经济和社会发展统计公报、各城市政府工作汇报。

3. 黄河流域新型城镇化和乡村振兴的关系

发达国家一般不从国家层面主导城镇化与乡村发展，而中国的城镇化与乡村振兴则是以国家战略自上而下推行，再加之黄河流域独特的地理和历史条件，以及处于不同发展阶段的不同区域城乡发展状况各异，黄河流域的新型城镇化和乡村振兴的关系具备区域特色。现阶段黄河流域处于城镇化水平和乡村振兴程度相对落后的阶段，乡村振兴战略对于城乡一体化的补充作用日益突出。

城镇化是涉及多个尺度或维度的社会空间过程，乡村振兴亦是如此。只有将新型城镇化与乡村振兴战略结合，才能实现城乡协同治理，实现城乡融合。全域城市化以城市发展和乡村振兴为抓手，城市发展以产业集聚为动力，乡村振兴以生态建设为依托。两者并非相互独立，生态环境之于城市正如产业发展之于农村；两者在相互融合之中通过土地、财政、环境和户籍等渠道进行法制化建设。

根据各地的目标和机制可以将全域城市化划分为三种类型：生态建设型、产业集聚型、城市综合型。首先，生态建设型主要针对生态条件良好、自然资源丰富、经济发展水平较高的地区来实施，这是对"两山"理论中青山绿水的经济效益的最好诠释。对于黄河流域主体功能区中限制和禁止开发区的县域，生态建设型全域城市化将是首选。其次，产业集聚型则主要针对近两年承接产业转移较多的县域，通过走"产城融合"道路——以县城为中心向四周有序拓展，配合基础设施建设，完善与周围其他城市的产业联系和城市体系的构建。特色小镇作为一种新型的产业分工型小镇，补充了县域尺度以下其他地区的发展思路，除了传统的制造业，农业观光、文化创意、深度旅游等行业都成为特色小镇可选择的主导产业。从产业兴市到产业兴县，本质上思路一致，但需要注重产业间的分工和协作。最后，城市综合型主要针对人的城市化问题提出，重点解决户籍带来的福利差异问题。这类全域城市化通常以土地制度改革为先导，进而对地方财政、户籍制度进行过渡性调整，最终实现城乡一体化（孙久文等，2018）。

二、黄河流域新型城镇化与乡村振兴的优化路径

为了推进黄河流域新型城镇化与乡村振兴，需要从以下四个问题入手：

第一，解决好黄河流域城乡一体化的实现途径问题。农村无法脱离城市而孤立地增长，城市也需要对农村进行反哺。就现阶段而言，加速实现黄河流域城乡一体化，实现城乡功能互补是重中之重。在政策层面，要为土地流转腾出必要的空间并提供可靠的保障，在城市化不断推进的背景下，为新时期的农村农业增长

提供充足的土地，这样在某种程度上也会防止"农村变城市、农田变工地"等不良趋势出现。此外，农村的发展根本在农业，在农民进城、务农人口持续下降的情况下，应大力推进土地规模化经营，提升单位农田产出，真正做到以农业作为区域核心增长动力，从根本上扭转农村的运转模式，加强农村居民的生活保障和基本服务。必须调整不同类别发展要素在不同区域和不同行业的配比，打造城乡互进、工农互促、城乡融合的全新城乡关系，形成你中有我、我中有你的良性互动，实现最大化的经济社会效益。

第二，解决好黄河流域农村发展的效率问题。由于农业在黄河流域产业中处于重要的战略地位，黄河流域需要大力发展农业农村经济，缩小城乡差距、提高农业的经济效率。首先，需要发展多样化的适度规模经营，深化社会分工并辅以农业社会化服务体系。其次，还需推进农业服务的专业化与跨区域规模化，特别是克服部分地段的先天劣势，促进农业经营主体与服务主体融合发展，实现农业生产专业化、集约化、组织化。效率不足一方面缘于供给主体单一，另一方面来自供给结构的失衡。因此，需要强化责任承包，明晰政府职责和管理权限，在法律基础保证制度可行的前提下适当引入民间资本参与公共服务，拓展教育和公共卫生等过去较少受到重视的领域的公共服务，从而保证公共服务供给的效率。

第三，解决好黄河流域农村发展的公平问题。首先，农户转型增收成功的一个关键点在于我国农业产业链的布局需要从面向城市慢慢转换为面向农村，可以通过现代化的数字技术和人工智能技术，提高农业生产的"天花板"，让以农民作为社员的专业合作社成为分享产业链价值增值的利润单位。其次，另一个关键点是通过着力打造两种类型的乡村居民点解决基础性公共服务的可及性问题，即乡镇驻地和小型的专业农户居民点。介于这两种类型居民点之间的规模适中的其他居民点，应该根据实际需要逐步引导其向这两种类型居民点方向发展。

第四，解决好黄河流域乡村振兴的科学评价体系构建问题。就内涵而言，乡村振兴不只是某个方面或者特定领域的进步，而必须是囊括了所有方面、软硬兼修的综合协调全面发展，诸如政治、经济、社会、文化和生态等方面必须都在评价体系中有所体现。增长的效益应与广大群众的需要相匹配，物质层面的富足和精神层面的饱满都是缺一不可的。此外，还不能忽视优化生态环境，要有意识地构建人与自然和谐相处、有机互助的氛围，使得各个群体都参与其中（孙久文和李承璋，2022）。

参考文献

［1］戈大专，陆玉麒，孙攀．论乡村空间治理与乡村振兴战略［J］．地理学报，2022，77（4）：777-794.

［2］苟兴朝，张斌儒．黄河流域乡村绿色发展：水平测度、区域差异及空间相关性［J］．宁夏社会科学，2020（4）：57-66.

［3］李豫新，欧国刚．黄河流域新型城镇化协调发展的空间分异及动力因素分析［J］．调研世界，2022（2）：31-40.

［4］刘海洋，王录仓，李骞国，等．基于腾讯人口迁徙大数据的黄河流域城市联系网络格局［J］．经济地理，2020，40（4）：28-37.

［5］刘永恒，王鹏杰．找准财政杠杆发力点"沟域经济"推动乡村振兴［J］．中国财政，2020（19）：33-34.

［6］孙久文，傅娟．主体功能区的制度设计与任务匹配［J］．重庆社会科学，2013（12）：5-10.

［7］孙久文，李承璋．共同富裕目标下推进乡村振兴研究［J］．西北师大学报（社会科学版），2022，59（3）：12-19.

［8］孙久文，李方方，张静．巩固拓展脱贫攻坚成果　加快落后地区乡村振兴［J］．西北师大学报（社会科学版），2021，58（3）：5-15.

［9］孙久文，苏玺鉴．论东北振兴中的城市精明增长战略［J］．社会科学辑刊，2020（5）：50-62.

［10］孙久文，夏添，李建成．全域城市化：发达地区实现城乡一体化的新模式［J］．吉林大学社会科学学报，2018，58（5）：71-80.

［11］孙久文，闫昊生．城镇化与产业化协同发展研究［J］．中国国情国力，2015（6）：24-26.

［12］孙久文．城乡协调与区域协调的中国城镇化道路初探［J］．城市发展研究，2013，20（5）：56-61.

［13］孙久文．新技术变革下的城乡融合发展前景展望［J］．国家治理，2021（7）：33-39.

［14］王登山，刘刘，冉毅，等．推动农村沼气高质量发展的思路与措施［J］．中国农业科技导报，2019，21（9）：12-19.

［15］王金华，谢琼．新型城镇化与乡村振兴协同发展的路径选择与地方经

验——全国新型城镇化与乡村振兴高峰研讨会暨第十七届全国社科农经协作网络大会会议综述 [J]．中国农村经济，2021（12）：131-137.

[16] 杨佩卿．新型城镇化和乡村振兴协同推进路径探析——基于陕西实践探索的案例 [J]．西北农林科技大学学报（社会科学版），2022，22（1）：34-45.

[17] 姚旻，赵爱梅，宁志中．中国乡村旅游政策：基本特征、热点演变与"十四五"展望 [J]．中国农村经济，2021（5）：2-17.

[18] 叶超，于洁．迈向城乡融合：新型城镇化与乡村振兴结合研究的关键与趋势 [J]．地理科学，2020，40（4）：528-534.

[19] 叶强，赵垚，谭畅，等．新时期沿黄省会城市商业空间结构及其空间服务能力 [J]．自然资源学报，2021，36（1）：103-113.

[20] 叶兴庆．在畅通国内大循环中推进城乡双向开放 [J]．中国农村经济，2020（11）：2-12.

第八章　黄河流域城市群资源环境约束分析与生态保护实施进展

　　水资源是重要的战略性资源，是维持生态系统健康运行的重要因素。我国人均水资源占有量少，区域分布不均衡。黄河流域面积占全国国土面积的8.3%，人口总量约占全国总人口的12%，粮食产量约占全国的13%，然而径流量只占全国的2%（水利部黄河水利委员会，2013）。为了缓解华北地区和中部地区缺水问题，我国先后实施了南水北调东、中线工程进行跨流域水资源配置，并取得了良好成效。黄河下游受水区水质显著提升，地下水资源利用率显著降低。2018年，东、中线工程受水区地下水利用率分别较调水初步启动时降低8.08个和34.19个百分点。然而，黄河上中游地区水资源短缺问题依然严峻，西北地区是一个干旱、半干旱的生态区，多年平均降水量为200~400毫米，而年蒸发量却在1100毫米左右，甘肃、宁夏和内蒙古等部分地区年蒸发量最大可超过2500毫米，预计2030年流域缺水总量将达到138.4亿立方米（水利部黄河水利委员会，2013），水资源已经成为阻碍黄河流域长期可持续发展的重要因素。《黄河流域生态保护和高质量发展规划纲要》指出，要改善黄河流域生态环境，优化水资源配置，促进全流域高质量发展。补齐水资源紧缺短板，对于促进黄河流域生态保护和高质量发展具有重要意义。

第一节　黄河流域城市群资源环境约束分析

　　本节通过计算水资源负载指数分析黄河流域现有水资源开发利用程度以及未来开发潜力，并对该指标进行分解，从经济和环境两方面分析地区水资源约束状况。

一、研究方法

水资源负载指数用于评价区域水资源开发利用水平，综合反映在一定的经济社会发展情况下的水资源开发利用程度以及未来利用潜力。该方法最初利用人口数量、农业灌溉面积和水资源总量进行计算（景来红，2016）。考虑到地区发展模式的差异，有学者对该指标进行改进，将农业灌溉面积替换为地区生产总值，研究了京津冀都市圈的水资源利用情况（史鉴等，2002）。由于该方法计算较为简便，含义较为清晰，较多学者将其用于分析国家级（杨艳昭等，2019）、流域级（张丹等，2008）、市级（封志明和刘登伟，2006）、县级（王丽霞等，2013）等层面的水资源开发利用情况。本节选取该指标进行计算，公式如下：

$$C = \frac{k\sqrt{P \times G}}{W} \tag{8-1}$$

$$k = \begin{cases} 1, & R \leqslant 200 \\ 1.0 - \dfrac{0.1(R-200)}{200}, & 200 < R \leqslant 400 \\ 0.9 - \dfrac{0.2(R-400)}{400}, & 400 < R \leqslant 800 \\ 0.7 - \dfrac{0.2(R-800)}{800}, & 800 < R \leqslant 1600 \\ 0.5, & R > 1600 \end{cases} \tag{8-2}$$

其中，C 为水资源负载指数；P 为人口数量（万人）；G 为经济生产总值（亿元）；W 为水资源总量（亿立方米）；k 为与降水相关的系数；R 为降雨量（毫米），降雨量越多，系数 k 越小，水资源负载力越小。

根据水资源负载指数高低，将各地区水资源开发利用潜力分为 5 个等级，如表 8-1 所示。

表 8-1　水资源负载指数分级评价

级别	C 值	水资源利用程度	水资源开发评价
I	>10	很高，开发潜力很小	艰难，有条件时需要外流域调水
II	5~10	高，开发潜力小	开发条件很困难
III	2~5	一般，开发潜力一般	开发条件中等

续表

级别	C 值	水资源利用程度	水资源开发评价
IV	1~2	低，开发潜力大	开发条件较容易
V	<1	很低，开发潜力较大	兴建中小工程，开发容易

资料来源：笔者根据已有研究整理。

由于水资源开发利用状况涉及经济社会和自然环境两大系统，本节进一步对该指标进行分解，利用水资源总量等于总供水量除以水资源利用率，将该指标拆分为水资源经济负载指数和水资源环境负载指数两大部分。如式（8-3）至式（8-5）所示，S 为总供水量（亿立方米）；U 为水资源利用率；C_1 为水资源经济负载指数，由地区人口总量、地区生产总值、总供水量计算得到；C_2 为水资源环境负载指数，由降水相关系数、水资源利用率计算得到。因此，水资源负载指数等于水资源经济负载指数乘以水资源环境负载指数。

$$C = k \times \frac{\sqrt{P \times G}}{S} \times \frac{S}{W} = \frac{\sqrt{P \times G}}{S} \times \left(k \times \frac{S}{W} \right) \tag{8-3}$$

$$C_1 = \frac{\sqrt{P \times G}}{S} \tag{8-4}$$

$$C_2 = k \times U \tag{8-5}$$

水资源经济负载力与区域产业结构、经济增长模式相关，受人类经济社会活动影响，该指标越大说明对水资源的利用率越高，单位水资源能够承载的经济总量及人口数量越大，经济发展和人口增长对水资源依赖程度越低。需要注意的是，水资源经济承载力并非越高越好，尽管该值越高说明水资源对经济社会发展的制约程度较小，但是也会带来产业结构不平衡的问题，导致区域经济韧性下降，适度的水资源经济承载力能够更好促进经济可持续发展。水资源环境承载力由地区自然环境和水利工程发展水平决定，受降水量、水资源总量的影响，该值越大说明生态环境压力越大，越不利于生态环境保护和资源的可持续利用。通过以上分解，我们能够更加具体地分析地区水资源压力较大的原因。

本书选取 2020 年为评价年份，数据来源于各省份水资源统计公报和各地级市国民经济和社会发展公报。

二、黄河流域城市群水资源约束情况分析

从整体来看，黄河流域水资源负载程度较高。2020 年，黄河流域各城市群

平均水资源负载指数为 89.09，属于Ⅰ类地区，水资源整体开发利用程度较高。从地级市尺度来看，除兰州—西宁城市群的临夏回族自治州、海东市、海北藏族自治州、海南藏族自治州和黄南藏族自治州以外，其他城市群内部各城市的水资源负载指数均高于 10，属于Ⅰ类地区。比较各城市群发现，2020 年宁夏沿黄城市群水资源负载指数最高，达到 244.89，其次为中原城市群，山东半岛城市群和山西中部城市群紧随其后，两者水资源负载情况相对较为接近，兰州—西宁城市群体水资源负载压力最小（见表 8-2）。

对于水资源较为稀缺的地区，在没有跨区域调水的情况下，解决水资源供需失衡的方式基本可以划分为两种：一种是从供给端出发，通过蓄水、引水等水利工程缓解水资源时间分布不均衡的问题，即提高水资源环境负载力；另一种是从需求端出发，转变经济发展模式，发展节水型产业，降低人均生活用水量，提高水资源利用效率，即提高水资源经济负载力。按照上文提到的分解方法，本书对各城市群水资源负载指数进行分解，并将其与全国平均水平进行比较，结果如表 8-2 所示。从水资源经济负载指数来看，除宁夏沿黄城市群以外，其他各城市群的经济负载指数均高于全国平均水平，说明黄河流域各城市群在水资源约束下已经逐步转变经济发展模式，产业结构向节水型产业转型，而宁夏沿黄城市群农业占比仍然较高，经济效益相对较低，产业结构仍然有待进一步转型。从水资源环境负载指数来看，黄河流域所有城市群均高于全国平均水平，其中宁夏沿黄城市群最高，中原城市群也相对较高，其他城市群环境负载情况相对较为接近，这些地区可以通过修建相应的水利工程、增加水资源供给的方式解决水资源短缺问题。总结来看，黄河流域城市群水资源负载压力明显高于全国平均水平，无论是从供给端还是需求端缓解水资源短缺问题的空间均较小，水资源对地区发展的制约相对较大。

表 8-2　2020 年黄河流域城市群水资源负载情况

	水资源负载指数	水资源经济负载指数	水资源环境负载指数
关中平原城市群	58.99	128.76	0.56
呼包鄂榆城市群	58.95	83.89	0.69
兰州—西宁城市群	44.00	68.43	0.67
宁夏沿黄城市群	244.89	19.43	11.99
山东半岛城市群	62.34	133.44	0.64

续表

	水资源负载指数	水资源经济负载指数	水资源环境负载指数
山西中部城市群	69.78	119.79	0.52
中原城市群	84.70	99.89	0.91
全国平均水平	8.91	64.85	0.14

资料来源：笔者测算后整理。

三、水资源约束产生的间接资源环境约束效应分析

黄河流域受水区矿产资源丰富，是全国重要的能源资源基地，煤炭、石油、天然气、铀、镍、铅锌、稀土、石墨、锂等资源储量在全国居重要位置。根据《全国矿产资源规划（2016-2020 年）》，在国家拟建设的 103 个能源资源基地中，受水区共占有 32 个，占全国数量的 31.07%。目前，受水区已探明煤炭资源储量占全国的 50%左右（水利部黄河水利委员会，2003），是我国重要的能源产品生产区。2020 年，受水区生产的原煤和天然气产量分别占全国的 74% 和 38.54%。从现有产业格局来看，受水区优势产业主要为资源型产业。受水区各省份在黑色金属、有色金属冶炼和压延加工业都具有较为明显的优势，除山西以外的其他省份在化学原料和化学制品制造业方面也具有优势，其他优势产业还包括煤炭、石油、天然气开采和洗选业等采矿业。水资源对于矿产资源的开发和加工非常重要，受水区现有产业大多为高耗水产业，水资源稀缺会制约受水区的工业发展。

水资源是农业生产的基础，水资源的稀缺将会严重限制农业发展。对于降水量在 400 毫米以下的干旱、半干旱地区，必须依靠农田水利工程保障农业用水（赵芸逸和李先涛，2016）。除山西和陕西两省以外，受水区其他六省份年均降水量均在 400 毫米以下，水资源总量仅占全国的 7.82%，而种植面积却占全国的 14.21%，这就导致大部分耕地得不到有效灌溉。当前，受水区耕地灌溉面积为 36.61%，低于全国 41.39%的平均水平。灌溉耕地占比减少降低了农业总产出量，除山西和陕西外的平均每亩粮食产量为 318.82 千克，明显低于全国 381.31 千克的平均水平。随着人口的增长和消费水平的提高，未来我国可能将面临粮食供需紧张局面。由于城镇化建设限制了耕地面积的无限扩张，提高单位面积产量成为保障粮食安全的重要途径，黄河流域水资源短缺问题将限制农业生产效率的

提高（乔源，2020）。

此外，黄河流域水资源短缺限制了城镇化进程，阻碍人口向城市集聚。不论是城镇居民还是农村居民，黄河流域人均生活用水量均低于全国平均水平，尤其是城镇居民与全国平均水平相差较多，生活用水相对较为紧缺。部分经济相对发达、人口聚集更多的地区水资源紧缺状况则更为严峻，尤其是城镇地区，其人口密度相对较大，地表水资源难以满足工业和居民生活用水需求，地下水成为供水主要来源，导致地下水资源存在超采状况。根据 2020 年部分省份水资源统计公报数据，西安、太原、呼和浩特等省会城市地下水超采情况严重，地下水资源利用率分别为 58.71%、46.78% 和 59.42%，已经超过国际公认的 40% 的警戒线；地下水超采面积分别为 601 平方千米、1938 平方千米和 1032 平方千米，分别占城市总面积的 6.17%、27.86% 和 6.00%。当前，黄河流域大部分地区产业仍以资源型工业为主，现代化产业体系不完善，亟须发展高科技产业提高经济增长潜力。部分城市率先出台了人才吸引政策，如西安通过宽松的政策条件吸引人才流入，快速成为人口超千万的城市。预计未来其他城市也会相应出台更多人才吸引政策，黄河流域人口将会保持继续增长，人口流入将会进一步加重城市水资源负担。随着城镇化进程的推进，人口不断向城市集聚，人均用水量可能会随着城镇生活方式的转变进一步增加，水资源压力将会更大。水资源短缺限制了人口集聚和经济发展，阻碍了城市化进程，也会对城镇化的可持续发展带来负面影响（曹祺文等，2019）。

第二节　黄河流域城市群生态环境基本情况与特征

一、黄河流域城市群生态环境基本情况

兰州—西宁城市群位于黄河流域上游，是国务院规划的黄河流域城市群之一，以甘肃和青海的省会城市兰州和西宁为中心，囊括甘肃定西市、青海海东市及海北藏族自治州等 22 个地州市经济带，是我国西部重要的跨省区城市群。兰州—西宁城市群多年平均水资源总量 180 亿立方米。兰州—西宁城市群地处青藏高原与黄土高原过渡地带，北仗祁连余脉，中拥河湟谷地，南枕青藏草原，地势

整体西高东低，海拔从1300米到5000米不等，多年平均降水量在300~500毫米。境内除黄河干流以外，还有左岸一级支流湟水河、右岸一级支流洮河、左岸二级支流大通河等河流，以及一个国内最大的咸水湖泊青海湖，该区域是国家擘画的水源涵养和生物多样性保护重要生态功能区。

宁夏沿黄城市群是以黄河中上游引黄灌区和包兰铁路线为依托，以地缘相近、交通便利、经济关联度较高的银川为中心，石嘴山、吴忠、中卫3个地级市为主干，青铜峡、灵武、中宁、永宁、贺兰、平罗县城和若干个建制镇为基础，形成大中小城市相结合呈带状分布的城镇集合体，区域面积2.87万平方千米。宁夏沿黄城市群正是大西北干旱、半干旱区中条件最好的绿洲，黄河冲积形成的宁夏平原肥沃的土壤、黄河优质水源以及丰富光热资源的组合，为农牧渔业高产稳产奠定了良好的自然基础；西侧的贺兰山与平原相对高差2000多米，阻挡了西来的寒流、风沙；山中现有天然次生林，有利于涵养水源、调节气候，构成平原的天然生态屏障。银川平原渠沟纵横、湖沼广布，湿地效应和绿洲效应使气候温和、相对湿度增加，是大西北少有的适宜人居的绿洲城镇群。宁夏沿黄城市群是黄河流域上游城市群的精华地带，是我国黄河流域富有特色的十大"新天府"之一。

呼包鄂榆城市群土地广阔，位于华北西部的黄河沿岸，农牧业发达、耗水量大。呼包鄂榆城市群包括呼和浩特、包头、鄂尔多斯和榆林。其中呼和浩特、包头、鄂尔多斯作为内蒙古自治区的"金三角"，位于内蒙古中西部的核心区，与榆林以三角形状排列且沿黄河呈条带状分布。在呼包鄂榆城市群构建的"一轴一带多区"空间格局中，呼和浩特起区域中心城市作用，而包头、鄂尔多斯、榆林具有区域重要节点城市地位。呼包鄂榆城市群生态环境脆弱，若开发不当易加剧水土流失和沙尘暴，蒸发量大但降水量少的问题制约着区域地表径流量，独特的气候特征及地貌格局造成了呼包鄂榆城市群突出的水资源供需矛盾。2019年，呼包鄂榆城市群农业生产用水量占生产用水量的73.92%，占用水总量的61.27%。由于独特的地形地貌和气候特征，呼包鄂榆城市群作为典型的资源型缺水地区，以脆弱的水系维持着当地的产业发展和居民生存。而近年来人口增加和城市化进程加速扩大了对水资源的需求，水资源短缺问题威胁着城市群经济发展和居民生活安全。

关中平原城市群地处我国西北地区内陆，区域地质地貌复杂，向南为陕南山地和秦岭山脉，向北为黄土高原，中部为渭河下游河谷平原。以西安为核心，横跨陕西、甘肃、山西三省。关中平原城市群是华夏文明的重要发祥地和古丝绸之路起点、西部地区的交通物流枢纽、西北地区极具发展潜力的经济增长极，在国家现代化建设大局和全方位开放格局中具有独特战略地位。"一带一路"倡议为关中平原城市群发展带来了历史性的机遇，但区域内水资源短缺、水污染严重、空气质量恶化等资源环境问题也成为城市群发展的限制性因素。

山西中部城市群地处山西腹地，位于太行山、吕梁山之间的晋中盆地和忻定盆地，东西两侧山地高峻、面积较小，中部盆地平坦开阔、范围较大，内部主要河流为汾河、滹沱河。东西边缘山地有天然林和灌草丛分布，尤其在西部的关帝山林区森林覆盖率较高；盆地内以农田耕种为主，是山西省重要粮食产区；环盆地边缘为串珠式的城镇密集带。山西中部城市群是山西省的人口和经济密集区，也是城镇化水平较高的区域，目前正在全力推进一体化和高质量发展。

中原城市群是以郑州为中心，包括洛阳、开封等城市的国家级城市群，地处我国沿海开放地区与中西部地区的接合部，东临山东半岛城市群，西毗关中城市群，是黄河流域发展格局中极具活力和潜力的核心地区。中原城市群地跨长江、淮河、黄河、海河四大流域，涵盖大别山、桐柏山、太行山、伏牛山，是南水北调中线工程的水源地和国家重要的生态环境保护区。该区域生态系统较好，自然资源总量较大，同时人口密集，是我国人口和经济活动高度密集的地区，该区域的黄河流域部分是黄河流域社会经济发展与生态环境保护矛盾突出的地区之一。

山东半岛城市群是山东省重点发展的先导区，是我国的人口密集区，也是黄河中下游的出口区。山东省具有地理位置优势，是东北亚区域合作的前沿，经济发展快，工业基础强，城镇体系相对完善，综合交通网络发达。随着山东半岛城市群经济的快速发展，环境压力在短时间内急剧上升。城市建设用地骤然扩张，大面积占用生态用地，使得城市生态系统以及生态环境的自我恢复功能受到破坏。随着能源与资源的大量消耗，在城市化与居民生活水平迅速提高的同时，山东半岛城市群生态环境不断恶化。受黄河下游水沙比例不协调的长期影响，黄河山东段的地上河特征十分明显。黄河对流域周边水生态的影响基本上是单向的，无法形成双向生态互补的水文系统，长此以往，黄河下游山东段的水资源过境水量持续递减，水沙矛盾问题持续突出。生态环境脆弱和资源环境的高负载是黄河流域的基本态势，脆弱的生态环境和高强度的资源环境承载使黄河流域长期处于巨大的压力状态。从山东半岛城市群看，济南、泰安的部分山区存在发生滑坡、坍塌、泥石流等地质灾害的风险；聊城至滨州的黄河冲积平原区水污染比较严重，且森林覆盖率较低；德州黄河冲积平原和滨州临海地区的地下水过度开采现象严重，导致地面沉降和海水倒灌。此外，山东半岛城市群大部分耕地靠黄河水灌溉，携带泥沙较多，土地沙化和水土流失严重。

二、黄河流域城市群生态环境测度方法

黄河流域生态本底脆弱，水资源刚性约束强，是我国特殊的地理经济区，需要充分平衡生态保护和经济发展的关系，其高质量发展就是要促进生态环境和经济社会全方位、协调可持续的发展，因此衡量生态保护的指标选取十分关键。

为此，本书根据既有文献，结合"十四五"时期经济社会发展主要指标和《黄河流域生态保护和高质量发展规划纲要》（以下简称《纲要》）中黄河生态经济带的区域特色，构建了包含 18 个指标的生态环境评价指标体系（见表 8-3）。

表 8-3　黄河生态经济带生态环境评价指标体系

一级指标	二级指标	三级指标	单位
生态环境	生态状态	森林覆盖率	%
		人均耕地面积	千公顷/万人
		人均绿地面积	公顷/万人
		年降水量	毫米
		年平均气温	°C
	生态压力	万元 GDP 工业废水排放量	万吨
		万元 GDP 工业废气排放量	亿标立方米
		万元 GDP 工业固体废物产生量	万吨
		人均用水量	立方米
		人均用电量	度
		单位 GDP 能源消耗	立方米/万元
	生态响应	工业废水排放达标率	%
		工业固体废物综合利用率	%
		生活垃圾无害化处理率	%
		城镇生活污水处理率	%
		空气质量优良率	%
		万人绿色专利数	件
		PM2.5 浓度	微克/立方米

资料来源：笔者根据已有研究设计。

在选取生态环境系统的指标时，参考《纲要》、"十四五"规划及现有相关文献，遵循"共同抓好大保护、协同推进大治理"建设原则，以生态保护的压力—状态—响应（PSR）理论为依据（孙黄平等，2017），选取 18 个三级指标用以表示和衡量生态保护的发展情况。《纲要》指出以三江源、祁连山、秦岭、贺兰山等区域生态保护建设为重点，上中下游治理方案各不相同，因此生态状态指标较为全面地考虑了森林、自然、耕地、水等多种资源来表示环境的发展水平；生态压力指标衡量人类生产生活对生态环境所造成的压力，根据《纲要》中统筹水资源分配利用与产业布局、城市建设的要求，考虑了产业布局与城市群建设对于生态造成的压力；参照"十四五"规划提出的完善市场化、多元化生态补偿，鼓励各类社会资本参与生态保护修复，同时参照《纲要》要求的完善黄河流域生态补偿、水资源节约集约利用等法律法规制度，用生态响应指标表示人类保护生态和防止生态环境进一步恶化所做的弥补措施。总之，本书通过压力—状态—响应的三方结合，能够在考虑黄河生态经济带人与自然交互关系的同时，还考虑到人类经济行为与生态之间的系统作用关系。

本书采用的测度方法为综合发展指数法，具体测度方法如表 8-4 所示。综合发展指数方法首先通过标准化处理消除省份和数据间的量纲差异，使得各城市群之间具有可比性，然后基于生态环境系统的综合评价指数进行生态环境发展水平与特征情况的测度。

表 8-4　测度方法

	计算公式	变量释义	作用
极差标准化	正向指标：$y_{ij} = \dfrac{X_{ij} - X_{ijmin}}{X_{ijmax} - X_{ijmin}}$ 负向指标：$y_{ij} = \dfrac{X_{ijmax} - X_{ij}}{X_{ijmax} - X_{ijmin}}$	y_{ij} 为标准值；X_{ijmax}、X_{ijmin} 分别为系统 i 指标 j 的最大值和最小值；X_{ij} 为系统 i 指标 j 的值	消除数据间屏蔽效应和量纲差异
熵权法	$p_{ij} = y_{ij}/\sum\limits_{i=1}^{n} y_{ij}$ $E_j = -\ln(n)^{-1}\sum\limits_{i=1}^{n} p_{ij}\ln p_{ij}$ $w_i = \dfrac{1 - E_i}{n - \sum E_i}$	w_i 为各指标权重；p_{ij} 为第 i 个城市指标 j 的比重；E_j 为指标的信息熵；n 为地级市的个数	客观确定指标权重
综合发展指数	$U = \sum\limits_{i=1}^{m} w_i y_{ij}$	U 代表系统的综合功效；m 为地级市的个数	获得系统的综合效益

资料来源：笔者根据已有研究整理。

三、黄河流域城市群生态环境的特征分析

从生态环境系统综合发展指数看，如图 8-1 所示，黄河流域生态环境的发展水平整体上在 2007~2016 年快速上升，之后又有先降后升的变化，这反映出黄河流域多个省份出台《环境保护"十二五"规划》后显著改善了生态环境。2016 年以前，上游的兰州—西宁城市群的生态发展在全流域中最为缓慢。2016 年以后，黄河"几"字弯都市圈生态发展较为缓慢。

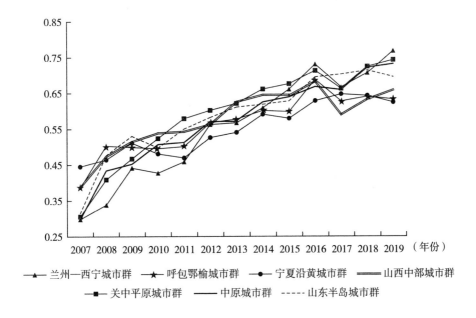

图 8-1 2007~2019 年黄河流域城市群生态环境综合发展指数

资料来源：笔者测算后整理。

2007~2016 年，黄河流域城市群依托自身特殊的经济地理区位，借助城市扩张和人口集聚，利用后发优势实现经济的快速发展。上游城市群矿产资源的开发利用给生态环境带来较大压力，导致其生态系统综合发展水平落后于中下游城市群。《黄河流域生态保护和高质量发展规划纲要》指出，黄河流域生态本底脆弱，多年平均水资源总量在 647 亿立方米，不到长江的 7%，随着经济低质量发展导致资源环境约束加剧，重污染天气出现频率增大。

2017 年，黄河流域城市群整体过渡到了生态环境水平良好的阶段，尤其是

中原城市群，生态环境综合发展水平最高。除山西中部城市群以外，黄河流域其余六个城市群的大部分城市生态环境均达到了较为良好的发展状态。一方面，经济总量持续增长；另一方面，区域生态安全协作稳步启动，黄河"几"字弯都市圈加强联系，生态环境共保共治，如宁夏与甘肃签订水污染联防联控协议，与内蒙古签订大气污染治理协议等，实现了空气质量的明显改善，以及黄河干流"Ⅱ类进Ⅱ类出"的优水质成果，促进了生态系统的综合发展水平逐渐提升。

2018~2019 年，黄河流域部分城市群的生态环境综合发展指数出现小幅下降。随着黄河流域生态安全得到更多重视，各城市群开始注重通过提高资源利用效率、改善人民生活质量的方式推动高质量发展、资源优化配置、要素有序流动，生态环境进而好转，生态环境综合发展指数继续上升。2019 年，黄河流域有四个城市群的生态环境综合发展指数低于黄河流域平均值。仅关中平原城市群、中原城市群和兰州—西宁城市群的生态环境综合发展指数高于平均值，表明这三大城市群的生态保护工作成效显著，能耗"双控"工作开展较为顺利，而其余城市群仍需加强环境保护。

总的来说，黄河流域城市群经历了生态环境综合发展指数先上升后下降的发展趋势。黄河流域上、中游资源环境较为脆弱，经济发展水平也与全国平均水平存在较大差距。同时，由于生态保护是长期性工作，随着经济发展的推进，城市对资源的需求不断增长，导致对自然资源的损耗加剧，进而继续恶化生态环境，降低了城市群居住环境的舒适度和投资环境的竞争力。

第三节　黄河流域城市群生态保护实施进展与经验案例

推进黄河流域生态保护和高质量发展需要以保障产业发展为重点，拓宽投资消费渠道，在解决好黄河流域水资源问题的基础上，依托经济发展加大生态环境保护投入力度，遵循"大保护"和"大治理"原则以推动黄河流域高质量发展，切实推进黄河流域生态环境改善和发展质量提高。在政策支持和立法保障的双重维护下，促使"五极"所涵盖的七大城市群发挥各地比较优势，走出具有黄河流域特色的发展道路，推动生态保护和高质量发展。

一、上游城市群生态保护实施案例

宁夏沿黄城市群和兰州—西宁城市群地处黄河上游，围绕提升上游"中华水塔"水源涵养能力，注重绿化、还草、治水、治沙，开展营造西部生态屏障的生态文明建设和生态保护工作，对于黄河流域上游生态环境发展具有较大作用。

"共同抓好大保护、协同推进大治理"是完善黄河生态系统建设主要原则。黄河流域水资源约束一直是地方生态环境脆弱和农业发展受限的主因，资源型城市和发展重工业的城市较多，亦导致黄河流域上游城市群的空气质量有待进一步改善。在兰州—西宁城市群中，以兰州和西宁为中心的中东部地区水资源本地条件不容乐观，而城市群南部、西部、北部的黄南州、海南州、海北州都是水资源丰富区域，因此兰州—西宁城市群未来的水资源规划还有很大的发挥空间。为了解决农业用水效率低下、二三产业中高耗水产业比重偏大的问题，兰州—西宁城市群大力推行多元化节水型农业，发展低耗水、高效益的绿色产业。

同时，上游城市群依靠绿色生态技术、种植结构、种植与生产经营模式尽可能减少对环境的负面影响，实现农业与绿色发展齐头并进。例如，宁夏沿黄城市群通过调整产业结构，进一步加强清洁能源、水力、天然气、煤层气的开发建设，改善能源结构，积极发展环保型产业。中宁县、贺兰县、利通区和沙波头区等地区利用其自身特色，发展生态旅游，同时利用枸杞发展特色农业，加快建设绿色枸杞农业带和特色农产品加工业，建设生态农业发展基地。

二、中游城市群生态保护实施案例

中原城市群、关中平原城市群、山西中部城市群、呼包鄂榆城市群地处黄河中游，具有干旱少雨、水土流失严重、资源型城市较多的共同特征，它们形成了从银川经呼和浩特至太原三个中心城市辐射发展的黄河"几"字弯都市圈。

经济发展与环境保护并行能够较好地促进黄河中游城市群生态保护措施的实施。黄河"几"字弯都市圈从公共交通、公共教育、公共卫生、公共文化等多领域切实提高服务质量，促进彼此间的经济交往和沿黄环保共治合作，保障各方主体根本权益，加强了人口的集聚和流动，为黄河流域中游城市群生态保护提供了助力。自2014年12月南水北调中线工程正式通水以来，郑州、许昌等受水区城市的水资源短缺问题得到缓解，在河南省"百城建设提质工程"和"以绿荫城、以水润城"建设目标指引下，中心城市郑州的城市生态环境得到较大改善，河流和湖泊生态系统面积增加。在生态文明理念的指导下，近年来中原城市群各市对生态环境保护力度日益加大，"三屏四廊"主体生态空间的自然资源得到了较好保护，生态质量得到提升。呼包鄂榆城市群从形成区域共识、协同推进生态共建共保、协同推进体制机制创新和优势产业、文化旅游、经贸交流、科技创新、人力资源合作方面提出合作，紧密围绕保护、治理、发展3个关键点，致力于保护和治理的系统性、整体性、协同性，在发展中保护、在保护中发展。鄂尔多斯与榆林两地，同样作为"煤炭大市"具有较为深厚的合作基础。一方面，在着眼于清洁能源发展的基础上，实现业务的拓展和错位发展；另一方面，两地共享碳封存的科技设施、技术成果，降低高新减碳技术的研发成本。山西中部城市群依据《山西省水环境质量巩固提升2021年行动计划》，强化河岸缓冲带建设，沿河（湖、库）两岸建设植被缓冲带和隔离带，汾河及入黄主要支流城市段沿岸堤外50米、其余支流城市段堤外30米范围内实施植树种草增绿，保护水域及其岸线空间。岩溶大泉是城市重要生活水源，然而"煤长水短"，采煤对地下水的破坏一直是山西的重点问题。利用采空的煤矿建设地下水库以增强城市排水能力，利用固废煤矸石填埋矿井以预防山体垮塌，均有助于减少黄河水患灾害影响。同时推行煤铝共采试点，稳步推进矿区生态修复，实现能源开发利用与生态协同治理。

除此之外，现代化的产业发展也有助于中游城市群实现生态环境高质量发展。黄河流域城市群间产业发展存在一定差异，基于已发布的各城市群发展规划可知，黄河"几"字弯都市圈在已有能源、冶金和畜牧业发展优势的基础上提出要建设高端能源化工、战略性新兴产业和绿色农畜产业生产加工产业集群，而中原城市群则是在自身地理位置较优、制造业发展水平较高的基础上指出要成为先进制造业和现代服务业基地、内陆地区双向开放新高地。山西中部城市群在东西两侧山地丘陵区限制人为活动，而在中部盆地河谷区则合理布局、有序扩张，尤其加大耕地保护力度，坚持节约集约用地，以新兴产业发展推动经济总量扩大，新能源和清洁能源进一步锻长板：一是扩大太阳能、风能等新能源的应用，开发区的新建厂房要在房顶上加装风电、光伏装机；二是重视晋北地区的地热资源利用，要在新建的建筑物和公共场所推广使用；三是提高煤层气资源产量，马兰矿以高瓦斯矿井为主，把电厂的烟气注入矿井，提高井内温度以提高抽采煤层气的效果；四是强化甲醇作为重要清洁能源的利用，加强二氧化碳加氢制甲醇作为汽车燃料的技术攻关，实现出租车甲醇燃料全面应用；五是倡导地下核电厂及核能综合应用的发展布局，推广利用高温气冷堆碳中和制氢产业技术，把核能产生的绿氢和煤化工耦合，使煤由燃料转变为原料，降低火电的装机占比，降低碳排放强度。此外，山西中部城市群还大力发展碳捕集、碳封存技术，压缩废旧矿井中的空气，建立存放二氧化碳的碳库；大力开发煤矿智能化改造，结合传统产业数字化，建设 5G+智慧矿山。山西中部城市群依托山西省能源革命综合改革试点优势，抢抓政策机遇接续发展传统产业，科学测算碳排放权。一方面，要把静态的底数摸清楚，特别是对六大传统高耗能行业企业和其他行业重点用能企业实施精细化碳排查。遏制"两高"项目盲目发展，坚决按照"上大压小，产能置换，淘汰落后，先立后破"原则，限期调整退出。另一方面，要建立全省及分行业能耗动态在线监测平台，煤炭、焦炭、电力、燃气、蒸汽等所有能源进场都要有严格准确、实时的计量。借助主流媒体力量，增强全社会节能意识，推动形成政府主导、企业主体、市场驱动、全社会参与的工作局面，动员各类市场主体和机关事业单位主动节能、科学用能、高效管理，焦煤、晋能控股集团等国有企业带头压缩落后产能、实施技术改造、推广低碳零碳负碳技术等。

由此可以看出，创新是黄河流域中游城市群发展的重点，也是未来的战略关键。要积极指导挂牌筹建国家能源实验室基地，给予民营企业税收信贷政策扶持和研发津贴，鼓励省内高校聚焦能源和材料领域，支持高层次技术人才的市场化引进和专业化培养。同时，基于本地资源优势和发展目标，构建适宜的产业结构，利用现代化发展诉求与科学治理形成现代产业体系，从而促进产业绿色发展。

三、黄河下游城市群生态保护实施案例

山东半岛城市群地处黄河下游，主要是以经济发展为主导加快新旧动能转换，优化城市发展格局，从而促进生态环境的保护与发展，这一驱动机制与该城市群地处沿海，经济发展水平、人口集聚和创新实力相对较高有着紧密联系。一方面，科技创新可以对城市经济发展和生态环境保护起到支撑，搭建产学研联通共享的绿色研发平台，结合技术转移共同实现黄河流域生态与经济的协调高质量发展；另一方面，管理或技术上的优化创新能够有效推动产业结构优化升级。

改革开放以来，山东半岛城市群沿黄九市重化工业占比持续偏高，经济发展对资源能源依赖较强，对生态环境保护造成较大压力，经济社会发展中还存在不少矛盾和制约，发展不平衡不充分的问题比较突出，经济增长动力不足，民间投资活力匮乏，经济发展效率低下，并且以科技创新为主要推动力的现代经济增长模式尚未形成。因此，山东半岛城市群决定推动济南和青岛联动发展，共建黄河

流域高质量发展引擎，协同推进济南、青岛新旧动能转换取得突破、塑成优势，构建以十强制造业为主体的特色优势产业集群，加强沿黄地区内部的协同发展。在这些举措中，各类改革试点应运而生，包括协同推进建立自由贸易试验区、自主创新示范区、城乡融合发展试验区、国家物流枢纽联盟等。不仅如此，山东半岛城市群围绕共建现代化城市群新典范，统筹城乡经济社会发展，促进公共服务均等化，支持户籍便捷迁徙、居住证互通互认、社保关系无障碍转移，拓展异地就医直接结算覆盖面，合作建设养老服务机构，打造教育、公共卫生应急一体化发展试验区。

基于此，山东半岛城市群依托优势产能，推动流域内先进产业相互合作，成功搭建了沿黄产业生态补偿示范带。一是发挥工业互联网平台优势，数字赋能传统产业发展。基于山东半岛城市群在工业互联网发展上的先发优势，积极拓展数字赋能新旧动能转换的经济飞地，以共建数字制造产业园、共建先进制造业合作示范带、协作实施数字赋能流域产业链工程等方式，寻求与中原城市群、关中城市群等黄河流域主要城市群和重要制造业基地在产业链数字化转型升级上的合作。二是注重培育绿色发展新动能，放大绿色发展优势。在流域主体功能区划分明确、自然资源确权、水资源产权明晰的基础上，根据不同城市群的特点探索生态产品价值实现路径，或建立纵向与横向相补充的生态补偿机制，或引入市场交易机制，或研究出台跨区域生态产品价值核算办法并开展市场化试点。三是加强流域能源合作，强化能源资源统筹开发。在协同开发传统能源的同时，统筹推进新能源开发。省内以打造"中国氢谷"、建设海上风电等为发展重点，流域内加强与黄河流域中西部地区新能源开发与利用合作，参与新能源技术的研发与关键技术攻关，引领建设新型能源基地。四是推动全流域生态与文化旅游深度融合，高标准打造黄河流域生态文旅品牌。利用好丰富的黄河文化资源和生态资源，注重优质资源的"强强联合"，协同发展生态与文化交汇融合的生态文旅产业，推动流域形成以生态风光、历史文化、红色文化为主要线索，融合上、中、下游文化及生态资源的黄河生态文旅带。

第四节　黄河流域城市群生态保护进展预测与展望：以水资源为例

作为联通中国东、中、西三大地带的重要通道，黄河流域是中国颇具发展潜力的带状区域。经过历史上的长期开发，尤其是改革开放以来工业化与城镇化的快速建设，黄河流域已基本形成了科学合理的国土空间开发格局。然而，随着资源开发强度提升、城市建设规模扩大，加之过境水是黄河流域的主要水资源，生产、生活、生态用水需求已远远超过当地的水资源存蓄量，诱发了较为严重的水资源供需矛盾。妥善解决黄河流域水资源短缺、水环境质量下降、水生态破坏等问题，在生产、生活、生态用水的三维刚性约束下探索绿色集约的用水模式，对促进黄河流域生态保护和高质量发展具有重要意义。本节结合当前政策指引和发展实际，秉持"以水定城、以水定地、以水定人、以水定产"的总基调，综合考虑水资源系统、经济系统和人口系统的耦合作用关系，构建系统动力学模型，设计高度协调、中度协调与低度协调三种水资源利用方案，仿真模拟 2021~2035 年不同经济增长情形下黄河流域水资源供需缺口量，并进一步对实现水资源供需平衡的路径进行探讨，为综合调整流域生产力空间布局提供政策指引。

一、研究方法

1. 系统动力学模型

参照已有研究，遵循"四水四定"的原则，考虑以往研究所忽略的水资源系统对经济系统和人口系统的影响，构建包含水资源供给、水资源需求、水环境、经济和人口多个子系统在内的系统动力学模型。考虑到黄河流域上中下游各城市群地形地貌、气候环境差异大，其中中上游地区生态环境较为脆弱，水土流失较为严重，生态用水需求量较大，而中下游地区人口密集、产业集聚，生产、生活用水需求量较大，本书结合黄河流域七大城市群各省份特点分省份进行模型参数设定。在生产用水方面，进一步将系统动力学模型与随机前沿分析方法相结合，突出水资源对经济增长的约束作用，通过"以水定产"的分析思路对未来经济增长和水资源需求进行模拟。模型的构建和拟合预测均在 Vensim 软件中进行，最终构建的模型如图 8-2 所示，所涉及的主要方程和参数设定如下：

第一，水资源供给系统。水资源供给（WS）主要包括地表水源供应量（WS_S）、地下水源供应量（WS_G）和再生水供应量（WS_R）。其中，地表水源供应量（WS_S）包括当地地表水供应量（WS_S_D）和境外调水（WS_S_F），当地地表水供应量（WS_S_D）等于地表水资源量（WT_S）乘以地表水资源利用率（WT_RATE_S）；地下水源供应量（WS_S_G）等于地下水资源量（WT_G）乘以地下水资源利用率（WT_RATE_G）；再生水供应量（WS_R）由废水排放量

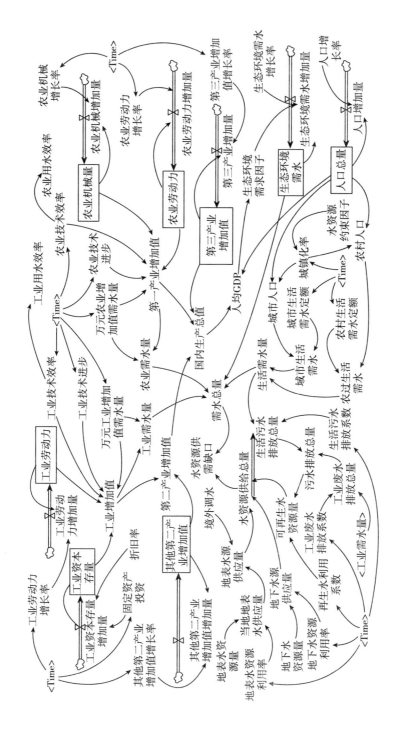

图 8-2 黄河流域水资源系统动力学模型示意图

资料来源：笔者基于软件整理。

（$SEWAGE$）和再生水利用率（C_REUSE）决定。由于近年来黄河流域水资源量呈明显下降状态，地表水资源量、地下水资源量采用2004～2019年的平均值。地表水资源利用率、地下水资源利用率、再生水利用率和境外调水根据历史数据分阶段设定表函数。

第二，水资源需求系统。水资源需求系统是系统动力模型的核心。水资源需求包括工业生产需水、农业生产需水、城镇和农村生活需水以及生态环境需水。其中，工业生产需水（WD_I）根据工业增加值（$OUTPUT\_I$）和万元工业增加值需水量（PWD_I）计算；农业生产需水（WD_A）根据农业增加值（$OUTPUT_1$）和万元农业增加值需水量（PWD_A）计算；生活需水（WD_L）分为城镇生活需水（WD_UL）和农村生活需水（WD_RL），分别用城镇人均生活需水定额（PWD_UL）乘以城镇人口（POP_U）和农村人均生活需水定额（PWD_RL）乘以农村人口（POP_R）计算得到；生态环境需水（WD_E）根据分阶段历史增长率（WD_E_RATE）和生态环境需求因子（WD_E_FACTOR）进行预测。工业增加值和农业增加值将通过设定生产函数进行拟合，万元工业增加值需水量、万元农业增加值需水量、城镇人均生活需水定额和农村人均生活需水定额等根据历史数据分阶段设定数值进行拟合。

第三，水环境系统。生产和生活用水使用过程中会产生污水排放，进而影响环境质量，而再生水技术可将排放的污水转化为再生水，补充生产生活用水需求。因此，水资源需求系统会影响水环境系统，进而影响水资源供给系统。在拟合得到工业需水量和农业需水量的基础上，进一步设定工业废水排放系数（C_SEWAGE_I）和生活污水排放系数（C_SEWAGE_L），拟合得到工业废水排放量（$SEWAGE\_I$）和生活污水排放量（$SEWAGE\_L$）。其中，污水排放系数根据历史数据分阶段设定数值。

第四，经济系统。已有水资源系统动力学模型一般通过直接设定三次产业增加值增速，预测三次产业增加值以及GDP总量，或者通过设定GDP整体增速和三次产业增加值占比，预测三次产业增加值变动。上述设定较为简单，没有充分考虑水资源对经济系统的影响。事实上，黄河流域工农业生产用水占据较大比重，2019年黄河流域工农业平均用水占比约为77.42%。考虑到用水数据的可得性和各产业用水占比情况，分别设定工业和农业生产函数，将水资源作为生产要素纳入其中，并利用下文提到的随机前沿分析方法进行估计，根据回归得到的参数值预测工农业增加值，从而体现"以水定产"的水资源利用原则。由于除工业外的第二产业和第三产业总体用水规模相对较小，因此不再设定生产函数，而是参考已有研究分阶段设定产业增加值增长率，并建立表函数关系进行预测，最终拟合得到各产业增加值和国内生产总值。

第五，人口系统。从历史趋势来看，各地区常住人口变动趋势较为稳定，因此可以根据年综合增长率预测常住人口变动情况，并通过设定城镇化率计算城镇人口总量和农村人口总量。在城镇化率参数设定上，以往研究均直接根据历史数值设定城镇化率，无法对预测期城镇化率进行较好的拟合。考虑到黄河流域各省份城镇化率仍然较低且城镇化发展阶段不同，参照卓贤（2015）的研究，假定城镇化发展呈缓慢、加速、再缓慢的"S"形曲线（即诺瑟姆曲线），分省份利用 Logistic 模型估计城镇化的发展趋势。同时，已有研究表明，水资源短缺会对城镇化进程带来阻力，遵循"以水定城"的原则，参照秦腾等（2018）的研究，测算各省份水资源对城镇化的约束因子，反映水资源约束下的城镇化发展情况。

在系统动力学模型参数设置方面，参照黄河流域各省份 2004~2019 年的历史数据进行设定。采用的数据来源于《中国统计年鉴》《中国工业经济统计年鉴》等，其中水资源有关数据来源于各省份水资源统计公报，污水排放等数据来源于《中国环境统计年鉴》。为了剔除价格波动的影响，各产业增加值等经济变量按照 GDP 平减指数进行平减，统一折算为 2004 年的价格水平。

2. 随机前沿分析方法

如前文所述，已有研究忽略了水资源作为生产要素对工农业生产的影响，水资源作为内控要素的约束不足，未能体现"以水定产"的水资源利用原则。因此，本书采用随机前沿分析方法预测工农业生产函数。通过将水资源作为生产要素引入到生产函数中，使得水资源对工农业生产的影响以及水资源利用效率变化的分析将更为准确。

在变量选取方面，参照雷玉桃和黄丽萍（2015），工业生产函数产出变量为工业增加值，投入变量选取工业固定资产存量、工业劳动力和工业需水量；参照王学渊和赵连阁（2008），农业生产函数产出变量为农业增加值，投入变量选取农业机械量、农业劳动力和农业需水量。其中，工业劳动力为采矿业，制造业和电力、燃气及水生产供应业这 3 类行业的城镇单位劳动力人数和私营单位劳动力人数的总和，工业固定资产存量的估算采用永续盘存法，期初工业固定资产存量将根据徐现祥等（2007）对三次产业资本存量的估算结果，结合建筑业和工业增加值比例计算得到各省份期初工业资本存量。此外，参考张军等（2004）将折旧率设定为 9.6%，固定资产投资选取固定资产形成额作为代理指标，并按照固定资产投资价格指数进行平减。

本书以 2004~2020 年黄河流域七大城市群各省份的面板数据为样本，基于 Battese 和 Coelli（1992）的时变非效率模型进行回归估计。根据需水量等于产值乘以单位产值需水量，可以对生产函数模型进行化简，将回归得到的参数代入系统动力学模型，则可以得到在给定资本、劳动力和单位产业增加值需水定额情形下的产出水平。以农业生产为例，第一产业增加值可以根据式（8-6）进行预测。

$$OUTPUT_1 = TP_1 \times K_1^{0.171} \times L_1^{-0.015} \times PWD_A^{0.594} \times TE_1 \tag{8-6}$$

其中，$OUTPUT_1$ 表示第一产业增加值，TP_1 表示农业技术进步部分，K_1 表示农业机械量，L_1 表示农业劳动力，PWD_A 表示万元农业增加值需水量，TE_1 表示农业技术效率部分。[①] 下文将进一步假定各种生产要素的变动率，由此可以得到在综合考虑生产技术进步和效率改进的情形下，给定水资源等要素投入的工农业产值，并据此计算工农业需水量，这充分体现了"以水定产"的水资源利用原则。

二、黄河流域水资源供需预测

1. 基准情景下黄河流域水资源供需预测

利用上文构建的水资源系统动力模型，对 2021~2035 年黄河流域七大城市群各省份的水资源供需情况进行模拟。模型具体参数参考《黄河流域综合规划（2012—2030 年）》，该规划按照建设节水型农业、节水型工业、节水型城市的目标，设计了 2020~2030 年黄河流域用水综合协调方案，划定了各部门具体用水效率的目标值，进而优化工农业用水效率、提高居民生活质量并改善生态环境。根据《黄河流域综合规划（2012—2030 年）》，与 2020 年相比，2030 年万元工业增加值需水定额下降 43.4%，城镇居民和农村居民每人每天生活需水量均增加 0.9 升，生态环境用水量增加 33.4%。综合考虑当前各省份水资源利用情况

---

① 经过模型变化，农业技术部分实际为 $TP_1 = \exp\left(\dfrac{A_i + \tau t}{1 - \beta_w}\right) = \exp\left[1.595\left(A_i + 0.002t\right)\right]$，农业技术效率部分实际为 $TE_1 = \exp\left(\dfrac{-u_{it}}{1 - \beta_w}\right) = \exp\left(-1.595 u_{it}\right)$，其中，$\beta_w$ 为农业用水估计系数，A_i 为黄河流域各省份农业技术初始水平，τ 为农业技术进步率，u_{it} 为农业技术无效率部分，i 为各省份。

和规划方案，假定黄河流域各省份基准情形用水方案为：万元工业增加值需水量每年降低5.5%，万元农业增加值需水量每年降低3.6%，城镇居民和农村居民每人每天生活需水定额每年增加0.9升，生态环境需水量每年增加3%。考虑到数据可得性，地表水资源量、地下水资源量采用2004～2019年的近年平均数值；水资源利用率分别采用各省份水资源量接近其近年平均数值年份的数值，没有较为接近的年份时采用插值法进行测算；城镇化率利用前文拟合得到的Logistic模型和水资源约束因子进行估算；其他指标参考各省份的历史变化趋势和近年来的增长情况，分省份设置具体参数。

图8-3展示了在上述情景设置下，黄河流域需水量和水资源供需缺口预测情况。整体来看，黄河流域需水总量变化幅度较小，初始阶段需水总量逐渐增加，直至2031年达到最大值，此后需水总量略微有所减小，2035年需水总量相较2021年增加64.24亿立方米。与历史数据相比，预测期间模拟值变动量显著小于历史真实值变动量，说明规划方案的落实能够有效减少需水量。从水资源供需缺口的变动情况来看，黄河流域水资源供需缺口呈现先增加后减少的趋势。在初始阶段，由于单位产值需水量仍然偏高，随着工农业产值的不断增加，需水量也不断增加，加之再生水利用率较低，因此水资源供应不足，使得供需缺口不断加大，并于2031年达到最大值94.83亿立方米。此后，随着单位产值需水量不断下降、

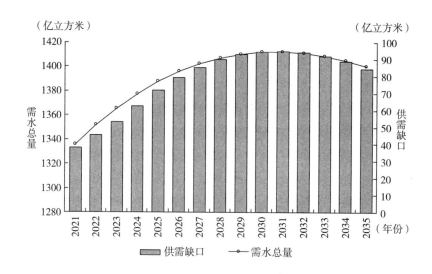

图8-3 基准情景下黄河流域水资源需求总量及供需缺口预测

资料来源：笔者测算后整理。

再生水利用率不断提高，水资源供需不平衡局面有所改变，2035年水资源供需缺口总量将减少至84.53亿立方米。然而，由于单位产值需水量不可能无限制地下降，水资源供需缺口下降的趋势可能并不会持续，尤其是随着生活和生态需水的不断增加，水资源供需缺口甚至有可能会进一步增加。分省份来看，青海和四川水资源供应较为充足，不存在供需缺口，内蒙古、山东、河南、陕西水资源供需缺口相对较大，尤其是内蒙古水资源供需缺口呈不断扩大的趋势。从城市群角度来看，黄河流域上游城市群水资源供应较为充足，中游和下游城市群水资源供需缺口相对较大。

2. 多维情景下水资源供需缺口模拟

本部分进一步设置不同的水资源利用方案和社会经济发展情景，预测不同情景下水资源供需缺口的变动情况。对于水资源利用方案，主要通过调节工业、农业、生活和生态各用水部门水资源利用关键参数的变动率，形成水资源利用高度协调、中度协调和低度协调3种方案。水资源利用中度协调方案即为前文所述的基准方案，高度和低度协调方案要在此基础上进行调整。高度（低度）协调方案下，万元工业增加值需水量、万元农业增加值需水量年降低率分别比中度协调方案增加（减少）0.5%和0.2%，城镇和农村居民生活需水定额比中度协调方案增加（减少）0.3升/（人·天），生态环境需水增加率比中度协调方案增加（减少）0.3%，具体参数设置如表8-5所示。对于社会经济发展情景，设置高速增长、中速增长和低速增长三种情景，中速增长情景即为上文的基准情景。高速增长情景下，工业固定资产投资增速、工业劳动力增速、农业劳动力增速、农业机械量增速、其他第二产业增加值增速、第三产业增加值增速均为基准情景的1.1倍；低速增长情景下，以上指标均为基准情景的0.9倍。由此可以得到3种水资源利用方案和3种经济增长情景，组合起来共9种情景。其中，水资源利用中度协调方案和经济中速增长为前文所述基准情景。

表8-5　水资源利用方案设置

方案	用水部门	方案参数设定
高度协调方案	工业需水	万元工业增加值需水量每年降低6.0%
	农业需水	万元农业增加值需水量每年降低3.8%
	生活需水	城镇和农村居民生活需水定额每年增加1.2升/（人·天）
	生态环境需水	生态环境需水增加率为3.3%

续表

方案	用水部门	方案参数设定
中度协调方案	工业需水	万元工业增加值需水量每年降低 5.5%
	农业需水	万元农业增加值需水量每年降低 3.6%
	生活需水	城镇和农村居民生活需水定额每年增加 0.9 升/（人·天）
	生态环境需水	生态环境需水增加率为 3%
低度协调方案	工业需水	万元工业增加值需水量每年降低 5.0%
	农业需水	万元农业增加值需水量每年降低 3.4%
	生活需水	城镇和农村居民生活需水定额每年增加 0.6 升/（人·天）
	生态环境需水	生态环境需水增加率为 2.7%

资料来源：笔者基于分析目的整理。

不同水资源利用方案和经济增长情景下水资源缺口模拟结果如图 8-4 所示。从模拟结果来看，水资源利用方式是影响水资源供需缺口的重要因素，且相比于经济因素而言对水资源供需缺口的影响更大。一般而言，在保持经济增速相同状

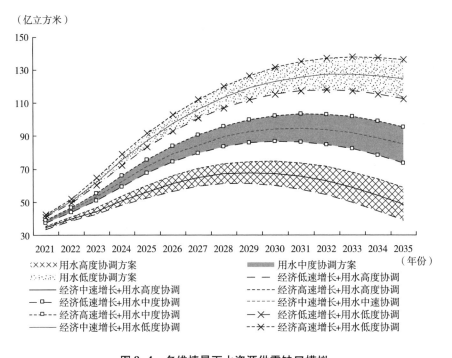

图 8-4　多维情景下水资源供需缺口模拟

资料来源：笔者测算后整理。

态下，水资源利用协调程度越高，工农业生产用水需求量越大，生活用水和生态环境用水需求量越大，因而无法直接判断不同方案下水资源供需缺口的大小。以2035年黄河流域整体模拟结果为例，高度协调方案下水资源供需缺口比中度协调方案小34.55亿~36.90亿立方米，比低度协调方案小73.32亿~77.34亿立方米。由此说明，尽管高度协调方案下生活需水量和生态环境需水量有所增加，但是工业和农业生产用水需求量减少更为明显，最终需水量大幅减小。此外，模拟结果同样表明，在保持水资源利用方案不变时，经济增速越高，生产要素投入量越大，产量越高，则水资源供需缺口越大，但是不同经济增速下水资源供需缺口一般较小。

整体来看，在所有情景下，黄河流域水资源供需缺口均呈先增加后减少的趋势，以经济中速增长情景为例，在高、中、低三种水资源利用协调度下，黄河流域分别于2029年、2031年和2033年达到水资源供需缺口的最大值，供需缺口最大值分别为67.87亿立方米、94.83亿立方米和127.47亿立方米，在达到最大值之后供需缺口呈略微缩小的趋势。因此，高度协调的水资源利用方案有利于加速供需缺口拐点的到来，缓解水资源供需紧张的局面。

分省份来看，不同省份水资源供需缺口存在较大差异。青海、四川水资源丰富，在各种情景下均不存在水资源供需缺口。除内蒙古以外，其他6个省份水资源供需缺口在各种情境下均呈现先增后减的倒"U"形趋势。具体来看，内蒙古水资源供需不平衡问题较为严重，即使在水资源利用高度协调方案下，2030年水资源供需缺口仍大于15.36亿立方米，且水资源供需缺口不断扩大，2035年水资源供需缺口进一步扩大到17.65亿立方米以上。山东水资源供需缺口也较大，但是水资源利用方案对水资源供需缺口的调节作用较为明显，且山东可利用临海优势发展海水淡化产业缓解水资源压力，水资源缺口问题较容易得到解决。河南水资源供需缺口仅次于山东，在不同情景设置下水资源供需缺口变动较大，在水资源利用高度协调且经济低速增长状态下能在2035年达到水资源供需平衡，在其他情景设置下也基本能在2030年之前达到水资源供需缺口下降的拐点，因此水资源供需缺口相对较可控。陕西水资源供需不平衡问题相对也较为严重，但在高度协调的水资源利用方案下，能保持水资源供需缺口基本控制在13亿立方米以下。宁夏、甘肃和山西水资源供需缺口相对较小，在水资源高度协调方案下，2035年宁夏的水资源供需缺口与2021年接近，山西的水资源缺口小于2021年，而甘肃在水资源高度协调且经济低速增长情景下，2035年基本可实现水资源供需平衡状态。从城市群角度来看，多维情境下依然得出黄河流域上游城市群水资源供应较为充足，中游和下游城市群水资源供需缺口相对较大的预测结果。

三、黄河流域城市群生态保护政策建议

资源是经济发展的重要条件。我国国土面积辽阔，各地区要素禀赋差异较大，尤其是水资源分布严重不均衡。黄河流域各城市群整体水资源负载力较高，开发利用程度较大，在现有水利工程技术与经济发展模式制约下，面临较严重的水资源短缺问题。通过综合高度协调的水资源利用方案，可以从一定程度上减轻资源对经济社会发展的约束。据此，我们提出以下政策建议：

第一，要坚持"四水四定"的原则，提高水资源综合利用效率，建设节水型社会。调整工业结构，限制耗水型产业发展，推动节水型技术进步，提高工业水资源循环利用率；发展节水农业，提高农业灌溉效率，加强农田水利设施建设，缓解农业用水时空不均衡问题；加快城市管网设施建设，减少输送过程中的水资源浪费。

第二，要合理配置生产、生活、生态环境用水，提高经济社会发展协调性。在优化生产用水效率的同时，注意生态环境保护，减少生产、生活用水对生态用水的挤占，减少生产、生活污水排放，提高水资源质量；强化全民节水意识，扩大节水器具的应用范围，同时适当提高居民生活用水配额，不断满足人民群众对美好生活的需要，坚持走绿色、可持续的高质量发展之路。

第三，各地区要结合实际情况，综合考虑节水潜力、用水结构等因素，探索有利于本地实现水资源供需平衡的最优路径。兰州—西宁城市群、呼包鄂榆城市群和宁夏沿黄城市群要注重加强农业节水，适当分配生活用水和生态用水。关中平原城市群、山西中部城市群和中原城市群可以将农业节水和工业节水相结合，同时关中平原城市群可适度增加生活用水和生态用水，中原城市群要注重发挥工业节水对于减少水资源供需缺口的作用。山东半岛城市群可以加快发展海水淡化产业，通过多种方式增加水资源供给，从而促进水资源供需平衡。

参考文献

［1］Battese G E, Coelli T J. Frontier production functions, technical efficiency and panel data: With application to paddy farmers in India［J］. Journal of Productivity Analysis, 1992, 3（1）: 153-169.

［2］曹祺文，鲍超，顾朝林，等．基于水资源约束的中国城镇化 SD 模型与模拟［J］．地理研究，2019，38（1）：167-180.

［3］封志明，刘登伟．京津冀地区水资源供需平衡及其水资源承载力［J］．自然资源学报，2006（5）：689-699.

［4］封志明，杨艳昭，闫慧敏，等．百年来的资源环境承载力研究：从理论到实践［J］．资源科学，2017，39（3）：379-395.

［5］景来红．南水北调西线一期工程调水配置及作用研究［J］．人民黄河，2016，38（10）：122-125.

［6］雷玉桃，黄丽萍．中国工业用水效率及其影响因素的区域差异研究——基于 SFA 的省际面板数据［J］．中国软科学，2015（4）：155-164.

［7］乔源．现代农田水利技术的发展研究［J］．农业与技术，2020，40（15）：55-56.

［8］秦腾，章恒全，佟金萍，等．长江经济带城镇化进程中的水资源约束效应分析［J］．中国人口·资源与环境，2018，28（3）：39-45.

［9］史鉴，陈兆丰，邢大伟，等．关中地区水资源合理开发与生态环境保护［M］．郑州：黄河水利出版社，2002.

［10］水利部黄河水利委员会．黄河流域综合规划（2012—2030 年）［M］．郑州：黄河水利出版社，2013.

［11］水利部黄河水利委员会．南水北调西线工程规划简介［J］．中国水利，2003（2）：51-55.

［12］孙黄平，黄震方，徐冬冬，等．泛长三角城市群城镇化与生态环境耦合的空间特征与驱动机制［J］．经济地理，2017，37（2）：163-170，186.

［13］王丽霞，任志远，刘招，等．基于 GIS 的陕西省水资源潜力及承载力研究［J］．干旱区资源与环境，2013，27（8）：97-102.

［14］王学渊，赵连阁．中国农业用水效率及影响因素——基于 1997—2006 年省区面板数据的 SFA 分析［J］．农业经济问题，2008（3）：10-18，110.

［15］徐现祥，周吉梅，舒元．中国省区三次产业资本存量估计［J］．统计研究，2007（5）：6-13.

［16］杨艳昭，封志明，孙通，等．"一带一路"沿线国家水资源禀赋及开发利用分析［J］．自然资源学报，2019，34（6）：1146-1156.

［17］张丹，封志明，刘登伟．基于负载指数的中国水资源三级流域分区开

发潜力评价 [J] . 资源科学, 2008 (10)：1471-1477.

[18] 张军, 吴桂英, 张吉鹏 . 中国省际物质资本存量估算：1952—2000 [J] . 经济研究, 2004 (10)：35-44.

[19] 赵芸逸, 李先涛 . 我国粮食播种面积时空变化及差异研究：1995—2014 [J] . 新疆农垦经济, 2016 (12)：1-6.

[20] 卓贤 . 质量重于速度：对中国城镇化现状与潜力的分析 [J] . 经济学家, 2015 (8)：52-61.

第九章　黄河流域城市群水资源约束
导向下的人口承载力研究

2020 年 10 月，中共中央、国务院印发《黄河流域生态保护和高质量发展规划纲要》（以下简称《纲要》），在主要原则中强调要坚持量水而行、节水优先，并把水资源作为最大的刚性约束。同时，《纲要》指出要坚持以水定城、以水定地、以水定人、以水定产，直观表明水资源在黄河流域高质量发展中具有重要的战略意义。从"四水四定"的内涵看，水资源是决定黄河流域城市发展与人口生存的关键变量，水资源短缺会导致区域人口生活不便、产业生产遇阻、生态循环不畅，最终直接影响黄河流域能否顺利实现生态保护和高质量发展。当前，黄河流域最大的问题也是水资源短缺，水资源供需矛盾加剧导致区域经济发展压力倍增。因此，在现行发展思路和目标下，明确黄河流域水资源约束下的人口承载力及其未来趋势，就此提出提高人口承载力的有效方式，是对"四水四定"如何开展的有力回答和现实指导。

第一节　文献综述

现有针对水资源约束下的人口承载力研究较为丰富。从研究方法来看，主要是运用系统动力学模型（童玉芬，2010；杨子江等，2019；王西琴等，2014）、TOPSIS 法（邓正华等，2021；杜雪芳等，2022）和人口承载力等级（李焕等，2017）等进行研究。童玉芬（2010）使用系统动力学模型，基于供水和用水等多个变量探究了北京市水资源对人口承载力的影响，并进行模拟仿真。也有研究如杨子江等（2019）和王西琴等（2014）运用系统动力学模型分别研究昆明市和常州市的水资源人口承载力，并得出有益结论。邓正华等（2021）通过构建指标体系并运用 TOPSIS 法，分析了洞庭湖流域水资源承载力情况。杜雪芳等（2022）在构建水资源承载力评价指标体系后，采用主客观赋权法和 TOPSIS 法评价了郑州市水资源承载力。李焕等（2017）以长江经济带为研究对象，通过人口承载力等级测算并明确长江经济带人口承载力等级，并预测到 2030 年的水资源人口承载力变化趋势。从上述不同方法的比较来看，使用系统动力型模型多是以一个地区为研究对象，通过调整核心变量等参数来预测人口承载力未来变化趋势；TOPSIS 法则是基于指标体系进行分析，但指标体系不同便会导致测算结果存在差异；人口承载力等级则是基于统一的水资源划分标准确定对应承载力级别，以此进行分析比较。由于本书对黄河流域地级单位进行研究，通过系统动力学模型进行研究与调整参数进行预测的难度较大，且 TOPSIS 法分析结果受指标体系的不同而存在偏误，所以最后选择以人口承载力等级进行研究，并通过基于灰色 GM（1，1）模型得到的水资源和人口总量的预测值分析未来黄河流域水资源约束下的人口承载力趋势。

黄河虽然是中国第二长河，但是受地理位置与东亚季风气候的影响，流域内水资源禀赋不足，生态环境十分脆弱（刘华军等，2020）。虽然黄河流域通过实施流域水量统一管理和调度有效保证了流域经济平稳发展并 20 年不断流（孙思奥和汤秋鸿，2020），但是随着经济社会高质量发展的目标更为明确后，水资源约束与供需矛盾再次成为关注焦点，解决好水资源问题就是实现黄河流域生态保护和高质量发展的基础。已有研究指出，黄河流域年用水总量呈上升趋势并存在空间差异，其中人口和人均 GDP 增长是用水量增加的主要因素（孙思奥和汤秋鸿，2020）。同时，气候因素也是影响黄河流域水资源的重要因素，直接影响黄河流域地表径流和降水，引致水资源脆弱性问题依然严峻（张建云等，2009；夏军等，2014）。从黄河流域水资源约束下的人口承载力研究来看，多数研究是将人口作为水资源承载力下的重要指标（张樨樨等，2022），或将其内化至关键指标的人均参数下进行分析（韩美等，2015）。在以西北地区或黄河三角洲为对象的研究中，一般认为未来该区域水资源承载力将不断提升（张樨樨等，2022；韩美等，2015；朱一中等，2003），而也有以兰州市为研究对象的分析表明其未来水资源短缺和空间匹配失衡问题可能仍较为严重（王旻等，2020），因此可以看出黄河流域不同区域间的水资源承载力存在着显著差异。此外，有研究指出，黄河流域水资源承载力达到超载状态的占评价地级单位数量的 77%，反映出黄河流域整体水资源承载压力较大（张宁宁等，2019）。总之，无论是否单独探究黄河流域水资源约束下的人口承载力，流域水资源承载力都存在较为显著的空间差异，因而需要通过统筹优化水资源利用以保证流域发展。

虽然已有研究指出黄河流域近年来整体水资源脆弱性有所好转（陈岩和冯亚中，2020），但是水量脆弱性问题依然严峻，既需要人工调控保证水资源供给，也需要加快水资源节约集约利用，同时也需要人口迁移流动以缓解水资源分布不均衡问题（钟水映，2004）。自 1987 年颁布黄河"八七"分水方案以来，各省份均基于该方案确定耗水量指标，最终有效促进了黄河流域用水平稳（王煜等，2019）。然而，随着南水北调东中线一期工程生效、黄河水资源禀赋条件发生转变、黄河流域上中游经济发展水平提高，需要根据当前现实谋划新的黄河流域水资源配置战略。贾绍凤和梁媛（2020）基于黄河多年平均河川径流量范围设置高、低调整情景，认为该战略有助于增加黄河上中游的分水指标，并指出要完善水权转让与补偿制度、探索用水指标与土地指标调控的联动机制。马涛等（2021）基于流域主体功能优化提出流域主体功能水资源分配机制，认为通过水资源合理再分配能够实现节水并承载更多人口。刘柏君等（2020）认为未来黄河流域水资源配置要以可用水量合理规划城市群人口，控制用水量过快增长，并根据规划工程生效前和生效后情形提出相应的水资源刚性约束方案。此外，也有研究提出要建设南水北调西线工程，为西北地区建设水资源梯度配置格局，提供水资源保障（邓铭江，2018），这实际上也是对黄河流域水资源分配调整的一种思路。

虽然已有研究探讨了黄河流域水资源承载力问题，并提出了若干水资源分配调整思路，但是针对黄河流域城市群视角的研究仍较少，也更未针对水资源人口承载力提出当前推进黄河流域生态保护和高质量发展的人口布局与水资源分配思路。以黄河流域城市群为研究对象，分析水资源约束下的各城市群人口承载力，也能够进一步拓展和补充相关话题研究。因此，本书聚焦黄河流域城市群的水资源约束下的人口承载力问题，并基于数值预测探究未来黄河流域人口承载力变化趋势，最终基于测算结果提出针对人口发展的人口布局与水资源分配调整思路。

第二节　研究方法与数据来源

一、水资源人口承载力等级划分

水资源人口承载力等级是基于人均水资源限额确定。根据国际水资源安全标准，人均水资源丰水线为 3000 立方米/人，警戒线为 1700 立方米/人，下限为 1000 立方米/人。这一划分方式已得到广泛应用，如 Dou 等（2015）和李焕等（2017）便是基于这一标准进行人口承载力研究的。然而，也有学者指出人均水资源量的计算应该扣除生态用水，只计算人类生活、生产可耗用的部分（贾绍凤等，2002），这是因为生态用水是保证生态环境健康发展的根本，若区域与人口发展占用原本属于生态用水的部分，便会得不偿失。因此，本书在后续水资源约束下的人口承载力测算中，在基于总供水量进行测度时将减去生态用水量，以得到更为真实的人口承载力基本情况与变化趋势，增加现实价值。

进一步地，本书根据国际水资源安全标准，将水资源人口承载力分为三类，分别为丰水线人口承载力、警戒线人口承载力和下限人口承载力，具体计算公式为：

丰水线人口承载力=水资源总量/人均水资源丰水线

警戒线人口承载力=水资源总量/人均水资源警戒线

下限人口承载力=水资源总量/人均水资源下限线

参考李焕等（2017）研究长江经济带水资源人口承载力时的划分方式，本书结合丰水线人口承载力、警戒线人口承载力和下限人口承载力将水资源人口承载力划分为四个等级，具体定义方式如下：

等级 1（水资源人口承载力盈余）：丰水线人口承载力>实际人口

等级 2（水资源人口承载力适度）：丰水线人口承载力≤实际人口<警戒线人口承载力

等级 3（水资源人口承载力警戒）：警戒线人口承载力≤实际人口<下限人口承载力

等级 4（水资源人口承载力危机）：实际人口≥下限人口承载力

二、灰色 GM（1，1）模型

灰色理论是一种处理包含部分已知信息和部分未知信息的方法，能够通过建立不同的灰色微分预测模型以进行合理的定量预测（邓聚龙，1990）。其中，灰色 GM（1，1）是该理论内应用较广的模型之一，由包含单变量的一阶微分方程组成。目前，该模型已广泛应用于生态资源（田涛等，2018；范胜龙等，2016）、人口（李富荣，2013；张振华，2015）、能源（Zhao and Guo，2016）等多个领域，具有一定的普适性。

根据本书研究需要，设水资源总量的时间序列为：

$$x^{(0)} = \left[x^{(0)}(1), x^{(0)}(2), \cdots, x^{(0)}(n) \right] \tag{9-1}$$

灰色模块微分方程为：

$$\frac{dx^{(0)}}{dt} + ax^{(1)} = b \tag{9-2}$$

将灰参数代入时间函数，取得：

$$\hat{x}^{(1)}(k+1) = \left[x^{(0)}(1) - \frac{b}{a} \right] e^{-ak} + \frac{b}{a}, \quad k = 1, 2, \cdots, n \tag{9-3}$$

根据累加序列的预测结果进行运算，得出原始序列的预测值为：

$$\hat{x}^{(0)}(k+1) = x^{(1)}(k+1) - x^{(1)}(k) \tag{9-4}$$

三、数据来源

本书研究数据的时间跨度为 2010～2020 年，数据来源分为两部分：一是常住人口数据来源于历年《中国城市统计年鉴》和《中国城乡建设统计年鉴》，未统计常住人口数据的地级市则从所在省份的省级统计年鉴中予以补充。另外，2020 年常住人口数据在统计数据基础上结合第七次全国人口普查数据进行修正。二是水资源数据来源于各地级市水资源公报和所在省份水资源公报。

第三节　黄河流域城市群人口分布和水资源概况

一、研究范围

《纲要》的规划范围为青海、四川、甘肃、宁夏、内蒙古、山西、陕西、河南、山东 9 省区相关县级行政区。在《纲要》关于战略布局的描述中，指出要构建形成黄河流域"一轴两区五极"的发展动力格局。其中，"五极"是指山东半岛城市群、中原城市群、关中平原城市群、黄河"几"字弯都市圈和兰州—西宁城市群，是区域经济发展增长极和黄河流域人口、生产力布局的主要载体。与此同时，根据《中华人民共和国国民经济和社会发展第十四个五年规划和 2035 年远景目标纲要》关于城市群的划分和论述，黄河"几"字弯都市圈还包括山西中部城市群、呼包鄂榆城市群和宁夏沿黄城市群。综上所述，本书以上述七大城市群为研究对象，分析水资源约束下的人口承载力问题。

二、黄河流域城市群人口分布概况

黄河流域是人类文明的发源地之一，自古以来便承载和养育着众多人口。截至 2020 年，黄河流域人口总数超过 3.5 亿，占全国总人口的 25% 左右。由于黄河为东西横向蜿蜒，受生态环境和区位禀赋差异的影响，黄河流域人口分布极为不均且相对固化，呈现从东向西逐渐减少的阶梯式变化，基本与中国地理上的三级阶梯变化相近。人口数少于 50 万的小城市主要分布在青海、甘肃和内蒙古等省份。

具体从城市群看，如图 9-1 所示，2011~2020 年黄河流域城市群人口总量规模从大到小排序依次为中原城市群、山东半岛城市群、关中平原城市群、兰州—西宁城市群、山西中部城市群、呼包鄂榆城市群和宁夏沿黄城市群。其中，截至 2020 年，中原城市群人口总量常年突破 1.5 亿，山东半岛城市群人口总量突破 1 亿，是黄河流域发展的重心，占黄河流域城市群人口总数的 71.4%。此外，从变化趋势看，虽然各城市群人口总量在过去几年均有所增长，反映出城市群有效吸引了大量人口，但是近几年的中原城市群、山西中部城市群和兰州—西宁城市群人口数有小幅下降，这除了与第七次全国人口普查得到更精确的数据纠正过去统计误差有关以外，还可能是因为高铁网络等基础设施更为完善而产生较多人口外流。

此外，黄河流域城市群不同城市的人口发展各异，呈现扩张和收缩两种特征。从城市扩张看，2020 年，随着国民经济高质量发展，黄河流域城市人口分布出现新变化，郑州、西安、青岛等省会或沿海城市人口吸引力不断增强，城市人口总数均已突破 1000 万，达到超大城市规模。除南阳、大同等以外的其余处在东部和中部地区的城市人口总数也有所增长。从城市收缩看，近十年间，黄河流域呈现出不同的收缩特征，甘肃、内蒙古和青海等省份受自然环境等影响，人口外流较为严重；陕西、山西和河南等省份受省会城市发展虹吸现象影响，人口更多集聚在相应城市群（关中平原城市群、山西中部城市群和中原城市群）的中心城市，促使周边城市人口外迁至此。总之，黄河流域人口分布变化是自然、经济、社会和制度环境综合作用的结果（陈肖飞等，2020）。

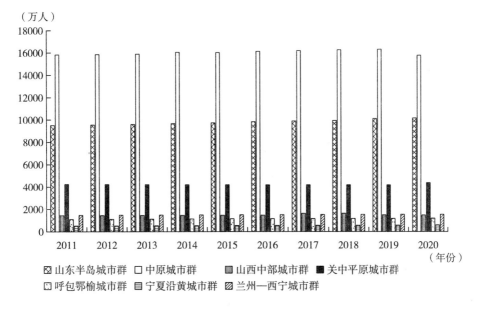

图 9-1　2011~2020 年黄河流域城市群人口情况

资料来源：《中国城市统计年鉴》《中国城乡建设统计年鉴》和各省份统计年鉴。

三、黄河流域城市群水资源概况

2011~2020 年，黄河流域城市群水资源总量整体上经历了"减—增—减—增"的波动式变化。2011 年水资源总量为 1287.09 亿立方米，占黄河流域总量的 55.68%，而后受降水量下降等因素的影响，黄河流域城市群水资源总量在 2015 年降至最低，仅为 888.31 亿立方米。之后，黄河流域水资源总量再度攀升，并在 2018 年突破 1300 亿立方米。截至 2020 年，黄河流域城市群水资源总量为 412.72 亿立方米，为近年来最高。虽然当前黄河流域城市群水资源总量有所上升，且受植树造林和气候变暖等因素的影响可能在未来进一步增加流域内水资源总量，但是从全国范围看，水资源总量占比仍较低，并可能对城市群高质量发展产生一定限制。

从图 9-2 看 2011~2020 年各城市群水资源总量可知，排序上基本呈现中原城市群、山东半岛城市群、兰州—西宁城市群、关中平原城市群、呼包鄂榆城市群、山西中部城市群和宁夏沿黄城市群的位次特征。其中，宁夏沿黄城市群水资源总量较少，常年在 5 亿立方米左右浮动。中原城市群和山东半岛城市群近几年水资源总量远高于其他城市群，可能是与南水北调东线和中线工程有关，地区水资源总量上升，特别是地表水资源总量占比显著增大。

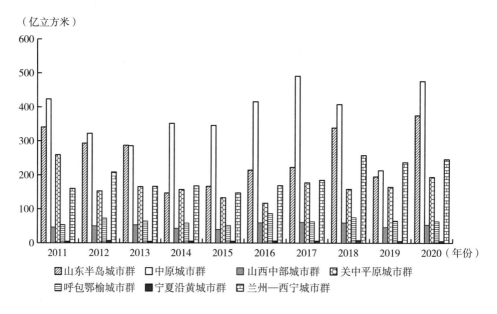

图9-2 2011~2020年黄河流域城市群水资源总量

资料来源：各地级市水资源公报和所在省份水资源公报。

表9-1展示了2011~2020年黄河流域城市群的水资源组成，从中可以清晰看到，关中平原城市群、兰州—西宁城市群、山东半岛城市群和中原城市群的地表水总量高于地下水，呼包鄂榆城市群、宁夏沿黄城市群、山西中部城市群则是地下水总量远高于地表水。由此可知，黄河流域的上游和下游区域主要是以地表水资源为主体，而黄河"几"字弯都市圈和中游区域是以地下水资源量为主。产生这一差异主要是因为黄河中游地区受季风等因素的影响，流域内蒸发强度较大（张健云等，2009），导致地表水资源占总量的比重较低。此外，将图9-2和表9-1结合起来后便能发现，水资源总量增幅明显的地区主要是与地表水资源总量增加有关，反映出黄河流域气候变化与调水工程是影响流域水资源总量的重要因素。例如，中原城市群水资源总量在2019年仅为213.41亿立方米，同期地表水占比仅为43.51%，而2020年由于地表水含量占比增至57.37%，2020年水资源总量达到475.79亿立方米。

表 9-1　2011~2020 年黄河流域城市群水资源组成　　单位：%

城市群	水资源	2011 年	2012 年	2013 年	2014 年	2015 年	2016 年	2017 年	2018 年	2019 年	2020 年
关中平原城市群	地表水	66.01	62.22	61.68	59.18	58.07	57.49	62.72	62.81	62.94	63.44
	地下水	33.99	37.78	38.32	40.82	41.93	42.51	37.28	37.19	37.06	36.56
呼包鄂榆城市群	地表水	31.14	30.48	33.66	28.33	26.48	39.28	35.03	34.11	33.72	32.75
	地下水	68.86	69.52	66.34	71.67	73.52	60.72	64.97	65.89	66.28	67.25
兰州—西宁城市群	地表水	64.64	66.27	66.03	65.65	65.18	65.11	65.71	66.64	66.39	65.62
	地下水	35.36	33.73	33.97	34.35	34.82	34.89	34.29	33.36	33.61	34.38
宁夏沿黄城市群	地表水	13.04	19.95	13.58	16.46	15.68	20.18	19.15	25.77	18.11	17.84
	地下水	86.96	80.05	86.42	83.54	84.32	79.82	80.85	74.23	81.89	82.16
山东半岛城市群	地表水	67.93	66.07	65.20	51.65	50.08	54.17	61.53	66.94	61.29	69.23
	地下水	32.07	33.93	34.80	48.35	49.92	45.83	38.47	33.06	38.71	30.77
山西中部城市群	地表水	40.99	43.42	44.39	39.95	37.20	46.32	47.56	48.56	44.19	48.09
	地下水	59.01	56.57	55.61	60.05	62.80	53.68	52.44	51.44	55.81	51.91
中原城市群	地表水	50.71	48.77	44.15	48.23	48.30	50.41	56.85	52.20	43.51	57.37
	地下水	49.29	51.23	55.85	51.77	51.70	49.59	43.15	47.80	56.49	42.63

资料来源：各地级市水资源公报和所在省份水资源公报。

四、黄河流域城市群用水总量概况

不同于黄河流域城市群水资源总量的空间分布特征，用水总量高的地区主要集中在黄河流域的东部和北部。同时，由于经济水平、产业结构、区位禀赋存在差异，各地区的用水结构也存在一定差异。从整体看，2011~2020 年黄河流域年用水总量基本保持在 750 亿立方米左右，其中 2019 年用水总量最高，达到 802.31 亿立方米。图 9-3 整理了黄河流域七大城市群的用水量变化情况，从用水量均值排序看，依次为中原城市群、山东半岛城市群、关中平原城市群、宁夏沿黄城市群、兰州—西宁城市群、呼包鄂榆城市群和山西中部城市群。位居前三的城市群在黄河流域发展水平位居前列，具有产业发展和人口集聚程度较高的特征，用水量随之也高于其他城市群。

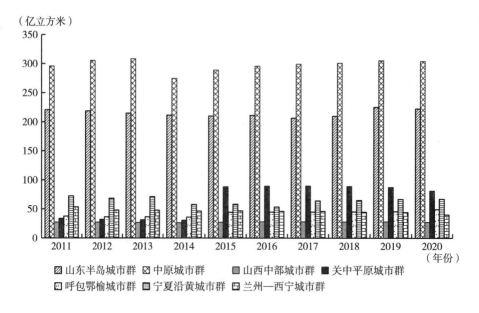

图 9-3 2011~2020 年黄河流域城市群用水总量

资料来源：各地级市水资源公报和所在省份水资源公报。

从表 9-2 的黄河流域不同城市群的用水结构差异可以看出：一是黄河流域各城市群的农业用水量占比较高，特别是宁夏沿黄城市群的农业用水量常年高于 80%，说明农业是黄河流域发展中的重要组成。二是生活用水程度较高的城市群为山西中部城市群、关中平原城市群、中原城市群等，反映出这些城市群人口密度较大，生活用水压力也较大。三是各城市群生态用水量相比于过去有大幅增长，表明了其保护环境的决心。其中，以中原城市群的生态用水量占比最大，在 2020 年达到 12.30%，其余城市群也基本在 7.5% 左右浮动。四是各城市群工业用水量存在一定差异。呼包鄂榆城市群和山西中部城市群的用水量较大，主要是与地方发展能源化工耗水量大有关，其余城市群如宁夏沿黄城市群和兰州—西宁城市群工业用水量较低也主要与地方产业结构等有关。

表 9-2 2011~2020 年黄河流域城市群用水结构 单位：%

城市群	用水分类	2011 年	2012 年	2013 年	2014 年	2015 年	2016 年	2017 年	2018 年	2019 年	2020 年
关中平原城市群	农业用水	64.64	63.73	63.43	63.29	63.50	63.81	63.28	60.82	60.52	61.40
	工业用水	15.83	16.08	16.65	16.09	14.94	13.88	13.80	13.91	13.23	9.86
	生活用水	16.75	17.80	16.92	17.55	17.58	17.68	18.05	18.91	19.72	21.36
	生态用水	2.78	2.40	3.00	3.07	3.99	4.64	4.87	6.36	6.53	7.39

续表

城市群	用水分类	2011年	2012年	2013年	2014年	2015年	2016年	2017年	2018年	2019年	2020年
呼包鄂榆城市群	农业用水	61.95	63.40	65.68	65.24	65.30	63.55	62.38	61.26	58.97	60.75
	工业用水	29.19	27.14	24.82	23.51	22.59	23.09	24.41	23.98	25.78	21.67
	生活用水	5.24	6.13	6.43	8.32	8.24	8.61	9.10	9.24	10.02	10.08
	生态用水	3.63	3.33	3.07	2.94	3.87	4.74	4.12	5.52	5.23	7.51
兰州—西宁城市群	农业用水	75.44	75.15	75.85	76.46	75.90	74.86	72.55	72.55	70.38	70.40
	工业用水	11.87	11.54	11.89	9.71	9.43	9.06	8.84	7.58	6.30	5.61
	生活用水	11.94	12.67	11.54	12.91	13.27	14.07	14.23	15.39	16.75	15.61
	生态用水	0.75	0.64	0.72	0.93	1.40	2.01	4.37	4.48	6.58	8.38
宁夏沿黄城市群	农业用水	88.16	87.98	88.27	85.94	86.28	83.74	82.08	81.72	81.41	81.45
	工业用水	7.17	7.32	7.04	7.99	6.67	7.01	6.38	6.41	6.85	6.22
	生活用水	3.17	3.44	3.52	4.76	4.71	5.84	6.21	6.46	6.45	6.15
	生态用水	1.49	1.26	1.17	1.30	2.34	3.40	5.33	5.40	5.30	6.19
山东半岛城市群	农业用水	69.82	70.36	69.57	69.54	68.50	67.40	65.29	63.97	62.50	61.25
	工业用水	12.36	11.85	12.35	12.46	13.35	13.88	13.39	15.12	13.84	14.04
	生活用水	14.58	14.67	15.17	15.31	15.29	15.72	16.25	16.74	16.32	16.82
	生态用水	3.24	3.13	2.92	2.70	2.86	3.00	5.07	4.17	7.34	7.89
山西中部城市群	农业用水	51.42	50.59	49.59	50.61	52.22	51.30	48.09	47.75	50.52	48.31
	工业用水	19.54	23.36	23.02	21.39	18.18	18.37	17.22	19.06	19.70	18.13
	生活用水	24.28	21.56	22.54	23.27	26.82	26.01	30.92	28.09	22.33	26.00
	生态用水	4.76	4.49	4.84	4.72	2.77	4.32	3.78	5.10	7.46	7.56
中原城市群	农业用水	59.10	59.11	60.40	58.64	58.98	59.97	57.70	56.10	55.63	56.31
	工业用水	22.01	22.33	22.11	22.20	21.01	19.68	19.81	19.44	17.30	14.11
	生活用水	18.66	18.28	17.20	18.75	19.71	20.02	22.03	23.87	16.75	17.28
	生态用水	—	—	—	—	—	—	—	—	10.32	12.30

注：2011~2018年中原城市群生态用水数据缺失。

资料来源：各地级市水资源公报和所在省份水资源公报。

另外，相较于2011年，2020年黄河流域整体的生活和生态用水量占总用水量的比重显著增加，特别是位于黄河流域内部的兰州—西宁城市群、山东半岛城市群、关中平原城市群和山西中部城市群等多个区域的变化较为明显，这可能与城市群实力增强后吸引更多人口并注重生态保护有关。与此同时，黄河流域用水量较大的地区主要集中在人口集聚且经济发展水平较高或农业灌溉蓄水量较大的地级单位，但上述地区的水资源总量往往低于实际用水量，供水与用水矛盾较为严重，因此需要提高水资源节约集约水平。

第四节　黄河流域城市群水资源约束下的人口承载力结果

本节对黄河流域城市群水资源约束下的人口承载力研究从两方面展开：一方面是基于水资源总量这一客观条件探究其人口承载力，另一方面则是从水供给这一实际反映人口用水消费量的视角探究其人口承载力。从上述两方面进行分析，主要是为了通过明确水资源供需矛盾下的人口承载力差异，总结出统一规律，以便更好地提供黄河流域城市群水资源约束下的人口布局调整与节水思路。

一、基于水资源总量的人口承载力分析与预测

从 2020 年黄河流域城市群水资源人口承载力的空间分布特征看，总体上呈从东向西等级逐渐降低的特征（见表 9-3）。其中，城市群内具有处在等级 1 的地区较少，仅有兰州—西宁城市群的海北藏族自治州、黄南藏族自治州和海南藏族自治州水资源人口承载力位居等级 1，这说明上述地区的水资源特别是地表水资源充足，且远高于其他地区。目前具有等级 2 城市的城市群有中原城市群的信阳市，其也是地表水资源充足的城市。目前具有等级 3 城市的城市群有呼包鄂榆城市群的鄂尔多斯市，兰州—西宁城市群的海东市，关中平原城市群的商洛市和宝鸡市。其余七大城市群的城市均处在等级 4。根据这一基本结论可知，基于水资源总量的黄河流域城市群水资源人口承载力较为合理的区域主要集中在西部地区，而东部和中部地区的人口承载能力较弱。目前已有 86.95% 的地区处在水资源人口承载力危机阶段，需要通过区域外的水资源补给来维持本地人口和经济发展，这也是当前黄河流域经济发展水平较高城市群所面临的统一问题。

根据灰色 GM（1，1）模型，本书基于 2010~2020 年数据预测了 2025 年、2030 年和 2035 年黄河流域各地区的水资源总量和常住人口数。选择这三个时点是因为《黄河流域生态保护和高质量发展规划纲要》中提出 2025 年黄河流域生

态保护和高质量发展取得明显进展，而规划期至 2030 年，中期展望至 2035 年，且均有详细说明。因此，本书基于上述时间节点预测并确定黄河流域不同地区的水资源人口承载力等级。

与 2020 年水资源人口承载等级相比，2025 年处在等级 1 的城市未发生改变，海东市和商洛市的水资源人口承载力等级升至等级 2，信阳市则降至等级 3，其余地区未发生改变；2030 年信阳水资源人口承载力等级回升至等级 2，忻州升至等级 3，其余地区未发生改变；2035 年平凉和吕梁升至等级 3，其余地区则不变。2020~2035 年，黄河流域城市群水资源人口承载力等级处在非危机状态的地区不断增多，已有 11 个，占城市群全部地级单位总量的 15.94%。虽然这一结果只是基于预测值估计而来，但是从整体趋势看，随着黄河流域水源涵养能力增强和气候变暖导致降水增多等多方面的积极影响，基于水资源总量考量的黄河流域城市群人口承载力预测结果显示未来将不断向好发展。

表 9-3 进一步展示了 2035 年人口承载力预测值与 2020 年真实值的变化，从中可以看到，有 37 个地级单位的人口承载力不断增强，占流域总量的 53.62%，主要分布在各城市群内沿河的地级单位，其中山东半岛城市群和中原城市群内水资源人口承载力预计将会提高的城市占比较多，分别有 8 个和 16 个，这一结果反映出未来上述城市群能够进一步发挥优势起到辐射带动周边地区发展的作用，并有助于推动黄河流域生态保护和高质量发展。与此同时，从已有文献可知，黄河流域人口承载力增强主要与水资源量增多有关，王国庆等（2020）通过多情景模拟黄河流域气候与降水变化后发现，未来黄河流域降水存在缓慢增加的可能，这也支持了本书上述内容。然而不可否认的是，仍有接近一半的地区人口承载力不断下降，反映出未来黄河流域水资源供需矛盾仍将存在甚至加重，从而影响流域可持续发展。

表 9-3 基于水资源总量的黄河流域城市群人口承载力分析

城市群	年份	等级 1	等级 2	等级 3	等级 4
山东半岛城市群	2020，2025，2030，2035				日照市、东营市、威海市、滨州市、德州市、烟台市、泰安市、枣庄市、济南市、青岛市、淄博市、潍坊市、济宁市、临沂市、菏泽市、聊城市

续表

城市群	年份	等级1	等级2	等级3	等级4
中原城市群	2020		信阳市		菏泽市、济源市、许昌市、平顶山市、商丘市、开封市、周口市、鹤壁市、漯河市、洛阳市、南阳市、焦作市、濮阳市、三门峡市、长治市、安阳市、新乡市、驻马店市、晋城市、郑州市、运城市、聊城市
	2025			信阳市	菏泽市、济源市、许昌市、平顶山市、商丘市、开封市、周口市、鹤壁市、漯河市、洛阳市、南阳市、焦作市、濮阳市、三门峡市、长治市、安阳市、新乡市、驻马店市、晋城市、郑州市、运城市、聊城市
	2030、2035			信阳市	菏泽市、济源市、许昌市、平顶山市、商丘市、开封市、周口市、鹤壁市、漯河市、洛阳市、南阳市、焦作市、濮阳市、三门峡市、长治市、安阳市、新乡市、驻马店市、晋城市、郑州市、运城市、聊城市
山西中部城市群	2020、2025				吕梁市、晋中市、太原市、忻州市
	2030			忻州市	吕梁市、晋中市、太原市
	2035			吕梁市、忻州市	
关中平原城市群	2020			商洛市、宝鸡市	平凉市、庆阳市、天水市、渭南市、临汾市、铜川市、咸阳市、西安市、运城市
	2025、2030		商洛市	宝鸡市	平凉市、庆阳市、天水市、渭南市、临汾市、铜川市、咸阳市、西安市、运城市
	2035		商洛市	宝鸡市、平凉市	庆阳市、天水市、渭南市、临汾市、铜川市、咸阳市、西安市、运城市
呼包鄂榆城市群	2020			鄂尔多斯市	包头市、呼和浩特市、榆林市
宁夏沿黄城市群	2020				中卫市、石嘴山市、吴忠市、银川市
兰州—西宁城市群	2020	海北藏族自治州、黄南藏族自治州、海南藏族自治州		海东市	兰州市、临夏回族自治州、白银市、定西市、西宁市
	2025、2030、2035	海北藏族自治州、黄南藏族自治州、海南藏族自治州	海东市		兰州市、临夏回族自治州、白银市、定西市、西宁市

资料来源：笔者测算后整理。

总之，从不同阶段变化中能够发现，黄河流域城市群水资源人口承载力提高是从西向东逐渐蔓延，但是东部沿海和中部相对发达地区的人口承载力级别并未发生改变。其中，相对发达地区人口承载力级别保持不变主要是因为这些区域人口集聚现象较为明显，人口增长与水资源总量增多可能存在着相同趋势，或者水资源总量的不断增加也无法满足地区人口长期增长需求。

二、基于总供水量的人口承载力分析与预测

从基于总水供给量的 2020 年黄河流域水资源人口承载力的空间分布特征看，总体上仍然呈从东向西等级逐渐递减的特征（见表 9-4）。其中，黄河流域中仅有宁夏沿黄城市群的中卫、石嘴山和吴忠的水资源人口承载力处在等级 3，其余地区均为等级 4，这一结果直观反映出黄河流域水资源供需矛盾较为突出。

表 9-4　基于总供水量的黄河流域城市群人口承载力分析

城市群	年份	等级 1	等级 2	等级 3	等级 4
山东半岛城市群	2020，2025，2030，2035				日照市、东营市、威海市、滨州市、德州市、烟台市、泰安市、枣庄市、济南市、青岛市、淄博市、潍坊市、济宁市、临沂市、菏泽市、聊城市
中原城市群	2020，2025，2030，2035				菏泽市、信阳市、济源市、许昌市、平顶山市、商丘市、开封市、周口市、鹤壁市、漯河市、洛阳市、南阳市、焦作市、濮阳市、三门峡市、长治市、安阳市、新乡市、驻马店市、晋城市、郑州市、运城市、聊城市
山西中部城市群	2020，2025，2030，2035				吕梁市、晋中市、太原市、忻州市
关中平原城市群	2020，2025，2030，2035				商洛市、宝鸡市、平凉市、庆阳市、天水市、渭南市、临汾市、铜川市、咸阳市、西安市、运城市
呼包鄂榆城市群	2020，2025，2030，2035				鄂尔多斯市、包头市、呼和浩特市、榆林市
宁夏沿黄城市群	2020，2025，2030，2035			中卫市、石嘴山市、吴忠市	银川市
兰州—西宁城市群	2020，2025，2030，2035				海北藏族自治州、黄南藏族自治州、海南藏族自治州、海东市、兰州市、临夏回族自治州、白银市、定西市、西宁市

资料来源：笔者测算后整理。

本书继续预测了 2025 年、2030 年和 2035 年黄河流域各地区的总供水量。与 2020 年相比，2025 年、2030 年和 2035 年的黄河流域城市群水资源约束下的人口承载力等级完全未发生改变。结合表 9-5 关于 2035 年人口承载力预测值与 2020 年真实值的变化统计情况看，七大城市群内仅有 20 个城市的水资源人口承载力增强，占全样本总量的 28.99%。分各城市群内城市增长数量看，中原城市群有 7 个，山东半岛城市群、山西中部城市群和兰州—西宁城市群各有 3 个，呼包鄂榆城市群有 2 个，宁夏沿黄城市群和关中平原城市群各有 1 个。人口承载力减弱地区的占比更大，特别是西安、郑州、青岛等大城市水资源供需矛盾进一步加剧，反映出未来满足城市发展需求的水供给压力较大，不容乐观。城市群水资源人口承载力下降的变化趋势，在某种程度上也反映出未来城市群中心城市"虹吸效应"的增强会在水供给变化不大的前提下造成更大的经济发展压力。

总之，从不同阶段变化可以看出，单纯在现有供水能力及其趋势下满足黄河流域内人口发展的压力较大，特别是随着未来人口集聚趋势的增强，水资源供给压力进一步增大，亟待通过调水等方式满足区域经济发展。

三、对水资源总量和总供水视角下的结果比较研究

分别从水资源总量和总供水量的黄河流域城市群水资源约束下的人口承载力比较结果中可以直观发现，两者得到的结论与趋势几乎是完全相反的。随着黄河流域自然环境好转与降雨量增多，水资源总量约束下的人口承载力水平不断提高，并在未来具有继续向好的趋势。然而，基于黄河流域城市群地级单位实际总供水量情况得到的人口承载力结果表明，水资源供需矛盾依然十分严峻，亟须通过水资源调配缓解不同区域的供水压力，以此支持黄河流域经济高质量发展。

从理论上看，两者测度结果的不同是因为选用指标在概念上就存在本质差异。一方面，水资源总量是基于自然禀赋，考虑地表水资源和地下水资源所确定的，受气候因素影响，具有一定的随机性。另一方面，总供给是根据农业、工业、生活和生态用水的实际情况确定的。在测度过程中排除生态用水后，总供给更多是与本地居民生活实际情况紧密相关，反映地区水消费真实总量。这一变量随机性较弱，更多是取决于本地人口总量、产业结构、调水能力等因素，从而影响用水结构并导致总供水量发生波动。从总量比较看，水资源充足的地区可能由于人口稀少而使实际总供水远小于水资源总量，而有的地区虽然水资源不足，但是由于人口总量大，满足地区发展就需要通过调水等途径保证水供给充足，从而

导致实际总供水远大于水资源总量。

表9-5为水资源总量与总供水测度下的黄河流域城市群各地级单位的水资源人口承载力变化统计情况。一是在水资源总量和总供水下的人口承载力均提高的地区分布于各个城市群，但中原城市群下的数量最多。其中，兰州、银川和太原分别是所在兰州—西宁城市群、宁夏沿黄城市群和山西中部城市群的中心城市，也有在城市群内处于次中心的城市如洛阳等，这类地区未来在所在城市群内将发挥重要作用，也是提高区域经济实力的重要中心。因此，需要发挥好这类地区的潜在人口承载力优势，实现高质量发展以更好起到辐射带动作用。二是仅在水资源测度下显示人口承载力将会提高的地级单位主要分布在除山西中部城市群以外的地区，其中西安、郑州等为关中平原城市群和中原城市群的中心城市。结合实际人口总量看，这类地区中有西安、郑州、临沂等城市人口总量在2020年分别突破1000万人，用水消费量大导致水供给压力增大。虽然这些地区水资源人口承载力不断提高，但是由于总供水压力依然存在，未来仍然需要通过调水、节水、蓄水等多种途径提高水资源供给能力与利用效率。三是在总供水测度下显示人口承载力将会提高的地级单位较少，分布在除宁夏沿黄城市群以外的地区。这类地区经济或人口总量少有在省内居于首位，但仍具有一定的发展潜力，如咸阳、长治等。因此，要抓住总供水下的水资源人口承载力不断提高的趋势，通过加大基础设施与公共服务投入，增强地区吸引力，发挥出人口承载力优势。四是在水资源总量和总供水下人口承载力均不增长的地区分布较为广泛，既有属于山东半岛城市群、兰州—西宁城市群中心城市的地区，也有经济发展水平较为落后的地区，属于这一类别地区差别较大。这类地区水资源约束下的人口承载压力较大，需要通过环境保护与调水、节水等不断调整，实现流域经济可持续发展。

表9-5　基于两种测度的人口承载力统计

测度结果	城市群	地级单位
均提高	山东半岛城市群	泰安市、枣庄市
	中原城市群	洛阳市、南阳市、濮阳市、三门峡市、晋城市、运城市
	山西中部城市群	太原市、忻州市
	关中平原城市群	天水市、铜川市、运城市
	呼包鄂榆城市群	鄂尔多斯市
	宁夏沿黄城市群	银川市
	兰州—西宁城市群	兰州市、临夏回族自治州

续表

测度结果	城市群	地级单位
水资源下提高	山东半岛城市群	滨州市、淄博市、济宁市、临沂市、菏泽市、聊城市
	中原城市群	菏泽市、信阳市、鹤壁市、漯河市、焦作市、安阳市、新乡市、驻马店市、郑州市、聊城市
	山西中部城市群	—
	关中平原城市群	商洛市、西安市
	呼包鄂榆城市群	呼和浩特市
	宁夏沿黄城市群	中卫市
	兰州—西宁城市群	海北藏族自治州、白银市、定西市
总供水下提高	山东半岛城市群	日照市
	中原城市群	开封市、长治市
	山西中部城市群	吕梁市
	关中平原城市群	平凉市、渭南市、咸阳市
	呼包鄂榆城市群	包头市
	宁夏沿黄城市群	—
	兰州—西宁城市群	海南藏族自治州
均不增长	山东半岛城市群	东营市、威海市、德州市、烟台市、济南市、青岛市、潍坊市
	中原城市群	济源市、许昌市、平顶山市、商丘市、周口市
	山西中部城市群	晋中市
	关中平原城市群	宝鸡市、庆阳市、临汾市
	呼包鄂榆城市群	榆林市
	宁夏沿黄城市群	石嘴山市、吴忠市
	兰州—西宁城市群	黄南藏族自治州、海东市、西宁市

资料来源：笔者测算后整理。

总之，虽然两者存在一定差别，但是从实现黄河流域生态保护和高质量发展这一现实目标看，水资源与水供给下的人口承载力应形成一种关系上的自洽，即在注重生态保护的前提下提高流域水源涵养能力，增加水资源储备，同时开展调水工程保障流域经济平稳发展，进一步巩固和提高人口承载力。对于不同类型区域要形成针对性的提高人口承载力方案，以此确保黄河流域实现生态保护和高质量发展。

第五节　水资源约束下的人口分布调整与节水调水思路

虽然从水资源总量和总供水量的人口承载力研究中得到看似相反的结论，但是这是黄河流域水资源供需矛盾和经济发展不平衡下的合理反映。水资源是地区发展的天然基础，而实际供水是决定地区产业结构、人口总量和经济发展的根本。面对黄河流域水资源分布不均的局面，本书认为要通过人口分布调整和节水与调水这两个方面确保黄河流域实现生态保护和高质量发展，并结合体制机制保证新阶段新思路的顺利施行。

一、黄河流域城市群人口分布调整方案

黄河流域要制订人口分布调整方案，引导实现人口的自然迁移。人口分布调整不是打破经济发展规律，防止人口为追求更高的生活品质或条件而迁移，而是通过提高水资源人口承载力潜力大的地区的城市发展质量，依靠良好的产业环境、便利的生活条件、完善的服务体系而使周边地区人口迁入本地，从而缓解其他地区的水资源人口承载压力。

对黄河上游而言，由于其经济发展水平相对中下游较为落后，经济发展起步晚导致其竞争力较弱，但可以充分发挥兰州、银川等地人口承载力可能提高的趋势，促使兰州—西宁城市群或宁夏沿黄城市群初步形成人口集聚发展态势，从而辐射带动周边区域发展。具体来讲，一是兰州—西宁城市群的中心城市之一兰州是水资源人口承载力未来可能继续提高的城市，但由于该城市群发展起步较晚，因此仍需以中心城市为基础通过集聚要素资源带动周边地区同步发展。兰州可以在同西宁明确协同发展思路的基础上进一步提高城市吸引力，承载更多人口以提高城市群竞争力。二是宁夏沿黄城市群和呼包鄂榆城市群要提升银川和鄂尔多斯的基础设施和公共服务质量，加大产业结构调整力度，围绕环境保护和资源禀赋形成具有比较优势的产业体系，满足人口发展需求。同时，两城市群也要发挥好同处黄河"几"字弯都市圈的临近优势，通过协同互动带动榆林、石嘴山和吴忠等地发展，不断提高城市群整体竞争力。

对黄河中游而言，由于周边城市群如山西中部城市群、关中平原城市群和中原城市群均已发展至一定水平，特别是中原城市群在中部地区具有极其重要的辐射带动作用，因此中游地区城市群内的人口分布调整更多是为进一步提高城市群竞争力所服务。首先，要基于自身产业结构优势，明确城市群内产业协同整体方案，确保各地产业特色鲜明。其次，基于产业特色和发展需要，制订引进人才和吸引劳动力的具体方案，同时搭建促进人口发展的配套方案。具体来讲，中原城市群要加快城市群内非中心城市如洛阳等地的发展，通过提高城市环境与服务质量以承接从中心城市迁出的人口。对山西中部城市群而言，由于其中心和次中心城市的水资源人口承载力结果均向好，因此未来要进一步做好发展规划，在黄河"几"字弯都市圈担负承载人口发展的重任。对关中平原城市群而言，要在缓解西安极化发展的基础上缓解城市群内发展失衡问题，加快建设天水、铜川等地以吸引更多人口并缓解西安水资源压力。

对黄河下游而言，要加快发展山东半岛城市群内非中心城市如枣庄、泰安等地，缓解青岛、济南等地的发展压力。由于中心城市青岛和济南与副中心城市烟台在两种水资源人口承载力测算下均显示有所降低，而山东半岛城市群整体发展质量较高，因此可以通过进行城市群内的产业转移等引导人口在城市群内部流动，从而缓解中心城市的压力。

二、黄河流域城市群节水调水思路

当前，我国"四横三纵、南北调配、东西互济"的水网格局正逐步形成，黄河流域要充分利用好已有和外调而来的水资源，形成节水与调水并轨的水资源优化方案。除此之外，也要通过设立和完善体制机制以确保黄河流域人口分布调整与水资源优化措施落到实处。黄河流域经济发展、人口分布和资源禀赋等存在较大差异，确立具体且有效的体制机制能够维系黄河流域不同利益主体的关系，提高区域分工协作意识，提升流域治理体系和治理能力现代化水平。

1. 黄河流域城市群节水思路

节水不仅要节约流域内自然水资源，还要对再生水和外调水明确具体的节水方案，实现从粗放到全局节约集约化发展的根本转变。针对全流域地级单位而言，特别是人口集聚的超大和特大城市，要实施节水工程建设，更新与维护节水设施，对地方政府实行节水考核；针对农业和工业用水占总用水比重高的地级单位，要探索可持续农业灌溉发展道路和工业节水技术研发，同时也要对农业和工业用水定价实行超额累进加价制度并制定节水奖励体系；针对生态用水，要严守生态用水量红线，以满足生态用水需求为前提再进行水资源转变。

节水是一项复杂的系统工程，黄河流域的水资源特点也决定了节水基础和条件。首先，黄河流域水利设施投入需进一步加大，形成专项节水资金，对水利和节水设施进行更新换代。其次，黄河流域部分灌区土壤盐碱化问题导致节水与灌溉更为复杂，需要充分考虑土壤盐碱化的调控和改良，在防止加重土壤盐碱化的前提下实现节水。再次，虽然黄河流域泥沙含量在近年来逐步减少，但是仍需继续关注水源涵养问题，提高泥沙处理质量。最后，黄河流域城市群的节水意识有待提高，从农业灌溉再到生活用水，需要持续提高民众节水意识。

以农业为例，黄河流域农业经济总量持续增加，农林牧渔结构稳定，主要农产品产量稳中有增，农业产业特色突出，农村发展动能持续增强，农村居民人均收入不断增加，但仍存在生态环境较脆弱，水土流失较严重，农业水土资源压力较大，部分区域农业基础设施较薄弱，农业面源污染形势较严峻，农业标准化生产水平较低，农产品附加值较低等问题，制约了农业高质量发展（方创琳等，2018）。上述黄河流域城市群农业发展所面临的问题可以通过农业节水和现代化技术改造予以缓解，从而实现节水目标。黄河流域农业以灌溉用水为主，但灌溉水有效利用率不高，节水和高效用水的潜力巨大，大力推进农业技术创新与现代化改造，能够推广先进节水技术并提高灌溉用水效率，有助于缓解水资源压力。一是要加强灌区工程建设与改造投入，设定改进实施方案后评估阶段的设计与质量考核。同时，也要统一灌溉工程设备材料标准，实现可持续发展。二是提高灌溉工程管理投入，扭转侧重灌溉工程建设的失衡局面，要针对水资源刚性约束确定具体的监管技术手段和信息化平台搭建，确保管理可视化，奖惩制度有据可循，提高农户和地方政府的积极性和参与度。三是提高市场在节水灌溉中的参与度，优化投入渠道、投入对象和建设标准，形成统一协调的最优合力，从而有助于构建节水灌溉的长效机制。

2. 黄河流域城市群调水思路

调水要充分利用好现有南水北调东中线工程提供的额外水源，严格实行取水管理制度，避免水资源浪费。同时，也要基于技术研发探索人工降雨增水的可行性，确保黄河流域调水方案与手段丰富。

随着黄河流域城市群发展水平的不断提高，未来对水资源的需求将日益增加，必然会导致水资源供需矛盾越发尖锐。从当前南水北调东中线所取得的成效来看，跨流域调水是解决黄河流域水资源供需矛盾、稳定经济社会可持续发展、提高各城市群人口承载力与推进黄河流域生态保护和高质量发展的重要组成，在改善人民饮用水质量、提高地表水质量、解决黄河流域干旱缺水问题中发挥着重要作用。然而，黄河流域上游水资源短缺问题仍需在未来通过有效方式予以解决，目前也有关于南水北调西线工程的探讨和论证，开始关注上游水资源问题。

针对七大城市群分布在上、中、下游这一根本事实，水资源调配与统筹需要结合流域特色进行确定。首先，七大城市水资源配置要在已有"八七"分水方案的基础上，结合当前区域发展战略制订新的水量分配方案，根据需求确定新的调水方案。其次，在明确黄河流域城市群建设是推进流域生态保护和高质量发展载体的基础上，要考虑生态和经济的整体性，从质和量上提升调水价值。最后，七大城市群依托黄河连成一体，调水不能脱离整体性，要保证不同流域城市群均受一定奖惩机制的规制，实现整体双赢。

参考文献

［1］Dou M, Ma J, Li G, et al. Measurement and assessment of water resources carrying capacity in Henan Province, China ［J］. Water Science and Engineering, 2015, 8（2）: 102-113.

［2］Zhao H, Guo S. An optimized grey model for annual power load forecasting ［J］. Energy, 2016（107）: 272-286.

［3］陈肖飞，郜瑞瑞，韩腾腾，等. 人口视角下黄河流域城市收缩的空间格局与影响因素 ［J］. 经济地理，2020，40（6）: 37-46.

［4］陈岩，冯亚中. 基于 RS-SVR 模型的流域水资源脆弱性评价与预测研究——以黄河流域为例 ［J］. 长江流域资源与环境，2020，29（1）: 137-149.

［5］邓聚龙. 灰色系统理论教程 ［M］. 武汉：华中理工大学出版社，1990：14-18.

［6］邓铭江. 中国西北"水三线"空间格局与水资源配置方略 ［J］. 地理学报，2018，73（7）: 1189-1203.

［7］邓正华，戴丽琦，邓冰，等. 洞庭湖流域水资源承载力时空演变分析 ［J］. 经济地理，2021，41（5）: 186-192.

［8］杜雪芳，李彦彬，张修宇. 基于 TOPSIS 模型的郑州市水资源承载力研究 ［J］. 人民黄河，2022，44（2）: 84-88.

［9］范胜龙，杨玉珍，陈训争，等．基于PSR和无偏GM（1，1）模型的福建省耕地生态安全评价与预测［J］．中国土地科学，2016，30（9）：19-27.

［10］方琳娜，尹昌斌，方正，等．黄河流域农业高质量发展推进路径［J］．中国农业资源与区划，2021，42（12）：16-22.

［11］葛世帅，曾刚，杨阳，胡浩．黄河经济带生态文明建设与城市化耦合关系及空间特征研究［J］．自然资源学报，2021，36（1）：87-102.

［12］韩美，杜焕，张翠，等．黄河三角洲水资源可持续利用评价与预测［J］．中国人口·资源与环境，2015，25（7）：154-160.

［13］贾绍凤，张军岩，张士锋．区域水资源压力指数与水资源安全评价指标体系［J］．地理科学进展，2002（6）：538-545.

［14］贾绍凤，梁媛．新形势下黄河流域水资源配置战略调整研究［J］．资源科学，2020，42（1）：29-36.

［15］李富荣．改进的动态GM（1，1）模型在人口预测中的应用［J］．统计与决策，2013（19）：72-74.

［16］李焕，黄贤金，金雨泽，等．长江经济带水资源人口承载力研究［J］．经济地理，2017，37（1）：181-186.

［17］李焕，黄贤金，金雨泽，等．长江经济带水资源人口承载力研究［J］．经济地理，2017，37（1）：181-186.

［18］刘柏君，彭少明，崔长勇．新战略与规划工程下的黄河流域未来水资源配置格局研究［J］．水资源与水工程学报，2020，31（2）：1-7.

［19］刘华军，乔列成，孙淑惠．黄河流域用水效率的空间格局及动态演进［J］．资源科学，2020，42（1）：57-68.

［20］马涛，王昊，谭乃榕，等．流域主体功能优化与黄河水资源再分配［J］．自然资源学报，2021，36（1）：240-255.

［21］孙思奥，汤秋鸿．黄河流域水资源利用时空演变特征及驱动要素［J］．资源科学，2020，42（12）：2261-2273.

［22］田涛，薛惠锋，张峰．基于ARIMA与GM（1，1）的区域用水总量预测模型及应用——以广州市为例［J］．节水灌溉，2018（2）：61-65，70.

［23］童玉芬．北京市水资源人口承载力的动态模拟与分析［J］．中国人口·资源与环境，2010，20（9）：42-47.

［24］王国庆，乔翠平，刘铭璐，等．气候变化下黄河流域未来水资源趋势

分析 [J]. 水利水运工程学报, 2020 (2): 1-8.

[25] 王旻, 尹少华, 卢丽帆. 缺水型城市水资源供需匹配的模拟和预测——以甘肃省兰州市为例 [J]. 经济地理, 2020, 40 (2): 89-96.

[26] 王西琴, 高伟, 曾勇. 基于 SD 模型的水生态承载力模拟优化与例证 [J]. 系统工程理论与实践, 2014, 34 (5): 1352-1360.

[27] 王煜, 彭少明, 武见, 等. 黄河 "八七" 分水方案实施 30a 回顾与展望 [J]. 人民黄河, 2019, 41 (9): 6-13, 19.

[28] 夏军, 彭少明, 王超, 等. 气候变化对黄河水资源的影响及其适应性管理 [J]. 人民黄河, 2014, 36 (10): 1-4, 15.

[29] 杨子江, 韩伟超, 杨恩秀. 昆明市水资源承载力系统动力学模拟 [J]. 长江流域资源与环境, 2019, 28 (3): 594-602.

[30] 张建云, 王国庆, 贺瑞敏, 等. 黄河中游水文变化趋势及其对气候变化的响应 [J]. 水科学进展, 2009, 20 (2): 153-158.

[31] 张建云, 王国庆, 贺瑞敏, 等. 黄河中游水文变化趋势及其对气候变化的响应 [J]. 水科学进展, 2009, 20 (2): 153-158.

[32] 张宁宁, 粟晓玲, 周云哲, 等. 黄河流域水资源承载力评价 [J]. 自然资源学报, 2019, 34 (8): 1759-1770.

[33] 张樨樨, 曹正旭, 张仁杰, 等. 黄河三角洲生态经济区水资源承载力评价及趋势预测 [J]. 世界地理研究, 2022, 31 (3): 549-560.

[34] 张振华. 基于灰色 GM (1, 1) 模型的城市人口老龄化预测 [J]. 统计与决策, 2015 (19): 76-79.

[35] 钟水映. 调水与调人: 人口与水资源合理配置的另外一个视角 [J]. 人口与经济, 2004 (6): 20, 55-59.

[36] 朱一中, 夏军, 谈戈. 西北地区水资源承载力分析预测与评价 [J]. 资源科学, 2003 (4): 43-48.

第十章　黄河流域城市群生态保护与经济发展耦合协调及驱动因素研究

　　生态保护是黄河流域发展中的重中之重。作为我国重要的生态屏障和经济地带，黄河流域始终在全国的生态保护与高质量发展中扮演着重要角色（金凤君等，2022）。2019 年，习近平总书记在郑州主持召开黄河流域生态保护和高质量发展座谈会，强调黄河流域生态保护和高质量发展是重大国家战略；2021 年 10月，中共中央、国务院印发《黄河流域生态保护和高质量发展规划纲要》，提出以改善人水关系为核心，提高流域治理水平，用十年的时间初步建成生态共治、环境共保、城乡区域协调联动发展的格局。

　　生态文明建设是中国特色社会主义的重要组成部分，更是黄河流域历史因素与现实情况所共同的要求。而从国家政策沿革出发，协调黄河流域生态和经济间关系亦是新发展阶段实现黄河流域生态保护和高质量发展的应有之义。只有实现生态和经济的协调发展，才能更好地推进黄河流域高质量发展，使黄河流域更好地发挥其在生态屏障和经济地带的重要作用。城市群作为城镇化发展到高级阶段的产物，能够有效带动区域经济增长，是我国经济发展格局中最富有创造活力的单元（方创琳等，2018；范晓敏，2020）。这一普遍性事实与黄河流域内部经济发展差距较大、不平衡不充分的发展矛盾较为尖锐，需要通过更加有效的点面结合的综合发展模式了解这一矛盾特殊性。本章将以城市群为研究对象，将研究视角落到涵盖黄河流域绝大多数区域的七大城市群，运用耦合协调度模型分析黄河流域城市群生态保护与经济发展耦合协调情况，并对其发展的动力源泉与主要驱动因素进行探讨，同时也将根据耦合结果和空间特征识别不同城市群间的异同，进而为促进黄河流域城市群经济生态耦合、实现高质量发展提供若干建议。

第一节 黄河流域城市群生态保护与
经济发展的耦合协调分析

本节将在总结学界现有研究成果的基础上，构建生态保护与经济发展相应的指标体系，然后运用耦合协调度模型分析黄河流域七大城市群的生态保护与经济发展的互动关系。

一、文献综述

经济、环境两大系统的互动关系始终是学界研究的热点话题。其中，经典的研究成果当属"环境库兹涅茨曲线"（Environmental Kuznets Curve，EKC），其假设最早由经济学家库兹涅茨于 20 世纪 50 年代提出，即在经济发展过程中，某些衡量生活质量的指标先随着经济增长而恶化，随后逐步好转。这一假设随后在二氧化硫、微尘和悬浮颗粒 3 种环境质量指标与收入之间关系的实证中得到证实（Grossman and Krueger，1991）。环境质量与经济发展间存在的此消彼长和相互促进关系也成为众多研究的出发点，但随着研究对象不断扩展至全球不同国家和地区，许多学者发现经济发展同环境质量间并不一定呈倒"U"形，而可能会表现出线形、"U"形乃至"N"形等多种情况（Panayotou，1995；李玉文等，2005；Stern，2001）。这一情况的出现可能是因为单一指标并不能够很好地反映两者间的关系，对此一种可行的解决方案是引入更多指标构造复合指标（薛冰等，2010），发源于物理学的耦合与协调发展度概念应运而生。吴跃明等（1996）建立了耦合度定量模型以及运用灰色系统进行耦合度的预测研究；左其亭和陈嘻（2001）运用系统动力学对社会经济与水资源、沙漠化等生态环境要素的耦合动力学模型进行研究；刘耀彬等（2005）运用灰色关联度法建立中国区域城市化与生态环境关联度模型和耦合度模型，对中国省级城市化与生态环境系统耦合的空间规律进行分析；廖重斌（1999）则引入了数理统计中变异系数和协调系数的概念和性质，提出经济与环境耦合协调发展模型。

若将研究对象限定在黄河流域，亦可以发现有众多学者对黄河流域生态和经济耦合问题进行了翔实的研究，尤其是在 2019 年习近平同志提出黄河流域生态保护和高质量发展后，学界对于这一问题的讨论更是日趋激烈。相关研究指出，黄河流域生态和经济耦合呈现平稳态势，但仍未实现协同发展，存在空间自相关性和正向累进发展、惯性发展的特征，未来耦合协调度总体水平提升速度较慢（刘琳轲等，2021；任保平和杜宇翔，2021）。现有研究的一大缺陷在于少有基于城市群视角进行比较分析，而多将黄河流域分为上、中、下游区域进行分析。学界普遍认为黄河流域内部耦合水平并不一致，其上、中、下游间存在显著的耦合水平差距：孙继琼（2021）的研究表明黄河流域耦合协调度日益提升，呈现从"失调"向"协调"转变的趋势，区域层面表现出从"上游当先"向"中游超越"再向"下游领衔"的演进路径；而崔盼盼等（2020）则得到了生态环境水平呈中游凹陷、上游良好、下游居中的格局，高质量发展水平具有上游落后、中游崛起、下游发达的空间分布特征的结论。也有学者将黄河流域的生态与经济发展耦合水平同全国其余地区进行了比较，认为其仅处在全国平均水平。另外，关于黄河流域的其他研究也值得参考：关于土地和生态耦合的研究指出，耦合协调度波动相对稳定，但存在着区域层面的不平衡（徐维祥等，2021）；关于生态和城市化耦合的研究指出，耦合协调度存在空间依赖和空间溢出，说明地方生态经济耦合水平会受周边地区的影响，即存在着实现全局正向发展的可能（葛世帅等，2021）。

二、研究方法

耦合这一概念最初源于物理学，用以表示 2 个或 2 个以上的系统紧密配合、相互影响的作用关系。从协同学的角度看，系统由无序走向有序的关键在于系统内部序与参量之间的协同作用，它左右着系统相变的特征与规律。耦合度正是对这种协同作用的度量。基于此，将区域经济与生态保护两个子系统通过各自的耦合要素产生相互作用、彼此影响的程度定义为系统耦合度。耦合度分析可分为两步，首先是对各子系统状态进行评估，其次是进行耦合度的计算和评价。设各子系统的综合功效为 u_1，u_2，$\cdots$，u_n，传统耦合度 C 的计算公式为：

$$C = n\left[\frac{u_1 u_2 \cdots u_n}{\prod (u_i + u_j)}\right]^{\frac{1}{n}} \quad (10-1)$$

耦合度的评价结果会出现两者发展水平皆低但耦合水平却高的违背实际情况的可能性，因而需要进一步构建耦合协调度模型。耦合协调度 D 计算公式为：

$$D = \sqrt{C \times T} \quad (10-2)$$

其中，$T = \sum_{i}^{n} \alpha_i u_i$，$T$ 表示两者的综合评价指数，α_i 表示待定系数，$\sum_{i}^{n} \alpha_i = 1$，且通常认为各系统重要性相当，故设置 $\alpha_1 = \alpha_2 = \cdots = \alpha_n = \dfrac{1}{n}$，本部分沿用这一设定。

三、指标体系构建与数据处理

如前文所述，研究黄河流域城市群生态保护与经济发展耦合协调情况的根本目的在于分析各城市群发展现状，助力高质量发展。因此，构建衡量生态保护与经济发展程度的指标体系时，将参考本书第二章中所构建的黄河流域城市群高质量发展的评价体系，同时也将参考现有研究成果。

关于生态保护评价指标构建，常见的是遵循压力—状态—响应（PSR）模型，从压力、状态、响应三个角度出发构建相应指标体系（孙黄平等，2017；王晓君等，2017）。该模型是由经济合作与发展组织（OECD）和联合国环境规划署（UNEP）于 20 世纪 80 年代以因果关系为基础所提出的，主要强调了人类活动与自然环境之间的相互作用关系，也即当人类活动对环境施加一定程度的压力后，环境会改变其原有的状态（Zhang et al.，2012）。具体机制可用图 10-1 表示（王晓君等，2017）。

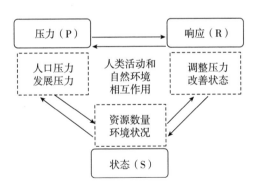

图 10-1　压力—状态—响应（PSR）模型

资料来源：根据王晓君（2017）整理。

本部分所构建生态保护评价指标体系如表 10-1 所示。

表 10-1　黄河流域城市群生态保护评价体系

系统	子系统	具体指标	属性	权重
生态保护	生态状态	森林覆盖率	+	0.1193
		人均绿地面积	+	0.0146
		年降水量	+	0.0486
	生态压力	人均用电量	+	0.0615
		单位农业产值用水量	−	0.1524
		单位工业产值用水量	−	0.1338
	生态响应	单位产出工业废水排放量	−	0.1436
		单位产出工业二氧化硫排放量	−	0.1602
		单位产出工业烟粉尘排放量	−	0.1661

资料来源：笔者根据已有研究整理。

在选取区域经济系统的指标时，以"十四五"时期经济社会发展主要指标为基础，结合当前重视区域经济高质量发展，在马丽等（2012）研究基础上从地区经济实力、地区发展潜力和地区发展活力三方面来衡量，具体如表 10-2 所示。

表 10-2　黄河流域城市群经济发展评价体系

系统	子系统	具体指标	属性	权重
经济发展	地区经济实力	人均科学教育财政支出	+	0.0534
		人均进出口总额	+	0.0242
		人均实际使用外资金额	+	0.0279
		失业率	−	0.1609
	地区发展潜力	消费率	+	0.1082
		投资率	+	0.0672
		城乡居民收入差距	−	0.1281
		全要素生产率	+	0.1294
	地区发展活力	职工平均工资	+	0.0758
		产业结构高级化指数	+	0.0599
		产业结构合理化指数	−	0.1649

资料来源：笔者根据已有研究整理。

本部分涉及的数据主要来源于《中国统计年鉴》、《中国区域经济统计年鉴》、《中国城市统计年鉴》、黄河流域各省份的统计年鉴、EPS 数据平台、CEIC 数据库、中经网统计数据库以及中国研究数据服务平台（CNRDS 数据库）。水资源相关数据来自于各地水资源公报。表中部分数据如消费率与投资率、城乡居民收入差距、全要素生产率及产业结构高级化指数与合理化指数等指标需在基础数据上进一步计算得到，具体方法于第二章第一节"评价指标体系构建"部分已经进行过详细介绍，在此不予赘述。

需要注意的是，指标体系中的各指标间存在数量级与量纲方面的不一致性，为消除数据间屏蔽效应和量纲差异，应先对各数据进行归一化，本部分采用极差法对数据进行标准化。

当 X_{ij} 为正向指标时：

$$Y_{ij}(t_k) = \frac{X_{ij}(t_k) - \min x_{.j}(t_k)}{\max X_{.j}(t_k) - \min X_{.j}(t_k)} \tag{10-3}$$

当 X_{ij} 为负向指标时：

$$Y_{ij}(t_k) = \frac{\max x_{.j}(t_k) - X_{ij}(t_k)}{\max X_{.j}(t_k) - \min X_{.j}(t_k)} \tag{10-4}$$

其中，i 表示沿黄城市，$i=1$，2，$\cdots$，79；j 表示指标，$j=1$，2，$\cdots$，30；t_k 表示时间，$t_k=2012$，2013，$\cdots$，2019；$X_{ij}(t_k)$ 表示原始指标值；$Y_{ij}(t_k)$ 表示标准化指标值。在对各指标进行归一化后，仍需要确定各指标的权重以得到综合发展指数。与第二章保持一致，本部分仍采用纵横向拉开档次法，所得权重如表10-1 与表10-2 所示。

四、分析结果

从生态保护与经济发展的综合水平来看，2012~2019 年黄河流域各个城市群的生态保护与经济发展均有所提高，这一方面与党的十八大以来我国经济实现更高质量发展密切相关，另一方面也同黄河流域对于生态保护与经济发展的重视密切相关。从两者的相对水平来看，黄河流域城市群经济发展同环境保护的差距逐渐缩小，在考察期早期各城市群生态保护均落后于经济发展水平，但随着美丽中国建设与"两山"理论于实践中的逐渐深入，综合发展水平差距逐渐缩小（见图 10-2）。

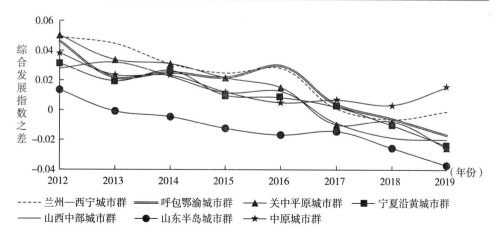

图 10-2　2012~2019 年黄河流域城市群生态保护与经济发展水平差距的时序特征

资料来源：笔者测算后整理。

黄河流域城市群生态保护与经济发展耦合度结果如图 10-3 所示。需要指出的是，根据王淑佳等（2021）的研究，二元系统的耦合度 C 值是关于两个系统最小值与最大值比的非线性函数，故而 C 值在 $[0, 1]$ 区间内的分布并非匀质。他们指出，学界通常所使用的协调等级划分标准是基于平均分布来划分的，这将带来较大的研究误差。不难发现，本节计算所得黄河流域城市群历年生态保护与经济发展耦合度均在 0.93 以上（最低值出现在 2012 年的呼包鄂榆城市群，为 0.9338），

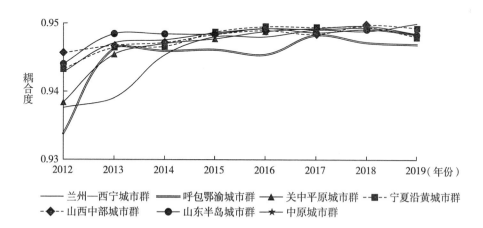

图 10-3　2012~2019 年黄河流域城市群生态保护与经济发展耦合度的时序特征

资料来源：笔者测算后整理。

这一现象的产生一方面是因为新时代以来国家努力实现黄河流域生态与经济的齐头并进，另一方面则是由二元系统耦合度计算的性质所引起的。王淑佳等（2021）进一步指出，使用传统耦合协调度模型式时，需要重新界定 C 的解释惯例。具体而言，当计算两个子系统测算耦合度时，如果认为两个子系统比值在 2 以下可接受，则计算可得 [0，0.9428) 为拮抗，[0.9428，1] 为协调。具体到本节计算结果而言，在 2014 年前后，七大城市群生态保护与经济发展耦合度均已迈过 0.9428 这一分界线，尽管仍偶有波动，但是总体上生态保护与经济发展两者日益协调的趋势并未改变。

从耦合协调度来看，如图 10-4 所示，黄河流域七大城市群生态保护与经济发展的耦合协调度整体呈一条波动上升的曲线，总体上向协调发展演进。这表明在黄河流域这一特殊的地理经济地区，经济发展正与生态保护齐头并进，两者的耦合协调度不断上升。从耦合协调度的绝对值来看，山东半岛城市群耦合协调度在考察期内大多处于七大城市群的首位。若以学界通常对于耦合协调度的大致划分来看，七大城市群耦合协调度在 2015 年前后均已经跨过 0.8 的分界线，迈入极度耦合阶段，但在数值上仍有所波动。就提升幅度而言，兰州—西宁城市群提升最为明显，增幅近 20%；中原城市群与关中城市群紧随其后，增幅分别为17.79% 和 17.97%，这一现象与其地形地貌不无相关，两者地形以平原为主，客观上更具备生态保护与经济发展的条件；增幅最为缓慢的山西中部城市群也提升10.1%，这正是当地谋求产业转型升级初见成效但仍道阻且长的真实写照。

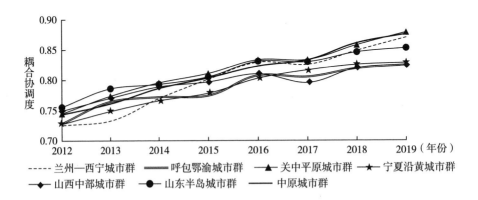

图 10-4　2012~2019 年黄河流域城市群生态保护与经济发展耦合协调度的时序特征

资料来源：笔者测算后整理。

第二节　黄河流域城市群耦合协调的主要驱动因素

需要明确的是，本章所探讨的生态保护与经济发展耦合协调，归根结底的目的就要是回答黄河流域城市群的生态保护与经济发展到底是何种因素所驱动，进而更好地提高两系统的耦合与协调程度，助力高质量发展。城市群作为城市发展到成熟阶段的较高空间组织形式，考虑其耦合协调的驱动因素，既需要从各城市群整体出发进行研讨，还需要从组成城市群的各地级市入手进行探究①。基于以上逻辑，本部分将研究视角下沉至地级市层面，运用回归分析的手段探究影响黄河流域城市群耦合协调发展的驱动因素。

一、驱动因素选取

城市群的发展是第一自然与第二自然协同驱动的结果。Falck 等（2011）强调，地理特征是决定一个地区经济长期繁荣的关键因素，主要包括海拔高度、地形地势等。而除了这一从地区普遍性出发的考量以外，还应考虑黄河流域城市群的特殊性，将与研究对象发展相关的自然要素纳入考量范围。此外，生态保护与经济发展的耦合协调也离不开社会经济因素的驱动。本部分将结合数据的可得性、可信度，综合考虑自然环境因素（即第一自然）与社会经济因素（即第二自然）对城市高质量发展的驱动力。

1. 自然环境因素

本部分参照崔丹等（2021）、曹小曙和徐建斌（2018）的研究，选取海拔高度（Altitude）、地形地势（Topographic）衡量城市自然条件的优劣，具体通过平均海拔与地形起伏度来衡量。作为自然环境的核心，平均海拔与地形起伏度通过非纬度地带性深刻影响资本、劳动力、技术、信息等生产要素的空间分布，进而对黄河流域城市生态保护与经济发展的耦合产生影响。此外，水资源短缺是黄河流域城市群发展所面临的关键因素，黄河流域城市群的发展也需要遵循"以水定城，以水定地，以水定人，以水定产"这一原则。早在 2010 年，国务院批复的

---

① 中原城市群中济源市为河南省直辖县级市，故不在本节研究范围内。

《全国水资源综合规划》就已经将黄河流域水资源利用规划作为其重要组成部分，因而本部分也将水资源（Water）纳入驱动因素的考量范围之中。

2. 社会经济因素

一是根据黄庆华等（2020）的研究选取了产业集聚（Agglomeration），具体通过多样化集聚指数来衡量。产业集聚包括地方化经济（专业化集聚）与城市化经济（多样化集聚）两类，分别通过马歇尔外部性与雅各布斯外部性驱动高质量发展。本部分研究对象是黄河流域七大城市群所辖的地级市，各城市地域范围内分布有多种类型的产业，城市化经济释放的雅各布斯外部性占据主导地位，因此选用多样化集聚指数更为贴切（Henderson，1997）。二是依照杨飞（2021）的研究选取了市场规模（Market），具体通过市场潜能指数来衡量。入新时代以来，中国加工贸易占比与外贸依存度均呈明显下降态势，新发展格局下充分释放市场潜能助推城市高质量发展成为必然选择。三是参考毛晖等（2021）的研究选取了公共财政（Transfer），具体通过地方财政一般预算内收入来衡量。在投资成本高、投资周期长的不可贸易品领域，社会资本往往不愿主动介入，而财政一般转移支付将有效弥补上述短板，打通城市参与国内大循环的堵点、痛点，为城市高质量发展保驾护航，进而促进耦合协调发展。四是基于曾凡银（2019）的研究选取了对外开放（Opening），并参照多期双重差分（DID）的原理，具体通过设置虚拟变量来衡量。若城市属于沿海开放城市、沿边开放城市、沿江开放城市、内陆开放城市、自由贸易区试点则赋值为1，反之赋值为0。随着经济全球化向纵深推进，中国同世界各国的联系不断加深，对外开放成为不可阻挡的历史潮流。在此过程中，获得开放政策支持的城市能够更好地融入国际经济技术合作网络，通过建设高水平开放型经济实现更好的耦合协调发展。

二、回归结果

根据上述思路，本部分将实证分析黄河流域城市群生态保护与经济发展耦合协调度的驱动因素。首先使用随机效用模型进行研究，回归结果如表10-3所示，其中模型（1）和模型（2）分别探讨了自然环境因素、社会经济因素对黄河流域城市群生态保护与经济发展耦合协调度的影响，模型（3）则同时考虑了自然环境因素和社会经济因素对黄河流域城市群生态保护与经济发展耦合协调度的影响。需要注意的是，面板回归模型的系数估计方法包括混合效应、固定效应、随机效应、面板校正标准误多种。因此，本书进行了一系列统计检验，以判定各类估计方法的适用性。各城市自然条件与社会经济特征各不相同，即城市间存在明显的异质性，传统的广义 F 检验与 Hausman 检验并不适用，故采用 LM 检验与 Overrid 过度识别检验。结果表明，随机效应更适用于分析黄河流域城市群生态保护与经济发展耦合协调度的驱动因素。由于随机效应的估计效力强于混合效应、固定效应，下面将判定随机效应、面板校正标准误的适用性。LR 检验的 p 值小于 0.001，说明随机效应的误差项存在组间异方差；Pesaran 检验、Friedman 检验、Frees 检验的 p 值均小于 0.001，且 Frees 检验非主对角线元素绝对值的平均值为 0.66，即随机效应还存在组间同期自相关；Wooldridge 检验结果显示，随机效应并不存在组内同期自相关。因此，表 10-3 的回归结果的解释性有待提升，应当采用面板校正标准误估计。

表 10-3　黄河流域城市群生态保护与经济发展耦合协调度的驱动因素初步回归结果

驱动因素	被解释变量：黄河流域城市群生态保护与经济发展耦合协调度		
	模型（1）	模型（2）	模型（3）
Altitude	-0.0220 ***		-0.0127 ***
	(0.0033)		(0.0021)
Topographic	-0.0284 ***		-0.0118 *
	(0.0095)		(0.0534)
Water	0.0147 ***		0.0105 ***
	(0.0045)		(0.0038)
Agglomeration		0.0005	0.0003
		(0.0005)	(0.0004)
Market		0.0408 ***	0.0411 ***
		(0.0080)	(0.0086)
Transfer		0.0139 *	0.0113
		(0.0082)	(0.0092)
Opening		-0.0018	-0.0037 *
		(0.0094)	(0.0092)
常数项	0.8401 ***	-0.0010	-0.0565
	(0.0168)	(0.0535)	(0.0869)
LM 检验	3014.59 ***	2975.79 ***	3011.10 ***
Overrid 过度识别检验	79.588 ***	320.194 ***	301.189 ***

续表

驱动因素	被解释变量：黄河流域城市群生态保护与经济发展耦合协调度		
	模型（1）	模型（2）	模型（3）
LR 检验	1329.32***	1328.11***	1326.77***
Wooldridge 检验	160.191	84.260	84.260
Pesaran 检验	307.127***	137.141***	136.626***
Friedman 检验	1159.483***	709.827***	549.211***
Frees 检验	0.6935***	0.6935***	0.6935***
样本量	520	520	520

注：***、**、*分别表示在1%、5%、10%的水平上显著，括号中为聚类稳健标准误估计的 z 值。

资料来源：笔者测算后整理。

表10-4 列出了采用面板校正标准误的估计结果，与上文相类似地，模型（4）、模型（5）和模型（6）依次探讨了自然环境因素、社会经济因素以及两者一同对于黄河流域城市群生态保护与经济发展耦合协调度的影响。从回归结果可知：其一，若单独考虑自然环境因素的驱动作用，海拔高度与地形坡度的系数估计值显著为负，表明海拔高度越低、地形地势越平缓、水资源越丰富，越有助于提升黄河流域城市群生态保护与经济发展耦合协调度。其二，若单独考虑社会经济因素的驱动作用，产业集聚的系数估计值并不显著，而市场规模、公共财政、对外开放的系数估计值均显著为正，说明市场规模越大、公共财政实力越雄厚、对外开放越深入，城市生态保护与经济发展耦合协调度越高。其三，当同时考虑自然环境因素与社会经济因素的驱动作用时，各驱动因素的系数估计值保持稳健，印证了提升城市高质量发展水平离不开第一自然与第二自然的"双轮驱动"。

表10-4 黄河流域城市群生态保护与经济发展耦合协调度的驱动因素回归结果

驱动因素	被解释变量：黄河流域城市群生态保护与经济发展耦合协调度		
	模型（4）	模型（5）	模型（6）
Altitude	−0.0216***		−0.0127***
	(0.0016)		(0.0021)
Topographic	−0.0263***		−0.0118*
	(0.0042)		(0.0534)

续表

驱动因素	被解释变量：黄河流域城市群生态保护与经济发展耦合协调度		
	模型（4）	模型（5）	模型（6）
Water	0.0170***		0.0125***
	(0.0019)		(0.0019)
Agglomeration		0.0011	0.0001
		(0.0008)	(0.0007)
Market		0.0236***	0.0086***
		(0.0034)	(0.0086)
Transfer		0.0059*	0.0134***
		(0.0034)	(0.0034)
Opening		0.0079**	0.0140***
		(0.0034)	(0.0032)
常数项	0.8327***	0.3754***	0.4736***
	(0.0084)	(0.0270)	(0.0335)
样本量	520	520	520

注：***、**、*分别表示在1%、5%、10%的水平上显著，括号中为面板校正标准误估计的 z 值。

资料来源：笔者测算后整理。

三、作用机制探讨

回归结果表明，自然环境因素与社会经济因素对黄河流域城市群生态保护与经济发展耦合协调度存在不同程度的影响。耦合协调度同高质量发展密切相关，各因素的作用渠道本质上是通过影响城市创新驱动、协调共进、绿色高效、开放共赢、共享和谐的基本面作用于黄河流域城市群生态保护与经济发展耦合协调。下面将依次探讨七项驱动因素对黄河流域城市群生态保护与经济发展耦合协调的作用机制。

1. 海拔高度对黄河流域城市群生态保护与经济发展耦合协调存在抑制作用

就全国总体而言，平均海拔较低城市的产业综合竞争力、多元化交通系统设置、交通线网密度总体优于平均海拔更高的城市，在创新驱动、协调共进、绿色高效、开放共赢、共享和谐各领域处于领先地位（崔丹等，2021），而这对于城市生态与经济的耦合协调发展自然具有促进作用。在黄河流域这一区域，这一结论仍然成立。

2. 地形地势对黄河流域城市群生态保护与经济发展耦合协调具有抑制作用

平缓的地形地势会在交通运输、基础设施建设和产业发展等方面为当地带来发展优势，而崎岖不平的地形地势可能成为制约创新驱动、协调共进、绿色高效、开放共赢、共享和谐水平提升的突出瓶颈，在影响高质量发展的同时也将在很大程度上抑制耦合协调度的提升。

3. 水资源对黄河流域城市群生态保护与经济发展耦合协调具有促进作用

水资源短缺是黄河流域的不争事实，不论是水资源总量有限还是人均占有量偏低，黄河水资源总量不到长江的 7%，人均占有量仅为全国平均水平的 27%，水资源开发利用率高达 80%①，水资源短缺明显。与此同时，还存在水资源利用粗放、农业用水效率不高等问题。随着流域内七大城市群城镇化和工业化发展加速，用水需求还会增长，水资源短缺的压力还会有所增大。流域性整体水资源缺乏将是常态。水资源短缺既是近期需要解决的突出问题，又是长期面临的严峻形势，水资源的富足程度将在很大程度上影响耦合协调度的变化。

4. 产业集聚对黄河流域城市群生态保护与经济发展耦合协调影响并不显著

学界通常认为，多样性集聚所产生的雅各布斯外部性是城市高质量发展的源头。一方面，在产业多样化集聚水平较高的城市，高素质劳动力能获得更多就业机会，相匹配的高端劳动力市场也将优化各产业门类的招工速度与招工质量，产业与劳动力间的双向选择机制将形成更加厚实的劳动力池，驱动产业结构高级化、合理化，通过增进城市协调水平加速高质量发展。另一方面，产业多样化集聚将为各产业门类提供多元化的技术池，使产业在交叉融合中完成突破式创新，加快城市高质量发展进程，但这一结论在黄河流域却失效了。这在某种程度上是对黄河流域城市群产业发展现状的直接映射。当前黄河流域已经形成的经济系统以重化工等传统产业为主，产业升级改造缺乏强大的动力，建立高效集约节约的产业链、产业集群的动力不强，机制保障不足，同时新产业、新业态发展壮大的动力不足，市场竞争力和技术竞争力不强。从绝对数值来看，黄河流域城市群整体产业集聚水平并不高，彼此间差异不大，故而影响并不显著。

5. 市场规模对黄河流域城市群生态保护与经济发展耦合协调具有促进作用

市场规模越大，消费需求越旺盛，有助于激励企业开发出更加丰富的产品和服务，增强城市有效供给能力，更好地满足日趋个性化、多元化的消费需求，赋

---

① 习近平. 在黄河流域生态保护和高质量发展座谈会上的讲话 [J]. 求是, 2019 (20): 1-5.

能城市高质量发展。随着新型城镇化稳步推进，居民收入差距不断缩小，社会保障体系走向健全，孕育出巨大的市场潜能，使消费的基础性作用持续释放，催化城市实现更高质量的发展，进而提高耦合协调度。

6. 公共财政对黄河流域城市群生态保护与经济发展耦合协调存在促进作用

由于市场调节具有自发性、盲目性、滞后性等弊端，城市高质量发展离不开公共财政支出。特别是全球金融危机爆发以来，货币政策的内生局限性凸显出财政政策的关键作用（Feldstein，2009）。特别是分税制改革实施以来，各城市享有更充分的财政支出自主权，财政支出规模不断扩大，特别是加大了对科学技术创新、高端产业培育、生态环境保护、基础设施建设、基本公共服务等正外部性较强领域的投入力度，创新驱动、协调共进、绿色高效、开放共赢、共享和谐相增益，助推城市高质量发展。

7. 对外开放对黄河流域城市群生态保护与经济发展耦合协调具有促进作用

当今世界正经历百年未有之大变局，纵然逆经济全球化主义抬头、发达国家技术封锁加剧，但从长期来看，在"一带一路"倡议的指引下，开放政策支持对城市高质量发展的驱动作用明显。沿海开放城市、沿边开放城市、沿江开放城市、内陆开放城市、自由贸易区试点城市在以"一线放开""二线安全高效管住"助力高质量进出口贸易往来的同时，通过"负面清单"实践将资金融通纳入制度框架，开放共赢基本面持续改善，城市高质量发展步入"快车道"。

可以预见，伴随着信息网络化水平提高，时空距离被大大压缩，资本、劳动力、技术、信息等生产要素跨城市流动的自然环境障碍被不断破除，水资源的束缚逐渐解开，巨大的市场规模、坚实的公共财政支持、持续深入地对外开放将逐步成为黄河流域城市群生态保护与经济发展耦合协调的主导力量。

四、异质性分析

黄河流域七大城市群分布于黄河流域的上中下游，彼此间所处自然环境与自身经济发展情况迥异，因而各城市群城市生态保护与经济发展耦合协调度的驱动因素可能有所不同。本部分针对各城市群的异同展开分析，七大城市群生态保护与经济发展耦合协调度的驱动因素回归结果如表 10-5 与表 10-6 所示①。

---

① 表 10-5 与表 10-6 各回归的样本量加总为 528，多于表 10-3 和表 10-4 的样本量（520），这是因为菏泽市同时隶属于山东半岛城市群和中原城市群。

表 10-5　黄河流域七大城市群生态保护与
经济发展耦合协调度的驱动因素回归结果（一）

驱动因素	被解释变量：各城市群生态保护与经济发展耦合协调度		
	兰州—西宁城市群	关中平原城市群	山东半岛城市群
Altitude	-0.3426***	0.0388	-0.0279***
	(0.1033)	(0.0300)	(0.0058)
Topographic	-0.1159	0.0208	-0.0797***
	(0.1342)	(0.0200)	(0.0149)
Water	0.0328*	0.0129*	0.0031*
	(0.0186)	(0.0072)	(0.0014)
Agglomeration	-0.0674	0.0316**	-0.0012
	(0.0414)	(0.0130)	(0.0026)
Market	0.1796***	0.0354***	0.0192**
	(0.0370)	(0.0113)	(0.0079)
Transfer	-0.0075	-0.0041	0.0149**
	(0.0315)	(0.0103)	(0.0062)
Opening	0.2159***	-0.0157	-0.0026
	(0.0315)	(0.0164)	(0.0059)
常数项	-3.9842***	0.0229	0.3043***
	(0.6899)	(0.0184)	(0.00659)
样本量	40	88	128

注：***、**、*分别表示在1%、5%、10%的水平上显著，括号中为面板校正标准误估计的z值。
资料来源：笔者测算后整理。

表 10-6　黄河流域七大城市群生态保护与
经济发展耦合协调度的驱动因素回归结果（二）

驱动因素	被解释变量：各城市群生态保护与经济发展耦合协调度			
	中原城市群	呼包鄂榆城市群	宁夏沿黄城市群	山西中部城市群
Altitude	-0.0235***	0.2949	-0.1088	-0.1624***
	(0.0085)	(0.2344)	(0.1266)	(0.0472)
Topographic	-0.0453***	0.0357	0.1038	-0.1162***
	(0.0160)	(0.0247)	(0.0788)	(0.0439)

续表

驱动因素	被解释变量：各城市群生态保护与经济发展耦合协调度			
	中原城市群	呼包鄂榆城市群	宁夏沿黄城市群	山西中部城市群
Water	0.0056 *	0.0475 ***	0.855 ***	0.0311 ***
	(0.0033)	(0.0134)	(0.0234)	(0.0072)
Agglomeration	0.0106	0.0138	0.003	0.0069
	(0.0048)	(0.0105)	(0.007)	(0.0073)
Market	−0.0048	0.0121 ***	0.0672 **	0.1524 ***
	(0.0147)	(0.0282)	(0.0285)	(0.0136)
Transfer	0.0347 ***	0.0111	0.0842 ***	0.0644 ***
	(0.0132)	(0.0178)	(0.0319)	(0.0098)
Opening	0.0112 *	0.0136	0.1376 ***	0.1055 ***
	(0.0065)	(0.0166)	(0.0326)	(0.0151)
常数项	0.4799 ***	1.9813	−0.9740	−1.9532 ***
	(0.0855)	(1.8839)	(0.6596)	(0.4056)
样本量	176	32	32	32

注：***、**、*分别表示在1%、5%、10%的水平上显著，括号中为面板校正标准误估计的 z 值。

资料来源：笔者测算后整理。

不难发现，耦合协调度的驱动因素回归结果显著性在大多数驱动因素上存在差异，但在水资源这一驱动因素上回归系数估计值均显著为正，这正是"黄河流域最大的矛盾"，是水资源短缺现状的真实体现（金凤君等，2022）。对各城市群回归结果的具体分析如下：

第一，兰州—西宁城市群。海拔高度的回归系数估计值显著为负，这与兰州—西宁城市群处于第一阶梯地形向第二阶梯地形的过渡带，北仗祁连余脉，中拥河湟谷地，南享草原之益的自然地理条件密切相关；水资源、市场潜能与对外开放的回归系数估计值则显著为正，这正是当地经济总量偏小、人均水平偏低与基础设施建设较滞后、对外开放水平较低的真实写照。

第二，关中平原城市群。水资源、产业集聚和市场潜能对关中平原城市群生态保护与经济发展耦合协调度的提升具有促进作用，即水资源越丰富、产业集聚程度越高、市场潜能越大，二元系统耦合发展程度越好。这是因为关中平原城市群发展的一大病灶在于其创新潜力有待深入发掘，成果就地转化水平不高，而产业集聚的增加将解决这一问题。此外，关中平原城市群中心城市辐射带动作用不强，城市分布较为稀疏，市场潜能较为缺乏的现状也能够很好地解释市场潜能这一要素的强劲驱动能力。从回归系数的显著性来看，海拔高度与地形地势并不显著，这是由于该城市群多地处平原，两者变化并不显著所引起的。

第三，山东半岛城市群。山东半岛城市群是黄河流域七大城市群中唯一位于沿海的城市群，城市群规划范围内海拔与地形地势多变。这同表 10-5 中海拔高度与地形地势的回归系数显著为负相呼应。从所处地理位置来看，山东半岛城市群东与日韩隔海相望，西引黄河流域，南北紧邻京津冀和长三角两大城市群，既是环渤海地区的重要组成部分，同时也是"一带一路"倡议的重要枢纽，市场潜能巨大。而城市群高速公路、快速铁路等区域交通设施建设加快推进，初步形成了由现代化港口群、区域枢纽机场以及铁路、公路交通干线构成的立体交通网络。

第四，中原城市群。中原城市群地处全国"两横三纵"城市化战略格局陆桥通道与京广通道交汇区域，是我国经济由东向西梯次推进发展的中间地带，交通条件便利，高速公路通车里程居全国前列。毫无疑问，当地海拔高度与地形地势将对其交通便利程度形成直接影响，故而两者系数估计值显著。而水资源、产业集聚、公共财政和对外开放等驱动因素的回归系数估计显著为正，这就要求中原城市群坚持高端化、集聚化、融合化、智能化战略取向，发展壮大先进制造业和战略性新兴产业，加快发展现代服务业，推动一二三产业融合发展，培育一批位居国内行业前列的先进制造业龙头企业和产业集群，建设连接国内主要城市群的综合运输通道，构建横贯东中西、联结南北方的开放经济走廊，全面加强与其他地区的合作。

第五，呼包鄂榆城市群。水资源与市场潜能是在回归结果中显著的两个驱动因素。尽管海拔高度、地形地势、产业集聚、公共财政和对外开放的系数正负各不相同，但是均不显著。这说明呼包鄂榆城市群当前发展的抓手正在摆脱水资源束缚并抓住机遇强化内生发展动力。

第六，宁夏沿黄城市群。宁夏沿黄城市群是以黄河为纽带、以引黄灌区为依托所形成的城市群，当前水资源、产业集聚与公共财政是其发展的主要驱动因素。该区域已是我国西部南北综合运输通道与欧亚大陆桥复线两大交通走廊交汇点，更是黄河"几"字弯都市圈的重要组成部分，特殊的地理位置也造就了对外开放对当地生态保护与经济发展耦合协调度的巨大影响。

第七，山西中部城市群。除产业集聚这一要素以外，海拔高度、地形地势、水资源、市场潜能、公共财政和对外开放均对该城市群耦合协调度有着显著的影响，其中前两者呈抑制效应，其余因素表现出促进作用。山西中部城市群主要包括太原、吕梁、忻州和晋中四座城市，其产业基础较为雄厚、自然资源充足，但市场潜力开发、公共财政支持与对外开放度均存在较大的提升空间，这正是后三者回归系数估计值显著为正的原因。

第三节 政策建议

结合上述分析不难看出，经过十余年来国家政策的不断倾斜与数十年来的艰苦奋斗，黄河流域生态保护与经济发展日益协调。从城市群层面来看，黄河流域七大城市群生态保护与经济发展的耦合度和协调度大体上相近，从时间尺度上来看呈波动上升状态，如何提高发展的稳定性，进而保持住当前生态保护与经济发展的齐头并进态势，将是黄河流域城市群亟待解决的课题。

本章从地级市层面对黄河流域城市群耦合协调度的驱动因素进行了探究，研究发现黄河流域海拔高度和地形地势高度存在抑制作用，而水资源、市场潜能、公共财政和对外开放存在促进作用，产业集聚则并不显著。进一步将研究对象细化至各城市群，不难发现各城市群耦合协调度的驱动因素各有差异，但水资源始终能够助力提升生态保护与经济发展耦合协调度。

综上所述，提出以下政策建议：

第一，黄河流域要紧抓黄河流域生态保护和高质量发展这一重要国家战略，利用各地资源禀赋和经济特色，结合"十四五"规划的具体目标和要求，因地制宜地构建好具有绿色化、专业化和系统化的政策体系。同时，以"两山"理论为基本原则，在形成生态保护意识的前提下开展高质量的经济活动，从而促进黄河流域平稳发展。

第二，黄河流域发展当以"三区七群"为基本框架，推动黄河流域人与自然协调发展。所谓"三区"，是指青藏高原保护与限制开发区、黄土高原资源开发—经济发展—生态环境保护协调发展区、华北平原现代化高质量升级—生态环境保护协调发展区。这三大区域基本体现了黄河流域自然环境的差异和特点，以及保护与发展面临的区域性问题。所谓"七群"，是指山东半岛城市群、中原城市群、关中平原城市群、山西中部城市群、呼包鄂榆城市群、宁夏沿黄城市群和兰州—西宁城市群。上述城市群是黄河流域人口—产业—城镇的重点集聚区，是落实"区域中心城市等经济发展条件好的地区要集约发展，提高经济和人口承载能力"的重点区域。应基于城市群发展目标与发展现状，根据当地主导产业和产业结构，将生态保护和提质增效相结合，形成生态友好的经济发展宏观环境。同时，也要基于本地产业特色和资源禀赋，因地制宜地渐进式调整粗放型、高污染型等非绿色经济发展模式与结构，深挖地区经济发展新动能，助力生态环境保护目标不动摇，切实起到以点带面实现黄河流域生态保护与经济发展齐头并进的作用。

第三，黄河流域城市群在经济发展时应坚持绿色发展，推动产业优化升级，以保持生态保护与经济发展的耦合协调度稳定，这其中主要包括提高工业绿色效率，经济增长方式由资源能源高投入的粗放型发展转为集约型发展，由污染型产业占主导转向清洁型产业占主导，由低附加值低效率发展转向高附加值高效率发展转变等。需要特别指出的是，耦合协调分析可能会存在忽视总量的问题，故而黄河流出城市群发展时要注意强化生态环境、水资源等约束和城镇开发边界管控，防止城市"摊大饼"式无序扩张，推动沿黄特大城市减量增效。

第四，水资源是对黄河流域具有重大影响的关键因素[①]。在发展中，要把水资源短缺当作黄河流域发展中较大的制约，应在科学评价流域资源环境承载能力和国土开发的适宜性基础上，坚持量水而行、节水优先，强化以水为核心的基础设施体系建设，以水定城、以水定地、以水定人、以水定产，统筹水资源分配利用与产业布局、城市建设，同时强化灾害应对体系和能力建设，科学调控水沙关系，优化人水关系。具体而言，一是基于因地制宜、分类施策的思路，充分考虑上、中、下游自然—人文条件的差异和对生态功能的不同要求，重点加强上游水源涵养能力和中游水土保持能力建设，推进下游湿地保护和生态治理；二是实施严格的水资源保护利用制度，强化水资源刚性约束，优化水资源配置，加快形成节水型生产和生活方式，促进用水方式由粗放低效向节约集约的根本转变；三是统筹推进堤防建设、河道整治、滩区治理、生态修复等重大工程建设，加强不同省份之间的协同能力，形成生态共治、环境共保的发展格局。

第五，在统筹管理、综合谋划的基础上，黄河流域各城市群应协同推进水利

---

① 需要特别指出的是，本章第二节所选用的大多数第一自然驱动要素是短期内无法人为改变的（如海拔高度与地形地貌），但水资源并不在其中。

基础设施建设，根据区域水资源条件和水环境容量合理确定城镇规模，优化产业结构和布局，更要统筹推进骨干水源工程、水资源调配工程、应急备用水源工程、管网互联互通工程建设，提高城市饮水保障能力。在部分有需求、有条件的城市可尝试加大城镇再生水及雨水利用力度，山东半岛城市群的沿海城市还可以尝试海水淡化和综合利用以达到"开源"的目的。

第六，黄河流域各城市群应落实生态文明建设总体要求，积极推动工业行业优化升级。需要指出的是，产业集聚这一驱动因素表现较弱的原因在于黄河流域城市群现有产业多是高污染、高排放、低附加值的产业，这些产业的集聚并不能带来很好的正外部性，反而可能会带来巨大的负外部性，故应当大力发展高成长型产业，培育战略性新兴产业，优化调整传统主导产业。具体来说，应强化黄河中上游能源重化工基地优势，突出陕西、山西、内蒙古西部能源产业的规模优势，按照循环经济理念和生态工业模式，抓住5G、"互联网+"、区块链等发展契机，以信息化促进流域工业布局优化与生产方式的转型；以产业园区改造为抓手，重点支持生态经济园区加强环境管理能力建设，优先落实产业升级政策，发展优势特色资源深加工的绿色产业，促进绿色发展模式有效开展；推动生态农业现代化发展，建设农产品深加工园区、特色农业和养殖业基地，强化黄淮海平原、汾渭平原、河套灌区等农产品主产区的粮食保障能力；加强引领性行业的科技创新能力，促进工业发展由资源消耗型向科技创新驱动型转变，由粗放型向集约集聚型转变，形成结构合理、特色鲜明、节能环保、竞争力强的循环高效型工业产业体系。

第七，提升市场潜能是黄河流域城市群提升耦合协调度的应有之义。市场潜能与民生发展密切相关。而黄河流域公共服务水平和居民人均收入水平低于全国平均水平，城乡收入差距大，民生基础较为薄弱，故而应以公共财政扶持为手段，以中上游的山西、陕西、内蒙古、宁夏、甘肃和青海六省份的欠发达地区为重点，多渠道促进就业创业，提高居民人均收入水平，缩小城乡收入差距；加强普惠性和基础性民生事业建设，改善中上游地区基础教育办学条件，完善基层公共卫生服务体系，统筹城乡社会救助体系，提高公共服务供给能力和水平。重点面向生态脆弱地区、民族地区和革命老区，加大易地扶贫搬迁后续帮扶力度，通过以工代赈，扩大建设领域、赈济方式和受益对象；围绕本地特色资源，精准扶持发展特色优势产业，推进巩固脱贫攻坚成果与乡村振兴有效衔接。

第八，黄河流域城市群应发挥自身优势全面提升开放合作水平。黄河流域城市群应依据自身所处地理位置，积极参与"一带一路"建设，如兰州—西宁城市群可以强化其作为我国向西开放的重要支点，充分发挥沟通西南、西北交通枢纽优势，打造兰州—西宁全国性综合开放门户。依托重大交通干线和能源运输管线，强化运输通道建设，构建经新疆向西向北的新亚欧大陆桥通道，经川渝滇黔桂至东盟的南向出海陆路新通道。中原城市群可以陆桥通道为主轴，依托国家铁路和公路主通道，串联中原城市群中心城市，加强与沿线城市和沿海港口群的联系，形成连接"一带一路"建设的东西双向战略通道。山东半岛城市群则可以在围绕新亚欧大陆桥、中蒙俄、中国—中亚—西亚、中国—中南半岛、中巴、孟中印缅六条国际经济合作走廊，建设园区、布局项目的同时立足于其沿海的地理优势，发展陆海空铁多式联运，强化海洋经济领域合作。

参考文献

［1］Feldstein M. Rethinking the role of fiscal policy ［J］. The American Economic Review, 2009, 99 (2): 556-559.

［2］Grossman G M, Krueger A B. Environmental impacts of a North American trade agreement ［R］. National Bureau of Economic Research Working Paper, 1991.

［3］Harris C D. The market as a factor in the localization of industry in the United States ［J］. Annals of the Association of American Geographers, 1954, 44 (4): 315-348.

［4］Henderson V. Externalities and industrial development ［J］. Journal of Urban Economics, 1997, 42 (3): 449-470.

［5］Holm J R, Ostergaard C R. Regional employment growth, shocks and regional industrial resilience: A quantitative analysis of the Danish ICT sector ［J］. Regional Studies, 2015, 49 (1): 95-112.

［6］Panayotou T. Environment degradation at different stages of economic development livelihoods in the third world ［M］. London: Macmillan Press, 1995.

［7］Stern D I. Is There an environmental kuznets curve for sulfur? ［J］. Journal of Environmental Economics and Management, 2001, 1 (1): 162-178.

［8］Zhang X C, Ma C, Zhan S F, et al. Evaluation and simulation for ecological risk based on energy analysis and pressure-state-response model in a coastal city, China ［J］. Procedia Environmental Sciences, 2012 (13): 221-231.

［9］曹小曙，徐建斌．中国省际边界区县域经济格局及影响因素的空间异质性［J］．地理学报，2018，73（6）：1065-1075.

［10］陈耀，张可云，陈晓东，等．黄河流域生态保护和高质量发展［J］．区域经济评论，2020（1）：8-22.

［11］崔丹，卜晓燕，徐祯，等．中国资源型城市高质量发展综合评估及影响机理［J］．地理学报，2021，76（10）：2489-2503.

［12］崔盼盼，赵媛，夏四友，等．黄河流域生态环境与高质量发展测度及时空耦合特征［J］．经济地理，2020，40（5）：49-57，80.

［13］范晓敏．城市群如何带动区域经济增长［J］．人民论坛，2020（16）：72-73.

［14］方创琳，王振波，马海涛．中国城市群形成发育规律的理论认知与地理学贡献［J］．地理学报，2018，73（4）：651-665.

［15］韩珺，何佟佟，杨勇．城市群高质量发展与土地利用效率耦合协调度评价——基于黄河流域七大城市群的实证分析［J］．河南师范大学学报（哲学社会科学版），2021，48（1）：95-101.

［16］贺雪峰．论中国农村的区域差异——村庄社会结构的视角［J］．开放时代，2012（10）：108-129.

［17］黄庆华，时培豪，胡江峰．产业集聚与经济高质量发展：长江经济带107个地级市例证［J］．改革，2020（1）：87-99.

［18］金凤君，林英华，马丽，等．黄河流域战略地位演变与高质量发展方向［J］．兰州大学学报（社会科学版），2022，50（1）：1-12.

［19］金凤君．黄河流域生态保护和高质量发展的协调推进策略［J］．改革，2019（11）：33-39.

［20］李玉文，徐中民，王勇，等．环境库兹涅茨曲线研究进展［J］．中国人口·资源与环境，2005（5）：11-18.

［21］廖重斌．环境与经济协调发展的定量评判及其分类体系——以珠江三角洲城市群为例［J］．热带地理，1999，19（2）：171-177.

［22］刘琳轲，梁流涛，高攀，等．黄河流域生态保护和高质量发展的耦合关系及交互响应［J］．自然资源学报，2021，36（1）：176-195.

［23］刘耀彬，李仁东，宋学锋．中国区域城市化与生态环境耦合的关联分析［J］．地理学报，2005，60（2）：237-247.

［24］马丽，金凤君，刘毅．中国经济与环境污染耦合度格局及工业结构解析［J］．地理学报，2012，67（10）：1299-1307.

［25］毛晖，刘思敏，甘军．财政支出竞争推进了地方高质量发展吗［J］．地方财政研究，2021（10）：92-102.

［26］任保平，杜宇翔．黄河流域经济增长—产业发展—生态环境的耦合协同关系［J］．中国人口·资源与环境，2021，31（2）：119-129.

［27］孙黄平，黄震方，徐冬冬，等．泛长三角城市群城镇化与生态环境耦合的空间特征与驱动机制［J］．经济地理，2017，37（2）：163-170，186.

［28］孙继琼．黄河流域生态保护和高质量发展的耦合协调：评价与趋势［J］．财经科学，2021，396（3）：106-118.

［29］田照林．正面战场作战史料的选用——兼论花园口决堤对抗日战争的影响［J］．军事历史研究，1998（1）：93-100.

［30］王淑佳，孔伟，任亮，等．国内耦合协调度模型的误区及修正［J］．自然资源学报，2021，36（3）：793-810.

［31］王晓君，吴敬学，蒋和平．中国农村生态环境质量动态评价及未来发展趋势预测［J］．自然资源学报，2017，32（5）：864-876.

［32］王晓君，吴敬学，蒋和平．中国农村生态环境质量动态评价及未来发展趋势预测［J］．自然资源学报，2017，32（5）：864-876.

［33］吴跃明，张子珩，郎东峰．新型环境经济协调度预测模型及应用［J］．南京大学学报（自然科学版），1996，32（3）：466-472.

［34］徐维祥，徐志雄，刘程军．黄河流域地级城市土地集约利用效率与生态福利绩效的耦合性分析［J］．自然资源学报，2021，36（1）：114-130.

［35］薛冰，张子龙，郭晓佳，等．区域生态环境演变与经济增长的耦合效应分析——以宁夏回族自治区为例［J］．生态环境学报，2010，19（5）：1125-1131.

［36］杨飞．贸易摩擦、国内市场规模与经济高质量发展：国际技术竞争的视角［J］．中国软科学，2021（8）：8-18.

［37］曾凡银．扩大开放是中国高质量发展的必由之路［J］．红旗文稿，2019（15）：26-28.

［38］左其亭，陈嘻．社会经济—生态环境耦合系统动力学模型［J］．上海环境科学，2001，20（12）：592-594.

第十一章　黄河流域城市群高质量发展的合理规模与布局

2017年，习近平总书记指出，中国经济已由高速增长阶段转向高质量发展阶段，高质量发展的提出和深化是我国在新时代更加复杂的国内外形势下，一次积极的理论与实践探索。2019年，习近平总书记在黄河流域生态保护和高质量发展座谈会上对黄河流域和高质量发展做出重要指示，将其上升为与京津冀协同发展、长江经济带发展、粤港澳大湾区建设、长三角一体化发展同样重要的重大国家战略。2021年，中共中央、国务院发布的《黄河流域生态保护和高质量发展规划纲要》（以下简称《纲要》），是指导当前和今后一个时期黄河流域生态保护和高质量发展的纲领性文件。《纲要》明确指出，黄河流域农牧业基础坚实，能源资源丰富，文化底蕴深厚，生态环境持续好转，已具备推动其高质量发展的良好基础。

城市群作为现代区域经济发展的一种载体与依托，已经成为推动当今世界发展和社会变迁的核心，是连接国内市场与国际市场的枢纽，是带动本国经济发展和塑造国家全球竞争优势的主要力量。黄河流域虽然历史悠久、产业基础较好、市场潜力巨大，但是受区位条件、自然地理环境等因素制约，该地区呈现出一些流域地带性问题，如产业发展面临关键性水土资源制约（金凤君等，2020），产业结构偏向资源与生态消耗型（杨永春等，2020），开放水平与技术创新水平不高（刘小鹏等，2020），上、下游之间及流域与外部之间的社会经济联系弱（李小建等，2020），城市群发育程度低以至于对黄河流域的辐射带动能力不足等（方创琳，2020）。以上问题不仅制约了黄河流域经济社会的进一步发展，还加重了地区生态环境负担。黄河流域可持续发展一直是国家高度关注的问题，城市群作为黄河流域社会经济高质量发展的核心区，具有不可替代的战略地位。

第一节　城市合理规模研究概况

在城市群的发展过程中，优化城市群内部多城市之间要素集聚的空间布局，对于城市群辐射带动作用的优化以及城市之间的互动增长具有重要影响。城市规模理论旨在研究"什么决定城市规模""城市规模决定什么"，以及城市规模体系等问题，这是城市研究的重点领域，还存在较多的争议。在中国快速城镇化的背景下，城市规模及其增长问题、人口布局及其演进问题等显得格外重要（苏红键和魏后凯，2017）。对合理城市规模的影响因素进行研究，探索其中的内在机制，用于指导中国以城市群为核心的集聚经济圈合理规模建设的实践，并丰富城市经济的理论和建设实践，具有重要的意义。

一、城市合理规模的理论与实证研究

现有文献对于合理城市规模理论范畴的探讨，主要分为两类：一类是单一城市合理规模，另一类是城市体系多城市间的合理规模。单一城市合理规模的探讨多基于成本—收益、效用最大化、集聚经济、经济增长或者效率的分析框架，而城市体系多城市间的合理规模研究则主要从首位度和位序—规模法则展开。

在单一城市合理规模方面，主要从成本—收益分析框架入手。例如，Evan（1972）认为合理城市规模是使得城市内总生产成本最小化或利润最大化时的城市规模，需要在由城市规模扩大带来的土地租金成本、通勤成本、用工成本上涨，以及由产品需求增加、规模经济导致的商业服务价格下降之间寻找最佳平衡点。Capello 和 Camgni（2000）从城市效益最大化和城市负担最小化方面研究城市合理规模问题，认为城市规模增长、城市功能类型增加以及城市网络集成程度提高会通过改善资源利用、健康服务等物理环境和社会环境带来城市效益，但同时形成交通拥挤、土地租金提高等外部作用，加剧城市负担，因此最优城市规模是城市平均效益最大化或城市平均成本最小化时的人口规模。王小鲁和夏小林（1999）认为，城市合理规模为净规模收益最大化时的人口规模，城市规模的增加虽然会产生较高的经济效益，但是同时导致包括居住成本、生产成本及环境治理成本等在内的外部成本上升，因此要构建关于城市规模的收益函数和城市外部

成本函数分析城市合理规模。Hendson（1974）从效用最大化角度入手，构建城市生产和消费的一般均衡模型，认为城市规模扩张带来的规模经济和规模不经济使效用水平曲线呈倒"U"形。若"资本拥有者同时是劳动者"，城市合理规模是实现劳动者总收入效用最大化时的城市规模；若"资本拥有者不是劳动者"，劳动者收入效用和资本拥有者收入效用此消彼长，城市合理规模可能只有在存在一个无所不知的管理者时才有可能通过帕累托改进的补偿机制存在。

在城市体系多城市间的合理规模方面，主要基于首位度和位序—规模法则两种方法对城市体系多城市间的城市合理规模进行探索。"首位度"指第一大城市人口规模与第二大城市人口规模的比值，这一概念由杰斐逊于1939年提出。他基于51个国家的样本发现28个国家的第一大城市人口规模比第二大城市人口规模大两倍以上，因此该比值适用于测量区域内首位城市与第二大城市间的最优城市规模空间分布。"首位度"这一概念也得到学界认可并被广泛使用。位序—规模法则常被用来研究城市体系内部各城市合理的空间分布规模，该方法认为城市体系的规模分布与城市规模位序有关，由奥尔巴克于1913年提出，他认为各城市的规模位序与人口规模的乘积为一常数（周一星，1995）。1925年，洛特卡将美国人口规模前100城市的城市规模位序与人口数的关系表示为约束性方程 $P_i \times R_i^{0.93} = 5000000$，这一方程拟合度更高，被命名为洛特卡方程。洛特卡方程一般化后得到现被广泛运用的位序—规模法则，即城市规模位序 R_i 与人口数 P_i 间的关系满足公式 $P_i \times R_i^q = K$，当帕累托指数 $q = 1$ 时即符合理想城市规模分布的"齐普夫定律"（许学强等，2009）。

由以上梳理可以看出，目前关于城市合理规模的研究在分析框架和研究对象方面存在差异，因此对于城市合理规模的实证研究结论也不一致。首先，在单一城市合理规模方面，王小鲁和夏小林（1999）运用我国城市数据从城市规模净收益最大化视角，通过研究城市规模二次函数与城市规模总收益以及外部总成本的关系发现，中国最优城市规模应该在1000万人口左右。Capello和Camagni（2000）通过构建二次函数，以城市规模、城市功能类型及城市网络集成程度为解释变量，运用1991年意大利58个城市的数据分别从城市区位效益最大化和城市区位负担最小化的视角测度最优城市规模，认为意大利城市平均区位效益最高的最优城市规模为36.1万，城市平均区位成本最低时的最优城市规模为5.5万。此外，也有从经济增长和能源利用效率等视角切入的，如张应武（2009）根据中国2002~2006年285个地级以上城市数据，研究了城市非农人口规模与城市

GDP 增长率的关系，研究认为我国最优城市规模人口（非农人口）约为 500 万。张杰和解扬（2015）运用中国 286 个地级以上城市数据，从能源利用效率最大化角度，采用曲线拟合的方式研究城市规模与能源利用的关系，认为我国最优城市人口规模为 400 万左右。其次，在多城市间城市合理规模方面，花晨等（2015）运用 1984~2013 年江西省城市数据，研究首位度等解释变量对人均 GDP 经济增长的影响，认为首位度为 2.649 是江西近 30 年形成的合理城市首位度。在位序—规模法则的实证研究方面，Soo（2004）运用多国数据对位序—规模法则的经验研究进行了评估，研究表明多数国家的帕累托指数都在 0.52~1.83。杨开忠和陈良文（2008）以城市人口数量为衡量标准，选取四大区域城市体系 1985 年、1990 年、1996 年、2000 年和 2004 年非农人口大于 5 万的城市样本进行位序—规模关系测算，结果表明帕累托指数大多在 0.92 以下。

二、城市合理规模存在的机制

随着城市经济发展愈加成熟以及学界对城市经济的研究愈加深入，有学者对城市合理规模的存在性提出不同看法。例如，Richardson（1972）对于合理城市规模的范畴提出了质疑，认为仅仅从理论角度对合理城市规模进行分析缺乏依据，识别城市规模产生集聚经济的最小门槛和不会产生额外集聚经济的城市规模的有效范围或许更有意义；即使如此，城市规模有效范围可能因城市功能与结构的变化而出现很大变化。Capello（2004）直接反驳城市合理规模这一概念，他认为以往关于城市合理规模的研究是一种误导性表达。Capello（2011）认为合理的城市规模取决于城市的功能特性和城市体系内的空间组织：城市的发展会导致结构调整，创造新的经济优势条件，因此合理城市规模仍是动态变化的规模。

也有学者提出合理城市规模受城市功能、专业优势、城市形态、产业结构等因素影响，因而不同城市应该具有不同的合理城市规模。例如，Henderson（1987）提出城市系统中各城市经济功能和规模各不相同，不同类型的城市具有不同的专业优势、不同的合理城市规模；Fujita（1989）从最优土地利用视角分析最优城市规模问题，认为不同城市区域内的各功能存在地域差异，因而存在不稳定的最优城市规模；Anas 等（1998）则从集聚经济角度分析合理城市规模，建立空间联系模型，认为集聚经济与城市形态、产业结构、地理结构等在内的城市空间结构相关，不同的城市拥有不同的利益与成本功能，因而不同的城市应具有不同的合理城市规模。此外，也有文献指出，城市合理规模不仅因城市类型而异，也会随时间的推移而变化，随城市经济发展水平、发展条件等因素的变化而变化。王小鲁和夏小林（1999）认为，各国自然环境、人口密度、产业结构和经济发展水平不同，以及由此决定的生产要素相对价格水平也存在差异，因此并不存在一个适用于所有国家和所有历史时期的不变的最优城市规模。刘玲玲和周天勇（2006）认为，现有的最优城市规模理论与现实中的城市规模问题存在一定的隔阂，城市的发展和类型会受到包括经济水平、自然条件、地理条件等在内的国情和区情变化的影响，因此最优城市规模应该是一个随着时间、地点的变化而变化的量。田莉（2009）则提出：城市发展总是处于一种动态均衡中，静态的最优城市规模是不现实的；城市规模受到地理、经济、技术条件等因素影响，最优城市规模是随时间、地点变化的变量，同时还受城市内部及城市外围经济、社会活动的作用，因此最优城市规模仍需进一步在城市层级体系中确定。

也有研究从实证层面对城市合理规模的存在性进行了讨论。首先，在单一城市合理规模方面，刘永亮（2011）运用我国各地级市1990~2008年数据，用市辖区人口规模的二次函数研究人口规模对市辖区人均地方财政预算内收入、职工年平均工资、人均社会消费品零售额、人均园林绿地面积等变量的影响，研究表明市辖区仅在个别年份、个别指标层面存在最优城市规模，且最优城市规模值因指标和年份而异。王俊和李佐军（2014）构建以城市规模为主要解释变量的拥挤效应增量函数，并将拥挤效应纳入生产函数，通过数值模拟经济稳态增长的演化路径对最优城市规模的影响，发现通过改变城市人口数量对资本存量的弹性系数、拥挤效应对于人口数量的弹性系数等模型参数，可以得到不同的最优城市规模。其次，在多城市之间城市合理规模方面，Poelhekke和Van der Ploeg（2008）采用Henderson（2003）模型并运用1960~2000年71个国家的跨国数据研究发现，首位度与经济增长存在显著的非线性关系，中等水平的首位度对经济增长的负面影响更大一些，因而在解释首位度与经济增长的关系时需要慎重。雷仲敏和康俊杰（2010）认为，仅以人口规模这个单一指标衡量中心城市对一个国家或者地区的拉动作用远远不够，应赋予城市首位度更为宽泛的内涵，因此他提出包括规模首位度、产业首位度、功能首位度三维内容的"广义首位度"范畴。徐长生和周志鹏（2014）则以我国1989~2009年各省份的城市数据为研究样本，发现中国各省份的城市首位度与经济增长之间不存在非线性关系，即不存在最优首位度。

三、城市合理规模的影响因素

能够引起单一城市成本—收益、效用最大化和集聚经济等变化的因素，也可以通过对城市成本—收益、效用最大化、集聚经济等因素影响城市合理规模。在城市体系多城市之间的城市合理规模方面，根据经验法所得到的首位度和位序—规模法则并未得到实证研究的足够支持。想要发现适应于所有城市的合理规模显然不符合现实：城市在发展过程中，不同城市可能因时因地受不同影响因素对城市发展目标函数的影响，从而呈现出各自独特的最优城市规模（胡晨光等，2017）。

首先，在单一城市合理规模方面，已有文献对其影响因素的研究主要从城市的成本—收益、效用最大化和集聚经济三个视角切入。例如，蒋涛和沈正平（2007）基于成本—收益的分析框架，通过构建生产函数、劳动投入函数等研究单一城市规模收益递增所带来的聚集经济与由于拥挤而导致的运输成本上涨对最优城市规模的影响认为，城市合理规模是聚集经济与聚集不经济两种相互对立力量均衡的结果。Au 和 Henderson（2006）通过构建估计净城市集聚经济的模型研究了城市产业结构对城市最优规模的影响，认为城市就业与工人人均真实收入之间的倒"U"形受产业结构变化的影响，城市生产的多样性由产业结构变化决定，制造业与服务业产值之比越小，城市生产的多样性越高，最优城市规模值越大。柯善咨和赵曜（2014）通过构建一个生产性服务业与制造业关联的城市集聚效益模型，以中国 2003~2008 年除拉萨以外 286 个地级及以上城市为研究样本，研究了城市产业结构及其与城市规模的协同作用对城市生产效率的影响，认为城市二三产业结构高度化有助于通过产业关联的本地市场效应提升城市生产率，城市规模越大，产业结构高度化引起城市相对生产效率的提升越大，因而产业结构的高度化对于最优城市规模具有促进作用。孙浦阳和武力超（2010）基于中国30 个省（直辖市、自治区）1998~2008 年的数据，通过构建城市宜居指数这一效用指标，研究了城市规模、城市规模二次项等解释变量对城市宜居水平的影响，研究表明城市规模不断扩大会造成城市宜居水平先升后降：城市规模不适当的持续扩大，会降低城市基础设施的服务水准，导致城市拥挤成本和交通费用增加，居民生活成本及企业交易成本上升，从而抵消城市规模带来的正向效应，因而存在一个最优的城市宜居规模。其次，在城市体系多城市之间城市合理规模方面，也有文献对其影响因素进行研究。例如，梁琦等（2013）将影响城市层级空间体系的集聚力、分散力及影响劳动力自由流动的户籍制度纳入到一个分析框架建立模型并进行数值模拟，认为户籍制度会阻碍劳动力流动，使城市规模分布扁平化，偏离城市层级体系的帕累托最优。为了优化中国城市层级体系，需要从户籍制度改革寻求突破，推动城乡籍制度和大城市落户政策改革。

第二节　黄河流域城市群规模结构现状描述

目前学界对城市规模的研究主要从人口、地理和经济三个方面入手，用城市常住人口数、建成区面积和城市 GDP 来表征城市规模，因此本书分别从这三个视角，采用 2019 年数据分析黄河流域兰州—西宁城市群、关中平原城市群、山东半岛城市群、中原城市群和黄河"几"字弯都市圈的规模结构现状特征。

一、兰州—西宁城市群

黄河流域兰州—西宁城市群主要包括兰州、白银、定西、西宁和海东共五个地级市。根据表 11-1，从横向比较发现，兰州拥有绝对优势；2019 年定西的地理规模和经济规模均排名靠后，但人口规模排位第二；虽然西宁市的人口规模排序位于中游，但是其地理规模和经济规模排名仅次于兰州。综合来看，兰州和西宁分别作为甘肃和青海两省的省会，属于兰州—西宁城市群的两个中心城市。

表 11-1　2019 年兰州—西宁城市群人口、地理、经济规模情况统计

城市	常住人口（万人）	建成区面积（平方千米）	GDP（亿元）
兰州	379.09	313.52	2837
白银	174.08	67.25	486
定西	282.58	25.22	416
西宁	238.71	98.00	1328
海东	149.32	33.78	497

资料来源：《中国城市统计年鉴》和各省份统计年鉴。

二、关中平原城市群

黄河流域关中平原城市群主要包括西安、宝鸡、咸阳、铜川、渭南、商洛、运城、临汾、天水、平凉和庆阳 11 个地级市。根据表 11-2，从横向比较发现，2019 年西安、宝鸡、咸阳、渭南和运城的地理规模和经济规模排名一致，其中宝鸡的人口规模排名次序靠后；临汾的人口规模排名次序虽然较为理想，但是其地理规模和经济规模与之相比有一定差距；平凉和铜川的人口规模和经济规模排名均靠后，地理规模位次也靠后。

表 11-2　2019 年关中平原城市群人口、地理、经济规模情况统计

城市	常住人口（万人）	建成区面积（平方千米）	GDP（亿元）
西安	1020.35	700.69	9321
宝鸡	376.10	96.73	2224
咸阳	435.62	73.50	2195
铜川	78.01	48.85	355
渭南	527.81	68.26	1828
商洛	237.91	26.00	837
运城	537.26	66.00	1563
临汾	450.83	54.00	1453
天水	336.89	56.00	633
平凉	212.53	42.00	457
庆阳	227.88	30.00	743

资料来源：《中国城市统计年鉴》和各省份统计年鉴。

三、山东半岛城市群

黄河流域山东半岛城市群主要包括青岛、济南、淄博、东营、烟台、潍坊、济宁、泰安、威海、日照、菏泽、滨州、德州、聊城、临沂和枣庄。根据表 11-3，从横向比较发现，2019 年青岛、济南和烟台的地理规模和经济规模排名均位于前列，其中烟台的人口规模排名位于中游，青岛和济南的人口规模排名虽然未能与地理规模、经济规模保持一致，但是仍处于上游，可以看出济南和青岛是山东半岛城市群的两大中心城市。

表 11-3　2019 年山东半岛城市群人口、地理、经济规模情况统计

城市	常住人口（万人）	建成区面积（平方千米）	GDP（亿元）
青岛	949.98	758.16	11741
济南	890.87	716.11	9443
淄博	469.68	288.18	3642
东营	217.97	153.00	2916
烟台	713.80	338.92	7653
潍坊	935.15	180.28	5689
济宁	835.60	245.50	4370
泰安	563.50	161.04	2664
威海	283.60	199.45	2964
日照	294.90	115.70	1949
菏泽	878.17	178.98	3410
滨州	392.30	144.10	2457
德州	574.85	165.00	3022
聊城	609.83	119.38	2260
临沂	1066.71	247.72	4600
枣庄	393.30	156.24	1694

资料来源：《中国城市统计年鉴》和各省份统计年鉴。

四、中原城市群

黄河流域中原城市群主要包括郑州、洛阳、开封、南阳、安阳、商丘、新乡、平顶山、许昌、焦作、周口、信阳、驻马店、鹤壁、濮阳、漯河、三门峡、长治、晋城等。根据表 11-4，从三个视角横向比较发现，2019 年郑州和南阳的人口规模、地理规模和经济规模排名均位于前列；三门峡、鹤壁和晋城的人口规模和经济规模排名均靠后，其中三门峡和晋城的地理规模也未改变这一特征，但鹤壁的地理规模排名较其他两市靠前；有着中原城市群副中心城市之称的洛阳在地理规模和经济规模方面均仅次于郑州市，但在人口规模方面排名第六位。

表 11-4　2019 年中原城市群人口、地理、经济规模情况统计

城市	常住人口（万人）	建成区面积（平方千米）	GDP（亿元）
郑州	1035.16	580.75	11590
洛阳	692.22	255.51	5035
开封	457.49	138.15	2364
南阳	1003.16	159.80	3815
安阳	519.22	88.00	2229
商丘	733.36	69.00	2911
新乡	581.43	126.36	2918
平顶山	502.57	73.40	2373
许昌	446.21	112.00	2831
焦作	359.71	113.30	2761
周口	866.22	77.52	3198
信阳	646.39	103.21	2758
驻马店	704.58	95.08	2742
鹤壁	163.15	64.15	989
濮阳	361.04	64.00	1581
漯河	266.82	68.49	1578
三门峡	227.65	61.20	1444
长治	347.80	59.30	1640
晋城	235.30	47.87	1355
运城	537.26	66.00	1563
聊城	609.83	119.38	2260
菏泽	878.17	178.98	3410

资料来源：《中国城市统计年鉴》和各省份统计年鉴。

五、黄河"几"字弯都市圈

黄河流域"几"字弯都市圈主要包括太原、呼和浩特、银川、吴忠、中卫、石嘴山、包头、鄂尔多斯、榆林、晋中、忻州和吕梁 12 个地级市。根据表 11-5，从三个视角横向比较发现，2019 年山西太原的人口规模、地理规模和经济规模排名均位于前列；陕西榆林的人口规模和经济规模排名位于前列，但其地理规模排名处于中游；宁夏中卫、石嘴山和吴忠的人口规模和经济规模排名均处于

下游。

表 11-5 2019 年黄河"几"字弯都市圈人口、地理、经济规模情况统计

城市	常住人口（万人）	建成区面积（平方千米）	GDP（亿元）
太原	446.18	340.00	4029
呼和浩特	313.68	261.00	2791
银川	229.30	190.55	1897
吴忠	142.24	56.48	580
中卫	117.46	30.46	438
石嘴山	80.59	102.80	511
包头	289.69	211.62	2714
鄂尔多斯	208.76	117.87	3605
榆林	342.42	78.38	4136
晋中	338.95	103.15	1460
忻州	317.28	36.76	1002
吕梁	389.08	33.32	1512

资料来源：《中国城市统计年鉴》和各省份统计年鉴。

第三节 黄河流域城市群高质量发展
合理规模诊断指标及方法

目前关于城市合理规模的研究主要关于人口规模和经济规模两个方面，基于人口规模的城市群合理结构的测度指标有首位度指数和齐普夫系数，基于经济规模的城市群合理结构的测度指标有空间基尼系数和赫芬达尔指数。

一、首位度指数

城市规模理论主要考察一个国家或区域内各城市的规模层次分布，以及产生这种分布的原因。城市规模分布的研究路径可以分为两种：一种是整体研究，考察一国城市体系内所有城市人口规模的分布规律，以位序—规模法则的研究为代表；另一种则重点研究首位城市与第二大城市（有时也包括第三、第四、第五大城市等）人口规模之间的关系。早在 1913 年，奥尔巴克就提出位序—规模法则，1949 年，捷夫进一步提出经济发达国家中一体化城市体系内的城市规模分布可用公式 $P_r = \dfrac{P_1}{R}$ 表述，其中，P_r 是排名第 r 位城市的人口，P_1 是最大城市的人口，R 是 P_r 城市的位序。由此得出结论，即一个国家第二位城市的人口是最大城市人口的 1/2，第三位城市是最大城市人口的 1/3，以此类推。在双对数的坐标图上，上述法则表现为一条斜率为−1 的直线。

与位序—规模法则相关的另一个概念是首位城市。杰斐逊在 1939 年对 51 个国家城市规模分布进行研究后发现，28 个国家的最大城市规模是第二大城市的两倍以上，18 个国家的最大城市规模是第二大城市的 3 倍以上。杰斐逊把这种在规模上与第二大城市保持巨大差距，在国家政治、经济、社会、文化生活中占据明显优势的城市定义为首位城市。此后，首位城市的概念得到普遍应用，一国最大城市与第二大城市人口的比值被称为首位度。首位度有 3 种情况：若其等于 2，即大体符合位序—规模分布；若首位度远超过 2，则称为首位分布；若首位度低于 2，则属于过渡类型，其中当首位城市和第二大城市人口规模相接近时称为双中心分布。

由此可以看出，首位度指数可以作为衡量城市群人口分布状态的重要指标，其计算方法有两类：一是直接计算首位城市在整个城市群中的规模占比，二是通过计算规模排在前几位的城市的规模占比来刻画城市群空间结构的演化，清晰展现人口在首位城市的集中程度。以二城市指数为例，其计算公式为：

$$S_2 = \frac{P_1}{P_2} \tag{11-1}$$

其中，P_1 和 P_2 分别表示规模位居前两位城市的市辖区人口，S_2 表示二城市指数，理论上的取值范围是（1，$+\infty$）。二城市指数越大，城市群空间结构的单中心特征越明显；二城市指数越小，城市群空间结构越呈现出典型的双中心特征。类比上述方法，衍生出四城市指数和十一城市指数，计算公式分别为：

$$S_4 = \frac{P_1}{P_2 + P_3 + P_4} \tag{11-2}$$

$$S_{11} = \frac{P_1}{\sum_{i=2}^{11} p_i} \tag{11-3}$$

二、齐普夫系数

Auerbach（1913）指出城市规模分布可以用幂律分布来近似表示。在此基础上，Zipf 进一步发展和完善形成了城市规模分布的齐普夫定律（Zipf's Law），即城市规模分布满足公式：

$$P\ (Size>S)\ =\frac{a}{S^{\xi}} \tag{11-4}$$

其中，S 为城市规模，P 为规模大于 S 的城市分布概率，a 为常数，且幂律指数 $\xi=1$。如果 $0<\xi<1$，表示城市规模分布比齐普夫定律所描述得更为均匀，即位次较低的中小城市比较发达，位次较高的大城市不突出；如果 $\xi>1$，表示大城市比齐普夫定律描述的更大，即城市规模更为分散化。

极端地说，当 $\xi\rightarrow\infty$ 时，说明该国只存在一个城市，而当 $\xi=0$ 时，说明该国所有城市的规模都相等。齐普夫定律的近似表示形式即所谓的位序—规模法则，认为城市规模分布服从这样的规律：第二大城市的规模是第一大城市的 1/2，第三大城市的规模是第一大城市的 1/3，以此类推。换句话说，如果我们将城市按规模从大到小排序，将它们表示为 $S\ (1)\ \geqslant\cdots\geqslant S\ (n)$，则规模为 $S\ (i)$ 的城市的位序 i 与位序大于 i 的城市概率是成比例的，从而可将式（11-1）写成 $S\ (i)\ \approx\frac{k}{i}$，其中，$k$ 为常数。

对齐普夫定律中的幂律指数 ξ 有以下两种基本计算方法。

1. OLS 回归方法

该方法用位序 i 的对数对规模 $S\ (i)$ 的对数做普通最小二乘回归（OLS）得出幂律指数 ξ_n：

$$\ln i=A-\xi_n\ln S(i)$$

在大样本的情况下，ξ_n 以 100% 的概率趋近于 ξ 的真实值。然而，OLS 估计存在如下缺陷：在小样本的情况下估计结果是有偏的。此外，实证研究中对城市按规模大小进行排序再回归导致误差项之间具有自相关性，违背了经典回归中误差项相互独立的假设，从而使幂律指数标准误和标准误方差的估计值存在偏差。

对上述问题的解决方法是：使用蒙特卡罗模拟方法，进行多次模拟实验，在大样本条件下渐进近似得到偏差的期望值和估计量的真实标准误，而在小样本条件下，也可采取一种简单的方法来消除偏差，即将因变量（位序 i 的对数）改成

$(i-\dfrac{1}{2})$ 的对数：

$$\ln(i - \frac{1}{2}) = A - \xi_n \ln S(i) \qquad (11-5)$$

经实证研究证明，$\dfrac{1}{2}$ 是最优的位移量，可以最大限度地减小估计偏差。

2. Hill 估计方法

Hill（1975）给出了具有 n 个城市样本 $[S(1) \geqslant \cdots \geqslant S(n)]$ 的齐普夫定律幂律指数计算公式：

$$\xi = \frac{n - 1}{\sum_{i=1}^{n-1} \ln S_{(i)} - \ln S_{(n)}} \qquad (11-6)$$

虽然该计算公式满足最大似然估计量的有效性，但是 Hill 估计量也存在低估真实标准误和低估幂律指数的问题。

齐普夫定律及相关测算方法可以很好地拟合各个国家的城市规模分布情况，可是其并不是万能的，它只是描述了城市规模分布的一种简单的统计关系，一个可供直接实证检验的假说命题。关于城市规模分布问题的研究，迄今为止并没有形成公认的结论，仍是区域经济学领域需要继续努力去探讨的重要问题。

三、空间基尼系数

基尼系数早期是国际上用来反映一国或一地居民内部收入差距状况的指标，后来逐渐发展成反映地区相对均衡度的指标，数值为 0~1，值越小表示地区发展越均衡、差距越小，反之则发展越不均衡、差距越大。

$$G = 1 + \frac{1}{n} - \frac{2}{n^2 x} (x_1 + x_2 + \cdots + n x_n) \qquad (11-7)$$

空间基尼系数是衡量经济要素空间集中程度的常见指标，最早用于产业空间集聚的测算，后被广泛运用于测度各种空间尺度下的区域差距，其同样适用于测算城市群空间结构。计算公式为：

$$G = \frac{1}{n(n-1)\mu} \sum_{i=1}^{n} \sum_{j=1}^{n} | Y_i - Y_j | \qquad (11-8)$$

其中，G 表示空间基尼系数，Y_i 和 Y_j 分别表示城市 i 与城市 j 的市辖区 GDP，μ 表示城市群市辖区 GDP 的平均值，n 表示城市群中的城市数量。空间基尼系数取值为 0~1，系数值越大，城市群呈现单中心的空间结构的程度越高，而系数值越小，城市群呈现多中心的空间结构。

四、赫芬达尔指数

赫芬达尔指数即赫芬达尔—赫希曼指数，最早被用于研究市场结构，能够反映某一行业内所有企业的相对规模情况，部分城市经济学者将其推广到城市经济学的研究中，衡量城市群内部各城市规模的相对大小。计算公式为：

$$HHI = \sum_{i=1}^{n} \left(\frac{Y_i}{Y} \right)^2 = \sum_{i=1}^{n} S_i^2 \qquad (11-9)$$

其中，HHI 为赫芬达尔指数，Y_i 表示城市 i 的市辖区 GDP，Y 表示城市群内所有城市市辖区 GDP 的总和。与空间基尼系数类似，赫芬达尔指数的取值同样居于 0~1，指数值越大，城市群空间结构的单中心化程度越高而指数值越小，城市群空间结构的多中心化程度越高。

第四节　黄河流域城市群高质量发展规模与布局

一、黄河流域城市群的首位度指数

表 11-6、表 11-7、表 11-8 反映了 2012~2019 年黄河流域城市群的首位度指数。中原城市群的三类首位度指数在该时段内总体呈下降态势，说明该城市群内部各城市之间的人口规模差距不断缩小，城市群空间结构朝着多中心化方向发展。虽然黄河流域城市群的首位度指数均出现不同程度的波动，但是其空间结构分别呈现出不同的特征。

黄河流域城市群二城市指数与四城市指数、十一城市指数的均值存在明显差异。从二城市指数和四城市指数的均值来看，均是关中平原城市群最高，兰州—西宁城市群次之，黄河"几"字弯都市圈居中，山东半岛城市群和中原城市群较低。具体来看：一是在关中平原城市群中，西安作为首位城市，自然和社会经济区位条件优越，城市人口规模逐步扩大，城市常住人口由 2012 年的 855.3 万增加至 2019 年的 1020.35 万，虽然城市群内其他城市的人口规模也有所扩大，但是幅度有限，西安的人口规模在整个城市群中的绝对优势地位稳固，因此关中平原城市群的指数值最大。二是在兰州—西宁城市群中，兰州作为其首位城市，与西安有着类似的地位，之所以其指数值稍低于关中平原城市群，是因为该城市群内的西宁也有着一定的绝对优势。三是黄河"几"字弯都市圈涉及四省，最初山西太原的人口规模具有绝对优势，随着社会经济发展，内蒙古呼和浩特和宁夏银川的人口规模也逐渐扩大，缩小了城市间差距。四是在山东半岛城市群中，济南的人口规模显著缩小，由2012年的964.29万降至2019年的890.87万，减少73.42万，而青岛市的常住人口由2012年的886.90万增加至2019年的949.98万，增加63.08万，可以发现青岛的人口增幅小于济南的人口降幅。此外，值得注意的是，当用人口规模衡量城市规模时，山东半岛城市群的首位城市为临沂，2012年常住人口为1012.40万，2019年常住人口为1066.71万，增加54.31万，增幅仅次于青岛。五是在中原城市群中，郑州的人口规模增幅在中原城市群处于绝对优势，2012年常住人口为903.00万，2019年常住人口为1035.16万，增加132.16万。副中心洛阳的2012年常住人口为659万，2019年常住人口为692.22万，增加33.22万，增幅仅为郑州市的1/4。就人口规模来说，中原城市群2012年的首位城市为南阳，常住人口为1014.90万，2018年常住人口降至1001.00万，而2018年郑州常住人口为1014.00万，超过南阳成为中原城市群的首位城市。

表 11-6 2012~2019 年黄河流域城市群的二城市指数

年份	兰州—西宁城市群	关中平原城市群	山东半岛城市群	中原城市群	黄河"几"字弯都市圈
2012	1.311	1.607	1.050	1.124	1.128
2013	1.314	1.611	1.043	1.098	1.128
2014	1.322	1.615	1.042	1.065	1.127
2015	1.329	1.624	1.043	1.047	1.127
2016	1.328	1.644	1.043	1.035	1.127
2017	1.328	1.787	1.045	1.017	1.287
2018	1.330	1.878	1.046	1.013	1.294
2019	1.342	1.899	1.123	1.032	1.147
均值	1.326	1.708	1.054	1.054	1.171

资料来源：笔者测算后整理。

表 11-7 2012~2019 年黄河流域城市群的四城市指数

年份	兰州—西宁 城市群	关中平原 城市群	山东半岛 城市群	中原城市群	黄河"几"字弯 都市圈
2012	0.539	0.554	0.365	0.403	0.416
2013	0.539	0.554	0.374	0.400	0.416
2014	0.541	0.555	0.373	0.393	0.416
2015	0.543	0.558	0.373	0.391	0.416
2016	0.542	0.564	0.372	0.390	0.418
2017	0.541	0.675	0.372	0.387	0.441
2018	0.541	0.705	0.372	0.390	0.443
2019	0.545	0.673	0.384	0.398	0.425
均值	0.542	0.605	0.373	0.394	0.424

资料来源：笔者测算后整理。

表 11-8 2012~2019 年黄河流域城市群的十一城市指数

年份	兰州—西宁 城市群	关中平原 城市群	山东半岛 城市群	中原城市群	黄河"几"字弯 都市圈
2012	0.445	0.249	0.132	0.146	0.148
2013	0.445	0.249	0.137	0.145	0.148
2014	0.446	0.250	0.137	0.143	0.147
2015	0.447	0.251	0.136	0.142	0.147
2016	0.446	0.254	0.136	0.142	0.147
2017	0.446	0.293	0.136	0.141	0.149
2018	0.446	0.305	0.136	0.142	0.150
2019	0.449	0.298	0.136	0.145	0.149
均值	0.446	0.269	0.136	0.143	0.148

资料来源：笔者测算后整理。

二城市指数和四城市指数涉及的城市数目较少，忽略了城市群内人口规模排位靠后的城市的实况。因此，对于考虑城市数目较多的十一城市指数而言，情况有所不同：兰州—西宁城市群均值最高，关中平原城市群次之，黄河"几"字弯都市圈处于中游，中原城市群较低，山东半岛城市群最低。观察结果发现，十一城市指数明显小于二城市指数和四城市指数；兰州—西宁城市群内部分化明显，除兰州和西宁外，其余三个地级市又明显欠发达，呈现典型的核心—边缘空间结构，单中心化特征明显；作为关中平原城市群中心城市，西安人口规模庞大，地位稳固，同时增幅也遥遥领先于其他城市，而邻近的咸阳和渭南人口规模呈下降趋势，山西的运城和临汾常住人口虽然有所增加，但是增幅远小于西安。十一城市指数值明显下降，说明具有多中心空间结构的特征，十一城市指数将这些城市都纳入到计算范围内，使得关中平原城市群的指数值迅速降至兰州—西宁城市群以下；黄河"几"字弯都市圈内虽涉及太原、呼和浩特和银川三个省会城市，但是其在人口规模方面并不占据绝对优势，而是呈现出更加均衡的空间形态；中原城市群除省会郑州发展势头强劲以外，洛阳、新乡和许昌的人口规模也呈现出稳步扩张趋势，节点城市的地位不断巩固，空间结构趋于一体化；山东半岛城市群中省会城市济南人口规模收缩严重，同时青岛、菏泽和临沂人口规模显著扩张，其他城市也稳步扩张，使得城市群内首位城市与其他城市之间差距缩小，空间结构一体化程度最高。

二、黄河流域城市群的齐普夫系数

相较于首位度指数，齐普夫系数重点关注城市群内的各城市与其排名间的线性关系，涵盖了城市群内的所有城市。图 11-1 反映了 2012~2019 年黄河流域城市群的齐普夫系数，系数估计值均在 1% 的水平上显著，回归方程的可决系数均在 0.85 以上，拟合效果较好。

由图 11-1 可知，黄河流域城市群的齐普夫系数均小于 1，说明空间结构呈非单中心化特征；关中平原城市群、兰州—西宁城市群、黄河"几"字弯都市圈、中原城市群和山东半岛城市群的齐普夫系数均值依次为 0.650、0.527、0.451、0.398 和 0.408；关中平原城市群在 2016 年之前无明显变化趋势，2016 年之后上升到新的数值水平并维持稳定，其余城市群不存在明显的变化趋势。

进一步观察发现，兰州—西宁城市群除白银市以外，其余城市人口规模均呈现稳步扩张趋势，只是扩张程度不同，人口空间分布的均衡程度变化不明显；关中平原城市群内铜川 2017 年的常住人口为 83.34 万，而其首位城市西安常住人口仅从 2016 年到 2017 年增幅就为 78.46 万，发展势头强劲，同时在 2018 年突破 1000 万，根据国务院对城市规模的划分标准，2018 年西安步入超大城市行列，但关中平原城市群常住人口超过 500 万的特大城市只有渭南一个，其余城市常住人口均在 500 万以下，因而关中平原城市群的齐普夫系数在 2016 年前后出现明显跳跃；黄河"几"字弯都市圈中太原、呼和浩特、银川和包头虽然发展势头明显好于都市圈内其余城市，但是相比于山东半岛城市群和中原城市群的内部城市结构，其并未拉开较大差距；郑州常住人口在 2018 年突破 1000 万，并赶超南阳成为中原城市群首位城市，齐普夫系数在 2018 年之前持续下降，2019 年再次高于均值水平，而中原城市群内开封、南阳和周口人口规模在总体上呈收缩状态，其余城市均稳步扩张，空间结构层次分明；山东半岛城市群中的济南人口规模在 2019 年呈现明显收缩状态，青岛、菏泽和临沂处于持续扩张状态，城市群内空间结构的多中心化趋势越发明显，齐普夫系数值虽然变化微小，但是确实有下降趋势。

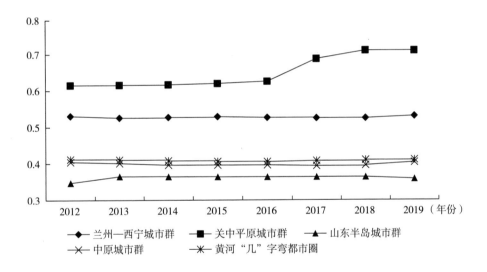

图 11-1　2012～2019 年黄河流域城市群的齐普夫系数

资料来源：笔者测算后整理。

三、黄河流域城市群的空间基尼系数

图 11-2 反映了 2012～2019 年黄河流域城市群的空间基尼系数。由图 11-2 可知，黄河流域城市群的空间基尼系数值以 2016 年为分水岭，在 2016 年之前均较为稳定，在 2016 年之后有不同的变化趋势；关中平原城市群、兰州—西宁城市群、黄河"几"字弯都市圈、中原城市群和山东半岛城市群的空间基尼系数

均值依次是 0.514、0.500、0.421、0.304 和 0.276；兰州—西宁城市群、关中平原城市群、山东半岛城市群和中原城市群的空间基尼系数值在 2012~2019 年合计依次提高了 7.7%、14.6%、28.2% 和 14.9%，而黄河"几"字弯都市圈下降了 7%。

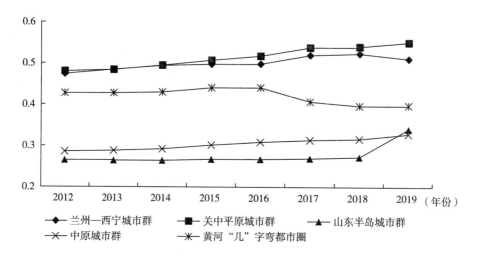

图 11-2　2012~2019 年黄河流域城市群的空间基尼系数

资料来源：笔者测算后整理。

与基于人口规模得到的城市群空间结构测算结果有所不同，黄河"几"字弯都市圈的空间基尼系数值从 2016 年起出现下降态势，表明城市群内部各城市间的经济规模差距在不断缩小，越发显现多中心化特征；黄河流域其余城市群的空间基尼系数值呈上升态势，但变动微小，说明城市群内部经济规模的空间分异有增大趋势。为说明上述现象背后的现实原因，选取 2012 年和 2019 年两个代表性年份，计算黄河流域城市群两个时点上首位城市和末位城市的 GDP 之比，结果如表 11-9 所示。其中，黄河"几"字弯都市圈的比值缩小，而其余城市群的比值扩大，与空间基尼系数的测算结果一致。

表 11-9　2012 年和 2019 年黄河流域城市群的首位城市与末位城市的 GDP 之比

城市群名称	年份	首位城市名称	末位城市名称	GDP 之比
兰州—西宁城市群	2012	兰州	定西	7.00∶1
	2019	兰州	定西	6.82∶1

续表

城市群名称	年份	首位城市名称	末位城市名称	GDP之比
关中平原城市群	2012	西安	铜川	15.98：1
	2019	西安	铜川	26.26：1
山东半岛城市群	2012	青岛	日照	5.40：1
	2019	青岛	枣庄	6.93：1
中原城市群	2012	郑州	鹤壁	10.17：1
	2019	郑州	鹤壁	11.72：1
黄河"几"字弯都市圈	2012	鄂尔多斯	中卫	14.59：1
	2019	榆林	中卫	9.44：1

资料来源：《中国城市统计年鉴》和各省份统计年鉴。

进一步观察发现：一是兰州—西宁城市群内部城市的经济发展水平存在明显差距，兰州经济发展水平是西宁经济发展水平的两倍，是其余城市经济发展水平的4~7倍，城市间的差距过于悬殊，极化效应强于扩散效应，多中心化程度偏低，空间基尼系数偏高。二是关中平原城市群内部城市结构与兰州—西宁城市群类似，西安经济发展水平遥遥领先，约为宝鸡、咸阳和渭南这些紧邻城市经济发展水平的4倍，并且这一差距随时间推移进一步拉大。三是在山东半岛城市群中，虽然青岛经济发展水平一直处于首位城市，但是与其余城市之间的差距并未过于悬殊，济南、淄博和烟台等经济发展强劲的城市对周边城市的经济发展也具有一定的带动作用，2019年空间基尼系数值突然上升，主要由于枣庄的经济发展水平下降。总体而言，城市间的经济规模差距较为稳定，空间基尼系数值也属最小。四是在中原城市群中，郑州经济发展水平远超其余城市，与山东半岛城市群相比，排名紧随首位城市之后的城市发展势头稍差，说明郑州的辐射带动作用有待加强，空间基尼系数值略高于山东半岛城市群。五是内蒙古包头、鄂尔多斯和陕西的榆林三座城市与黄河"几"字弯都市圈所包含三省省会城市的经济发展水平相当，只是其余城市经济发展水平与之存在明显差距，扩散效应不明显。

四、黄河流域城市群的赫芬达尔指数

空间基尼系数反映了城市群内各城市经济规模的绝对差距，而赫芬达尔指数体现了城市群内各城市经济规模的相对比例。图11-3反映了2012~2019年黄河流域城市群的赫芬达尔指数。由图11-3可知，黄河流域城市群的赫芬达尔指数以 2016 年为分水岭，在 2016 年之前均较为稳定，在 2016 年之后有不同的变化趋势，和空间基尼系数相一致；兰州—西宁城市群、关中平原城市群、黄河"几"字弯都市圈、山东半岛城市群和中原城市群的赫芬达尔指数均值依次是 0.325、0.194、0.107、0.080 和 0.078；兰州—西宁城市群、关中平原城市群、山东半岛城市群和中原城市群的赫芬达尔指数在 2012~2019 年合计依次提高了 10.7%、30.9%、13.9% 和 12.4%，而黄河"几"字弯都市圈下降了 5.1%。

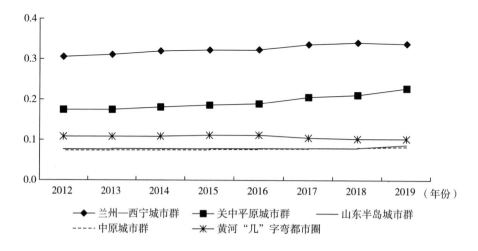

图 11-3　2012~2019 年黄河流域城市群的赫芬达尔指数

资料来源：笔者测算后整理。

进一步观察发现：一是兰州和西宁是兰州—西宁城市群经济发展的"排头兵"，2012 年两座城市 GDP 之和占整个城市群的 71.24%，到 2019 年这一比例攀升至 74.86%。虽然其他城市的经济规模也在扩大，但是它们在整个城市群中的相对经济地位却在下降，核心—边缘的单中心空间结构反而进一步强化。二是西安在 2012 年的 GDP 占整个城市群的 34.32%，到 2019 年这一比例攀升至 43.13%。2012 年西安和其邻近的宝鸡、咸阳三座城市 GDP 之和占整个城市群的 57.50%，到 2019 年这一比例攀升至 63.58%。与兰州—西宁城市群类似，虽然关中平原城市群内所有城市的经济规模均在扩大，但是实则差距在进一步拉大。三是山东半岛城市群中首位城市青岛 GDP 在 2012 年占整个城市群的 14.71%，到 2019 年这一比例变为 16.66%，虽然占比数值提高了，但是幅度很小，并且其余城市经济规模水平层次明显，未出现首位城市一头独大的现象。四是郑州作为中原城市群的首位城市，2012 年 GDP 占整个城市群的 17.58%，到 2019 年占比提高 20.66%，与山东半岛城市群内部结构类似。五是黄河"几"字弯都市圈内部经济规模排序靠前的城市除了太原、呼和浩特和银川以外，还有内蒙古包头、鄂尔多斯和陕西榆林，这六个城市 2012 年 GDP 占整个城市群的 71%，到 2019 年占比降为 70.06%，虽然降幅微小，但是可以看出其余城市在城市群中的相对经济地位有改善趋势，表现为赫芬达尔指数值呈下降态势。

五、黄河流域城市群规模的水资源约束

黄河流域城市群水资源稀缺且水资源分布不均衡，这要求在黄河流域城市群的高质量发展中"以水定居""以水定产"。黄河流域城市群人均水资源量远低于全国平均水平。2019 年，全国人均水资源量为 2063 立方米，而黄河流域兰州—西宁城市群、关中平原城市群、山东半岛城市群、中原城市群和黄河"几"字弯都市圈人均水资源量分别为 517 立方米、351 立方米、195 立方米、199 立方米和 535 立方米。

分城市看，黄河流域城市群内部水资源分布存在差异。兰州—西宁城市群中，兰州、白银水资源总量和人均水资源量均低于定西、西宁和海东（见图 11-4）；关中平原城市群中，商洛人均水资源远高于其他城市，且人口聚集的西安人均水资源量仅为 271 立方米（见图 11-5）；山东半岛城市群中，龙头城市青岛人均水

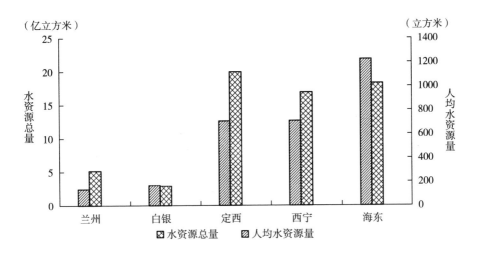

图 11-4　兰州—西宁城市群水资源总量和人均水资源量

资料来源：EPS 数据库。

资源量最低，不足 100 立方米（见图 11-6）；中原城市群中，除三门峡、信阳、晋城以外，其余城市人均水资源量均低于 300 立方米（见图 11-7）；黄河"几"字弯都市圈中，仅鄂尔多斯人均水资源量超过 1000 立方米，其余城市人均水资源量较小（见图 11-8）。

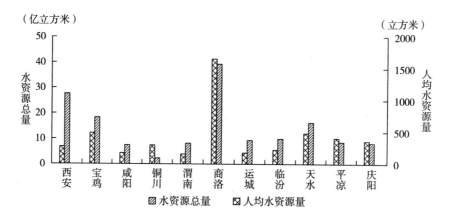

图 11-5　关中平原城市群水资源总量和人均水资源量

资料来源：EPS 数据库。

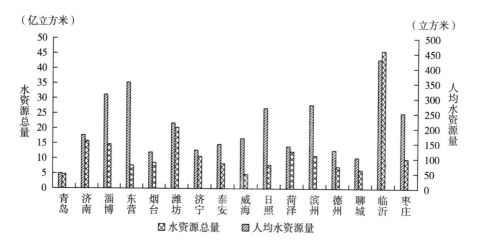

图 11-6　山东半岛城市群水资源总量和人均水资源量

资料来源：EPS 数据库。

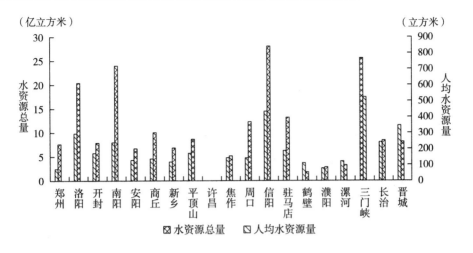

图 11-7　中原城市群水资源总量和人均水资源量

注：许昌数据缺失。

资料来源：EPS 数据库。

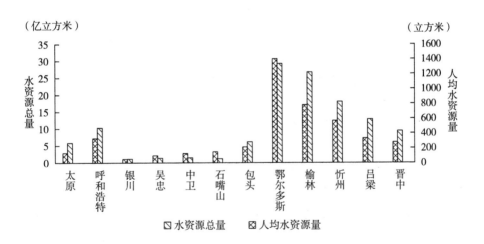

图 11-8　黄河"几"字弯都市圈水资源总量和人均水资源量

资料来源：EPS 数据库。

　　水是生命之源，更是黄河流域城市群高质量发展的重要基础。黄河流域城市群高质量发展过程中势必带来产业聚集和人口聚集，生产、生活用水将加剧用水矛盾。因此，在黄河流域城市群规模和布局的规划中，务必考虑当前水资源规模和分布现状，通过人口、产业的再布局和水资源跨区调配，避免个别城市水资源紧张，实现"城水共生""人水和谐"。

六、结论及优化方向

本章通过首位度指数、齐普夫系数、空间基尼系数、赫芬达尔指数，从城市人口规模与经济规模两个角度出发，分析黄河流域城市群的规模结构特征。研究发现：一方面，在黄河流域城市群中，山东半岛城市群和中原城市群人口和经济活动的空间分布较为均衡，而兰州—西宁城市群和关中平原城市群的内部结构急需优化，核心—边缘的空间结构特征明显；另一方面，从经济规模方面分析，黄河"几"字弯都市圈空间分布向着更为均衡的方向发展，黄河流域其余城市群的空间分布情况较为稳定。此外，黄河流域城市群人口规模与经济规模的空间格局有所不同，说明人口、经济要素的空间集聚具有差异性。

兰州—西宁城市群、关中平原城市群、山东半岛城市群、中原城市群和黄河"几"字弯都市圈规模结构的优化方向既有特殊性，又有普遍性。根据研究发现，再结合政府相关政策性文件，本书分别归纳了黄河流域城市群规模结构的优化方向。

兰州—西宁城市群地处新亚欧大陆桥国际经济合作走廊，拥有河湟谷地，水土资源组合条件较好，是为促进区域经济发展、考虑国家生态安全和发展全局而建立的跨省区城市群。它的空间格局为"一带双圈多节点"："一带"指兰州—西宁城镇发展带，主要依托综合性交通通道，以兰州、西宁、海东、定西等为重点；"双圈"为兰州—白银都市圈和西宁—海东都市圈；"多节点"指定西市、临夏回族自治州、白银市、海北藏族自治州、海南藏族自治州、黄南藏族自治州、海东市等这些实力较强的市（州）、县。兰州—西宁城市群在推动结构优化的过程中，要注重发挥兰州和西宁的辐射能力，促进结构模式的改善，明确重点开发区产业发展重点，促进产业集群发展，打造绿色循环型产业体系。同时，需建设合理的交通要道，推动区域合作交流，转变单一网络结构形式。

关中平原城市群作为与成渝城市群并列的国家级城市群，其一大要义在于让西北和西南齐头并进，把整个西部发展起来。成渝城市群要带动整个大西南的发展，而关中平原城市群则是要对西北地区的发展起核心引领作用。在空间布局上，关中平原城市群未来将强化西安的服务辐射功能，同时关中平原还将做强重要节点城市，进一步提升宝鸡、铜川、渭南、杨凌、商洛、运城、临汾、天水、平凉、庆阳等的综合承载能力，适度扩大城市人口规模，提升综合服务功能，壮大特色优势产业，增强对城市群发展的支撑作用。在发展的过程中，也要推动城市群内外生态建设联动，保障渭河沿岸生态带以及黄土高原、秦巴山地生态屏障的生态安全，并构建多水源互济的供水保障体系。

黄河"几"字弯都市圈涉及五省区，有着独特的区位优势、能源优势、战略优势等天然禀赋，集能源富集区、革命老区、民族聚集区、边疆地区、传统农牧区、流域文化发祥区于一体，发展潜力巨大，是西部大开发的重要引擎。也正是因为如此，受行政区划影响，城市间协调不足、产业上下衔接不紧、市场要素流动不畅等问题频出。在空间布局上，要树立"一盘棋"的共荣共赢理念，努力消除各成体系、画地为牢的地方行政区划本位利益观念，尽快形成共同建设"几"字弯的一致认识，主动跳出自己城市，积极融入"几"字弯协同发展。

中原城市群具有交通指向性明显的优势，城市分布由核心向外展开，具有较为明显的圈层式空间分布特征，有利于中心城市发挥扩散效应和各城市之间功能的分工与协调。然而，中原城市群城市等级不够连续，这种不连续格局不利于发挥中心城市的辐射功能，难以带动城市群的发展。在空间布局上，要加快各等级规模城市的发展，建立等级规模完善的城市体系；将空间整合和产业结构调整相结合，明确各市产业发展重点，集中资源，在城市群形成生产要素互补、上下游产业配套、城市合理分工的产业布局；实施重点项目，培育龙头企业，创立名牌产品，壮大优势产业群，推动城市群产业结构合理化和高度化，以达到城市群整体发展的良好态势。

山东半岛城市群地处山东省东部，扼黄渤海之咽喉地带，处长江三角洲、京津冀、辽中南几大都市连绵区之中心和连接枢纽，与韩国、日本等国家隔海相望，是欧亚大陆桥的重要桥头堡，在山东乃至中国具有举足轻重的地位。虽然青岛和济南在城市群内具有绝对的经济优势，但是与发达地区相比，济南和青岛的规模仍偏小、辐射力不够；因此，要推动区域产业的重组，推进基础设施、生产链、市场和区域治理体制的一体化，形成区域整体竞争优势，在全局上进行合理分工与投资协调，改变产业结构重复、内耗严重的非良性竞争格局，实行错位竞争；加强山东半岛城市群区域空间网络化发展，由带状城市空间发展模式转变为多个城市之间紧密联系的网络状空间发展结构，依托发展轴线的辐射带动作用，促进人口集聚和社会经济的快速发展，使山东半岛城市群由城市空间形态密集型转变为城市联系密集型，以更充分地发挥城市群的整体规模效应和竞争优势。

对于黄河流域城市群而言，缩小城市群内部各城市间的规模差距是优化城市群空间结构的必经之路，在引导城市群空间结构向多中心网络状空间结构转变的过程中，有一般性路径可以遵循。

第一，引导人口、经济要素在城市群空间内有序集聚。对黄河流域城市群中的超大城市与特大城市而言，在现有资源禀赋条件下，其已经接近城市规模的"天花板"，交通拥堵、住房紧张、环境污染等"城市病"开始显现，为此需要严格控制城市人口规模与经济规模。对于黄河流域城市群内的中小城市而言，存在进一步吸纳各类生产要素的剩余空间，为此应充分发挥自身优势，增强对优质要素的吸引力，为城市群空间结构的多中心化服务。

第二，深化城市群内部各城市间的合作，提升人口、经济要素在城市空间内集聚的匹配度，破解资源错配难题。为此，要加快黄河流域各城市群内部各项基础设施的建设，在完善快速交通网络的同时，以大数据、云计算、物联网为支撑，实现城市群的智能化发展，增强城市间的资金、技术和信息流，与人口、经济要素差异化的集聚政策相配合，避免生产要素向中心城市的单向流动，缩小城市群内部人口规模与经济规模的差距。

第三，将空间结构优化与产业结构优化有效结合。对于城市群内人口密度以及经济活动密度较低的城市来说，进一步提升内部产业园区的集聚水平、可达性水平以及市场化水平，形成由点的扩散来带动面的发展，更有利于该区域的协调发展；对于各城市群内人口密度和经济活动密度较高的城市来说，构建内部园区与其周边的经济联系与分工协作，加强其对周边城市的辐射带动能力，更有利于形成城市群多中心空间结构。

第四，城市群多中心空间结构的优化既有市场机制的调节作用，也有政府相关规划政策的引导，两者缺一不可。在不同的历史时期，两者的作用方式和作用效果不一。进入社会主义市场经济改革期，尤其是21世纪以后，市场机制开始占据主导位置，政府政策更多地扮演引导者和保障者的角色，即引导城市群向着有利于最广大人民根本利益的方向发展，保障市场机制在公平与公正的环境中发挥作用。

第五，优化黄河流域城市群空间结构，需要考虑自然资源尤其是水资源约束，以水定城、以水定产，在城市群发展中兼顾生态环境保护。黄河流域是我国国土生态安全的关键区域，分布有7个国家重点生态功能区，但黄河流域生态环境本底脆弱、水土资源条件差，上游地区荒漠化问题和中游地区水土流失问题较为严重，水资源短缺与水质恶化问题并存。因此，黄河流域城市群的空间优化需要考虑地区资源环境承载力问题，严守生态保护红线，处理好经济发展与生态环境保护的统筹关系。一方面，推进生态恢复和生态补充，保护上游重要水源补给地，增强中游水土保持能力，推进下游绿色生态走廊建设和滩区生态综合整治；另一方面，加快产业结构调整，由高污染、高排放的资源消耗型产业向创新驱动型产业转变，发展高效节水农业等绿色产业。

参考文献

［1］Anas A, Arnott R, Small K A. Urban spatial structure ［J］. Journal of Economic Literature, 1998, 36（3）：1426-1464.

［2］Au C C, Henderson J V. Are Chinese cities too small? ［J］. The Review of Economic Studies, 2006, 73（3）：549-576.

［3］Capello R, Camagni R. Beyond optimal city size：An evaluation of alternative urban growth patterns ［J］. Urban Studies, 2000, 37（9）：1479-1496.

［4］Capello R. Beyond optimal city size：Theory and evidence reconsidered ［J］. Contributions to Economic Analysis, 2004（266）：57-85.

［5］Capello R. Urban growth：Is it a never ending story? ［J］. Symphonya Emerging Issues in Management, 2011（1）：19-28.

［6］Evans A W. The pure theory of city size in an industrial economy ［J］. Urban Studies, 1972（9）：49-77.

［7］Fujita M. Urban economic theory：Land use and city size ［M］. Cambridge：Cambridge University Press, 1989.

［8］Henderson J V. General equilibrium modeling of systems of cities ［J］. Handbook of Regional & Urban Economics, 1987（2）：927-956.

［9］Henderson J V. Optimum city size：The external diseconomy question ［J］. Journal of Political Economy, 1974（82）：373-388.

［10］Henderson V. The urbanization process and economic growth：The so-what question ［J］. Journal of Economic Growth, 2003, 8（1）：47-71.

［11］Hill B. A simple general approach to inference about the tail of a distribution ［J］. Annals of Mathematical Statistics, 1975, 3（5）：1163-1174.

［12］Poelhekke S, Van der Ploeg F. Growth, foreign direct investment and urban concentrations：Unbundling spatial lags［R］. Working Paper，2008.

［13］Richardson H W. Optimality in city size，systems of cities and urban policy：A sceptic's view［J］. Urban Studies，1972，9（1）：29-48.

［14］Soo K T. Zipf's law for cities：A cross-country investigation［J］. Regional Science & Urban Economics，2004，35（3）：239-263.

［15］方创琳. 黄河流域城市群形成发育的空间组织格局与高质量发展［J］. 经济地理，2020，40（6）：1-8.

［16］胡晨光，潘莉燕，王婷婷. 最优城市规模研究：文献综述［J］. 经济学家，2017（9）：97-104.

［17］花晨，陈文喆，黄新建. 基于中心城市最优规模的江西城市结构体系研究［J］. 企业经济，2015（5）：148-152.

［18］黄妍妮，高波，魏守华. 中国城市群空间结构分布与演变特征［J］. 经济学家，2016（9）：50-58.

［19］蒋涛，沈正平. 聚集经济与最优城市规模探讨［J］. 人文地理，2007（6）：68-71.

［20］金凤君，马丽，许堞. 黄河流域产业发展对生态环境的胁迫诊断与优化路径识别［J］. 资源科学，2020，42（1）：127-136.

［21］柯善咨，赵曜. 产业结构、城市规模与中国城市生产率［J］. 经济研究，2014（4）：76-88.

［22］雷仲敏，康俊杰. 城市首位度评价：理论框架与实证分析［J］. 城市发展研究，2010（4）：33-38.

［23］李小建，文玉钊，李元征，等. 黄河流域高质量发展：人地协调与空间协调［J］. 经济地理，2020，40（4）：1-10.

［24］梁琦，陈强远，王如玉. 户籍改革、劳动力流动与城市层级体系优化［J］. 中国社会科学，2013（12）：36-59，205.

［25］刘玲玲，周天勇. 对城市规模理论的再认识［J］. 经济经纬，2006（1）：112-115.

［26］刘小鹏，马存霞，魏丽，等. 黄河上游地区减贫转向与高质量发展［J］. 资源科学，2020，42（1）：197-205.

［27］刘永亮. 置疑中国最优城市规模［J］. 城市规划，2011（5）：76-81，96.

[28] 苏红键, 魏后凯. 城市规模研究的理论前沿与政策争论 [J]. 河南社会科学, 2017 (6): 75-80.

[29] 孙浦阳, 武力超. 城市的最优发展规模: 基于宜居视角的研究 [J]. 上海经济研究, 2010 (7): 31-40.

[30] 唐为. 中国城市规模分布体系过于扁平化吗? [J]. 世界经济文汇, 2016 (1): 36-51.

[31] 田莉. 探究最优城市规模的"斯芬克斯之谜": 论城市规模的经济学解释 [J]. 城市规划学刊, 2009 (2): 63-68.

[32] 王俊, 李佐军. 拥挤效应、经济增长与最优城市规模 [J]. 中国人口·资源与环境, 2014 (7): 45-51.

[33] 王小鲁, 夏小林. 优化城市规模推动经济增长 [J]. 经济研究, 1999 (9): 22-29.

[34] 徐长生, 周志鹏. 城市首位度与经济增长 [J]. 财经科学, 2014 (9): 59-68.

[35] 许学强, 周一星, 宁越敏. 城市地理学 [M]. 北京: 高等教育出版社, 2009.

[36] 杨开忠, 陈良文. 中国区域城市体系演化实证研究 [J]. 城市问题, 2008 (3): 6-12.

[37] 杨永春, 穆焱杰, 张薇. 黄河流域高质量发展的基本条件与核心策略 [J]. 资源科学, 2020, 42 (3): 409-423.

[38] 于洪俊, 宁越敏. 城市地理概论 [M]. 合肥: 安徽科学技术出版社, 1983.

[39] 张杰, 解扬. 基于能耗视角的我国城市最优规模研究 [J]. 城市规划学刊, 2015 (6): 70-74.

[40] 张应武. 基于经济增长视角的中国最优城市规模实证研究 [J]. 上海经济研究, 2009 (5): 31-38.

[41] 郑建锋, 陈千虎. 单中心还是多中心? ——中国城市内部空间结构演进的特征及解释 [J]. 中国经济问题, 2019 (2): 93-105.

[42] 周一星. 城市地理学 [M]. 北京: 商务印书馆, 1995.

第十二章 塑造黄河流域城市群协调发展新棋局的战略构想

2019 年 9 月，习近平总书记在河南主持召开座谈会时，正式提出推动黄河流域生态保护和高质量发展的战略构想。黄河流域由于航运之利不济，加之缺乏门户城市与枢纽城市，目前尚不具备建成网络化国家级经济带的能力。针对这一现状，新发展阶段要坚持以黄河干流为依托，以西安、郑州、青岛等中心城市为极点，以中原城市群为核心增长极，携手关中平原城市群、呼包鄂榆城市群、兰州—西宁城市群、山东半岛城市群，将"以水定城、以水定地、以水定人、以水定产"作为行动指南，辐射带动中上游陕甘宁革命老区、少数民族聚居区振兴，为黄河全流域协调发展保驾护航。

作为中国第二长河，黄河流经青海、四川、甘肃、宁夏、内蒙古、山西、陕西、河南、山东等省区，总长度约 5400 千米，流域面积多达 75.24 万平方千米，沿线自然条件与社会经济环境迥异，黄河流域城市群协调发展注定将是一项长期性工作。除对区域差距的探讨以外，空间尺度也是影响黄河流域城市群协调发展成效的关键力量。作为地理学区域学派的核心概念，空间尺度是指将特定的地理空间按照一定特征划分为若干不同等级的子系统，因此层级性是区域的典型特征。就黄河流域生态保护和高质量发展战略的空间属性而言，国家—流域尺度下战略的"空间中性"特征较为明显，旨在实现"整体分散"；城市—县域尺度下的战略更多地表现为"基于地区"，目的在于"优势集中"（夏添和孙久文，2019）。"整体分散"与"优势集中"两者相互补充，使黄河流域"普遍沸腾"的空间格局不断得到巩固，助力黄河流域城市群本真复兴（孙久文和李爱民，2012）。

本章在明确黄河流域城市群协调发展重大意义与现实约束的基础上，统筹"整体分散"与"优势集中"两项原则，兼顾"四水四定"的基本原则，阐明国家—流域尺度下"整体分散"驱动黄河流域城市群协调发展、城市—县域尺度下"优势集中"赋能黄河流域城市群协调发展的战略构想。

第一节　黄河流域城市群协调发展的重大意义

一、推动经济高质量发展

黄河流域涉及七大城市群（方创琳，2020）。其中，支撑黄河流域生态保护和高质量发展的城市群主要涵盖稳步建设的山东半岛城市群、中原城市群和关中平原城市群，引导培育的有呼包鄂榆城市群、兰州—西宁城市群、山西中部城市群和宁夏沿黄城市群。

细化到具体指标来看，如表12-1所示，黄河流域城市群占地面积达85.74万平方千米，在八省区①中所占比重约为28%，在全国所占比重近9%。在人口方面，2019年黄河流域城市群涉及人口约2.72亿，在八省区中所占比重近81%，在全国所占比重超过19%；在经济总量方面，2019年黄河流域城市群地区生产总值约16.89万亿元，社会消费品零售总额为6.98万亿元，两项指标在八省区中所占比重均近85%，在全国所占比重均近17%。不难发现，虽然黄河流域城市群土地面积在八省区中仅约占1/4，但其余各项经济指标比重均在80%以上，并且具有较高的人口集中度。人口和经济已经成为黄河流域高质量发展的决定因素。

表12-1　2019年黄河流域城市群主要经济指标在全国的地位

城市群	土地面积 （万平方千米）	年末总人口 （万人）	地区生产总值 （万亿元）	社会消费品零售总额 （万亿元）
黄河流域城市群	85.74	27247.56	16.89	6.98
黄河流域八省区	308.48	33805.00	20.08	8.23
占八省区比重（%）	27.79	80.60	84.11	84.81
占全国比重（%）	8.93	19.46	17.05	17.10

资料来源：根据2020年各省份统计年鉴整理。

---

①　黄河沿岸九省区指青海、四川、甘肃、宁夏、内蒙古、陕西、山西、河南、山东九个省区。本章后续分析以剔除了四川后的八省区为分析基础：一是因为黄河途经四川的流域面积较少，相关区域人口经济活动相对稀疏；二是遵循目前绝大多数研究的做法，一般不将四川纳入黄河流域城市群或都市圈的研究范畴。

二、提高能源利用效率

黄河流域又被称为能源流域，原油、原煤、天然气等能矿资源丰富。黄河中游煤炭资源较为丰富，而下游石油资源较为丰富，是中国能源的主要输出区。凭借能矿资源优势，山西和鄂尔多斯盆地等地区形成了综合能源基地，能源和原材料行业成为当地经济发展的重要支柱（何欣等，2021）。

黄河流域城市群具有明显的资源型城市特征，全国共计有 262 个资源型城市，黄河流域占到 1/4 左右（秦华和任保平，2021）。从黄河流域八省区传统能源产量来看，如表 12-2 所示，2019 年原煤产量最多，占全国总量的近 80%，而天然气和原油分别占全国总量的近 38% 和 33%。特别是黄河"几"字弯都市圈，形成了对能源产量的重要支撑。从省域尺度来看，黄河流域能源分布不平衡。原油方面，陕西、山东等地产量较多，主要分布在中下游城市群。原煤方面，内蒙古、陕西、山西等地产量较多，主要集中在中游城市群。天然气方面，主要分布在陕西等地。不难发现，陕西在上述各方面均处于领先位置，资源禀赋优势较为突出。实际上，不同的资源禀赋引导各城市群形成不同的产业集群，发展趋势各不相同。

表 12-2 2019 年黄河流域八省区传统能源产量

地区		原油产量（万吨）	原煤产量（百万吨）	天然气产量（亿立方米）
上游	青海	228.00	12.86	64.00
	甘肃	903.50	36.85	1.58
	宁夏	—	74.77	—
中游	内蒙古	14.90	1090.68	22.07
	陕西	2700.10	636.30	481.55
	山西	—	987.85	82.55
下游	河南	251.10	109.38	2.96
	山东	2226.00	119.18	4.98
合计		6323.60	3067.87	659.69
占全国比重（%）		33.00	79.76	37.62

资料来源：根据《中国能源统计年鉴（2020）》整理，其中"—"代表缺失数据。

值得注意的是，黄河流域以能源重化工为主的单一发展模式也导致了较为严峻的生态环境问题。黄河生态风险主要来源于开采和排污两个方面，特别是近年来水量明显减少导致自净能力下降，环境问题日益突出。一方面，在油气资源开采过程中，它会带来采油区生境干扰、落地油水土污染以及采油诱发地质性影响等问题；另一方面，采煤区和重工业生产区也加剧了黄河水污染和重金属污染等问题。针对上述生态风险，除了要采取入河排污口排查整治、关停不合格企业等防控措施以外，还应积极开发清洁能源。在此问题上，黄河流域拥有显著的风能、太阳能优势。根据《2018年中国风能太阳能资源年景公报》，内蒙古、青海、宁夏、甘肃的陆地海拔70米高度年平均风速在全国各省区中分别位列第1、第6、第8、第11，晋北、蒙西、宁夏、甘肃、青海水平面每平方米年辐射量在1400~1750千瓦时，太阳能资源明显优于除青藏高原以外的其他地区。综上所述，无论在传统能源还是新能源方面，黄河流域均具有得天独厚的优势，而主要问题在于资源在各区域分布不均衡，因此加强黄河流域内部城市群协调合作对于提高整体能源利用效率具有重要意义。

三、驱动水资源协同治理

在黄河治理过程中，水资源治理十分重要。黄河流域地理空间跨度较大，气候、生态环境存在明显差异，这也使得黄河流域各省区具有不同的水资源治理需求（见表12-3）。黄河流域上游主要包括青海、甘肃、宁夏等地区，要以甘南、祁连山、三江源等水源涵养区为重点，通过生态保护修复和生态工程建设来提升生态产品价值；中游主要包括内蒙古、陕西、山西等地区，在利用河套灌区、汾渭平原等粮食产地发展现代农业的同时，也要积极做好水土保持和污染防治等工作，以便下游开展"悬河"治理工作；下游主要包括河南、山东等省份，主要任务是保护黄河三角洲，努力建设湿地生态系统（姜玲，2021）。整体来看，黄河流域发展呈上游较为落后、中游崛起、下游开发较为完善但辐射力不足的格局，因此在治理过程中需要考虑不同流段的客观差异，根据需求合理划分生态环境保护区，务必坚持"非均衡互补性协调发展"，致力于将差异性政策化为互补性政策。加强黄河流域内部城市群协调合作对于水资源协同治理具有重要意义。

表 12-3　黄河流域八省区水资源治理需求差异分析

流段	省份	区域特征
上游：水源涵养功能、生态屏障功能	青海	黄河发源地，境内干流、支流的合理引流问题，关系着下流的防洪防凌问题；青海境内的冰川雪山、江源河流、湖泊湿地、高寒草原草甸具有重要的水源涵养功能
	甘肃	承担着全国主要江河源头产流区保护、涵养水源、防风固沙和保护生物多样性等重要功能，但省内水土流失严重，泥沙负担重
	宁夏	黄河流经宁夏经济活动最为集中的地区，水质直接影响到宁夏的工农业生产和人畜饮水，素有"天下黄河富宁夏"之说
中游：泥沙治理重点区域，粮食保障功能	内蒙古	河套灌区全部位于黄河流域，黄河的生态治理和保护关系到内蒙古经济发展与国家粮食安全
	陕西	陕北黄土高原丘陵沟壑区是入黄泥沙主要来源，污染防治任务重
	山西	山西地处黄河中游，产业转型升级与生态保护之间存在矛盾
下游：防洪重点区域，湿地保护	河南	黄河流域面积覆盖全省面积的 21.6%，防汛抗洪压力大
	山东	黄河入海口，黄河自西向东流经菏泽、济宁、泰安等 9 个市、26 个县（区），二级"悬河"问题严重

资料来源：根据姜玲（2021）整理。

第二节　黄河流域城市群协调发展的现实约束

区域不仅是经济活动的地域单元，也是生产要素的空间载体。近年来，从 2014 年的《珠江—西江经济带发展规划》到 2016 年的《长江经济带发展规划纲要》，从 2018 年的《淮河生态经济带发展规划》到 2021 年的《黄河流域生态保护和高质量发展规划纲要》，国家层面先后对各江河流域进行针对性规划，使其走向区域协调发展新阶段。在黄河流域上中下游发展不均衡、通航能力不佳等因素的制约下，流域内经济联系不通畅。随着黄河流域生态保护和高质量发展上升为国家战略，流域内部空间发展不平衡问题受到广泛关注（文玉钊等，2021）。因此，在充分把握黄河流域城市群协调发展新机遇的同时，也应正视可能存在的现实约束。

一、城市群之间经济发展不平衡

受不同区域自然环境、区位条件等因素制约，不同城市群的发育程度存在明显差异，区域发展不平衡问题尤为凸显。从经济总量来看，山东半岛城市群、中原城市群和关中平原城市群优于呼包鄂榆城市群、兰州—西宁城市群、山西中部城市群和宁夏沿黄城市群。人口和消费方面也是如此，如表 12-4 所示，2019 年山东半岛城市群总人口高达 10070.21 万，而宁夏沿黄城市群仅有 569.61 万，前者是后者的近 18 倍；2019 年山东半岛城市群社会消费品零售总额高达 29251.18 亿元，而宁夏沿黄城市群仅有 1271.79 亿元，前者是后者的 23 倍。可见，不同城市群经济发展水平差距较大，城市群之间尚未形成有效的协调机制，黄河流域要想实现真正的协调治理可谓困难重重。

此外，从经济结构来看，各城市群发展也不尽相同。实际上，黄河流域主要为资源型城市集聚区，开发方式以煤矿资源开采和初级加工为主，因此工业占比明显偏高而服务业发展相对滞后。具体而言，如表 12-4 所示，第一产业方面，关中平原城市群、兰州—西宁城市群占比分别高达 8.50%、7.62%，高于 7.11% 的全国平均水平；第二产业方面，呼包鄂榆城市群、宁夏沿黄城市群占比分别高达 50.37%、49.69%，远超 38.97% 的全国平均水平；第三产业方面，兰州—西宁城市群占比高达 61.02%，明显高于 53.92% 的全国平均水平。总体来讲，下游城市群发育程度较好，而中上游城市群的产业结构和层次相对较低，传统制造业占主导位置，现代服务业和先进制造业发展明显偏弱。在当前考核机制的驱动下，各地方政府在推动经济发展过程中更注重竞争，不同城市群之间缺乏有效的沟通与合作，产业同构现象频频发生，城市群并未形成合理的产业分工。

表 12-4 2019 年黄河流域七大城市群主要经济指标

城市群	GDP（万亿元）	第一产业占比（%）	第二产业占比（%）	第三产业占比（%）	总人口（万人）	社会消费品零售总额（亿元）
山东半岛城市群	7.11	7.20	39.80	53.00	10070.21	29251.18
中原城市群	4.29	6.66	45.09	48.25	7474.46	18641.84
关中平原城市群	2.17	8.50	39.36	52.24	4462.43	10111.24
呼包鄂榆城市群	1.32	4.42	50.37	45.21	1154.55	3408.04
兰州—西宁城市群	0.62	7.62	31.36	61.02	1535.23	2925.21

城市群	GDP（万亿元）	第一产业占比（%）	第二产业占比（%）	第三产业占比（%）	总人口（万人）	社会消费品零售总额（亿元）
山西中部城市群	1.03	3.17	45.68	51.15	1981.07	4161.80
宁夏沿黄城市群	0.34	6.37	49.69	43.83	569.61	1271.79

资料来源：根据 2020 年各省份统计年鉴整理。

二、城市群核心城市辐射力不足

目前，区域发展动力极化现象越发明显，中心城市对周边地区的带动作用在一定程度上决定了城市群的发展水平。黄河流域城市群以中心城市为轴心，在依托国家战略的同时，充分发挥自身区位优势，努力提高社会经济综合实力，借助增长极辐射带动其他城市发展。从黄河流域八省区中心城市主要经济指标来看，如表 12-5 所示，2019 年西宁、兰州、银川、呼和浩特、太原等城市 GDP 均在 5000 亿元以下，总人口均在 500 万以下，社会消费品零售总额均在 2000 亿元以下，与东部主要城市相比综合实力明显偏弱，综合承载力不足。一般而言，省会城市发挥着资源调配功能，是各类优质生产要素的集聚地。若省会城市发展不佳，它就很难辐射带动全省发展。除此之外，黄河流域中上游城市群的城镇密度较低，缺少中等城市，中心城市的辐射带动作用被进一步削弱。

与此同时，黄河流域城市主要为内陆城市，尚未形成有效的对外开放经济体系，与外部的联动发展明显滞后。根据《中国城市统计年鉴》的数据显示，2019年黄河流域城市群实际利用外资金额为 416.01 亿美元，占黄河流域的比重为71.27%，但仍与长三角、珠三角等沿海城市群相差甚远。从内部结构来看，不同城市群对外开放程度也相差较大，2019 年中原城市群实际利用外资金额为158.31 亿美元，而兰州—西宁城市群仅为 1.48 亿美元，前者是后者的百余倍。整体而言，城市群内部尚未形成有效的协调发展机制。

表 12-5 2019 年黄河流域部分省份中心城市主要经济指标

省份	城市	GDP（亿元）	总人口（万人）	社会消费品零售总额（亿元）
青海	西宁	1327.82	238.71	632.09
甘肃	兰州	2837.36	379.09	1672.00

省份	城市	GDP（亿元）	总人口（万人）	社会消费品零售总额（亿元）
宁夏	银川	1896.79	229.31	830.01
内蒙古	呼和浩特	2791.46	313.68	1076.49
陕西	西安	9321.19	1020.35	5140.93
山西	太原	4016.19	446.18	1769.01
河南	郑州	11589.72	794.53	5324.44
山东	济南	9443.37	890.87	4420.41

资料来源：根据 2020 年各省份统计年鉴整理。

三、水资源利用效率偏低

水资源是黄河流域城市群发展的关键，但近年来水资源匮乏问题日益凸显，如何合理利用水资源成为当下亟待解决的议题。实际上，黄河流域本身就是水资源匮乏地区，无论是水容量还是水再生能力都十分有限。2019 年黄河流域平均降水量约3950 亿立方米，同比减少近 10 个百分点，水资源科学调控面临重大难题。

近年来，黄河流域用水量大且利用效率偏低，生态承载能力不足。根据《黄河水资源公报》显示，黄河流域水资源开发利用率连续超过 80%，远超过 40%的生态警戒线（见表 12-6），导致黄河流域水资源承载压力过大、水资源治理难度加大，影响了整个流域的可持续协调发展。细化到具体地区来看，各省份水资源利用效率参差不齐。陕西、河南、山东、山西等省份农业水资源利用效率较高。实际上，黄河流域水资源利用与经济发展存在匹配关系，具体反映在国民收入、人口、农作物播种面积等方面（何欣等，2021）。张宁宁等（2019）构建"量—质—域—流"的四维指标体系，对黄河流域各地区水资源承载力状况进行综合评估发现，77%的地市承载力达到超载状态，水资源集约利用程度较低的困境亟待解决。

表 12-6　2015~2019 年黄河流域
水资源开发利用状况　　　　　　　单位：亿立方米

水量	2015 年	2016 年	2017 年	2018 年	2019 年
总取水量	534.63	514.76	519.16	516.22	555.97
总耗水量	432.05	412.90	417.09	415.93	455.40
入海水量	126.60	74.88	82.38	331.30	304.40

资料来源：根据 2015~2019 年《黄河水资源公报》整理。

黄河流域长期以来水少沙多，水沙关系不协调导致水土流失、洪涝灾害等问题频发，已严重制约全流域水资源可持续开发利用。2019 年，黄河流域水土流失面积占全国的比重高达 45%，较大面积的水土流失不仅使得沿黄河省区的生态环境进一步恶化，而且很大程度上制约了林业、种植业等的发展，部分相对落后地区面临发展瓶颈（刘若江等，2022）。以黄河流域植被覆盖为例，集中分布在黄河中上游的库布齐沙漠、乌兰布和沙漠、毛乌素沙漠、腾格里沙漠和巴丹吉林沙漠气候干旱、水资源匮乏、植被稀疏，2019 年全流域的森林覆盖率不及长江流域的一半（见表 12-7），生态环境较为脆弱。

表 12-7　2019 年黄河和长江流域部分地区森林覆盖情况　　　　单位：%

黄河流域	青海	甘肃	宁夏	内蒙古	陕西	山西	河南	山东
森林覆盖率	5.82	11.33	12.63	22.10	43.06	20.50	24.14	17.51
长江流域	贵州	云南	重庆	湖南	湖北	江西	浙江	上海
森林覆盖率	43.77	55.04	43.11	49.69	39.61	61.16	59.43	14.04

资料来源：根据 2020 年《中国统计年鉴》整理。

提升黄河流域水资源利用效率，还需综合考虑物理生态、自然环境、社会经济等多方面因素，制定完备的管理框架。首先，针对黄河流域生态环境脆弱、资源性缺水等问题，应建立最严格的水资源管理制度；其次，通过水权转让等措施，加强对全流域水资源的宏观配置和总量调控，进而实现水量的统一调度；最后，应加快推进流域内水利基础设施建设，让水资源得以有效配置，进而推动流域生态环境保护与社会经济可持续发展。

第三节　国家—流域尺度："整体分散"驱动
黄河流域城市群协调发展

国家—流域尺度是国土规划所涉及的空间单元，具体包括省级、市级、县级行政单元及其组合。21 世纪第二个十年以来，中国经济下行压力加大，加之保护主义、单边主义盛行、新冠肺炎疫情肆虐全球，当今世界正经历百年未有之大变局，塑造以国内大循环为主体、国内国际双循环相互促进的新发展格局时不我待，其也成为在国家—流域尺度下"整体分散"驱动黄河流域城市群协调发展的重要引航标。

一、打破"穷""堵""老"魔咒

根据区域生命周期理论，黄河流域城市群在现代化征程中必将经历幼年、年轻、成熟、老年四个阶段（张可云，2018）。由于所处阶段各异，黄河流域各大城市群在参与国内大循环进程中面临的突出问题也不尽相同，这些是践行"整体分散"生产力布局原则亟待突破的瓶颈。一是幼年城市群尚未越过现代化门槛，综合发展水平偏低，以"穷"为主要表现的"落后病"突出，兰州—西宁城市群与黄河"几"字弯都市圈最具代表性。二是年轻城市群处于现代化的起飞期，活力十足，不存在典型的病症。三是成熟城市群已接近现代化的上限阈值，经济活动高度集中，以"堵"为主要表现的"膨胀病"凸显，这主要包括关中平原城市群、中原城市群与山东半岛城市群。四是老年城市群是在现代化浪潮中丧失竞争优势的区域，经济结构较为单一，以"老"为主要表现的"萧条病"最为典型。

考虑到黄河流域城市群的具体情况，为缩小黄河流域上、中、下游发展差距，盘活国内大循环分工网络，各城市群面临的历史任务各有不同：兰州—西宁城市群、黄河"几"字弯都市圈需聚焦于"落后病"，提高青海与甘肃藏区、陕甘宁边区、六盘山区、秦巴山区、太行山区等相对欠发达地区居民的生活质量，巩固全面建成小康社会成果；山东半岛城市群应关注"膨胀病"，做好青岛、济南等特大城市非核心功能的疏解工作；关中平原城市群与中原城市群则要应对"并发症"，在重视大别山区繁荣稳定发展的同时，适时引导西安、郑州等龙头城市的优质要素向周边扩散，避免过度集聚可能诱发的负外部性。按照上述思路，兰州—西宁城市群、黄河"几"字弯都市圈将摆脱相对欠发达的循环陷阱，关中平原城市群、中原城市群、山东半岛城市群则将重新焕发生机活力，避免陷入萧条泥潭，充分释放"整体分散"对黄河流域城市群协调发展的驱动作用。

二、把握主体功能定位

2011年6月，《全国主体功能区规划》正式发布，在明确优化结构、保护自然、集约开发、协调开发、陆海统筹五大开发原则的基础上，将国土划分为优化开发、重点开发、限制开发、禁止开发四类，为塑造黄河流域主体功能明显、优势互补、高质量发展的国土空间开发保护格局指明了前进方向。为形成更加有效的黄河流域国土空间开发保护支撑体系，"十四五"规划纲要秉承分类指导的基本法则，将城市化地区、农产品主产区、生态功能区纳入统一政策框架。其中，城市化地区与优化开发区、重点开发区一脉相承，农产品主产区同限制开发区在空间分布上高度重合，生态功能区与禁止开发区关联紧密，是黄河流域城市群在"整体分散"的实践中走向协调的行动指南。

第一，将都市圈作为黄河流域城市化地区的战略支点。为构建多点支撑、协同发力的国土空间开发格局，要将现代化都市圈建设作为工作重心。都市圈是城镇化进入中高级阶段的必然产物，2019 年 2 月，国家发展和改革委员会发布的《关于培育发展现代化都市圈的指导意见》将都市圈界定为围绕某一中心城市、以 1 小时通勤圈为基本范围的城镇化形态，并从交通基础设施联通、教育和医疗资源共享、产业园区和科研平台共建等方面绘制了现代化都市圈的美好愿景。考虑到黄河流域城市群发展的客观现状，可重点培育覆盖郑州、开封、洛阳、焦作、新乡、鹤壁、许昌、平顶山、漯河、济源、晋城 11 座城市的郑州都市圈，囊括西安、咸阳、渭南、铜川、商洛 5 座城市的西安都市圈，包括青岛、潍坊 2 座城市的青岛都市圈，覆盖济南、泰安、淄博、聊城 4 座城市的济南都市圈，囊括太原、晋中、阳泉、忻州 4 座城市的太原都市圈。需要强调的是，黄河流域位于秦岭—淮河线以北，水资源总量偏少，满足沿线城市群与都市圈的生产、生活、生态用水面临着潜在压力。为此，要鼓励城市在绿化、环境卫生、景观生态、工业冷却循环等领域加大再生水使用比例。具体而言，火电发电再生水使用比例不得低于 50%，一般工业冷却循环再生水使用比例不得低于 20%。适时开发利用微咸水、矿坑水，协调推进城市雨水利用，因地制宜建设城镇雨水综合利用工程。在条件成熟的城市试点分质供水，探索直饮水入户。在此基础上，稳步推进南水北调工程建设，供给侧与需求侧协同发力实现黄河流域城市化地区水资源供需平衡。

第二，支持黄河流域农产品主产区增强农业生产能力。一方面，要革新农业生产技术。技术革新是优化农业全要素生产率的关键着眼点。为驱动农业科技自主创新，黄河"几"字弯都市圈内的河套灌溉主产区、关中平原城市群内的汾渭平原主产区、中原城市群与山东半岛城市群内的黄淮海平原主产区要加快生物育种、农机装备、绿色增产等领域的技术攻关，推进农产品机械化生产，构建农业生产技术全域推广网络，形成以优质强筋、中筋小麦为主的优质小麦产业带。在此过程中，要特别重视农业节水技术研发，有效控制单位农业产出用水量，实现农田灌溉水利用系数最大化。另一方面，应加大农业政策优惠力度。坚持市场化改革取向和保护农民利益并重，健全农产品市场调控制度，引导流通、加工企业等市场主体参与到农产品社会扩大再生产中去。

第三，支持黄河流域生态功能区把发展重点放到保护生态环境、提供生态产品上，支持生态功能区人口逐步有序向城市化地区转移并定居落户。对于水体治理而言，黄河干流及其支流跨越多个行政区，必须按照一体化标准加快区域水资源信息平台建设，实现区域水资源基础信息共享与监控联网，提高取用水计量监督、水文测报、水量水质监测、水资源调度的现代化管理水平。在此过程中，要破除"以邻为壑"思维，避免将大型污染企业布局在城市群的上游边界，在维系黄河流域水资源供需总量平衡的同时，保证流域内水体质量。对于大气与固体废弃物治理而言，要追根溯源，适时联动淘汰落后产能，释放环境规制的约束效应，从源头上遏制废气、废渣的排放。更为重要的是，黄河流域城市群在生态文明建设进程中必然会出现开发地区、受益地区与受保护地区的分化，这就需要以系统优化思想为指导，建立健全跨区域生态补偿机制，有序引导生态功能区人口的空间转移。

第四节　城市—县域尺度："优势集中"赋能黄河流域城市群协调发展

城市—县域尺度对应于行政规划圈定的地域范围。为在黄河流域实现集聚经济外部效应的最大化，在圈定一批国家中心城市、区域性中心城市的同时，要激发县域经济活力，使其成为城市—县域尺度下"优势集中"赋能黄河流域城市群协调发展的主攻方向。

一、扶持国家中心城市

作为现行城镇体系下的"塔尖"，国家中心城市在整合资源要素、深化区域合作、密切国际交流等方面正扮演着日益重要的角色（张占仓，2017）。自2010

年起，中央分两批确立了包括北京、天津、上海、广州、重庆、成都、武汉、郑州、西安在内的 9 座国家中心城市，提出要将上述城市升格为综合交通枢纽、科技创新中心、历史文化名城、国际化大都市。经过十多年的发展，9 座国家中心城市迸发出旺盛的经济活力。如图 12-1 所示，截至 2020 年底，天津、郑州、武汉、成都、西安的 GDP 均超过 1 万亿元，广州、重庆的 GDP 均突破 2 万亿元，上海与北京的 GDP 更是分别超过 3 万亿元，9 座城市 GDP 总量已占到全国近 1/5，多点支撑、协同发力的空间格局已初具雏形，成为"优势集中"的高地，产生了显著的正外部性。

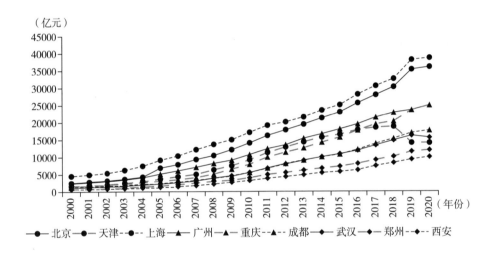

图 12-1　2000~2020 年国家中心城市的 GDP

资料来源：根据历年《中国统计年鉴》整理。

在中央正式批复的 9 座国家中心城市中，郑州、西安地处黄河流域干支流交汇处，丰富的水资源滋养了一代又一代勤劳勇敢的劳动人民，使得这 2 座城市分别成为中原城市群与关中平原城市群高质量发展的"排头兵"。站在继往开来的时代交汇点上，需秉承降低交易成本、促进市场开放的宗旨，适当向郑州、西安 2 座国家中心城市实施政策倾斜。此外，相关职能部门还可视区域经济实际走势，优先考虑省会城市、副省级城市，在黄河流域有选择地设立一批新的国家中心城市，以集聚经济外部性助力黄河流域城市群走向"普遍沸腾"。在打造国家中心城市的进程中，要统筹推进骨干水源工程、水资源调配工程、应急备用水源工程、管网互联互通工程建设，加大城市再生水利用力度，提高城市饮水保障能力。与此同时，针对地下水超采问题，黄河流域相关国家中心城市要加大水源置换、修复补充力度，逐步恢复和提升地下水位，缩小地下水超采区和漏斗区面积，快速上马一批回灌补源工程、地下水源替代工程。

二、培育区域性中心城市

为避免黄河流域国家中心城市过速扩张可能引发的集聚不经济现象，设立一批集引领、辐射、集散功能于一体的区域性中心城市成为"优势集中"的有效途径，能够化被动挤出为主动转移。区域性中心城市的影响力虽然不及国家中心城市，但是相较于普通城市而言，其在人才赋存、市场规模、创新活力、基础设施等方面依然具有显著优势，对特定空间范围经济社会发展的正外部效应显著，是城市尺度下"优势集中"助推黄河流域城市群协调发展的又一重点。

设立国家中心城市是中央经多方权衡作出的战略性决策，而在黄河流域城市群范围内选定区域性中心城市的主动权则可考虑下放至省级地方政府，为此宜将省级行政单位作为识别区域性中心城市的空间单元。区域性中心城市的设立需贯彻以下两项准则：一方面，尚未进入国家中心城市的省会城市优先入围黄河流域区域性中心城市。从经济总量来看，如表 12-8 所示，黄河流域的青海、甘肃、宁夏、陕西、山西、河南 5 省份的省会城市占据首位城市的地位；山东的省会城市则扮演次位城市的角色；呼和浩特尚未成为首位城市或次位城市，居于第 3 位。在上述省份中，除郑州、西安以外，其余省会城市虽暂未步入国家中心城市的行列，但经济总量在省域范围内均处于领先地位。为此，可将西宁、兰州、银川、太原 4 座省会城市定位为区域中心城市，并适时向中央申报升格为国家中心城市，强化黄河流域的集聚经济外部性，促进城市群协调发展。

表 12-8　黄河流域各省份的首位城市与次位城市

省份	首位城市	次位城市	所属城市群
青海	西宁	海西	兰州—西宁城市群
甘肃	兰州	庆阳	兰州—西宁城市群
宁夏	银川	石嘴山	黄河"几"字弯都市圈
内蒙古	鄂尔多斯	包头	黄河"几"字弯都市圈
陕西	西安	榆林	关中平原城市群

续表

省份	首位城市	次位城市	所属城市群
山西	太原	长治	黄河"几"字弯都市圈
河南	郑州	洛阳	中原城市群
山东	青岛	济南	山东半岛城市群

资料来源：根据《中国统计年鉴》、《中国区域经济统计年鉴》、各省份统计年鉴整理。

另一方面，有选择地将处于首位城市或次位城市行列的非省会城市确立为黄河流域区域性中心城市。由于省会是国家一级行政区的中心，因此将其认定为区域性中心城市无可厚非。相比之下，在非省会城市中选择区域性中心城市可能会引发争议，处理不当甚至可能招致城市间的无序竞争。为规避争端，下列指标可作为基本依据：一是首位度指数。首位度指数反映了黄河流域各省份最大城市的影响力，取值越大，则说明首位城市的优势越明显。经计算发现，如表 12-9 所示，山西、河南、陕西、甘肃、青海、宁夏 6 省份的首位度指数大于 2，说明次位城市同居于首位的省会城市存在较大差距，尚不足以成为黄河流域区域性中心城市。二是经济规模。对于首位度指数在 1~2 的山东、内蒙古而言，还需综合考虑全省区及相应首位城市、次位城市的经济规模。具体而言，虽然内蒙古的首位度指数小，但是其相应城市的经济规模不足，因此不宜将除呼和浩特以外的其他城市划定为区域性中心城市。相比较而言，山东不仅首位度指数小，而且对应城市的经济规模足够大，可考虑将相关城市确定为区域性中心城市。依照上述两点，在将尚未入围国家中心城市的省会（首府）城市确立为黄河流域区域性中心城市的同时，还可尝试性地将山东的青岛纳入黄河流域区域中心城市的试点范围，且作为副省级城市的青岛亦可向国家中心城市进军。

表 12-9　黄河流域各省份的首位度指数

省份	首位度	省份	首位度	省份	首位度
青海	2.06	甘肃	3.86	宁夏	3.14
内蒙古	1.27	陕西	2.17	山西	2.36
河南	2.19	山东	1.53		

资料来源：根据《中国统计年鉴》、《中国区域经济统计年鉴》、各省市统计年鉴整理。

此外，在圈定黄河流域城市群区域性中心城市的基础上，要合理规划建设一批重点水利工程，科学开发、合理调配、高效利用水资源，构建起互联互通、多水源互济的供水保障体系，着力增强区域性中心城市供水保障能力。

三、激发县域经济活力

作为国家治理体系的基层单元，县域经济在强化黄河流域集聚经济外部性、优化经济结构、革新区域发展模式等领域发挥着至关重要的作用，是纵深推进新型城镇化、乡村振兴战略的要领。自 2010 年起，中国县域 GDP 占全国经济总量的比重一直较高，为完成"乡土中国—城乡中国—城市中国"的三阶段演进打下了物质基石。然而，激发黄河流域县域经济活力依然面临多重挑战，具体表现在黄河流域各县域单元社会经济发展水平存在巨大鸿沟。根据 2020 年赛迪智库发布的《中国县域经济百强白皮书》，山东百强县占比多达 15 席，且前 50 强就占到 8 席，与黄河流域其他省区相比处于绝对优势地位（见表 12-10），成为黄河流域上中下游失衡在县域尺度下的微观映射。结合国家—流域—城市尺度下空间格局的主要特征，发挥黄河流域下游县域经济排头兵作用，引导黄河流域中上游县域经济特色资源优势转化，产县融合助力"优势集中"，对黄河流域生态保护和高质量发展尤为关键（郭爱君和毛锦凰，2018）。

表 12-10　2020 年全国百强县空间分布情况

名次	1~10	11~30	31~50	51~100	总计数（个）
山东	龙口	胶州、荣成	滕州、寿光、诸城、平度、莱州	招远、邹城、肥城、广饶、莱西、新泰、邹平	15
河南	无入选	无入选	新郑	巩义、新密、永城、荥阳、济源、汝州	7
陕西	无入选	无入选	神木	府谷	2
内蒙古	无入选	无入选	准格尔	伊金霍洛	2

资料来源：根据 2020 年赛迪智库《中国县域经济百强白皮书》整理。

按照上述思路，黄河流域应以山东半岛城市群的龙口、胶州、荣成、寿光、平度等成功实践为范本，与国家级自主创新示范区、国家级高新区、国家级大学科技园相对接，聚合知识、技术、信息等优质创新要素，秉承"科技兴县"的思路培育一批科技成果高质量转化基地，积极向以大数据、物联网、人工智能、集成电路为代表的国际产业技术前沿靠拢。黄河流域中上游自然生态、文化旅游资源丰裕，但县域综合竞争力相对较弱，县域经济的农业主导型布局特征明显。为此，黄河流域中上游区县可在农业供给侧结构性改革的主线下，稳步扩大农业生产规模，积极引进农业产业化龙头企业，兴建一批自动化生产线、自动化车间，提高农副产品加工率。在此基础上，探索性开发一批旅游度假区、产业会展长廊，向着"山水相映、田林交错、产村相融、城乡一体"的美好愿景进阶。河南济源、陕西府谷、内蒙古准格尔正是产县融合的鲜活案例。

此外，在激发黄河流域县域经济活力的生动实践中，要秉持节水优先的基本原则，全面推进节水型社会建设，实施水资源消耗总量和强度双控行动，加大城镇、工业、农业等重点领域节水力度，提升区域水资源管理水平和用水效率及效益，最终实现黄河流域百强县社会经济发展与水资源综合承载力的良性耦合。

参考文献

［1］方创琳. 黄河流域城市群形成发育的空间组织格局与高质量发展［J］. 经济地理，2020，40（6）：1-8.

［2］郭爱君，毛锦凰. 新时代中国县域经济发展略论［J］. 兰州大学学报（社会科学版），2018，46（4）：82-89.

［3］何欣，张雪峰，谷素华. 黄河流域经济与生态环境协同发展的研究评述［J］. 内蒙古大学学报（自然科学版），2021，52（6）：663-672.

［4］姜玲. 黄河流域生态保护和高质量发展的差异化"问题清单"与协同策略［J］. 今日科苑，2021（12）：55-69.

［5］刘若江，金博，贺姣姣. 黄河流域绿色发展战略及其实现机制研究［J］. 西安财经大学学报，2022，35（1）：15-27.

［6］秦华，任保平. 黄河流域城市群高质量发展的目标及其实现路径［J］. 经济与管理评论，2021，37（6）：26-37.

［7］孙久文，李爱民. 基于新经济地理学的"整体分散，优势集中"区域发展总体格局研究［J］. 经济学动态，2012（5）：70-75.

［8］文玉钊，李小建，刘帅宾. 黄河流域高质量发展：比较优势发挥与路径重塑［J］. 区域经济评论，2021（2）：70-82.

［9］夏添，孙久文. 基于区域经济理论的新时代空间尺度重构研究［J］.

城市发展研究，2019，26（6）：13-20.

　　［10］张可云．新时代的中国区域经济新常态与区域协调发展［J］．国家行政学院学报，2018（3）：102-108.

　　［11］张宁宁，粟晓玲，周云哲，等．黄河流域水资源承载力评价研究［J］．自然资源学报，2019，34（8）：1759-1770.

　　［12］张占仓．建设国家中心城市的战略意义与推进对策［J］．中州学刊，2017（4）：22-28.

第十三章 促进黄河流域城市群可持续发展的路径研究

黄河流域生态保护和高质量发展的主要原则之一是坚持生态优先、绿色发展，坚定走绿色、可持续的高质量发展之路。作为黄河流域发展的重要载体，黄河流域七大城市群要在协调好生态、经济和社会三方面关系的基础上，走好可持续发展之路，从而更好地成为黄河流域高质量发展的增长极和原动力。由于黄河流域城市群分处黄河上、中、下游，区位禀赋和经济条件的差异决定不同城市群的发展情况各不相同。因此，在促进黄河流域城市群可持续发展的路径设计中，要从整体到局部，根据城市群特色形成相应的发展体系。

第一节 黄河流域城市群可持续发展现状

一般而言，可持续发展是从生态、经济和社会三个方面进行考量，是一个复杂概念体系。可持续发展的目的是构造一个生态美好、经济高质量、社会和谐的发展模式，在高效利用并不破坏自然环境的基础上加快经济发展，实现生态与经济的耦合协调，平衡人与自然之间的关系，改善社会环境（张志强等，1999）。在具体研究中，这多数是通过关键变量的描述性分析或设计指标体系得到相应测度指数后进行研究。由于可持续发展这一概念涵盖范围广，指标体系恐无法涵盖所有变量，因此，本节最终选取与生态、经济和社会相关的若干指标进行说明。

已有研究探讨了城市群可持续发展问题，杨朝远和李培鑫（2018）通过构建指标体系研究了 21 个城市群的可持续发展情况，与黄河流域有关的城市群的可持续发展水平从高到低依次为山东半岛城市群、中原城市群、呼包鄂榆城市群、关中平原城市群、山西中部城市群、宁夏沿黄城市群和兰州—西宁城市群。具体地，山东半岛城市群是高水平可持续型，呼包鄂榆城市群是社会发展优先型，其余城市群均为低水平不可持续型。与此同时，也有研究探讨了十大城市群的可持续发展能力，其中涉及山东半岛城市群、中原城市群和关中平原城市群（曾鹏和毕超，2015），研究发现山东半岛城市群可持续发展能力较强，关中平原城市群可持续发展能力一般，中原城市群可持续发展能力较弱，这基本与杨朝远和李培鑫（2018）的结论类似。由此可见，黄河流域城市群可持续发展水平存在较大差距，可持续发展任重而道远。

一、黄河流域城市群生态发展现状

黄河是中国第二长河，但受地理位置与东亚季风气候的影响，流域内水资源禀赋不足，生态环境较为脆弱（刘华军等，2020）。虽然黄河流域通过实施流域水量统一管理和调度有效保证了流域经济平稳发展并20年不断流（孙思奥、汤秋鸿，2020），但是，黄河流域水资源约束与供需矛盾依然存在。

2011~2020年，黄河流域城市群水资源总量整体上大概经历了倒"U"形变化（见图13-1）。2011年，黄河流域城市群水资源总量为1287.09亿立方米，占黄河

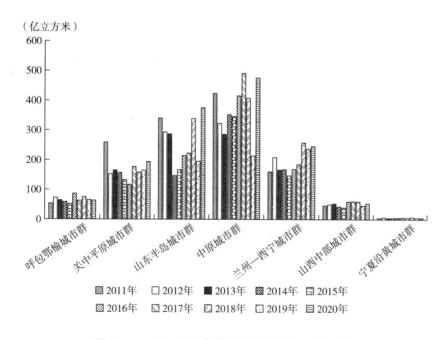

图13-1　2011~2020年黄河流域城市群水资源总量

资料来源：各地级市水资源公报和所在省份水资源公报。

流域总量的 55.68%，而后受降水量下降等因素的影响，黄河流域城市群水资源总量在 2015 年降至最低，仅为 888.31 亿立方米。之后，黄河流域水资源总量再度攀升，并在 2018 年突破 1300 亿立方米。截至 2020 年，黄河流域城市群水资源总量为 412.72 亿立方米，为近年来最高。虽然当前黄河流域城市群水资源总量有所上升，并受植树造林和气候变暖等因素的影响可能在未来进一步提高流域内水资源总量，但是从全国范围看，水资源总量占比仍较低，并可能对城市群高质量发展产生一定限制。从各城市群历年水资源总量可知，排序上基本呈现中原城市群、山东半岛城市群、兰州—西宁城市群、关中平原城市群、呼包鄂榆城市群、山西中部城市群和宁夏沿黄城市群的顺序。其中，宁夏沿黄城市群水资源总量最少，常年在 5 亿立方米左右浮动。中原城市群和山东半岛城市群近几年水资源总量远高于其他城市群，可能分别与南水北调中线和东线工程有关，其导致地区水资源总量上升，特别是地表水资源总量占比显著增大。

除了以水资源总量表征黄河流域城市群生态发展水平以外，本书继续选取 2011~2019 年黄河流域七大城市群的空气质量优良率反映环境质量。从图 13-2 可以看出，黄河流域除关中平原城市群和山西中部城市群以外的其余城市群空气

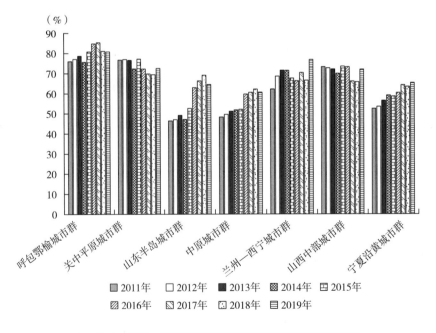

图 13-2　2011~2019 年黄河流域城市群空气质量优良率

资料来源：《中国城市统计年鉴》和各省市历年统计年鉴。

质量优良率均有显著提升。从优良率降序排位来看，呼包鄂榆城市群为黄河流域空气质量最好的地区，而山东半岛城市群和中原城市群的空气质量优良率较低，这与城市群经济发展水平直接相关。黄河中上游城市群由于经济发展水平相对较为滞后，经济开发程度有限，即使是能源开采也主要是产生废水和固体废物，对空气污染的影响较为有限，而经济发展水平高的城市汽车保有量较高，尾气排放等废气物较多，从而导致空气质量优良率较低。截至2019年，黄河流域七大城市群的空气质量优良率均突破60%，表明环境质量相较过去有了极大好转，随着黄河流域生态保护和高质量发展战略确定后，必然会带动提升流域城市群环境保护意识，进一步提高环境质量。

二、黄河流域城市群经济发展现状

虽然黄河流域七大城市群的经济总量（地区生产总值）均不断提升，但是从总量比较看，显著存在三个梯队（见图13-3）。第一梯队包括山东半岛城市群和中原城市群，是经济发展水平较高的地区，城市群内中心城市具有辐射带动作用。山东半岛城市群经济总量有小幅波动后又重新回归增长赛道，中原城市群经济总量则持续攀升，截至2020年，两城市群经济总量均已突破7万亿元。第二梯队包括关中平原城市群和呼包鄂榆城市群，两者经济总量均已突破1万亿元。两城市群虽然处在黄河上游，但是经济发展较为稳健，特别是西安近几年经济发展迅速，与周边的咸阳等地加强经济联系，逐渐起到推动所在城市群发展的重要作用。而呼包鄂榆城市群由于第二产业占比较高，资源型产业发展转型缓慢，导致城市群经济发展增速迟缓，近年经济总量几乎未发生变化。第三梯队包括山西中部城市群、兰州—西宁城市群和宁夏沿黄城市群，三个城市群经济总量均低于1万亿元，特别是宁夏沿黄城市群经济总量仍未突破5000亿元。三地经济总量较低除了与所包含的行政区划较少或发展水平较低有关，更多是因为产业结构仍以第一和第二产业为主，不仅第三产业发展水平有待提高，而且优势产业多处在产业链中低端，导致经济效益和竞争力不足。然而，三个城市群经济总量均持续提高，相信未来随着产业结构优化等一系列正外部性环境形成，其均能够实现高质量发展。

本书继续比较黄河流域七大城市群的城镇化率以判断其经济发展水平。从图13-4可知，2019~2020年各城市群的城镇化率均已超过50%，特别是呼包鄂榆城市群的城镇化率已突破70%，远高于其他地区，而关中平原城市群和中原城市

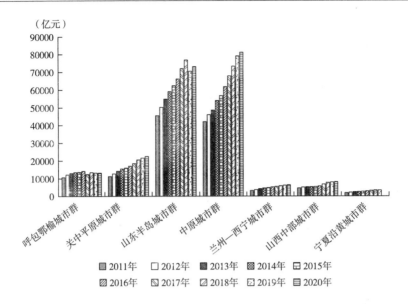

图 13-3　2011~2020 年黄河流域城市群地区生产总值

资料来源:《中国城市统计年鉴》和各省市统计年鉴。

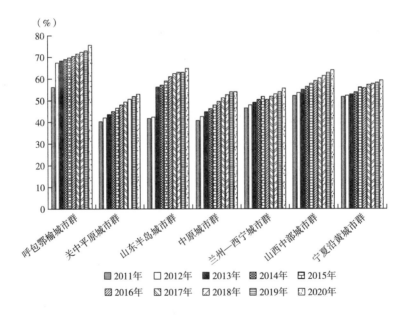

图 13-4　2011~2020 年黄河流域城市群城镇化率

注:兰州—西宁城市群统计城镇化率时缺少海北藏族自治州、海南藏族自治州和黄南藏族自治州的数据。

资料来源:《中国城市统计年鉴》和各省市统计年鉴。

群的城镇化率较低，仅为55%左右。呼包鄂榆城市群城镇化率高的地区主要集中在内蒙古，这可能是因为城市建成区面积的扩张导致城镇人口增加，也有可能是城市对周边地区人口的吸引力较强，并且新型城镇化的稳步推进也导致人口流入。其他城市群城镇化率较低则是因为与上述原因相反。

三、黄河流域城市群社会发展现状

本书选取从与社会发展相关的公共卫生和基础设施两方面继续分析黄河流域城市群社会发展现状。首先，选取每万人床位数比较黄河流域七大城市群的公共卫生发展水平。从图13-5可知，2019~2020年黄河流域各城市群的公共卫生水平相近，除宁夏沿黄城市群以外，其余城市群近几年的每万人床位数量基本在60张左右，且均具有上升趋势。宁夏沿黄城市群近几年保持在每万人80张床位数左右，反映出该城市群内医疗卫生体系能够更好地满足区域内人口需求。

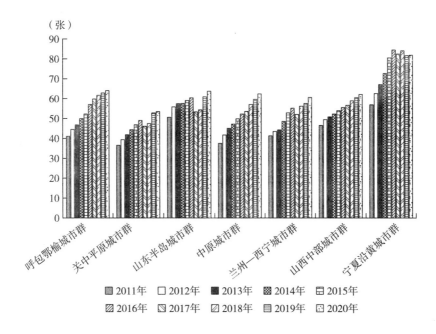

图13-5 2011~2020年黄河流域城市群每万人床位数

资料来源：《中国城市统计年鉴》和各省市统计年鉴。

进一步地，以高铁站统计数反映黄河流域城市群基础设施建设水平，更可以用来展现城市群同其他地区的便利性。从比较结果看，七大城市群高铁站数量的多少与城市群和中心城市发展水平有着紧密联系。其中，2020 年中原城市群和山东半岛城市群的高铁站数量均已突破 60 座，接着是关中平原城市群，有 26 座高铁站，其余城市群的高铁站数量大多低于 10 座，特别是呼包鄂榆城市群，虽然其早于宁夏沿黄城市群拥有高铁站，但是目前数量少于宁夏沿黄城市群。从以上可以看出，黄河流域七大城市群的交通网络发展水平具有较大差异，未来应根据实际发展需要加强城市群间的交通网络建设，并注重缓解城市群间的差距（见图 13-6）。

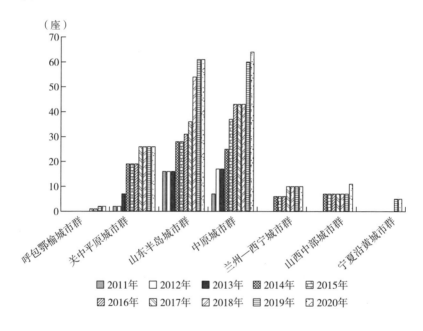

图 13-6　2011~2020 年黄河流域城市群高铁站数量

资料来源：CNRDS 数据库。

第二节　黄河流域城市群可持续发展思考

从前述关于黄河流域城市群生态发展、经济发展和社会发展的统计情况可知，虽然城市群间发展差距较大，但是在整体变化趋势上依然能够看出可持续发展程度在不断提高，这有利于七大城市群发挥各自优势带动黄河流域生态保护和高质量发展。然而需要明确的是，实现黄河流域可持续发展不是短期就可实现的，由于黄河流域存在水资源供需矛盾、生态脆弱性、发展差距较大等一系列困境，因此需要通过有效的路径设计才能实现目标。本节提出五个在推进黄河流域城市群可持续发展中可能的思路，为后续路径设计奠定基础。

一、以水约束为前提开展经济社会活动

黄河流域水资源较为紧张，供需矛盾较为严重，虽然当前已通过南水北调东中线工程有效缓解了中下游城市群的水资源压力，但是从黄河流域城市群可持续发展看，仍应该做好用量监测，避免资源浪费。

黄河流域含沙量较高，部分径流甚至断流，严重影响城市群经济发展。水资源是城市群发展的根本，群众生活、产业发展、服务供给等均需要水资源维持。首先，水资源是保证粮食安全的根本。黄河流域及其城市群内的多个地级单位的第一产业比重仍然较大，特别是河南、山东和内蒙古三个粮食主产区，没有充足的水资源供给就会对粮食生产造成极大隐患，威胁粮食安全。其次，水资源是民用给水的根本。由于黄河流域年降水量存在较大波动，当降水无法保证地表和地下水资源涵养时，便需要通过节水与调水等措施予以解决。虽然现有调水方案起到了有效作用，但是当黄河流域自身水资源缺口较大致使调水也无法满足时，人民群众基本生活就会受到严重影响。同时，生态环境若进一步受负效应影响而需额外资金投入以恢复的话，会造成较为严重的财产损失。最后，水资源是产业发展的根本。在产业生产过程中，各个生产环节需要大量的水，如原料用水、冷却用水、产品处理用水等。随着再生水和循环水的普及利用，工业生产中的用水压力已大大减少，但仍需保持高度关注。

二、注重缩小城市群内与城市群间的发展差距

从前文黄河流域城市群经济发展现状的比较情况来看，城市群间的发展差距较大。这主要是因为黄河流域上中下游的区位环境、产业结构、基础条件等各方面存在较大差别，已有发展基础的不同加之经济变迁带来的需求差异等，综合导致下游地区的山东半岛城市群发展较为迅速，而内陆上游地区的兰州—西宁城市群、宁夏沿黄城市群等发展相对较慢。

在推进黄河流域生态保护和高质量发展的过程中，实现城市群的可持续发展，可以以缩小城市群内部和城市群之间的发展差距为主要目标。缩小城市群内

部及其之间的发展差距，一方面，有助于解决整体不平衡、不充分的发展问题，提高各城市群发展实力和竞争力，有利于城市群可持续发展；另一方面，有助于欠发达地区抓住机遇，通过优化营商环境、调整产业结构、加大基础设施投入、发挥比较优势等途径提高对外部资源的吸引力，从而带动区域发展并缩小差距。进一步地，当城市群间差距缩小以后，欠发达的城市群能够更好地承接产业转移并发展适宜的本地产业，从而逐渐具备辐射带动作用并推动流域经济高质量发展。

三、重视创新以赋能城市群经济高质量发展

创新是国民经济发展的重要推力，特别是在当前经济向高质量发展转变后，创新具有更加重要的作用。以山东半岛城市群为例，城市群内高校资源丰富，也有大量科研院所能够有效地进行创新研发，并通过城市群内的创新政策等实现资源整合，创新氛围较好。在这种环境下，技术研发—技术转移—技术投入的链条较为通畅，能够在产业发展等多方需求下提供所需要的技术，从而形成高质量发展的正反馈。

创新在欠发达城市群同样具有重要作用。城市群发展是分阶段演进的，而发展水平较低的城市群往往处在发展初期且各城市发展较为独立，行政区划界线明显。随着城市群注重创新，有效推动了人才、资本和信息的流动，实际上就是打破了传统意义上的行政区划壁垒，实现了资源跨区域流动并逐步形成创新网络。在创新网络形成后，便能够根据城市群发展需要研发出更多有针对性的技术，在管理制度上也会有所更迭。这一过程是人口、资源、环境、经济共同作用下的产物，新技术和新模式的好坏直接影响未来的城市群发展走向。如果创新能够较为理想地服务于现实多因素如人口、环境、经济等的发展，那么便能够为城市群可持续发展打下坚实的基础，反之，则会造成额外的成本与负担，得不偿失。

四、优化区域发展空间布局促进城市群协调互动

虽然黄河流域七大城市群各处在上中下游，但是各段均有发展水平较高的城市群，如关中平原城市群、中原城市群和山东半岛城市群，均能够发挥各自的集聚优势辐射带动周边地区发展。以此为契机，促进黄河流域城市群可持续发展需要形成一定的城市群网络，在各城市群间保持联系的基础上互相取长补短，协调与共享资源，这有利于打破空间约束，促进黄河流域城市群协调发展。

新发展格局的提出为黄河流域城市群可持续发展提供了一定思路，这实际上

就是要以国内大循环为依托，通过生产、分配、流通和消费畅通经济循环，基于比较优势形成产业梯度转移与发展的基本格局，打破地方保护和行政分割，加强跨区域经济合作，从顶层设计上确保区域间利益共享共赢。通过强区域间联合和强弱区域互补形成区域间供给侧和需求侧的循环流转，共同形成应对国外市场和不确定性冲击的坚实共同体，释放经济高质量发展的持久动能，最终实现黄河流域城市群的可持续发展（孙久文和张皓，2021）。

五、坚持生态保护和绿色发展不动摇

黄河流域发展战略将生态保护放在高质量发展前，直观表明黄河流域要以生态保护为先。黄河流域横跨三级阶梯，从上游到下游处在不同的等降水量线和气候带。不同的气候和生态环境，决定了黄河流域城市群要各有侧重地形成环境保护机制，避免黄河流域生态环境的进一步恶化。

城市群是较大的地域单元，在生态保护上协调好各方利益有一定难度。建立合理的利益补偿机制是城市群内部生态协调发展的基础，应合理规划各地区绿色产业布局，推动绿色产业发展，建设生态宜居城市（孙久文等，2021）。同时，也可设计生态保护考核指标，从空气质量、水源涵养、植树造林等多方面确立评价体系，但也要防止为迎合考核而进行的填鸭式环境保护，要根据城市群生态保护成果制定奖惩机制，不断提高各城市群环境保护的积极性。

第三节　黄河流域城市群可持续发展的路径探讨

实现黄河流域城市群可持续发展，需要经济、产业、环境、社会等多方面协作与努力。基于前述黄河流域城市群生态、经济和社会发展情况的综合评价可知，黄河流域城市群可持续发展仍有较大的发展空间，需要在保护环境与推动解决不平衡不充分的发展问题基础上形成可持续发展态势。

一、黄河流域城市群可持续发展的需求

黄河流域城市群可持续发展是为推进黄河流域生态保护和高质量发展所服务的，因此此城市群可持续发展需求不能脱离国家战略。城市群空间结构、生态建设

与保护、产业发展与布局、基础设施建设、城乡发展与城乡统筹、区域市场和基本公共服务等方面均有黄河流域城市群可持续发展的需求，但是由于城市群发展水平不一，因此各类需求要根据城市群发展的实际情况而定。

从空间结构看，城市群实现可持续发展需要丰富和完善城市功能体系与分区，确保中心城市分别与次中心城市和周边城市具有经济联系，通过经济集聚、空间外溢等途径不断推进协调发展。从生态建设与保护看，城市群内各地级单位需要成为利益共同体，共同采取具有连续性的环境保护措施，形成"1+1>2"的正向合力，使水源涵养、河流含沙量、气候环境等多方面有所好转。从产业发展与布局看，要根据城市群产业发展优势和产业链特征，加快城市群内产业协同体系建设，保证各地级单位参与到不同产业链生产环节，从而协同发展。从基础设施建设看，要升级改造各级海陆空运输网络，强化建设综合交通枢纽，解决城市群内存在的"断头路"问题，提高交通网络的通达性和便捷性。从城乡发展和城乡统筹看，城市群不应急于扩建主城区，而应在各方面基础条件适于承载更多人口的前提下推进城镇化建设，同时也应提高农村地区生产生活环境，保障农村居民基本权益。从区域市场看，要在遵循社会主义市场经济体制机制的前提下打通商品流通的各个环节，不断调整供需关系以提高经济活力，满足人民群众日益增长的物质文化需求。从基本公共服务看，城市群内的教育、文化、卫生等各方面要满足群众需要，同时也要提供完善的制度保障满足人民群众基本权益。

二、黄河流域城市群可持续发展的阻力

虽然黄河流域七大城市群相较于过去已有长足的发展，也有中原城市群和山东半岛城市群等发展水平较高的区域，并在黄河流域生态保护和高质量发展战略确立后进一步明确发展目标与方向，但是城市群可持续发展依然存在着不小的发展阻力，具体可以分为下述四个方面：

第一，城市群内部和城市群间的经济联系强度有待提高。即使是发展水平较高的中原城市群，郑州依然有多条"断头路"，直接反映出公路规划的不完善，不利于资源和商品的周转，更进一步限制了地级单位间的联系。而相对欠发达的城市群，则有更多的"断头路"阻碍了交通运转。仅关注城市群中心城市间的经济联系就能够发现，黄河流域城市群仍须进一步加强基础设施建设，建立完善的运输体系和贸易制度，缓解经济要素往来不均的矛盾。同时，从城市群内部看，中心城市与周边城市也需形成密集的交通网络，其在促进中心城市集聚发展

的基础上，能够为未来周边城市享受外部溢出奠定坚实的基础。城市交通网络的完善也有助于提高中心城市和周边地区的分工协作程度，有助于基于比较优势促进各地繁荣发展。

第二，中心城市对城市群的辐射带动作用有待增强。虽然郑州、西安、青岛、济南等地经济发展程度较高，且分别是各自城市群内的主要支撑，但是从城市群整体看，中心城市仍需进一步发挥辐射带动作用。从产业链条看，黄河流域中上游城市群大多涉及制造业，而城市群内产业分工格局仍不成熟，各自生产存在同质竞争的现象较为严重，这不仅造成了不必要的资源浪费，还阻碍了城市群协同发展进程。从经济合作看，中心城市与周边城市的合作也有待提高，相关合作机制仍需强化，要在形成有效合作的基础上由中心城市拉动周边地区发展。由于黄河中上游城市群有待进一步发展，中心城市仍处在快速发展阶段，当前更多是经济集聚与虹吸现象较为明显，尚未有效辐射带动周边城市发展。

第三，城市群内资源分布不均。当前，黄河流域七大城市群资源分布不均现象较为明显，特别是在近几年发展较快的城市群内中心城市占据大量资源，并仍处在发展虹吸阶段，从而导致周边城市无法得到优质资源而实现发展转型。以教育资源为例，郑州、西安、济南三市分别为中原城市群、关中平原城市群和山东半岛城市群的中心城市，其教育资源十分丰富，在校学生数、科研机构数量、高等院校数量均在所在城市群占据了较大比重，促使中心城市的知识密集型产业持续增强并吸引大量外部资源。虽然以上三地科技创新和人才储备有了较大提高，但是教育资源的空间失衡导致其他地级单位只能以引进等途径获得优质资源，并进一步催生"强者愈强"的格局，这对城市群可持续发展带来较大隐患。而对宁夏沿黄城市群、山西中部城市群等地区而言，由于整体教育水平相对不高，中心城市教育资源倾斜现象依然存在，虽尚未对城市群发展带来严重的负面影响，但未来也需保持关注。

第四，尚未针对城市群发展阶段形成分层分类的发展体系。城市群发展可以分成初期、中期和成熟期三个阶段（孙久文和张泽邦，2019）。现有黄河流域七大城市群中山东半岛城市群和中原城市群居于成熟期，而其余城市群多处在初期或中期，资源整合、行政区划调整和协作机制建设仍有待进一步发展。面对城市群处在不同阶段这一客观事实，促进黄河流域城市群可持续发展除了要形成统一的路径体系以外，更应该针对城市群发展水平的不同形成分层分类的发展体系，否则会导致严重的资源浪费，使可持续发展进程受到一定负面影响。

三、黄河流域城市群可持续发展的具体路径

促进黄河流域城市群可持续发展，既是实现城市群的高质量治理，也是推进黄河流域生态保护和高质量发展的必由之路。一是要以水资源为基础有序开展经济活动，通过人口分布调整和节水调水方案保证人口承载力。二是要推进黄河流域城市群基础设施建设和制度环境优化，以高效、便捷、有序为基本原则提高城市群经济基础。三是要不断提升黄河流域城市群创新能力，形成联系紧密的创新网络，以此赋能经济高质量发展。四是要通过统筹城市群产业发展，提高产业竞争力，形成产业协同发展格局。五是要坚持绿色发展，注重生态环境建设。

1. 以水资源人口承载力为基础，实现人口分布调整与节水调水方案设计

第一，黄河流域要制定人口分布调整方案，引导人口实现自然与合理迁移。人口分布调整不是打破经济发展规律，防止人口为追求更好的生活品质或条件而迁移，而是通过提高水资源人口承载力潜力大的地区的城市发展质量，依靠良好的产业环境、便利的生活条件、完善的服务体系而驱使周边地区人口迁入本地，从而缓解其他地区的水资源人口承载压力。人口分布调整可以围绕黄河流域的城市群展开。对黄河上游而言，由于其经济发展水平相对于中下游较为落后，经济发展起步晚导致其竞争力较弱，但仍可促使兰州—西宁城市群或宁夏沿黄城市群初步形成人口集聚发展态势，辐射带动周边区域发展。对黄河中下游而言，要加快中原城市群和山东半岛城市群内非中心城市如洛阳、枣庄等地的发展，通过提高城市环境与服务质量以承接从中心城市迁移的人口。对山西中部城市群而言，由于其中心城市和次中心城市的水资源人口承载力结果均向好[①]，因此未来要进一步做好发展规划，在黄河"几"字弯都市圈起到承载人口发展的重任。

第二，黄河流域要形成节水与调水并轨的水资源优化方案。从节水而言，不仅要节约流域内自然水资源，还要对再生水和外调水明确具体的节水方案，实现从粗放到全局节约和集约化发展的根本转变。针对全流域地级单位而言，特别是人口集聚的超大和特大城市，要建设节水工程，更新与维护节水设施，对地方政府实行节水考核；针对农业和工业用水占总用水比重高的地级单位，要探索可持续农业灌溉发展道路和工业节水技术研发，同时也要对农业和工业用水定价实行超额累进加价制度并制定节水奖励政策；针对生态用水，要规定生态用水红线，

---

① 这一结论来源于本书第九章。

以满足生态用水需求为前提再进行水资源分配。从调水而言，要充分利用好现有南水北调东中线工程提供的水源，严格实行取水管理制度，避免水资源浪费。同时，也要基于技术研发探索人工降雨增水的可行性，确保黄河流域调水方案与方法均较为全面。

2. 推进基础设施建设和制度环境优化，不断改善城市群基础条件

高效、快捷、稳定、可靠的现代化基础设施体系是促进城市群可持续发展的必要条件。基础设施互联互通作为城市群建设的先导和突破口，应被放在优先和关键位置。基础设施的网络化能够发挥城市群内部自组织、自协调、自调整的能动性，加强城市群内部的经济联系与合作。在交通方面，通过升级改造各级海陆空运输网络，改造繁忙干线、主要枢纽及客货站场，加强以机场、高铁站、公路客货站场为中心的综合交通枢纽建设，优化枢纽内部交通组织，完善区域外部运输系统，重点提升联通水平、运载能力和便捷程度。在能源方面，加快跨区域管道建设，加强支线管道建设，逐步推进能源通道建设，构建一体化环状能源管网。在水利方面，优化水资源配置，推广节水设备与技术，提升水资源安全保障能力，形成共同保护和开发利用水资源的管理机制，加快区域水资源信息统一平台建设，推进水资源调度配置、水量水质监管、水土保持监管、防洪减灾监测调度、水文测报自动化和决策管理一体化。在信息方面，统筹信息基础设施建设，加强通信网络、重要信息系统和数据资源保护，提高网络治理和信息安全保障水平，协同建设智慧城市。

3. 着力提升城市群创新能力，加快构建创新网络

黄河流域城市群整体创新能力弱于京津冀、长三角和粤港澳大湾区等区域，创新能力不足导致其更多依靠技术转移，创新需求与供给不平衡。提升黄河流域城市群创新能力，需要加快对创新要素的有效整合。通过政府、市场和科研部门合作，形成产学研分工良好、有效补充的合作关系。加强平台建设，通过平台间、平台与企业间的合作，形成紧密、高效的创新网络，促进创新要素的进一步聚集。调动社会力量的主动性，实现创新平台建设主体的多元化，发挥各个微观主体的比较优势，实现创新资源的共享和有效配置。优化市场信用环境，加强知识产权保护，依靠市场和政府"双轮驱动"，通过一系列的激励和惩戒措施，保护创新成果不受侵害。增强对创新资源的吸引力，不断提升城市群创新能力。完善创新成果转化项目的政策，加强对重大科技项目的重点扶持，增强创新转化能力，使城市群保有长期竞争力。

与此同时，也可针对黄河流域特征形成针对性的创新技术，如针对气候变化、水源涵养、水资源供需等方面调动上中下游城市群共同研发专项普适性技术。在巩固和提高黄河流域城市群发展质量的基础上，在城市群协同创新的基础上催生创新网络。随着创新网络形成，黄河流域城市群整体实力将逐步提高，从而有助于赋能经济高质量发展。

4. 统筹城市群产业发展，加快构建产业协同发展格局

通过统筹城市群内部的产业发展布局，根据自然禀赋、发展水平、历史基础和社会基础明确功能定位，充分发挥各地比较优势，处理好局部与整体的关系，能够有效避免无序竞争带来的区域经济冲突，形成主体突出、分工合理、优势互补、互利共赢的产业集群和经济体系，也有助于提高对行政、资金、人力等各项资源的利用效率。坚持由各地方政府建立城市群内和黄河流域内的统一、高效的产业协同机制，明确各方发展诉求和利益要害，努力突破行政区划所带来的制度壁垒，确定产业协同发展中的奖惩机制。地方政府要联合设立产业协同发展联盟，定期召开相关会议共商城市群产业协同发展议题。同时，也要建立政府间信息资源共享机制，搭建信息交流平台，形成城市群产业协同信息网络，避免因各城市群信息不通而导致的潜在资源浪费。

要注重解决城市间产业结构同质化问题，推动区域产业整合，在经济发展水平差距较大的地区可以探索垂直分工的产业协同发展模式，在经济发展水平相近的地区可以探索水平分工的产业协同发展模式。通过多模式和多层次产业协同发展体系建设，能够更好地促使各城市群内互补发展，从而提高整体竞争实力。同时，注重城市群间的产业联系，挖掘自身最大优势，根据所处上中下游的资源优势和现实需求，从整体上形成错位发展的黄河流域现代产业体系，使其成为推进黄河流域生态保护和高质量发展的支撑力量。

5. 坚持绿色发展，注重生态环境建设

黄河流域以生态保护为先，在生态恢复取得一定进展的基础上开展经济建设能够更好地缓解发展压力。城市在生态系统中扮演着重要角色，既是资源的主要消费者，又是综合承载力的使用者。城市群要构建完善的生态保护利益补偿机制，实现城市群内生态发展协调。具体地，要站在人与自然和谐共生的高度来谋划经济社会发展，坚持节约优先、保护优先、自然恢复为主的方针，形成节约资源和保护环境的空间格局、产业结构、生产生活方式，统筹污染治理、生态保护，应对气候变化，促进生态环境持续改善，努力建设人与自然和谐共生的现代化社会。

参考文献

［1］刘华军，乔列成，孙淑惠．黄河流域用水效率的空间格局及动态演进［J］．资源科学，2020，42（1）：57-68.

［2］孙久文，易淑昶，傅娟．提升我国城市群和中心城市承载力与资源配置能力研究［J］．天津社会科学，2021（2）：102-109.

［3］孙久文，张皓．新发展格局下中国区域差距演变与协调发展研究［J］．经济学家，2021（7）：63-72.

［4］孙久文，张泽邦．面向高质量发展的城市群治理［J］．前线，2019（10）：60-63.

［5］孙思奥，汤秋鸿．黄河流域水资源利用时空演变特征及驱动要素［J］．资源科学，2020，42（12）：2261-2273.

［6］杨朝远，李培鑫．中国城市群可持续发展研究——基于理念及其评价分析［J］．重庆大学学报（社会科学版），2018，24（3）：1-12.

［7］曾鹏，毕超．中国十大城市群可持续发展能力比较研究［J］．华东经济管理，2015，29（5）：63-68.

［8］张志强，孙成权，程国栋，等．可持续发展研究：进展与趋向［J］．地球科学进展，1999（6）：589-595.

后　记

值此《推进黄河流域高效城镇化与城市群可持续发展的科学路径》出版之际，感谢国家自然科学基金委员会、中国人民大学科研处、中国人民大学应用经济学院各位领导的大力支持和帮助，感谢中国科学院地理科学与资源研究所、北京师范大学、兰州大学、国家发展和改革委员会国土开发与地区经济研究所的各位专家在课题研讨中提出的中肯建议和帮助。本书是国家自然科学基金"黄河流域城市群与产业高质量发展的协同推进路径与模式"（项目编号：72050001）的阶段性成果。

本书是在"推进黄河流域高效城镇化与城市群可持续发展的科学路径"研究报告的基础上形成的。本书具体分工如下：第一章，李承璋、殷赏；第二章，蒋治；第三章，张皓、花泽苏；第四章，高宇杰；第五章，王邹、李姗姗；第六章，林丽群、李姗姗；第七章，陈超君、邢晓旭；第八章，崔雅琪、高宇杰；第九章，张皓、孙久文；第十章，胡俊彦、蒋治；第十一章，李方方、陈芸；第十二章，蒋治、丁思琪；第十三章，张皓；孙久文、张皓、王邹对全书进行了编纂、修订和增补。

最后，向经济管理出版社表示由衷的感谢。

孙久文

2022 年 7 月